Christine Garbe, Maik Philipp (Hg.)

Harry Potter –
Ein Literatur- und Medienereignis
im Blickpunkt interdisziplinärer Forschung

Literatur – Medien – Rezeption

Studien zur Rezeption und Wirkung
von Literatur und Medien

herausgegeben von
Prof. Dr. Christine Garbe
(Universität Lüneburg)

Band 1

LIT

Christine Garbe, Maik Philipp (Hg.)

Harry Potter –
Ein Literatur- und Medienereignis im Blickpunkt interdisziplinärer Forschung

LIT

∞

Gedruckt auf alterungsbeständigem Werkdruckpapier entsprechend
ANSI Z3948 DIN ISO 9706

Es ist notwendig, Folgendes hervorzuheben: Sämtliche Urheberrechte an Harry Potter und weiteren Figuren in den *Harry Potter*-Büchern liegen bei Joanne K. Rowling. Die deutschen Buchrechte liegen bei der Carlsen Verlag GmbH, Hamburg. Die weiteren Verwertungsrechte liegen bei der Time Warner Entertainment Company. Die Figuren und Namen in *Harry Potter* sind eingetragene Marken.

Die in diesem Band geäußerten Meinungen gehen allein auf die Autorinnen und Autoren der Beiträge sowie die genannten Quellen zurück. Sie entsprechen nicht notwendigerweise denen der Rechteinhaber bzw. der Lizenznehmer. Weder der Verlag noch die Autorinnen und Autoren sprechen im Namen der genannten Rechteinhaber; sie stehen außerdem in keiner geschäftlichen oder inhaltlichen Verbindung zu ihnen.

Umschlagbild: Eva-Kristina Schubert

Benutzung des Titels mit freundlicher Genehmigung des Carlsen Verlags.

Bibliografische Information der Deutschen Nationalbibliothek
Die Deutsche Nationalbibliothek verzeichnet diese Publikation in der Deutschen Nationalbibliografie; detaillierte bibliografische Daten sind im Internet über http://dnb.d-nb.de abrufbar.

ISBN 3-8258-7242-4

© LIT VERLAG Dr. W. Hopf Hamburg 2006
Auslieferung/Verlagskontakt:
Fresnostr. 2   48159 Münster
Tel. +49 (0)251–62 03 20   Fax +49 (0)251–23 19 72
e-Mail: lit@lit-verlag.de   http://www.lit-verlag.de

Inhaltsverzeichnis

I Einführung

Christine Garbe, Maik Philipp
Erfolg eines Serientäters.
Das Phänomen *Harry Potter* im Überblick 7

II *Harry Potter* im Kontext philosophischer, literarischer, mythologischer und psychologischer Bezüge

Emer O'Sullivan
Der Zauberlehrling im Internat:
Harry Potter im Kontext der britischen Literaturtradition 27

Martin-Christoph Just
Harry Potter – Ein postmodernes Kinderbuch!? 49

Norbert Clemens Baumgart
Die Bibel ein(sch)muggeln?
Die Suche nach mythologischen, religiösen und theologischen Spuren
in den *Harry Potter*-Romanen 73

Sabine Berloge
„Expecto Patronum!"
Harry Potter aus kindertherapeutischer Sicht 101

III *Harry Potter* auf der Leinwand

Ricarda Strobel
Harry Potter auf der Leinwand:
Der Spielfilm *Harry Potter und der Stein der Weisen* 113

Stefanie Hundeshagen, Maik Philipp
Dirty Harry?
Die Filmfiguren Harry, Dobby und Hagrid
im Lichte einer Publikumsbefragung 129

Stefanie Hundeshagen
Harry anders gesehen:
Publikumsreaktionen auf den Film *Harry Potter und die Kammer des Schreckens* 159

IV Harry Potter zwischen Vermarktung, Rezeption und produktiver Aneignung

Andrea Frey, Friederike Wagner
Alles fauler Zauber?
Theorien und Hintergründe zum *Harry Potter*-Merchandising 183

Caroline Stubenvoll
Was fasziniert LeserInnen an *Harry Potter*?
Fallstudien zur Roman-Rezeption von drei LeserInnen einer Familie 213

Claudia Beinkinstadt Krumlauf
Harry Potter und das World Wide Web
Anschlusskommunikationen jugendlicher *Harry Potter*-Fans im Internet 235

Kathy Gabel
Was interessiert die Fans an *Harry Potter*?
Konzeption, Durchführung und Ergebnisse einer Internet-Befragung 255

V Harry Potter als Herausforderung für eine zeitgemäße Medienkulturforschung und Mediendidaktik

Irmgard Nickel-Bacon
Harry Potter und der Stein der Weisen in der Schule:
Überlegungen zu einer medienintegrativen Literaturdidaktik 275

Hans-Heino Ewers
Die Heldensagen der Gegenwart.
Die Medienverbundangebote sind die großen Narrationen unserer Zeit 297

Harry Potter-Bibliografie 313
Über die Autorinnen und Autoren 325

Christine Garbe, Maik Philipp

Erfolg eines Serientäters.
Das Phänomen *Harry Potter* im Überblick

1 Das Literatur- und Medienereignis *Harry Potter*

Bis zu 16 Stunden warteten 1.000 Fans am New Yorker Time Square am 16. Juli 2005 in einer langen Schlange (vgl. o. V. 2005), und in London waren es 2.000 Anhänger, die teils 18 Stunden ausgeharrt hatten (vgl. Reuther 2005), ehe sie ihrem Star nahe kamen. Lange Schlangen, Begrüßung mit Feuerwerk, Anstürme „wie sonst nur bei Großkonzerten oder Papstbesuchen", wie es im *Hamburger Abendblatt* heißt (ebd.) – ohne Zweifel mobilisiert acht Jahre, nachdem er erstmalig auftauchte, Harry Potter immer noch seine Anhänger. Der so gefeierte „Popstar" (Hempel 2003, S. 137) ist allerdings ein virtueller, er ist ein Romanheld.

Ehe der sechste Band der Septologie um den Zauberlehrling im Juli auf Englisch erschien, waren beim Internet-Buchhändler Amazon bereits 1,5 Millionen Vorbestellungen eingegangen. Die fünf ersten Romane sind in 62 Sprachen übersetzt und über 270 Millionen Mal verkauft worden (vgl. o. V. 2005). Der fünfte Band *Harry Potter und der Orden des Phönix* hat sich an seinem Erscheinungstag in Deutschland, dem 8. November 2003, laut Carlsen-Verlag so häufig wie kein anderes Buch zuvor verkauft, nämlich 750.000 Mal. Bis Mai 2005 wurden 21 Millionen deutschsprachige *Harry Potter*-Romane abgesetzt (vgl. Carlsen-Verlag 2005, S. 1). *Harry Potter*, „der nach Bibel und Koran größte Bestseller aller Zeiten", hat der kriselnden Bücher-Branche „ihr Selbstbewusstsein zurück gegeben" (Turi 2005b), und die Erfinderin von *Harry Potter*, Joanne K. Rowling, um deren *erste* Publikation es sich handelte, gehört heute zu den reichsten Frauen der Welt.[1]

Zwei Faktoren – abgesehen natürlich von inhaltlichen Aspekten der erzählten Geschichte, dazu mehr ab S. 17 – führten nach Ansicht des Carlsen-Geschäftsführers Klaus Kämpfe-Burghardt zum fulminanten Erfolg hierzulande. Erstens „die Mund-zu-Mund-Propaganda unter den Kindern" (Kämpfe-Burghardt 2001, S. 49), die der Verlag unterstützte mit einer im März 1999 gelaunchten Homepage, auf der die Lesegemeinde chatten konnte. Zum Erfolgsfaktor der verlagsseitig unterstützten Anschlusskommunikation kommt der zweite: die Pressearbeit (vgl. ebd., S. 50). Die führte dazu, dass im

---

[1] Weitere „Fakten und Rekorde rund um ‚Harry Potter'" hat Wolfgang G. Wettach im Internet unter http://www.vangor.de/hogwarts/harrypotterfakten.html veröffentlicht.
Es gehört zu den Kuriosa rund um *Harry Potter*, dass die Autorin keinen zweiten, mit „K." abgekürzten Namen besitzt. Das „K.", schreibt Maar (2002, S. 159), als „Kunst- oder Verlegenheitsgriff" verdanke sich Rowlings Großmutter Kathleen. Sie habe es sich „nur auf Drängen ihres Agenten Christopher Little" zugelegt, „der ihren (einzigen) Vornamen Joanne auf dem Umschlag des ersten *Harry Potter*-Bandes vermeiden wollte. Little hatte aus der Kinderbuchbranche läuten hören [...], daß die Bücher weiblicher Autoren von Jungen boykottiert würden."

Jahr 2000 der Zauberlehrling zum ubiquitären Medienstar wurde – und *Harry Potter* vom Literatur- auch zum Medienereignis.²

Doch was ist eigentlich ein „Ereignis"? Der Begriff stammt aus der Erzähltheorie und wurde wesentlich von Jurij M. Lotman in der Tradition des Strukturalismus' geprägt. Ereignisse gehen immer mit Veränderung und Unerwartetheit einher: Ein Ereignis ist „eine bedeutsame Abweichung von der Norm" (Lotman 1993, S. 333), „ein revolutionäres Element, das sich der geltenden Klassifizierung widersetzt" (ebd., S. 334). Etwas, das abweicht, den Erwartungshorizont durchbricht, hat demnach Ereignischarakter. „Ein Ereignis ist somit immer die Verletzung eines Verbotes, ein Faktum, das stattgefunden hat, obwohl es nicht hätte stattfinden sollen" (ebd., S. 336). Dies setzt einen common sense bzw. ein System voraus. Kremer schreibt, „daß sich von einem Ereignis nur im Hinblick auf eine vorgängige Struktur oder […] auf ein System sprechen läßt, innerhalb dessen ein bestimmtes Ereignis als solches erscheint" (Kremer 1992, S. 527). Und noch etwas kennzeichnet das Ereignis: Es ist graduierbar. „Das Ereignis wird gedacht als etwas, was geschehen ist, obwohl es auch nicht hätte zu geschehen brauchen. Je geringer die Wahrscheinlichkeit ist, daß ein bestimmtes Ereignis eintritt […], desto höher rangiert es auf der Skala der Sujethaftigkeit" (Lotman 1993, S. 336). ³

Auf den allgemeinsten Nenner gebracht, kann man sagen: Nur ein Geschehen, das irgendwie „ereignishaft" ist, veranlasst uns dazu, es zu erzählen – und ereignishaft meint dann, dass es abweicht von der Alltagsroutine, dass es etwas Besonderes ist, was unseren konventionellen Erwartungshorizont durchbricht. Folglich etwas „besonders Erstaunliches", Unerwartetes, etwas, das sich den Normen und Konventionen entzieht, die unsere alltägliche Wahrnehmung und unser alltägliches Handeln steuern.

Was ist nun an *Harry Potter* so erstaunlich, dass im Titel dieses Bandes von einem (Literatur- und Medien-)Ereignis die Rede ist? Zunächst lässt sich konstatieren, dass Harry vollkommen den Erwartungshorizont durchbrochen hat, der sich bei Eltern und LehrerInnen, Verlegern und Buchmarktexperten, Literatur- und Kulturwissenschaft-

---

² Den Anstoß gab ein sechsseitiges Porträt der Autorin Joanne K. Rowling im *Zürcher Anzeiger* vom 28. August 2000. Nachdem die Medien aufgesprungen waren, erhöhten sich die zuvor schon sehr guten Verkaufszahlen signifikant (vgl. Kämpfe-Burghardt 2001, S. 55f.). Vgl. zur Rolle der Medien auch Kutzmutz 2001; Bürvenich 2001, S. 38ff., 171ff.; Hempel 2003

³ Hierin besteht angesichts des Medienereignisses *Harry Potter* samt seiner umfangreichen Berichterstattung eine interessante Parallele zur Nachrichtenwert-Theorie nach Galtung und Ruge. Sie unterschieden 1965 zwölf Eigenschaften, an denen sich die Publikationswürdigkeit bemisst. Einer der Faktoren ist die Überraschung: „Je unerwarteter bzw. je seltener ein Ereignis eintritt, desto größer ist die Wahrscheinlichkeit, dass dieses Ereignis zur Nachricht wird" (Kunczik, Zipfel 2001, S. 248). Analog zum relativen Ereignis-Begriff sind die Nachrichtenwerte aber keine invarianten und immanenten Konstanten, sondern situative, kulturelle und zeitgeschichtliche Gegebenheiten beeinflussen sie (vgl. ebd., S. 254-261). Auch Lotman betont, dass die historische Perspektive der Wahrnehmung bewirkt, „daß ein und dasselbe Ereignis von einer Position aus als wesentlich erschien, von einer anderen als unbedeutend und für eine dritte als überhaupt nicht existent" (S. 333).

lerInnen usw. im Hinblick auf das Lesen von Kindern und Jugendlichen eingebürgert hatte. Alle Prognosen über den Untergang der Buchkultur zumal bei den nachwachsenden Generationen, den „Medienkindern", haben sich in einem Punkt als unzutreffend erwiesen; die Ausführungen zum Erfolg oben beweisen es. Seit mehr als acht Jahren gibt es einen beispiellosen Leseboom unter Kindern, Jugendlichen und Erwachsenen, der sich allerdings nur auf *eine* Geschichte, auf *ein* Objekt der Begierde richtet.[4] Dieses Objekt heißt *Harry Potter* und erschien 1997 mit einer Startauflage von nur 500 Exemplaren in einem vergleichsweise kleinen Londoner Verlag, bei Bloomsbury. Zuvor war das Manuskript von diversen anderen Verlagen abgelehnt worden, weil es mit 320 Seiten zu lang erschien (vgl. Carlsen-Verlag 2005, S. 7). In Deutschland stand das Buch vor ähnlichen Problemen, zahlreiche Kinder- und Jugendliteraturverlage wollten *Harry Potter und der Stein der Weisen* nicht veröffentlichen. Neben der Romanlänge[5] vermutet Kämpfe-Burghardt drei weitere Ablehnungsgründe: den stark am britischen Schulsystem ausgerichteten Plot, ein mangelndes Interesse an Fantasy und schließlich hohe Übersetzungskosten wegen des umfangreichen Skripts (vgl. Kämpfe-Burghardt 2003, S. 132). Alles sprach also gegen das Buch, umso märchenhafter erscheint der Erfolg[6] – und umso ereignishafter. „Nach der Logik des Marktes dürfte *Harry Potter* nie stattgefunden haben", urteilte Konrad Heidkamp dereinst in der *Zeit* und zählte auf, weshalb. „Bücher, die zwischen 350 und 450 Seiten dick sind [...], veraltete Hardware wie Eulen, Besen und Zaubertränke, uncoole Themen wie Freundschaft, Vertrauen und Opferbereitschaft" sprächen gegen den Zauberlehrling (Heidkamp 2000).

Zweitens: *Harry Potter* ist gleichwohl ein Phänomen des modernen Medienverbundes – das zeigen nicht zuletzt die zahllosen Internetseiten zu *Harry Potter*, die meist als nicht-kommerzielle Angebote von jugendlichen *Harry Potter*-Fans selbst gestaltet wurden. Die Anschlusskommunikation ist im Falle des Hogwarts-Schülers so umfangreich wie bei keinem vergleichbaren jugendkulturellen Idol – und nimmt bisweilen äußerst emotionale Ausmaße an: In Internetforen findet ein öffentlicher Schlagabtausch von

---

[4] Harry Potter ist der einzige fiktionale Held der jüngeren Vergangenheit, der sich über einige Jahre hinweg seine rasant wachsende Fangemeinde ausschließlich über das Medium der Literatur, das heißt der Schrift (oder der gesprochenen Sprache in den Hörbüchern) erobert hat. Immerhin dauerte es vier Jahre, bis der erste Band als Film in die Kinos kam – bis dahin existierten Harry Potter und seine Welt nicht als *Dar-*, sondern als *Vor*stellung.

[5] „Die Lesemarktforschung sagt uns, dass Kinder unter 10 Jahren Bücher, die dicker als 120 Seiten sind, nicht lesen. [...] Auch Kinder/Jugendliche über 10 Jahre lesen in der Regel kaum mehr als 240 Seiten. Deswegen haben viele Kinder- und Jugendbuchverlage die Veröffentlichung eines so umfangreichen Textes gescheut" (Kämpfe-Burghardt 2003, S. 131f.).

[6] In den Medien wurden zum Teil Romanhandlung und die Biografie der Autorin sogar zum „Aschenputtel-Mythos" (Kutzmutz 2001, S. 61) verquickt. Insbesondere das Bild der allein erziehenden Mutter, die in einer fremden Stadt von Sozialhilfe lebt und im Café auf Servietten *Harry Potter* verfasst, war resistent und persistent; es nährt den Mythos nach wie vor und erwies sich bei der Vermarktung als hilfreich. Auch in der Verlags-Pressemappe wird Rowling ein ähnliches Image verliehen (vgl. Carlsen-Verlag 2005, S. 6f.). Zur Kritik daran vgl. Hempel 2003 und Kutzmutz 2001

Anhängern und Gegnern statt, und Fans streiten darüber, wer der größte Fan sei (vgl. Stöcker 2005).[7]

Drittens: Trotz dieser geradezu unglaublichen (und beinahe weltweiten) Popularität von *Harry Potter* ist die gigantische Marketingkampagne, die im Jahr 2001 zusammen mit der Premiere des ersten Films ihren Höhepunkt hatte, weitgehend gefloppt. Peter Turi (2005b) hält das tönende Merchandising zum Film retrospektiv für „ein Fiasko auf der ganzen Linie". Auch hier haben sich also Erwartungen nicht erfüllt, und zwar die Erwartungen zahlloser Firmen, die glaubten, mit dem *Harry Potter*-Logo könnten sie ungeahnten Profit machen (und umgekehrt die Befürchtungen der Kulturkritiker, heutzutage könne jedes Medienphänomen vermarktet werden).

Es gibt also genügend Gründe, sich mit diesem besonders erstaunlichen Phänomen, das *Harry Potter* in vielerlei Hinsicht darstellt, zu beschäftigen. Deshalb wurden in den Fachbereichen Kulturwissenschaften und Erziehungswissenschaften der Universität Lüneburg von Christine Garbe mehrere Seminare angeboten, die sich vor allem folgenden Fragen gewidmet haben: Wie ist es möglich, dass die so genannten „Medienkids" plötzlich wieder lesen, dass Mädchen und für die Lesekultur schon verloren geglaubte Jungen sich in Hunderte, ja Tausende von Seiten eines auf sieben Bände angelegten Romanzyklus' vertieften und dabei alle Anzeichen einer „Lesesucht" erkennen ließen, die bis dato als ein historisches Phänomen galt? Wie ist es möglich, dass eine Geschichte, die für Acht- bis Vierzehnjährige bestimmt schien, auch erwachsene LeserInnen in ihren Bann zog, sodass die Verlage zusätzlich zu den Kinderausgaben schnell auch eine „seriöse" Variante für das erwachsene Publikum auf den Markt brachten? Und was geschieht, wenn Medien- und Marketingstrategen, die bekanntlich aus jedem populären Phänomen Profit zu machen suchen, sich auf einen *Buchhelden* stürzen, dessen materielle Existenz über einige Jahre hinweg nur in der Gestalt von Schriftzeichen zwischen Buchdeckeln bestand (abgesehen von den Illustrationen auf den Buchcovern), dessen immaterielle Gestalt also die *Vorstellungsbilder* waren, die die Fangemeinde von diesem Buchhelden entwickelt hatte? Dies ist nun tatsächlich für die HeldInnen des Kindermedienverbundes ein singuläres Phänomen, denn die Protagonisten, die in anderen Marketingkampagnen erfolgreich vermarktet werden, existieren normalerweise primär als *Darstellungen*, nicht als *Vorstellungen*; sie gewinnen ihre Popularität als Bestandteil einer (audio-)visuellen Kultur, die im Fernsehen und Film, in Mangas und Spielkarten, in Video- oder Gameboy-Spielen ihre Basis hat (vgl. die *Sesamstraße* oder *Die Sendung mit der Maus*, *Pokémon* und *Yu-Gi-Oh* oder die Soap-Operas und Daily Soaps für Teenager). Wie also wird sich die multimediale Vermarktung eines Helden gestalten, der aus zwei

---

[7] Das Internet, speziell die nichtkommerziellen Seiten, spielt hinsichtlich der Anschlusskommunikation und des Erfolgs *Harry Potters* eine besondere Rolle (vgl. Zimmermann 2001, S. 91f.). Zimmermann urteilt abschließend: „Am Anfang des ‚Harry Potter'-Booms scheint tatsächlich die Begeisterung für das Buch gestanden zu haben. Das Internet hat aber die Bildung einer weltweiten Fangemeinschaft ermöglicht und damit die Verbreitung des Buches erheblich gefördert" (ebd., S. 98).

Buchdeckeln entsteht und somit einer individualisierten Rezeption Raum gibt (vgl. Garbe et al. 2002)?

Inzwischen gibt es eine nahezu ausufernde Sekundärliteratur (vgl. dazu die Bibliografie in diesem Band, S. 313ff.). In den Jahren 2001-2003, als die Seminare angeboten wurden, beschäftigten sich Feuilletonbeiträge oder akademische Vorträge und Publikationen mit *Harry Potter*, indem sie unter Bezug auf den *Text* Überlegungen zur *Rezeption oder Wirkung* formulierten, die zwangsläufig nur hypothetischen Charakter haben konnten. Im Rahmen eines zweisemestrigen Forschungsseminars am Fachbereich Kulturwissenschaften wurden die Studierenden von Christine Garbe dazu angeleitet, das „Rezeptionsphänomen *Harry Potter*" in *empirischen* Studien zu ergründen. Die SeminarteilnehmerInnen begannen damit, ihre eigene Rezeption der *Harry Potter*-Romane (mit einem teilstandardisierten Fragebogen) zu untersuchen und auszuwerten. Sie entwickelten auf dieser Basis sowie mithilfe verschiedener Texte der Sekundärliteratur einen Leitfaden für qualitative Interviews und führten eine Reihe von LeserInnen-Befragungen sowohl bei Kindern als auch bei Erwachsenen durch. Parallel zu dieser Arbeit beschäftigte sich ein Team mit der Erhebung und Auswertung von *Zuschauerreaktionen* auf den Film *Harry Potter und der Stein der Weisen*, der im November 2001 in den Kinos angelaufen war; eine weitere Gruppe untersuchte die Marketing-Kampagne zu *Harry Potter*, die parallel zum Filmstart auf Hochtouren lief, und eine dritte Gruppe entwickelte einen Fragebogen für eine Internet-Befragung auf Fanseiten zu *Harry Potter*. Die Ergebnisse dieser studentischen Arbeiten bildeten die Grundlage für eine Ringvorlesung im Wintersemester 2002/2003, die von Vorträgen teils auswärtiger, teils hiesiger WissenschaftlerInnen aus unterschiedlichen Disziplinen ergänzt wurden. Der vorliegende Band vereint diese Beiträge.

2 Vorstellung der Beiträge dieses Bandes

Der erste Teil des Bandes versammelt Analysen zum Romanzyklus, von dem bis zum Zeitpunkt der Ringvorlesung vier Bände erschienen waren. Die Germanistin, Anglistin und Komparatistin **Emer O´Sullivan** untersucht in ihrem Beitrag Rowlings Romanzyklus im Kontext der britischen Literaturtradition, wobei sie besonders die Traditionen der *school story* (Internatsgeschichten), der phantastischen (Kinder- und Jugend-)Literatur in ihren beiden Ausprägungen der *Victorian fantasy* und der *high fantasy* sowie die britische Komik und speziell den schwarzen Humor ausleuchtet. O´Sullivans These lautet, die spezifische Originalität Joanne K. Rowlings liege nicht im Hervorbringen neuer Inhalte oder Gestaltungsformen, sondern in der schöpferischen Neukombination lange vertrauter und teilweise bereits überholter Genremuster (etwa der *school stories*) – ein intelligentes und unterhaltsames, humorvolles und ernstes Spiel mit nostalgischen Requisiten, das dem „Hogwarts Express" gleiche, jenem Zug mit eindrucksvoller Dampflokomotive, der die Zauberlehrlinge vom Gleis 9 ¾ des Londoner King's Cross-Bahnhofes zum Zauberinternat Hogwarts bringt. „Die *Harry Potter*-Romane sind gut geschriebene, unterhaltsame Geschichten", so resümiert Emer O´Sullivan ihre Untersuchungen, die nicht zuletzt durch die zahlreichen Beobachtungen zu übersetzungsbedingten Verlusten an Mehrdeutigkeit und Humor den Leser bereichern.

Ob *Harry Potter* nur ein intelligentes, postmodernes Spiel mit lange vertrauten Versatzstücken der literarischen Tradition ist oder ein eigener mythologischer Entwurf, gar eine neue Religion – darüber geben die beiden folgenden Beiträge Auskunft:

Der Anglist **Martin-Christoph Just** vertieft die schon von O'Sullivan aufgeworfene Frage, ob *Harry Potter* nicht ein neues Genre von Kinderbuch darstellt, das – im Sinne der postmodernen *bricolage* – eine intelligente Spielerei mit Versatzstücken der Tradition veranstaltet. Just vergewissert sich für seine Fragestellung zunächst einer (kulturwissenschaftlichen) Definition von „Postmoderne", indem er sie als Antithese zur Moderne im Sinne der historischen Avantgardebewegungen des frühen 20. Jahrhunderts akzentuiert. Hatte die Moderne den Abschied von den Fortschrittshoffnungen der Aufklärung und des 19. Jahrhunderts als *Verlust* artikuliert, so proklamiert die Postmoderne die Freiheit zur Zerschlagung und Neuzusammensetzung tradierter Form- und Motivbestände unter dem Vorzeichen einer heiteren *Affirmation*: Just unterstreicht die Weiterentwicklung der „Collage" zur „bricolage" sowie die gerade für postmoderne Literatur konstitutive „Intertextualität". Lassen sich diese konstitutiven Merkmale postmodernen Erzählens in ausgeprägter Form in Joanne K. Rowlings *Harry Potter*-Zyklus nachweisen, so ergibt doch die genauere Untersuchung, dass zentrale Elemente postmodernen Denkens und Erzählens bei *Harry Potter nicht* zu finden sind: die Dezentrierung von Plot und Erzählstruktur, die Betonung der Oberfläche, der Hedonismus und Nihilismus einer „Spaßgesellschaft" etc.; stattdessen sprechen Rowlings lineare Handlungsführung und die Anleihe bei den auktorialen bzw. neutralen Erzählweisen der großen Realisten des 19. Jahrhunderts und schließlich ihr grundlegender moralischer Impetus dafür, dass der Anschein eines „postmodernen Kinderbuches" letztlich trügt.

Der katholische Theologe und Religionspädagoge **Norbert Clemens Baumgart** fragt nach mythologischen und religiösen Spuren in den *Harry Potter*-Romanen. Weit entfernt von den Aufgeregtheiten konservativer Theologen und Moralisten, die die *Harry Potter*-Romane am liebsten verbieten würden, rekonstruiert Baumgart nüchtern und kenntnisreich die ursprünglichen Gehalte und Bedeutungen von Mythos/Mythologie sowie der großen monotheistischen Welt-Religionen und vergleicht die mythologischen und religiösen Anspielungen in Rowlings Romanzyklus mit diesen Gehalten. Seine Befunde sind in beiden Punkten überzeugend: Die Geschichten um *Harry Potter* sind weder vom Inhalt noch von ihrer (existenziell-pragmatischen) Bedeutung her als mythologisch oder religiös einzustufen, da sie die existenzielle „Welterklärungskraft" eines Mythos' oder einer Religion nicht erreichen (und dies auch gar nicht anstreben). Allerdings kann Baumgart auch überzeugend zeigen, dass dessen ungeachtet zentrale Themen der mythologischen Weltdeutung bzw. des religiösen (christlich-jüdischen) Glaubens angesprochen werden: die Frage der Identität, Anerkennung und Akzeptanz, die letztlich auf die (zutiefst religiöse) Überzeugung von der *Kraft der Liebe* hinausläuft; die Frage der Verankerung des Menschen in der *Genealogie* seiner Vorfahren, aus deren Geschichte heraus er seine Gegenwart verstehen kann; die Frage der subjektiven Freiheit (und Pflicht) zur *Entscheidung* und – damit zusammenhängend – die Frage nach der Existenz und der *Erkenntnis von Gut und Böse*. Diese Fragen berühren allesamt existenzielle Dimensionen des Menschseins, und sie werden von Rowling nicht einfach naiv-moralpädagogisch abgehandelt, sondern mit Ernsthaftigkeit und philosophischer Tiefe, auch wenn ihnen die Verankerung in einem konsistenten mythologischen oder religiösen Weltbild letztlich fehlt. Der Erfolg von *Harry Potter* könnte in diesem Lichte auch als Ausdruck des Bedürfnisses der entwurzelten Individuen einer postmodernen, werte-pluralistischen Gesellschaft nach Halt und Orientierung (in einer „Ersatzreligion"?) interpretiert werden.

Was aber macht dann den eigentlichen Gehalt dieses Romanzyklus (und den Grund für seine anhaltende Faszination) aus? Aus einer anderen Perspektive als der Theologe Baumgart greift auch die Kindertherapeutin **Sabine Berloge** das Thema der „Heilung" – und somit letztlich „bibliotherapeutische Effekte" der Lektüre – auf, und dies aus einer sehr originellen Perspektive: Sie stellt sich (in spielerischer Negation des Fiktionscharakters der Romane) die Frage, wie die Diagnose und Therapie für Harry Potter als „realen" Klienten einer kindertherapeutischen Praxis aussehen würde, und vergleicht dies mit der „Therapie", die ihm in der Fiktion (vor allem in Hogwarts) zuteil wird. Mit diesem Kunstgriff gelingt es Berloge, auf die „heilenden" Aspekte dieser Geschichte hinzuweisen, denen zwangsläufig eine Exponierung der Verletzungen und Traumatisierungen des Protagonisten (denen Harry bereits als Säugling ausgesetzt ist) vorausgehen muss. Harry erscheint so als ein *leidendes Geschöpf*, mit dem die kindlichen (und erwachsenen) LeserInnen mitleiden können, und zugleich als ein *gerettetes und geheiltes* Geschöpf, dessen Heilungsprozess die LeserInnen – stellvertretend für den an der eigenen Person ersehnten Heilungsprozess? – miterleben können.

Ein weiterer Schwerpunkt des Bandes widmet sich der **intermedialen Dimension** von *Harry Potter* am Beispiel vergleichender Analysen zu Buch und Film. Im ersten Beitrag untersucht die Anglistin und Medienwissenschaftlerin **Ricarda Strobel** die Transformationen der Romanvorlage durch die Verfilmung des ersten Bandes. Dabei geht sie der Frage nach, warum trotz (oder wegen?) der dem Spielfilm allgemein nachgesagten „Werktreue" die meisten RezipientInnen und KritikerInnen dieser filmischen Adaption kritisch bis ablehnend gegenüber standen. Strobel kann durch ihre Analyse der Handlungsstruktur sowie der Figurendarstellung und spezifischer filmischer Gestaltungsmittel zeigen, dass der Spielfilm gegenüber dem Roman viel an Komplexität eingebüßt hat; die angestrebte (und von Rowling vertraglich eingeforderte) „Werktreue" erweist sich einmal mehr als ein untaugliches Konzept zur filmischen Adaption von Literatur.

Im Beitrag von **Stephanie Hundeshagen und Maik Philipp** werden einzelne Figuren aus *Harry Potter und die Kammer des Schreckens* analysiert. Eine Publikumsbefragung von Stefanie Hundeshagen und Isabell Hampp im Rahmen des o. g. Seminars hatte ergeben, dass im Film *Harry Potter und der Stein der Weisen* die Figur Harry am meisten Kritik auf sich zog, während der Halbriese Hagrid die meisten Sympathien erntete. Beim zweiten Film war die Publikumsgunst dagegen anders gelagert: Hier wurde Harry wesentlich positiver beurteilt, Hagrid sank in der Bewertung deutlich ab und als neuer Favorit lag der Hauself Dobby ganz vorn. Hundeshagen und Philipp fragen nun, ob diese Verteilung der Publikumssympathien auf die verschiedenen Figuren zurückzuführen ist auf ihre – von der Romanvorlage deutlich abweichende – Ausgestaltung im Film, und sie können für diese Hypothese durch den Vergleich der Figurendarstellung in Buch und Film überzeugende Belege vorstellen.

In einem weiteren Beitrag berichtet **Stephanie Hundeshagen** von den oben angesprochenen Untersuchungen zur Rezeption des ersten und zweiten *Harry Potter*-Films. Im Rahmen ihrer Magisterarbeit hat sie im November 2002 das Premierenpublikum von *Harry Potter und die Kammer des Schreckens* in Lüneburg befragt und an der Auswertung der über 300 Fragebögen deutliche Unterschiede zwischen Frauen und Männern sowie zwischen LeserInnen und Nicht-LeserInnen der Romane festgestellt. Die LeserInnen konzentrierten sich mehr auf filmische Details und nannten häufiger wenig frequentierte Orte und Nebenfiguren, als NichtleserInnen dies taten. Letztgenannte favorisierten eher markante Hauptfiguren und kritisierten weniger die Filminhalte als die Umstände der Rezeption. Weibliche Zuschauer präferierten eher emotionale, fürsorgliche Figuren, die auch Schwächen zeigen. Besonders gefielen Frauen und Mädchen Themen wie Zusammenhalt und Freundschaft; männliche Rezipienten hingegen hoben in der Befragung Situationen des Kampfes oder des Wettstreits hervor. Neben solchen Action-Szenen bevorzugten sie eher eindimensional angelegte und auch negative Figuren. Das Publikum hat also Harry abhängig von Geschlecht und Buchkenntnis ganz unterschiedlich gesehen. Insbesondere zeigt Hundeshagens Beitrag, dass sich in der Mediennutzung und -rezeption Geschlechterrollen perpetuieren.

Der dritte Teil des Bandes widmet sich dem Spannungsfeld ***Harry Potter* zwischen Vermarktung, Rezeption und produktiver Aneignung**. Die im vorliegenden Band veröffentlichten Rezeptionsanalysen wurden in dem kulturwissenschaftlichen Forschungsseminar und teilweise in daraus hervorgegangenen Magisterarbeiten durchgeführt.

Den Auftakt bildet der Beitrag von **Andrea Frey und Friederike Wagner** zum *Harry Potter*-Merchandising: „Alles fauler Zauber?". Dem Artikel liegt einerseits eine empirische Umfrage unter Geschäftsleuten einer norddeutschen Stadt zugrunde, die im Frühjahr 2002 zu ihren Erfahrungen und Geschäftsumsätzen mit *Harry Potter*-Produkten befragt wurden, und andererseits eine BWL-Magisterarbeit zu Möglichkeiten und Problemen des „Character Merchandisings" am Beispiel *Harry Potter*. In dieser Arbeit hatte Friederike Wagner bereits vor Beginn der großen Merchandising-Kampagne die Probleme im Fall *Harry Potter* herausgearbeitet, die die empirische Fallstudie von Andrea Frey und Annika Nebe im Rahmen des o. a. Seminars anschließend bestätigte: Rund 90 Prozent der Artikel, die zum besseren Verkauf meist ohne inhaltlichen Bezug mit dem Logo des Buch- und Filmhelden versehen worden waren, wurden zum Ladenhüter oder verkauften sich weit unterhalb der Erwartungen der Produzenten. Frey und Nebe konnten dies an ihrer eigenen Fallstudie eindrucksvoll belegen und mit Zahlen zum bundesweiten Trend absichern, zugleich legt der Beitrag von Frey und Wagner aber auch eine Reihe von Gründen für dieses Scheitern der Kampagne dar. Diese reichen von der unprofessionellen Anlage der Merchandising-Kampagne im Fall *Harry Potter* bis zu der Frage, inwieweit ein „Buchheld", dessen Bild zuallererst je individuell im Kopf der LeserInnen entsteht, sich überhaupt als Werbeträger auf x-beliebigen Produkten eignet. Nicht nur wurde darauf verzichtet, eine einheitliche Gestaltung der Figur auf allen Produkten umzusetzen (neben der populären Buchillustration der deutschen Carlsen-Ausgabe zirkulierten der Film-Harry sowie andere Bilder), sondern die lieblose Gestaltung sowie die Überschwemmung des Marktes mit Produkten beliebiger Art ließ jede Art von Sensibilität für die Bedeutung der Figur bei ihren Fans vermissen. Somit kann das Scheitern der Merchandising-Kampagne zu *Harry Potter* in vieler Hinsicht als Lehrstück gelten.

Caroline Stubenvoll hat im Rahmen einer Magisterarbeit die Lektüre von *Harry Potter* als ein „generationsübergreifendes Rezeptionsphänomen" untersucht. Dazu befragte sie Mutter, Tochter und Großmutter einer Familie, die sämtliche Bände des (bis dahin vierbändigen) Romanzyklus begeistert gelesen hatten. Mithilfe offener bzw. teilstrukturierter Interviews und rekonstruktiver Fallanalysen versuchte sie den jeweiligen Lesemodus der drei Leserinnen zu ermitteln und auf die ebenfalls erfragte Lese- (und Lebens-)Geschichte der Probandinnen zu beziehen. Dabei wird deutlich, dass jede Leserin mit *Harry Potter* ihre eigene Geschichte konstruiert und auch ganz unterschiedliche Funktionen der Lektüre realisiert: vom tagträumerischen Abtauchen in fiktionale Welten über die projektive Bearbeitung eigener Lebenskonflikte bis zur partizipativen Teilnahme (einer älteren Lehrerin) an der Welt ihrer SchülerInnen. Die Fallstudie von Caroline Stubenvoll bestätigt damit, was eine ganze Anzahl weiterer LeserInnen-Befragungen von Erwachsenen und Kindern in dem zugrunde liegenden Forschungsseminar ergeben hatte: Die Identifikation mit Harry ist keineswegs der Hauptmotor des Lesegenusses: „Nicht alles dreht sich um Harry!" (vgl. Garbe et al. 2002).

Auch **Claudia Beinkinstadt Krumlauf** hat ihre Analyse von nicht-kommerziellen Webseiten von *Harry Potter*-Fans im Internet zu einer Magisterarbeit ausgebaut, deren Ergebnisse sie im hier publizierten Aufsatz zusammenfasst. Dabei galt es zunächst, die geradezu gigantische Zahl von Websites zu *Harry Potter* im Internet zu sichten und zu sortieren, was freilich nur in Auswahl geschehen konnte. Zum Zeitpunkt der Untersuchung meldete Google allein 180.000 Einträge im deutschsprachigen Netz und mehrere Millionen im World Wide Web. Krumlauf beschränkt ihre Analyse auf nicht-kommerzielle Auftritte, so genannte Fan-Websites. Sie klassifiziert drei verschiedene Typen, in denen jeweils bestimmte kommunikative Funktionen dominieren: 1.) die netzbasierten Lexika (Beispiel: *Viola Owlfeathers Harry-Potter-Kiste*), auf denen sich vor allem Wissensdurstige und *Harry Potter*-„Philologen" tummeln; 2.) die virtuellen Zauberinternate (Beispiel: der *Inoffizielle Harry-Potter-Fanclub*), die die größte Fangemeinde ansprechen und zahlreiche kommunikative Funktionen realisieren (Unterhaltung, Produktion, Spiel, Chat, Foren usw.); sowie 3.) die virtuellen Schreibwerkstätten, auf denen so genannte „Fanfiction" im thematischen Umkreis von *Harry Potter* publiziert und weiter geschrieben werden kann (Beispiel: *Steffi Silberstreifs Fanfiction Site*). Hier geht es vor allem um eigenes Schreiben, was nur von einer kleineren (überwiegend weiblichen) Anzahl der Fans praktiziert wird. Insgesamt beurteilt Beinkinstadt Krumlauf die internetbasierte Anschlusskommunikation zu *Harry Potter* als ein neues kulturelles Phänomen, bei dem sich Lesen, Schreiben und kreatives Gestalten in vielfältigen Formen neu ausprägt.

Kathy Gabel berichtet von dem Projekt einer Studierenden-Gruppe, die im Rahmen des oben genannten Seminars eine Internet-Befragung von *Harry Potter*-Fans (auf Fan-Websites) entworfen und durchgeführt hat. Die Fragestellung richtete sich dabei auf den Einfluss des Medienverbundes sowie des Potter-Merchandisings auf das Interesse der Fans und den Erfolg von *Harry Potter*. Der ansprechend gestaltete Internet-Fragebogen wurde auf der Homepage der Universität Lüneburg platziert und mit vier Fan-Websites verlinkt. Im Laufe von sieben Monaten gab es einen Rücklauf von insgesamt rund 1.300 Fragebögen, von denen circa 1.100 ausgewertet wurden. Die Studie konnte den ersten Teil der Hypothese bestätigen, dass nämlich *Harry Potter* von den Fans in einem breiten Medienverbund rezipiert wird: Zahlreiche Fans lesen die Romane, sehen die Filme, hören die Hörbücher und nutzen Zeitschriften sowie Internet-Auftritte, um die Geschichten ihres Helden in allen medialen Varianten zu rezipieren – und das oft mehrmals! Zugleich zeigte sich eindrucksvoll, dass die wirklichen Fans von dem ausufernden *Harry Potter*-Merchandising kaum angesprochen wurden, ja, dies häufig sogar explizit und vehement ablehnten. Ihrem Unmut über das unspezifische und überteuerte Angebot an *Harry Potter*-Artikeln jedweder Art gaben sie in zahlreichen Kommentaren Ausdruck, von denen Gabel diverse in ihrem Aufsatz vorstellt.

Der letzte Teil des Bandes umfasst zwei Beiträge, die das Phänomen *Harry Potter* in größere Kontexte einrücken: **Irmgard Nickel-Bacon** fragt nach dem didaktischen „Gebrauchswert" von *Harry Potter* in der Schule und zeigt am Beispiel des ersten Bandes, wie ein medienintegrativer Unterricht zu diesem Thema ausgestaltet sein könnte. Dabei greift sie das von Groeben u. a. entwickelte integrative Modell von Medienkompetenz auf, das neben Medienwissen, Medialitätsbewusstsein und Medienkritik auch der Dimension des Mediengenusses einen eigenen Wert zuschreibt (vgl. Groeben 2002). Dieses Modell kann sich auf Erkenntnisse der Medienpsychologie stützen, denen zufolge emotional-erlebnisorientierte Rezeptionen keinen Gegensatz zu einer kritischen Analyse und Reflexion darstellen, sondern deren Grundlage bilden. Diesen Ansatz konkretisiert Nickel-Bacon an markanten Figuren- und Handlungselementen des ersten *Harry Potter*-Bandes sowie am Vergleich von Buch, Hörbuch und Film. Sie leistet damit zugleich einen Beitrag zur Überwindung der unfruchtbaren, aber hartnäckig tradierten (deutsch-)didaktischen Dichotomie von unkritischem Mediengenuss einerseits und genussfeindlicher Medienkritik andererseits – eine Dichotomie, die seit dem ideologiekritischen Generalverdacht gegenüber allen popularkulturellen Phänomenen den Literatur- und Medienunterricht in manche Sackgasse geführt hat.

Hans-Heino **Ewers** rückt das Phänomen *Harry Potter* in den Kontext der aktuellen Medienverbundangebote, mit denen sich eine zeitgemäße Kinder- und Jugendkulturforschung und -kritik auseinandersetzen muss. Charakteristisch für diese Angebote ist, dass sie in zahlreichen medialen Versionen (Film, Fernsehserie, Hörkassette, Buch, Begleitbücher, Computerspiele etc.) auf den Markt kommen und von den wirklichen „Fans" auch in sämtlichen Versionen rezipiert werden. Man kann deshalb nicht mehr von einem „Originalwerk" (im Sinne der Autonomieästhetik) sprechen, an dem sich die medialen Adaptionen zu messen hätten (Beispiel: Literaturverfilmungen), sondern maßgeblich ist allein der „Stoff", der in seinen Grundzügen in der Pilotversion festgelegt wird und in Grenzen variiert werden darf. Ewers sieht sowohl hinsichtlich der Komplexität und stofflichen Beschaffenheit dieser multimedialen Geschichten als auch hinsichtlich der auf Wiederholung angelegten Rezeptionspraxis kaum noch Bezüge zu Werkbegriff und Rezeptionspraxis der bürgerlichen Literaturepoche mit ihrem Prototyp des psychologischen Romans, dafür umso mehr Parallelen zur klassischen Mythologie, zu den heroischen Epen, Sagen und volkstümlichen Überlieferungen der vorbürgerlichen Epochen. Unter diesem Gesichtspunkt erscheinen viele Phänomene, die von einer der bürgerlichen Kunstdoktrin verhafteten (Kinder-)Literaturwissenschaft und -kritik bislang ignoriert oder abgewertet wurden, in einem neuen Licht. Gerade den Phänomenen der *novelization* oder „Verbuchung" von populären Filmen und Fernsehserien sowie der vielgestaltigen Begleitliteratur (z.B. den *Harry Potter*-Lexika) wird man nicht zuletzt unter dem Gesichtspunkt der literarischen Sozialisation von Kindern und Jugendlichen eine intensivere wissenschaftliche und pädagogische Beachtung widmen müssen, als es bislang geschehen ist.

3 Ausblick: Zur Kritik an und Faszination von *Harry Potter*

Ein so erfolgreiches Phänomen wie *Harry Potter* ruft natürlich seine Kritiker auf den Plan. Inbesondere der (katholischen) Kirche ist das Treiben in Hogwarts mitunter suspekt (vgl. Dreyer-Gehle 2003). Papst Benedikt XVI, damals noch Kardinal, äußerte sich im Jahr 2003 gegenüber Gabriele Kuby, der Verfasserin von *Harry Potter – gut oder böse*,[8] wie folgt: „Es ist gut, dass Sie in Sachen Harry Potter aufklären, denn dies sind subtile Verführungen, die unmerklich und gerade dadurch tief wirken und das Christentum in der Seele zersetzen, ehe es überhaupt recht wachsen konnte" (zit. nach Ruby 2003). Der Schlagabtausch von Anhängern und religiösen Gegnern findet seinen Hö-

---

[8] Kuby geht in ihren zehn Argumenten gegen *Harry Potter* davon aus, dass es sich bei der Septologie um „ein globales Langzeitprojekt zur Veränderung der Kultur" handele. Die Schule Hogwarts ist ihr zufolge „eine geschlossene Welt der Gewalt und des Grauens, der Verfluchung und der Verhexung, der Rassenideologie und des Blutopfers, des Ekels und der Besessenheit." Während diese Welt der Hexen und Zauberer „glorifiziert" werde, werden die Menschenwelt erniedrigt und göttliche Symbole „pervertiert". Eine moralische Qualität spricht Kuby dem Werk Rowlings grundsätzlich ab: „Bei *Harry Potter* gibt es niemanden, der das Gute will." Insgesamt werde die Unterscheidungsfähigkeit der LeserInnen „durch emotionale Manipulation und intellektuelle Verwirrung außer Kraft gesetzt." (Alle Zitate: Kuby 2003)

hepunkt in diversen Internet-Foren (vgl. Stöcker 2005; Dreyer-Gehle 2003, S. 13). Abseits dieser aufgeregten Kontroversen gibt es jedoch auch wissenschaftliche Vertreter der Theologie oder Religionspädadgogik wie Munzel (2003)[9], Bachl (2001) oder Baumgart in diesem Band, die in Rowlings Romanen „keine antireligiöse Tendenz" (Bachl 2001, S. 57) oder gar einen Satanskult zu erkennen vermögen.

Ganz weltliche Kritik in drei Hauptpunkten trifft den Hamburger Carlsen-Verlag, in dem die *Harry Potter*-Romane erscheinen und der laut der Zeitschrift *Werben und Verkaufen* mit den bisherigen Romanen 350 Millionen Euro umgesetzt und schätzungsweise 200 Millionen Euro Gewinn erwirtschaftet hat (vgl. Turi 2005a, S. 28). Der erste Kritikpunkt: die Taschenbuchausgabe des ersten Bandes. Sie erschien 2005, also erst sechseinhalb Jahre nach dem Hardcover, um dessen Verkauf nicht negativ zu beeinflussen. Nun liegt sie „wie Blei" in den Regalen (ebd., S. 26). Der Buchhandel moniert zweitens, dass der Verlag alle Vertriebswege nutzt, also nicht nur den stationären Buchhandel, sondern auch das Internet, Discounter, Tankstellen und, im Falle von *Harry Potter und der Orden des Phönix*, sogar Baumärkte. Seine Brisanz erhält dieser Kritikpunkt durch einen weiteren: Der Verlag gewährt kein branchenübliches Remissionsrecht, sondern allenfalls Kulanz. Wenn ein neuer Band erscheint, wird dies für den Handel „zum Ritt auf der Rasierklinge. Wer sich zu viele Bücher zulegt, bleibt darauf sitzen, wer zu wenig ordert, vergrätzt die Kundschaft", urteilt Turi recht drastisch (2005, S. 28).

Traumhafte Umsätze in den ersten Tagen nach Erscheinen eines Bandes, danach Flaute – ist *Harry Potter* nur ein Hype? Der Zukunftsforscher Matthias Horx bejaht dies; *Harry Potter* ist ihm zufolge „ein kurzfristiger Kult [...] und kein Mythos". Er werde wie viele Objekte einer Popkultur „erstaunlich schnell" verschwinden. Dass Rowling nun nur noch einen Band verfassen wird, hält er sogar für nötig: „Länger lässt sich der Aufmerksamkeitspegel nicht halten" (zit. nach Turi 2005a, S. 28). Nach Lovenbergs Schilderungen lässt sich das am Erscheinen des sechsten Bandes ablesen. Den zu Beginn des Beitrags geschilderten Szenen teils frenetischer Begrüßung des neuen *Harry Potter*-Bandes in New York und London steht gegenüber, dass angesichts der notorischen „Preisschlachten" und der „Marketing-Hysterie des Bloomsbury-Verlags" Ermüdung spürbar gewesen sei. Die Fans, die nachts vor den Buchhandlungen anstehen, folgten „eher dem Gesetz der Serie als der Neugier" (Lovenberg 2005, S. 33). Dass *Harry Potter* auch in Deutschland Abnutzungserscheinungen erkennen lässt, zeigt ein Blick auf die Entwicklung der Auflagen (Abb. 1).

---

[9] Auch wenn Munzel in den religiösen Implikationen der Romane einen „Ausgangspunkt für eine fruchtbare Arbeit im Religionsunterricht" (S. 58) sieht, ist er skeptisch. Er befürchtet, es könne bei den Kindern hinsichtlich der Themen Magie und Okkultismus „zu diffusen Vorstellungen" kommen, „die erst durch eine intensive Auseinandersetzung mit der Harry-Potter-Lektüre im (Religions-)Unterricht zu ordnen sind" (S. 57).

Auflagen-Entwicklung der *Harry Potter*-Romane

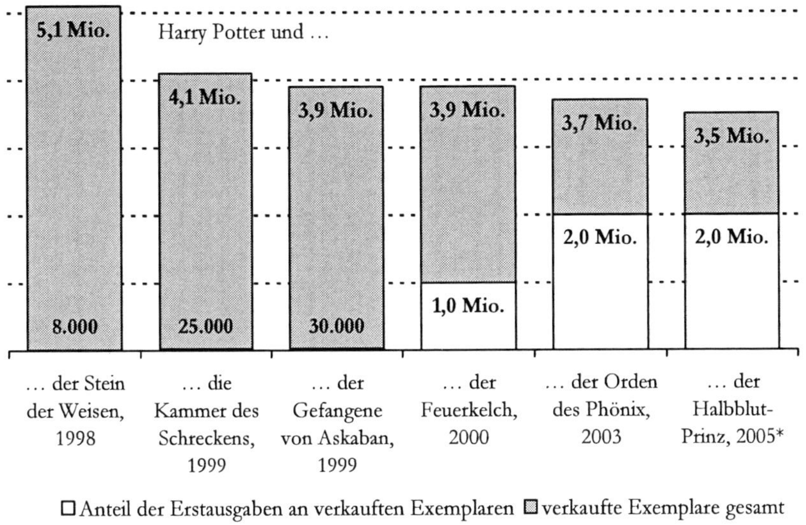

	Harry Potter und ...					
5,1 Mio.	4,1 Mio.	3,9 Mio.	3,9 Mio.	3,7 Mio.	3,5 Mio.	
				2,0 Mio.	2,0 Mio.	
8.000	25.000	30.000	1,0 Mio.			
... der Stein der Weisen, 1998	... die Kammer des Schreckens, 1999	... der Gefangene von Askaban, 1999	... der Feuerkelch, 2000	... der Orden des Phönix, 2003	... der Halbblut-Prinz, 2005*	

☐ Anteil der Erstausgaben an verkauften Exemplaren   ■ verkaufte Exemplare gesamt

* Prognose des Carlsen-Verlags, Gesamtaufl. lt.Verlag: 20,7 Mio.

Abb. 1: Auflagen-Entwicklung der deutschsprachigen *Harry Potter*-Romane. Quelle: Turi 2005a, S. 24

Seitdem der erste Band auf Deutsch erschienen ist, konnte kein Folgeroman diesen Erfolg wiederholen. Für den sechsten Band werden verlagsseitig fünf Prozent weniger abgesetzte Exemplare erwartet. „Vor allem lesende Jungs springen ab", meint Turi (2005a, S. 26). Das nachlassende Interesse von Jungen an Büchern mit dem Beginn der Pubertät, die so genannte „Lesekrise", ist empirisch gesichert und trifft auch die Geschichten um den Zauberlehrling.

Stark kritisiert wurden das Marketing und Merchandising rund um den Hogwarts-Eleven. Das „Harcore-Marketing à la Hollywood" habe, so Turi (2005b), *Harry Potter* „mehr geschadet als genutzt" und die „Marke für viele Buchfreunde unsympathischer gemacht". Grundlegende Fehler seitens der Anbieter von Merchandising-Artikeln und Differenzen zwischen Vor- und Darstellung, die sich insbesondere im Gefolge des ersten Films zeigten,[10] kosteten Sympathien. Wie die Umfrage von Kathy Gabel u. a. zeigte, standen die Potter-Fans den Merchandising-Artikeln kritisch bis ablehnend gegenüber – ein weiteres Indiz dafür, dass *Harry Potter* seinen Zauber aus der Geschichte zieht. *Harry Potter* ist zuvorderst und immer noch ein Buch-Phänomen und entzieht sich fanseitig einer völligen Vermarktung (vgl. auch Zimmermann 2001, S. 95).

---

[10] Vgl. hinsichtlich der Merchandising-Fehler Frey und Wagner in diesem Band sowie hinsichtlich der Filmrezeption die Beiträge von Strobel und Hundeshagen.

Und dieses Phänomen ist, allen Abnutzungserscheinungen und Abgesängen zum Trotz, nach wie vor erfolgreich. Aber woraus speist sich die Faszination bei den LeserInnen? Das Lesen von Literatur ist nach Anz (2002) „ein hochgradig emotionaler Vorgang" (S. 22): „Wer liest, will Lust" (S. 229, vgl. zum Aspekt der Unterhaltung und Emotionalität auch Klimmt, Vorderer 2004). Der Augsburger Literaturwissenschaftler und -didaktiker Kaspar H. Spinner hat in mehreren Aufsätzen Thesen zur Faszination von *Harry Potter* vorgelegt, die sich vor allem auf tiefenpsychologische und lesepsychologische Aspekte beziehen.[11] Einen möglichen Grund für Harrys Erfolg sieht er in dem *Spiel mit der Identität*. Harry Potter weiß nicht, wer er ist – so ließe sich die Ausgangssituation des Romangeschehens formulieren. Der unscheinbare, ungeliebte Waisenjunge, der in einer herzlosen Spießerfamilie aufwachsen muss, ist eine Berühmtheit in der Welt der Zauberer, ohne etwas davon zu ahnen. Dies erfahren er und die LeserInnen erst nach und nach. Aus Sicht der Heranwachsenden ist dies besonders interessant: „Die Frage nach der eigenen Identität gehört im Übergang vom Kindes- zum Erwachsenenalter zu den zentralen Problemen der psychischen Entwicklung und wird von den Jugendlichen oft krisenhaft durchlebt" (Spinner 2001a, S. 11). Jugendliche LeserInnen können an Harrys Suche nach seiner Identität partizipieren und „uneingestandene Wünsche" wie jenen nach Anerkennung oder den, „ein anderer [zu] sein, als der, der man in der alltäglichen Wirklichkeit ist" (ebd.), in *Harry Potter* verwirklicht sehen. Dazu gehören auch die Fähigkeiten zu zaubern und zu fliegen (vgl. Spinner 2001b, S. 114). Harry, bei dem sich die uneingestandenen Wünsche erfüllen und der seine Identität sukzessive findet, „kann so zur Identifikationsfigur für eine phantasierte Identitätssuche werden" (Spinner 2001a, S. 11) – auch für Erwachsene, da die Frage nach dem Ich einen Menschen sein Leben lang begleitet.

Diese erste These differenziert Spinner in einer weiteren: Die Figur des Zauberlehrlings entfalte ein *Wechselspiel zwischen Minderwertigkeitsgefühl und Grandiositätsphantasie*. Harry ist am Anfang des Romanzyklus' ein „männliches Aschenbrödel, er lebt ungeliebt und zurückgesetzt in einem Schrank unter der Treppe, muss Hohn und Spott ertragen" (Spinner 2001b, S. 113). Die LeserInnen, führt Spinner aus, können ihre Minderwertigkeitskomplexe, die – sowohl in physischer als auch in psychischer Form – als menschliche Universalerfahrung gelten, wieder erkennen. Zur Kompensation entwickle der Mensch Omnipotenzphantasien und solche, in denen er den Widersacher besiegt und berühmt sowie moralisch vollkommen ist. Der Psychoanalytiker Wolfgang Schmidbauer habe diese Konstellation von Minderwertigkeit und Allmachtsvorstellung als „narzisstische Phantasie[12] beschrieben, die man insbesondere auch in vielen literari-

---

[11] Zur Analyse des Erfolges von *Harry Potter* vgl. auch Bürvenich 2001 und Bak 2004.
[12] „Das Thema im Mittelpunkt der narzisstischen Phantasie ist der Wechsel von der Ohnmacht zur Allmacht. Dabei sprechen die Heldengeschichten meist deutlich für die [...] Ansicht, dass die Allmachtsphantasie ein Ausgleich für die tief empfundene Ohnmacht ist, welche den Menschen immer wieder in den Krisen seines Selbstgefühls heimsucht." (Schmidbauer, Wolfgang (1981): Die Ohnmacht des Helden. Unser alltäglicher Narzissmus. Reinbek bei Hamburg: Rowohlt, S. 43. Zit. nach Spinner 2001b, S. 113)

schen Texten finden könne" (ebd.) – auch in *Harry Potter*. Denn Harry Potter ist zweifellos eine Figur, an der der Wechsel von Ohnmacht zu Allmacht exemplarisch miterlebt werden kann: Vom ungeliebten Waisenkind in einer hartherzigen stiefelterlichen Familie mutiert er zum strahlenden Helden in der Welt von Hogwarts und der Zauberer insgesamt. Professor McGonagall prophezeit dies bereits im ersten Kapitel des ersten Bandes: „Er wird berühmt werden – eine Legende – [...] ganze Bücher wird man über Harry schreiben – jedes Kind auf der Welt wird seinen Namen kennen" (Rowling 1998, S. 19). Eine Prophezeiung, die sich inzwischen auch in der außerliterarischen Wirklichkeit verwirklicht hat. Immerhin, dies zeigte eine Umfrage des Carlsen-Verlags, kennen 93 % der 10- bis 14-jährigen Deutschen Harry Potter, seine Bekanntheit liegt noch vor Nutella (vgl. Kämpfe-Burghardt 2003, S. 132).

Ein drittes nach Spinner für den Erfolg verantwortliches Motiv ist das der *Elternlosigkeit* (vgl. Spinner 2001a, S. 16). Harry findet sich als Waise einerseits in einer besonderen Situation wieder, andererseits ist diese auch universell. Jedes Kind hegt die Angst, seine Eltern zu verlieren, erlebt aber ebenso, dass die Eltern es zurückweisen, allein lassen oder „verstoßen". Das Motiv der Elternlosigkeit ist – angefangen bei Mythen und Märchen – eines der Grundmotive der Weltliteratur. Es steht nicht nur für die Erfahrung des Verlassenseins, sondern auch für die Notwendigkeit der *Ablösung* von den Eltern, des eigenen Weggehens aus der Herkunftsfamilie im Prozess des Erwachsenwerdens: Dieser Prozess beinhaltet einen Verlust (des Gefühls der Geborgenheit in der Familie), zugleich aber auch einen „Gewinn von Autonomie. Mit *Harry Potter* entwickelt das Kind die Phantasie: Ja, man kann auch ohne Eltern leben" (Spinner 2001, S. 16). Wie in vielen Märchen sind diese ambivalenten Gefühle den eigenen Eltern gegenüber auch bei *Harry Potter* aufgespalten: Es gibt die „bösen" Stiefeltern, die Dursleys, und die „guten" (aber toten) Eltern, die z. B. im Spiegel „Nerhegeb" (= Begehren) im ersten Band für Harry lebendig werden, aber auch die zahlreichen „guten" Ersatzeltern, angefangen von Dumbledore und Prof. McGonagall über die Weasleys bis zu Sirius Black (und zu Teilen vielleicht auch Hagrid).

Von Spinners Thesen zum Erfolg von *Harry Potter* seien nur noch einige herausgegriffen und kurz erläutert. Thematisch wichtig erscheinen neben der Identitäts- sowie der Eltern-Kind-Thematik auch die der *peer group* (vgl. Spinner 2001a, S. 16f.) oder der *Freundschaften* und Feindschaften zwischen Gleichaltrigen, die zunehmend auch die erotischen Dimensionen zwischen den Geschlechtern einschließt. Besonders hervorzuheben ist hier natürlich der – bislang noch unangefochtene – Freundschaftsbund zwischen Harry, Ron und Hermine, deren unbedingtes Zusammenhalten der Grund für ihre erfolgreichen Aktionen ist. Diesbezüglich nimmt *Harry Potter* starke Anleihen beim Genre der „school stories" (Internatsgeschichten) wie auch der kindlichen Detektivgeschichten, in denen es immer auch darum geht (angefangen von *Emil und die Detektive* bis zu den *Fünf Freunden* oder *TKKG*), dass Kinder nur „gemeinsam stark" sind.

Wichtig ist ferner die (überwiegend) klare Strukturiertheit der Welt in *Gut und Böse* und damit eine Klarheit in der imaginären Welt gegenüber der „Unübersichtlichkeit der Wirklichkeit", in der die Positionen von Gut und Böse ja keineswegs so klar verteilt sind. Dieser Aspekt, der auf den zweiten Blick ja gar nicht wirklich klar ist, ist aber so raffiniert gestaltet, dass für kindliche LeserInnen die Polarität von Gut und Böse klar scheint, während erwachsene oder kompetentere LeserInnen die Aufweichungen des Musters deutlich erkennen. Bei *Harry Potter* kann man mit vollem Recht von einem *doppelt adressierten Text* sprechen, das heißt von einem Text, der Kindern *und* Erwachsenen etwas zu sagen hat; bei *Harry Potter* darf man ergänzen: Jungen *und* Mädchen, Männern *und* Frauen, und zwar, so weit dies die Ergebnisse unserer Forschungen zeigten, aus allen Altersgruppen und aus verschiedenen Sozial- und Bildungsmilieus. Ein Text also, den man auf unterschiedlichen Stufen von Komplexität rezipieren kann, und ein Text, der viele Themen anspricht und zahllose Motive aufnimmt, sich in literarische, mythologische und theologische Traditionen einschreibt und eine Fülle von Anspielungen enthält. Diese haben ein reges detektivisches Interesse bei den Fans ausgelöst, wie die diversen Lexika zu *Harry Potter* beweisen, die auf dem Markt sind oder waren (z. B. Hein 2001, Schneidewind 2000, Stein 2000 oder Zollner 2001).

Insbesondere das Faktum des doppelt adressierten Textes spielt eine große Rolle für den Erfolg bei Kindern und Erwachsenen. Von einem „Bestseller" ist bei Kinder- und Jugendliteratur erst bei 50.000 im Jahr verkauften Exemplaren die Rede (vgl. Zimmermann 2001, S. 93, Anm. 12), und die Kinderbuch-Verkäufe lagen bei Carlsen „sonst zwischen 3.000 und 6.000 Stück" (Kämpfe-Burghardt 2001, S. 48), wobei Letztgenanntes „schon richtig gut" sei. Und ein Bestseller ist *Harry Potter* auch bei den Erwachsenen: Ende Oktober 2000 belegten die Bände I-IV die ersten vier Ränge der *Spiegel*-Bestsellerliste (vgl. Carlsen-Verlag 2005, S. 3). Kirsten Boie schreibt ganz zu Recht, dass es die Erwachsenen waren, die *Harry Potter* wie zuvor auch schon *Momo* oder *Sofies Welt* zu den Spitzenplätzen auf den Bestsellerlisten verholfen haben: „Denn wann immer ein Titel aus dem Bereich der Kinderliteratur dort auftaucht, ist es die Begeisterung der erwachsenen Leser, die ihm seinen Platz erobert" (Boie 2001, S. 85).

Spinner hat mehrfach darauf hingewiesen, dass in *Harry Potter* Universalerfahrungen thematisiert und damit Bezüge zur Alltagswelt der LeserInnen hergestellt werden, die zwar primär Kinder beträfen, aber eben nicht nur. Heute befriedige „das Märchen vom unbedeutenden, unglücklichen Waisenknaben […] bei erwachsenen Lesern Bedürfnisse, die sich von denen der Kinder vermutlich in nichts unterscheiden" (Boie 2001, S. 85). Doch warum greifen die Erwachsenen nicht auf Literatur zurück, die expliziter an sie adressiert ist? Warum lesen sie ein Fantasy-Buch, in dem Kinder die ProtagonistInnen sind? Offenbar, weil sie hier finden, was ihnen in anderen Büchern fehlt. Frauke Meyer-Gosau zufolge befriedigt *Harry Potter* Bedürfnisse erwachsener LeserInnen besser als die gegenwärtige deutschsprachige Literatur.

In ihrem Drei-Stufen-Modell (vgl. Meyer-Gosau 2001, S. 9-12) verortet sie drei Arten von Literatur. Die Basis bildet die „lange Prosa der alten Herren", deren literarische Wirklichkeit die gesellschaftliche abbilde und zu beeinflussen versuche. Die „Schicht der Mittelalten" beschäftigt sich nicht damit, Welt zu erklären oder zu verändern, stattdessen habe das „Ich" die „Welt" abgelöst. Diese Art von Literatur gibt sich grüblerisch und weist „eine zumeist ziemlich anstrengende Innen-Umkreisung" auf. Junge

AutorInnen haben dies hinter sich gelassen, sie schildern sprachlich leger ihren Alltag und damit Ausschnitte der Welt. Erklärungsansätze liefern sie aber nicht, sie begnügen sich damit, die Oberfläche zu beschreiben, der Schein ist hierbei das Sein. Insbesondere in der „mittelalten" und „jungen" Literatur kommt Phantasie kommt nur als „unvermeidlich limitiertes literarisches Hilfsmittel" (ebd., S. 12) vor, ihre Werke seien autobiografisch motiviert und selbstreferenziell.

Meyer-Gosau attestiert der deutschsprachigen Literatur in ihrem Gesamtbild einen Mangel an „überschießenden Sehnsüchte[n]", „Hoffnungen", Erklärungsangeboten für die Welt und ironischen Blicken auf sie. „Zuletzt aber fehlt da offenkundig ein Mut zur Phantasie", die der real erfahrenen bzw. -baren Realität mindestens eine weitere anfügt, die virtuell ist und mit der ersten Realität spielt. *Harry Potter* habe das Verdienst, dies wieder in die zeitgenössische Literatur gebracht zu haben. In *Harry Potter* sind Eindeutigkeiten nur dem Schein nach eindeutig; nie kann sich die Leserschaft sicher sein, ob eine Figur ist, was sie zu sein vorgibt. Meyer-Gosau meint, „ein krasserer Gegensatz zu dem Haupt-Glaubenssatz der jungen deutschsprachigen Literatur", die die Oberfläche betont, „ließe sich kaum denken" (ebd., S. 13).

Wider den Zeitgeist handele Rowling auch, indem sie etwas tut, was in der Gegenwartsliteratur „als extrem unschick gilt": Sie denkt über die „soziale Bedingtheit von Entwicklungen und Verhaltensweisen" nach.

> In dieser Hinsicht teilt Rowling mit den AutorInnen der hiesigen älteren Generation also den sezierenden Blick aufs Gesellschaftliche. Was sie zugleich aber radikal von ihnen trennt, ist die Zurückhaltung im Anlegen einer moralischen Werteskala als eines selbstverständlichen und unausweichlichen Richtmaßes einerseits, sind aber auch Jammer und Klage über einen sogenannten Werteverfall andererseits. Drittens schließlich – und ganz entscheidend! – unterscheidet sie ihr zwar stets ironischer, dabei jedoch niemals zynischer [...] Blick auf die gesellschaftlichen Verhältnisse (Meyer-Gosau 2001, S. 15).

Und noch etwas macht Rowling anders: Sie hat „ihre so aktuellen wie grundsätzlichen Fragen an die menschliche Existenz konsequent einem Kinder-Roman zugemutet." Die Adressaten ihrer Romane sind also alle Menschen bzw. vor allem „Phantasten [...], denen das Wirkliche immer auch unwirklich, das scheinbar Unmögliche hingegen durchaus realistisch erscheint" (Meyer-Gosau 2001, S. 17) – und das können Kinder *und* Erwachsene sein. Die Klammer, mit der Joanne K. Rowling ihre erwachsenen wie kindlichen LeserInnen verbindet, ist zugleich das, was den eigentümlichen Reiz für Erwachsene ausmache und „was den meisten ‚erwachsenen' Gegenwartsbüchern fehlt: eine durch nichts aufzuhaltende, schwer nur im Erzähl-Zaum zu haltende Lust am Phantasieren, am Erfinden und Ausfabulieren noch des Absonderlichsten, Unwahrscheinlichsten, Kuriosesten" (ebd., S. 18).

Nicht zuletzt der angesprochene *Witz, die Ironie und der skurrile Humor sowie gelegentliche Sarkasmus* halten gerade für die erwachsenen LeserInnen Lesevergnügen bereit – von der ersten Seite des ersten Bandes an. Zu nennen ist etwa die anfängliche Charakterisierung der Dursleys, die sich fast ausschließlich auf das Detail der Hälse konzentriert: Mr. Dursley, der „fast keinen Hals" hat, und seine Gattin, „die doppelt so viel Hals [besitzt], wie notwendig gewesen wäre", was für ihr neugieriges Beobachten der Nachbarn „sehr nützlich war" (Rowling 1998, S. 5). Erinnert sei ferner an den ersten Auftritt des Internatsleiters von Hogwarts, des „guten" und „weisen" Albus Dumbledore in dem Kapitel „Der sprechende Hut". Nachdem alle neuen SchülerInnen vom sprechenden Hut ihren jeweiligen Häusern zugeordnet sind und nun erwartungsvoll und heißhungrig vor den leeren Tellern des geplanten Festbanketts sitzen, hat Dumbledore seinen ersten Auftritt:

> „Willkommen!", rief er. „Willkommen zu einem neuen Jahr in Hogwarts. Bevor wir mit unserem Bankett beginnen, mochte ich ein paar Worte sagen. Und hier sind sie: Schwachkopf! Schwabbelspeck! Krimskrams! Quiek!
> Danke sehr!" (Rowling 1998, S. 135f.)

Es ist wohl nicht übertrieben festzustellen, dass dies nicht unbedingt die Worte sind, die man in einem streng konservativ geführten englischen Internat von der obersten Autoritätsperson zur Begrüßung eines neuen Schülerjahrgangs erwartet. Damit wären wir wieder beim Ereignis als dem Durchbrechen von (konventionellen) Erwartungen und damit beim Ausgangspunkt angelangt.

Erwartungen von Feuilletonisten und Fans hat zuletzt *Harry Potter und der Halbblut-Prinz* nicht erfüllt, er steht in der Kritik, „das halbherzigste Buch der Serie" zu sein, allerdings komme ihm „im Gesamtzusammenhang die schwierige wie undankbare Aufgabe zu[], all das, was bisher geschah, zusammenzufassen und zugleich das Fundament für den siebten letzten Band zu bereiten" (Lovenberg 2005, S. 33). Die Erwartungen des Literaturbetriebs und der Fans an den Abschlussband der Septologie sind groß, und da mit ihnen auch im letzten *Harry Potter*-Roman gespielt werden wird, erscheint eines sicher: *Harry Potter* bleibt ein Ereignis bis zum Schluss.

4 Literaturverzeichnis

Anz, Thomas (2002): Literatur und Lust. Glück und Unglück beim Lesen. München: dtv
Bachl, Gottfried (2001): Gefährliche Magie? Religiöse Parabel? Gute Unterhaltung. In: Spinner, Kaspar H. (Hg.): Im Bann des Zauberlehrlings? Zur Faszination von Harry Potter. Regensburg: Friedrich Pustet, S. 42-59
Bak, Sandra (2004): Harry Potter. Auf den Spuren eines zauberhaften Bestsellers. Franfurt am Main et al.: Peter Lang
Boie, Kirsten: Anmerkungen zum Phänomen „Harry Potter". In: Knobloch, Jörg (Hg.): „Harry Potter" in der Schule. Didaktische Annäherungen an ein Phänomen. Mühlheim an der Ruhr: Verlag an der Ruhr, S. 83-87
Bürvenich, Paul (2001): Der Zauber des Harry Potter. Analyse eines literarischen Welterfolgs. Frankfurt am Main et al.: Peter Lang
Carlsen-Verlag [2005]: Pressemappe zu Harry Potter. URL: http://www.carlsen.de/downloads/pressemappe_harry_potter.pdf (Stand: 25. Juli 2005)
Dreyer-Gehle, Yvonne (2003): „Harry Potter" im Schussfeld des Christentums. In: Conrady, Peter (Hg.): Harry Potter im Quadrat. Der unheimliche Erfolg eines Best- und Longsellers. Oberhausen: Athena, S. 13-50

Garbe, Christine et al. (2002): (Nicht) alles dreht sich um Harry ... oder Was fasziniert Kinder, Jugendliche und Erwachsene an der Welt des Harry Potter? In: Steitz-Kallenbach, Jörg; Thiele, Jens (Hg.): Medienumbrüche. Wie Kinder und Jugendliche mit alten und neuen Medien kommunizieren. Bremen und Oldenburg: Universitätsverlag Aschenbeck & Isensee, S. 125-146

Groeben, Norbert (2002): Dimensionen der Medienkompetenz. Deskriptive und normative Aspekte. In: Ders.; Hurrelmann, Bettina (Hg.): Medienkompetenz. Voraussetzungen, Dimensionen, Funktionen. Weinheim und München: Juventa, S. 160-197

Heidkamp, Konrad [2000]: Harry für alle. URL: http://www.zeit.de/archiv/2000/13/200013.harry_potter_.xml?page=all (Stand: 17. September 2005)

Hein, Rudolf (2001): Kennen Sie Severus Snape? Auf den Spuren der sprechenden Namen bei Harry Potter. Bamberg: Colibri/Erich Weiß

Hempel, Silke (2003): „Harry Potter", der Popstar. In: Conrady, Peter (Hg.): Harry Potter im Quadrat. Der unheimliche Erfolg eines Best- und Longsellers. Oberhausen: Athena, S. 137-146

Kämpfe-Burghardt, Klaus (2001): Vertriebszauber? Einblicke ins Potter-Marketing. In: Kutzmutz, Olaf (Hg.): Harry Potter oder Warum wir Zauberer brauchen. Wolfenbüttel: Bundesakademie für Kulturelle Bildung, S. 44-59

Kämpfe-Burghardt, Klaus (2003): „Harry Potter" und der Carlsen-Verlag. Vermarktung eines guten Manuskriptes. In: Conrady, Peter (Hg.): Harry Potter im Quadrat. Der unheimliche Erfolg eines Best- und Longsellers. Oberhausen: Athena, S. 131-135

Klimmt, Christoph; Vorderer, Peter (2004): Unterhaltung als unmittelbare Funktion des Lesens. In: Groeben, Norbert; Hurrelmann, Bettina (Hg.): Lesesozialisation in der Mediengesellschaft. Ein Forschungsüberblick. Weinheim und München: Juventa, S. 36-60

Kremer, Detlef (1992): Ereignis und Struktur. In: Brackert, Helmut; Stückrath, Jörn (Hg.): Literaturwissenschaft. Ein Grundkurs. Reinbek bei Hamburg: Rowohlt, S. 517-532

Michael Kunczik; Astrid Zipfel (2001): Publizistik. Ein Studienbuch. Köln, Wien, Weimar: Böhlau

Kutzmutz, Olaf (2001): Nachricht von Aschenputtel. Joanne K. Rowling in den Medien. In: Ders. (Hg.): Harry Potter oder Warum wir Zauberer brauchen. Wolfenbüttel: Bundesakademie für Kulturelle Bildung, S. 60-77

Kuby, Gabriele [2003]: Harry Potter – Gut oder Böse. URL: http://www.gabriele-kuby.de/harry_potter.html (Stand: 16. Juli 2005)

Kuby, Gabriele [2005]: Resonanzen. URL: http://www.gabriele-kuby.de/resonanz.html#Potter (Stand: 16. Juli 2005)

Lotman; Jurij M. (1993): Die Struktur literarischer Texte. 4., unveränd. Aufl., München: Fink

Lovenberg, Felicitas von (2005): Seele in sieben Portionen. In: Frankfurter Allgemeine Zeitung, Nr. 164, 18. Juli, S. 33

Maar, Michael (2002): Warum Nabokov Harry Potter gemocht hätte. Berlin: Berlin Verlag

Meyer-Gosau, Frauke (2001): Potterismus. Was der deutschen Gegenwartsliteratur fehlt – und Harry hat's. In: Kutzmutz, Olaf (Hg.): Harry Potter oder Warum wir Zauberer brauchen. Wolfenbüttel: Bundesakademie für Kulturelle Bildung, S. 7-19

Munzel, Friedhelm (2003): „Harry Potter": Ist das wirklich christlich? In: Conrady, Peter (Hg.): Harry Potter im Quadrat. Der unheimliche Erfolg eines Best- und Longsellers. Oberhausen: Athena, S. 51-58

O. V. [2005]: Potter-Fieber weltweit. URL: http://www.spiegel.de/kultur/charts/0,1518,365527,00.html (Stand: 16. Juli 2005)

Reuther, Birgit [2005]: Der neue Harry Potter bricht alle Rekorde. URL: http://www.abendblatt.de/daten/2005/07/18/460273.html (Stand: 25. Juli 2005)

Rowling, Joanne K. (1998): Harry Potter und der Stein der Weisen. Hamburg: Carlsen

Schneidewind, Friedhelm (2000): Das ABC rund um Harry Potter. Berlin: Schwarzkopf & Schwarzkopf

Spinner, Kaspar (2001a): Im Bann des Zauberlehrlings. Tiefenpsychologische und lesepsychologische Gründe für die Faszination von Harry Potter. In: Ders. (Hg.): Im Bann des Zauberlehrlings? Zur Faszination von Harry Potter. Regensburg: Pustet, S. 11-20

Spinner, Kaspar (2001b): Minderwertigkeitsgefühl und Grandiositätsfantasie. Wie „Harry Potter" seine Leser verzaubert. In: In: Knobloch, Jörg (Hg.): „Harry Potter" in der Schule. Didaktische Annäherungen an ein Phänomen. Mühlheim an der Ruhr: Verlag an der Ruhr, S. 113-119

Stein, Falk N. (2000): Von Alraune bis Zentaur. Ein Harry Potter Lexikon. Düsseldorf: Albatros

Stöcker, Christian [2005]: Pottermania im Netz: „Ich bin ein größerer Fan als Du". URL: http://www.spiegel.de/netzwelt/netzkultur/0,1518,365180,00.html (Stand: 16. Juli 2005)

Turi, Peter (2005a): Probleme in Hogwart [sic!]. In: Werben & Verkaufen, Nr. 28, 11. Juli, S. 24-28

Turi, Peter [2005b]: Warum Harry Potter sterben muss. URL: http://www.spiegel.de/kultur/literatur/0,1518,365303,00.html (Stand: 16. Juli 2005)

Wettach, Wolfgang G. [2005]: Weitere Fakten und Rekorde rund um „Harry Potter". URL: http://www.vangor.de/hogwarts/harrypotterfakten.html (Stand: 16. Juli 2005)

Zimmermann, Holger (2001): Am Anfang war das Buch? Zur Bedeutung des Internets für den Erfolg von „Harry Potter". In: Knobloch, Jörg (Hg.): „Harry Potter" in der Schule. Didaktische Annäherungen an ein Phänomen. Mühlheim an der Ruhr: Verlag an der Ruhr, S. 89-98

Zollner, Barbara Maria (2001): Langenscheidts Großes Zauberwörterbuch. Für Harry Potter-Fans. Englisch-Deutsch. Berlin et al.: Langenscheidt

Emer O'Sullivan

Der Zauberlehrling im Internat:
Harry Potter im Kontext der britischen Literaturtradition[1]

1 Ähnlichkeiten

Eine Welt, in der magische und nicht-magische Wesen nebeneinander existieren, wobei letztere von ersteren nichts wissen. Eine phantastische Schwelle zum magischen Reich, einer medienfreien, quasi vor-industriellen Idylle, im Londoner Bahnhof King's Cross, genauer gesagt, bei einem bestimmten Bahnsteig in King's Cross. Der Protagonist, ein Waisenkind, von seinen Erziehungsberechtigten und einem fetten, verwöhnten gleichaltrigen Gegenpart gequält ist ein Auserwählter, der seine wahre Identität (die erst in der magischen Welt realisiert werden kann) nicht einmal ahnt. Botschafter kommen aus dem magischen Reich, um den verkannten Prinzen zurückzuholen. Die hier referierte Grundstruktur eines Romans ist nicht (nur) die von *Harry Potter*, sie trifft auch auf Eva Ibbotsons *The Secret of Platform 13* zu, 1999 unter dem Titel *Das Geheimnis von Bahnsteig 13* auf Deutsch erschienen. Dafür gab es Plagiatsvorwürfe – sehr zu Unrecht, denn das Buch wurde zwar erst nach *Harry Potter* ins Deutsche übersetzt, aber in England erschien es bereits 1994, also drei Jahre vor dem ersten *Harry Potter*-Band.

Zwei weitere Titel sollen an dieser Stelle ebenso kurz vorgestellt werden, um zu zeigen, in welchem Umfeld *Harry Potter* sich bewegt. In einem Internat für junge Hexen lernen die Schuluniform bzw. genauer Schulroben tragenden Mädchen für den Abschluss „Witches Higher Certificate", (deutsch: „Urkunde für Höhere Hexerei" (Murphy 1982, S. 12). Sie haben allerlei Schwierigkeiten mit den vorgeschriebenen Fächern: Zaubertränke, Zaubersprüche und vor allem Besenreiten. Die Protagonistin, durch deren Versagen sich ihre Schule bei einer Vorführung im Besenkunstflug vor allen Hexeninternaten blamiert hat, reißt aus und entdeckt im finsteren Kiefernwald eine Gruppe abtrünniger, böser Hexen (unter ihnen die Schwester der Schulleiterin), die hinterhältige Pläne gegen die Schule aushecken. Sie kann diese in letzter Minute vereiteln und wird unter viel Jubel in einer großen Feier in der Aula zur Heldin ihrer Schule ernannt. Dieses Internat – „Miss Cackle's Academy for Witches"[2] – steht im Kinderroman *The Worst Witch* von Jill Murphy, 1974 erschienen, auf Deutsch 1982 unter dem Titel *Alle Hexen fangen klein an*. Er ist der erste von insgesamt vier Bänden, in denen fünf Schuljahre der jungen Hexe erzählt werden.

Der dritte Text kennt keine Hexen. Sein Held, der kleine James Henry Trotter, führt ein überglückliches Leben bis zu dem Tag, an dem seine Eltern von einem riesengro-

---

[1] Dieser Beitrag ist bereits erschienen in Lexe, Heidi (Hg.) (2002): „Alohomora!" Ergebnisse des ersten Wiener Harry-Potter-Symposions. Wien: Edition Praesens, S. 15-39. Abdruck mit freundlicher Genehmigung.

[2] Der Witz des englischen Ausgangstextes, wo *cackle* das meckernde Gelächter von Hexen bezeichnet, geht in der deutschen Übersetzung leider verloren.

ßen zornigen Rhinozeros aufgefressen werden, „wirklich ein unerfreuliches Ende für solch gute, nette Eltern" (Dahl 1969, S. 5), wie der Erzähler lakonisch bemerkt. Ganz allein auf der großen feindlichen Welt, wird er mit sechs Jahren zu seinen Tanten geschickt,

> beide einfach gräßliche Wesen […] selbstsüchtig und faul und grausam, und gleich von Anfang schlugen sie den armen kleinen James immerzu und ohne jeden Grund. Sie riefen ihn auch niemals bei seinem richtigen Namen, sondern nannte ihn nur „du ekelhaftes kleines Biest" oder „du lästiger Dreckspatz" oder „du elendes Geschöpf". Sie gaben ihm auch niemals ein einziges Spielzeug oder ein Bilderbuch. Sein Zimmer glich einer kahlen Gefängniszelle (Dahl 1968, S. 6).

Gequält und als Hausklave gehalten, ist James seinen Tanten gänzlich ausgeliefert. Bis zu dem Tag, an dem plötzlich ein Riesenpfirsich im Garten wächst, der ihm eine phantastische Fluchtmöglichkeit bietet. Der Roman *James and the Giant Peach* (Dahl 1961), (dt. *James und der Riesenpfirsich* (Dahl 1968)) stammt von dem lustvoll mit den Urängsten der kindlichen (und nicht nur der kindlichen) Leser spielenden Roald Dahl, dem Meister des schwarzen Humors.

Parallelwelten, ausgelieferte, machtlose und misshandelte Waisenkinder, verkannte Auserwählte, phantastische Schwellen, durch die man allem entkommen kann. Internate für Hexen, magische Fächer, Kampf zwischen Gut und Böse, Protagonisten als Helden, die schließlich die Schule retten und dafür entsprechend Anerkennung und Zuwendung erfahren – das sind alles Themen, Situationen und Motive, die junge Leser unmittelbar in ihrer Lebenssituation in Familie und Schule berühren und die wir in vielen Texten der britischen Kinder- und Jugendliteratur finden – auch in den *Harry Potter*-Bänden.

Diese Aufzählung sollte nicht falsch verstanden werden. Es liegt mir fern von Nachahmungen oder gar Plagiaten zu sprechen, wie das die US-Autorin Nancy Stouffer tat, Verfasserin von *The Legend of Rah and the Muggles* (1986) mit einer Hauptfigur namens Larry Potter, die mit Plagiatsvorwürfen sogar vor Gericht ging. Literaturwissenschaftler wissen ja seit langem, dass „der Raum, in den ein einzelner Text sich einschreibt, immer bereits ein beschriebener ist" (Pfister 1985, S. 11). Literatur entsteht aus Literatur, ist eingebunden in ihr verwandte Traditionen. „Intertextualität", das Verhältnis, das zwischen Texten besteht, wurde von Julia Kristeva in Erweiterung von Bachtins Dialogizitätstheorem wie folgt eingeführt:

> jeder Text baut sich als Mosaik von Zitaten auf, jeder Text ist Absorption und Transformation eines anderen Textes. An die Stelle des Begriffs der Intersubjektivität tritt der Begriff der Intertextualität, und die poetische Sprache lässt sich zumindest als eine doppelte lesen (Kristeva 1972, S. 348).

Dabei erlauben es nicht alle Gattungen und Formen, wie Gundel Mattenklott in einem Artikel über phantastische Traditionen bei *Harry Potter* schrieb, „die literarische Tradition aus dem Kombinierten und Konstruierten gleichermaßen deutlich abzulesen wie die phantastische Literatur" (Mattenklott 2001, S. 33); diese Gattung zeichnet sich besonders aus durch ein Ensemble von Themen und Motiven, die in Variationen immer wiederkehren.

Es geht im Folgenden nicht darum, in einer Art intertextueller Fleißarbeit die Herkunft von Elementen aus den *Harry Potter*-Romanen zu identifizieren und als Katalog zu präsentieren nach dem Motto: Hier taucht Motiv A, dort Thema B zum ersten Mal auf. Auch soll nicht, obwohl das ein spannendes Thema wäre, die Tendenz der nachträglichen Potterisierung der britischen Phantastik auf dem deutschen Buchmarkt aufgezeigt werden, auf dem Eva Ibbotsens Roman oder die noch früher erschienenen Romane von Diana Wynne Jones um den großen Zauberer Chrestomanci[3] nun als Folgeerscheinungen statt als Vorläufer von Potter dargeboten werden. Diese Reihenfolge wird z. B. durch die von der deutschen Potter-Illustratorin Sabine Wilharm entworfenen Titelbilder und das Marketing als „Hexenspaß für Potter-Süchtige" (Carlsen-Katalog) suggeriert.

Abb. 1: Titelbild von *Harry Potter und die Kammer des Schreckens* (Rowling 1999c) von Sabine

Abb. 2: Titelbild von Wynne Jones' *Sieben Tage Hexerei* (Wynne Jones 2001) von Sabine

---

[3] Die *Chrestomanci*-Romane von Wynne Jones, in den frühen 1980er Jahren auf Deutsch bei Dressler verlegt, erschienen 2001 in überarbeiteten Übersetzungen und mit neuem Titel bei Carlsen. Zu *Sieben Tage Hexerei* (Wynne Jones 2001) hieß es im Carlsen-Katalog: „Endlich ist im Zuge des Harry Potter-Fiebers dieses Buch wieder auf dem Markt erschienen."

Wilharm. Quelle und ©: Carlsen Verlag   Wilharm. Quelle und ©: Carlsen Verlag

Abb. 1 zeigt den Umschlag von *Harry Potter und die Kammer des Schreckens* von Sabine Wilharm mit der inzwischen bekannten deutschen Physiognomie des Helden; als Kontrast dazu zeigt Abb. 2, ebenfalls von Wilharm, den Einband von Wynne Jones' *Sieben Tage Hexerei*, 1982 unter dem Titel *Witch Week* auf Englisch, zwei Jahre später als *Hexenwoche* bei Dressler und 2001 bei Carlsen in überarbeiteter Übersetzung erschienen (vgl. Jones 1984 und 2001). Drei jugendliche Figuren sind in dem Roman von Wynne Jones[4] gleich wichtig für die Handlung, dennoch findet sich auf dem deutschen Cover nur eine einzige, bebrillte Person wiedergegeben, deren Ähnlichkeit mit Harry Potter offensichtlich ist.

In diesem Aufsatz steht jedoch etwas anderes im Mittelpunkt des Interesses. In ihrem *Harry Potter*-Zyklus verbindet Joanne Rowling auf originelle Weise Gattungen, die in der britischen Literatur auf eine lange Tradition zurückblicken können: in erster Linie die Phantastik und die Internatsgeschichte oder *school story*, wenngleich auch Spuren des Krimis und der *gothic novel*, des Schauerromans, in ihrem Gattungsmix aufzufinden sind.[5] Im Folgenden soll gezeigt werden, wie sich die *Harry Potter*-Romane in die Traditionen der Internatsgeschichte und der Phantastik einordnen lassen und wie sich Rowling aus dem Fundus dieser Traditionen bedient.[6] Die Originalität der Autorin – das darf schon jetzt als Ergebnis vorweggenommen werden – liegt weniger im Schaffen von etwas grundsätzlich Neuem, sondern in der Art und Weise, wie sie Vertrautes kombiniert und verfremdet. Ihre besondere Leistung liegt in ihrem scheinbar grenzenlosen und lustvollen Erfindungsreichtum, im Ausmalen von Details und in der Balance von Komik und Ernsthaftigkeit, Humor und Bedrohung. Ich werde diese Einordnung unter drei Gesichtspunkten vornehmen:

1. Die Aufnahme der Internatsgeschichte oder *school story*,
2. Die Einordnung in die Tradition der britischen Phantastik und
3. damit verbunden, die kreative Verarbeitung gattungsspezifischer Elemente durch Komik.

---

[4] Er spielt in einer Welt, in der Hexen noch verbrannt werden; das Internat, das als Handlungsort fungiert, ist für Hexen-Waisen beider Geschlechter. Mit Hilfe des Zauberers Chrestomanci gelingt es drei Jugendlichen, die Klasse aus der Parallelwelt, in der sie sich befindet, in eine andere, dem Leser vertrautere, Welt zu holen, in der Zauberei nicht verfolgt wird.

[5] Vgl. Petzold 2001 für eine Diskussion der *Harry Potter*-Bücher als Märchen, als Agentenroman, als *heroic fantasy* und als Bildungsroman. Lexe 2001 geht auf eine wichtige Parallele zwischen den *Star Wars*-Filmen von George Lucas und *Harry Potter* ein.

[6] Die Selbstaussagen der Autorin über ihr Verhältnis zur (britischen) Phantastik sind eher widersprüchlich. In einem Interview spricht sie von ihren Lieblingsautoren E. Nesbit und C. S. Lewis, von *Peter Pan* und von anderen Texten der britischen Phantastik (vgl. Dallach 2000), in einem behauptet sie: „In fact, I don't really like fantasy. It's not so much that I don't like it, I really haven't read a lot of it" (Jones 2000). Sie sei sich nicht dessen bewusst, dass sie überhaupt *fantasy* schrieb, bis „about two thirds of the way through, and I suddenly thought, this has got unicorns in it. I'm writing fantasy!" (ebd.)

2 Aufnahme der Internatsgeschichte oder *school story*

From Brown to Bunter. The Life and Death of the School Story hieß eine 1985 erschienene Studie über die britische Internatsgeschichte, die in ihrem Titel gleich das Ende dieser Gattung ansprach (vgl. Musgrave 1985). Mit *Brown* wird auf den 1857 erschienenen Prototyp der Internatsgeschichte *Tom Brown's Schooldays* von Thomas Hughes Bezug genommen. Der Roman beschrieb die *public school* genannten privaten Internate in Großbritannien in deren wichtigster Entwicklungsphase in den 1830er Jahren und begründete eine lange Zeit florierende Gattung. Mit *Bunter*, Billy mit Vornamen, einer komischgrotesken, amoralischen Witzfigur, ist der vor Harry Potter berühmteste fiktionale Internatsschüler des 20. Jahrhunderts gemeint, der von 1908 bis in die 1940er Jahre als Serienheld in Jugendzeitschriften und zwischen 1952 und 1962 in einer Fernsehserie der BBC berühmt wurde (vgl. z. B. Richards 1947).

Die Blütezeit der Internatsgeschichte liegt zwischen den 1880er und den 1930er Jahren (vgl. Quigley 1982, S. 276). Als Folge der Modernisierung und Demokratisierung des Erziehungswesens in Großbritannien verlor die Internatsgeschichte an Bedeutung, denn zum Konzept der *public school* gehörten schließlich Assoziationen wie Hort der Privilegierten, Ausbildungsstätte des Gentlemans und Kaderschmiede für die Führung in Politik und Wirtschaft[7]. Für George Orwell, einen der prominentesten Kritiker dieser Gattung in ihrer in den 1940er Jahren eher degenerierten Form als populäre Serien in den *Boys Weeklies*, war sie dem wirklichen Leben an einer *public school* extrem unähnlich und bot eher Tagtraumszenarien für jene Leser, die diese exklusive Schule nicht besuchen konnten und die sich in diese privilegierten Räume hineinsehnten (vgl. Orwell 1940).[8]

An die Stelle von Geschichten über die privaten Internatsschulen traten allmählich literarische Aufnahmen der zeitgemäßeren staatlichen Schulen, später der Gesamtschule, einer – im Gegensatz zum Internat – gemischtgeschlechtlichen Tagesschule. Eine der erfolgreichsten *school stories* dieses neuen Typs war die in den 1970er Jahren für das Fernsehen konzipierte und realisierte Serie *Grange Hill*, in deren Folge eine Reihe von Büchern als *tie-ins* erschien.[9]

Zu den Gattungskonventionen der traditionellen britischen Internatsgeschichte über das in einer hermetischen Welt mit eigenen Ritualen und Traditionen angesiedelte Zusammenleben von (meist männlichen) Jugendlichen gehören *bestimmte Typen*, – der gute Schüler, der Tyrann, der Feigling, der Sensible, der Tollpatsch, der Streber, das Ekel,

---

[7] Die *public schools* „have provided the ruling elite, furnishing it with a common training, a common perspective, a private language and a shared experience" (Richards 1988, S. 299), sie hat auch das vorherrschende Selbst- und Fremdbild Englands, das Bild eines Gentlemans „the decent, honourable, reticent embodiment of duty, loyalty and ‚good form'" (ebd.) geprägt.

[8] Vgl. Kalka 2000, der die Beobachtungen Orwells über die Künstlichkeit der *school story* in Verbindung zu Harry Potter setzt.

[9] Während die ursprüngliche Serie von Phil Redmond geschrieben wurde, zeichnete für auf der Serie basierende Romane Robert Leeson verantwortlich (vgl. Carpenter, Prichard 1984, S. 219).

der treue Gefährte, der weise Direktor, die mütterliche Krankenschwester usw. –, *bestimmte Situationen*: – erste Anfahrt mit der Bahn, in der man die neuen Mitschüler kennen lernt bzw. bekannte wiedertrifft, mitternächtliches Gelage, Ausgang zum Besuch des nächstliegenden Dorfes, Bestrafung für Individuen oder Gruppen – *und Tugenden der Hauptfigur* wie Offenheit, Nationalgefühl, Aufrichtigkeit, Tapferkeit, Loyalität, Aufopferungsbereitschaft, Fairness, und, aufgrund der Bedeutung des Mannschaftssports im Internats-Erziehungskonzept wichtig, Teamgeist. Diese Elemente bestimmen die englische Internatsgeschichte von Hughes' *Tom Brown's Schooldays* über Ansteys *Vice Versa* (1882), Kiplings *Stalkey & Co* (1899) bis hin zu Erzeugnissen der formelhaften Nachfolger wie G. A. Henty, Frank Richards oder, mit geschlechtsspezifischer Adaption für Mädchen, Angela Brazil und Enid Blyton.[10]

Eine der interessantesten Leistungen Rowlings ist es m. E., dass es ihr gelingt, diese halbtote und ins Klischeehafte abgesunkene Gattung durch die phantastische Verfremdung wieder zu beleben und zu einem neuen Höhepunkt zu führen. Diese These soll an einigen Beispielen erläutert werden.

Auf einer Ebene ist Hogwarts Schule für Hexerei und Zauberei (im Englischen heißt sie mit dem von der Autorin bevorzugten Stilmittel der Alliteration „Hogwarts School of Witchcraft and Wizardry") ein Internat, wie es im Buche steht. Viele bekannte Bestandteile finden sich wieder: Häuser, das Präfektensystem, Prüfungen, Turniere, Rivalitäten, Rabaukentum usw. Auch die mütterliche Krankenschwester, Madam Pomfrey, die die Kunst beherrscht, Knochen nachwachsen zu lassen und alle Missgeschicke, die sich als Resultat noch nicht ganz beherrschter Zauberkunst ereignen, zu beseitigen, gehört dazu. In Hogwarts' Klassenräumen, Schlafsälen und von Geistern bewachten Gängen spielt sich das Leben der jungen Zauberer ab. Dazu kommen – für die britische Internatsgeschichte immer von zentraler Bedeutung – die Sportstätten. Für die traditionell dominante Sportart *rugby* hat Rowling eine neue eigens für ihre Zauberer erfunden: Quidditch. Harrys größte Leistung – und darin ähnelt er seinen Vorläufern in den Internatsromanen sehr – ist weniger seine intellektuelle Fähigkeit als sein Geschick auf dem Sportplatz, für das er von seinen Hausgenossen gefeiert wird.

Rowling nimmt all diese Versatzstücke und traditionellen Rituale des britischen Internats und verwandelt Vertrautes durch den phantastischen Kontext in etwas Verfremdetes, es findet eine Defamiliarisierung der traditionellen Schulgeschichte, eine Entautomatisierung des Gewohnten statt, das nun aus einer neuen, aus einer komischen Perspektive betrachtet wird: Traditionen und Riten erscheinen in einem neuen Licht (vgl. Mynott 1999, S. 16f.).

Das erste Beispiel ist das alljährliche Ritual des Einkaufs für die Schule. Nach der Tradition erhalten Schüler bzw. ihre Eltern eine Liste, auf der alles, was der Schüler für das nächste Schuljahr benötigt, aufgezählt wird: Schuluniform, -bücher usw. Auch Harry Potter bekommt eine solche Liste (vgl. Rowling 1997, S. 75f.)

---

[10] Vgl. zur weiblichen *school story* Cadogan und Craig 1976 sowie Clark 1996.

Die Struktur der Liste ist vertraut – „Uniform", „Lehrbücher" und „Ferner wird benötigt". Der diese Struktur kennende Leser schmunzelt, wenn er ihre Konkretisierung liest: Zur Uniform gehört u. a. ein einfacher Spitzhut (schwarz) für tagsüber und ein Paar Schutzhandschuhe (Drachenhaut o. ä.). Diese Schulkleidung muss mit Namensetiketten versehen werden. Zu den vorgeschriebenen Lehrbüchern gehören z. B. von Lurch Scamander: *Sagentiere und wo sie zu finden sind*[11], Bathilda Bagshots *Geschichte der Zauberei* und die *Theorie der Magie* von Adalbert Schwahfel (hier findet sich die ist übrigens einer der wenigen „sprechenden" Namen, die gelungen ins Deutsche übersetzt wurden, auf Englisch heißt der Verfasser Adalbert Waffling).[12] Zu den Dingen in der Rubrik „Ferner wird benötigt" gehören u. a. ein Zauberstab und ein Kessel aus Zinn (Normgröße 2). Das Dokument entspricht in Form, Struktur und Register der normalen Schul-Liste, bis hin zu den Hinweisen an die Eltern: „Es ist den Schülern zudem freigestellt, eine Eule ODER eine Katze ODER eine Kröte mitzubringen" und schließlich „Die Eltern seien daran erinnert, dass Erstklässler keine eigenen Besen besitzen dürfen". Harry Potter und seine Mitschüler sind, das sei hier nur nebenbei bemerkt, natürlich keine „Erstklässler" wie es in der deutschen Übersetzung heißt, sondern *first years*, also Schüler der ersten Klasse der Sekundarstufe.

Diese Liste ist nur ein Beispiel dafür, wie die Spielregeln der Hogwarts Schule bis ins letzte Detail durchdacht sind und stringent eingehalten werden. Sie spiegeln genauestens die Regeln der Internate wieder, aber der Inhalt ist neu. Die Fächer heißen z. B. Zaubertränke, Fliegen, Geschichte der Zauberei, Verwandlungen, Verteidigung gegen die dunklen Künste; studiert wird für Prüfungen, die für englischsprachige Leser vertraut, aber leicht verfremdet erscheinen – die Abkürzung OWLs (Ordinary Wizarding Levels)[13] hat Ähnlichkeit mit den britischen O-Levels (Ordinary Levels – heute GCSE-Examen), der Abschlussprüfung der Mittelstufe, kann aber ebenfalls als *owl* (dt. Eule) gelesen werden. Auch hat Hogwarts, wie jede traditionelle britische Schule, ein Wappen mit einem Schul-Motto auf Latein (vgl. Abb. 3). „*Drago Dormiens nunquam Titillandus*", also „kitzele nie einen schlafenden Drachen", dessen Abweichung von der Tradition ein Schmunzeln hervorruft. Das Schulwappen von Hogwarts besteht aus den

---

[11] Im Englischen heißt das Buch *Fantastic Beasts and Where to Find Them by Newt Scamander* (Rowling 1997, S. 53). Es gehört zu den *spin-off*-Titeln, die in den *Potter*-Bänden ursprünglich als Schulbuch o. Ä. erwähnt und später ausgestaltet wurden (der größte Teil des Erlös aus dem Verkauf dieser Bücher geht an die Wohltätigkeitsorganisation *Comic Relief*). Der Titel und Name des vermeintlichen Autors der deutschen Übersetzung dieses *spin-offs* lautet anders als in der Liste in Rowling 1998a, obwohl er ebenfalls von Klaus Fritz übersetzt wurde: *Phantastische Tierwesen und wo sie zu finden sind. Vom berühmten Mitarbeiter im Amt für Drachenforschung und Drachenzähmung Newt A. F. L. Scamander* (Rowling 2001b).

[12] Ein Nachschlagewerk zu den in *Harry Potter* vorkommenden Namen liefert Hein 2001.

[13] In der deutschen Übersetzung „ZAG (Zaubergrad)".

Wappen der vier Häuser,[14] diese Häuser selbst sind ein weiteres Beispiel für den originellen Umgang mit vertrauten Elementen.

Abb. 3: Wappen mit Motto von Hogwarts (erscheint auf der Haupttitelseite aller britischen Ausgaben der *Harry Potter*-Bücher)

Kreativ wird eine traditionelle Organisationsstruktur des Internats, die Unterteilung in verschiedene Häuser, verarbeitet. Die Häuser, Wohn-Einheiten innerhalb der Schule, bilden eine Gemeinschaft von Schülern aller Jahrgangsstufen, in der das soziale Miteinander und Verantwortung für einander über diese Identität stiftende Einrichtung gefördert wird, u. a. dadurch, dass durch Leistungen Einzelner Punkte für das Haus gewonnen und durch Regelverletzungen dem Haus Punkte abgezogen werden; am Ende des Jahres erhält das Haus mit den meisten Punkten den Hauspokal. Hogwarts hat vier solcher Häuser: Gryffindor, Slytherin, Hufflepuff und Ravenclaw. Das Besondere an diesen Häusern, jedes klar von den anderen unterscheidbar, mit eigener Geschichte, eigenem Wappen, eigenem Hausgeist und Hauslehrer, liegt in der Art und Weise, wie die Schüler den Häusern zugeteilt werden. Kein Verwaltungsakt sondern ein sprechender Hut (auf Englisch: *Sorting Hat*)[15] weist die Neuankömmlinge einem der vier Häuser zu. Auswahlkriterien sind die Fähigkeiten, Vorlieben und Charaktermerkmale der Individuen: „Setzt mich nur auf, ich sag euch genau, / wohin ihr gehört – denn ich bin schlau" (Rowling 1998a, S. 130) singt der Hut in der Szene, in der Harry und seine Freunde das Auswahlverfahren durchlaufen müssen und der Hut sich und die vier Häuser vorstellt. Die Charakteristik der Häuser ist von entscheidender Bedeutung für

---

[14] Links oben das von Gryffindor, rechts oben das von Slytherin, links unten das von Hufflepuff und rechts unten das von Ravenclaw.

[15] Er ist der erste der magischen Auswahlmechanismen, denen wir in den *Harry Potter*-Bänden begegnen. Im vierten Band, *Harry Potter und der Feuerkelch* (Rowling 2000b) ist es der Pergamentpapier ausspuckende Feuerkelch.

den weiteren Verlauf der Bücher, umso bedauerlicher, dass die deutsche Übersetzung an dieser Stelle zu wünschen übrig lässt.[16]

> You might belong in Gryffindor,
> Where dwell the brave at heart,
> Their daring, nerve and chivalry
> Set Gryffindors apart (Rowling 1997, S. 88);

heißt es bei der Vorstellung von Gryffindor. Der klingende Name *Gryffindor* verweist zum einen auf den Sagenvogel *griffin* (auch *gryphon* geschrieben), der Greif, mit Adlerkopf und Löwenkörper, der mit dem Zusatz *dor* („aus Gold") veredelt wird; das Hauswappen von Gryffindor ist der Löwe (vgl. Abb. 3). „Brave at heart", also aufrichtige Tapferkeit, hat Assoziationen mit Löwenherz; die Gryffindors zeichnen sich durch Kühnheit, Mut und Ritterlichkeit aus. Die idealisierte Autorität Dumbledore (mit ähnlich klingendem Namen) war ein Gryffindor. Verkürzt und mit Verlust des Namensspiels heißt es in der deutschen Fassung lediglich:

> Vielleicht seid ihr Gryffindors, sagt euer alter Hut,
> denn dort regieren, wie man weiß, Tapferkeit und Mut (Rowling 1998a, S. 130).

Der Name *Hufflepuff* hat Klangassoziationen mit Wind, blasen und körperlicher Anstrengung – der Wolf, der im britischen Volksmärchen *The Three Little Pigs* das Haus der Schweine zerstören will, sagt wiederholt „I'll huff and I'll puff and I'll blow your house down". Die Hufflepuffs sind gerecht, loyal, geduldig und nicht arbeitsscheu:

> You might belong in Hufflepuff,
> Where they are just and loyal,
> Those patient Hufflepuffs are true
> And unafraid of toil (Rowling 1997,88).[17]

Das dritte Haus, *Ravenclaw* (Rabenkralle), Hauswappen Adler, beherbergt die klugen Köpfe:

> Or yet in wise old Ravenclaw,
> If you've a ready mind,
> Where those of wit and learning,
> Will always find their kind (Rowling 1997, S. 88).[18]

---

[16] Zum Beispiel wird eines der wichtigsten Themen der Harry Potter-Romane – nicht nach dem Aussehen oder dem Anschein zu urteilen - gleich in der zweiten Zeile des Liedes angesprochen. „Oh, you may not think I'm pretty, / *But don't judge on what you see*, / I'll eat myself if you can find / A smarter hat than me" (Rowling 1997, S. 88, Hervorhebung von O'Sullivan); in der (holpernden) deutschen Übersetzung fehlt dieser Hinweis: „Ihr denkt, ich bin ein alter Hut, / Mein Aussehen ist auch gar nicht gut. / Dafür bin ich der schlauste aller Hüte, / und ist's nicht wahr, so fress ich mich, du meine Güte" (Rowling 1998a, S. 130).

[17] In der deutschen Übersetzung: „In Hufflepuff dagegen ist man gerecht und treu, / man hilft dem anderen, wo man kann, und hat vor Arbeit keine Scheu." (Rowling 1998a, S. 130).

[18] In der deutschen Übersetzung: „Bist du geschwind im Denken, gelehrsam auch und weise, / dann machst du dich nach Ravenclaw, so wett ich, auf die Reise" (Rowling 1998a, S. 130). Et-

Huffelpuff und Ravenclaw – beides von Frauen gegründete Häuser – spielen in den ersten vier Bänden keine handlungstragende Rolle; wichtig sind Gryffindor und das vierte Haus – *Syltherin*. Englisch *slithery* heißt soviel wie *schlüpfrig, schlangenartig*, passend zum Hauswappen Schlange[19] (vgl. Abb. 3) mit allen negativen und auch religiösen Assoziationen, die mit ihr einhergehen. Voldemort gehörte dem Haus Syltherin an. In der englischen Fassung singt der Hut:

> Or perhaps in Syltherin
> You'll make your real friends,
> Those cunning folk use any means
> To achieve their ends (Rowling 1997, S. 88).

Diesen berechnenden oder gerissenen Zeitgenossen sind also alle Mittel Recht, um ihre Vorhaben durchzusetzen. Dieser wichtige Hinweis wird nicht ganz mit ins Deutsche transportiert, wo es platt und leicht abweisend (*real friends* meint hier soviel wie *deinesgleichen* und nicht *echte Freunde*) heißt:

> In Syltherin weiß man noch List und Tücke zu verbinden,
> doch dafür wirst du hier noch echte Freunde finden (Rowling 1998a, S. 130).

Die Hauptrivalität zwischen den Häusern findet zwischen den in jeder Hinsicht entgegengesetzten Häuser Gryffindor und Slytherin statt. Auf dem Schulwappen (vgl. Abb. 3) sieht man, wie sich Gryffindors Löwe und Slytherins Schlange agressiv-kämpferisch einander zuwenden.

Dass Harry etwas Besonderes ist, wird durch die Art gezeigt, wie die Auswahl bei ihm vonstatten geht. Keine glatte Zuordnung, wie bei den anderen Neuankömmlingen, sondern Ambivalenz. Er hat auch Elemente von Slytherin in sich, der Seite des Bösen, wie man nach fünf Bänden verallgemeinernd sagen kann. Er setzt den Hut auf.

> „Hmmm", sagte eine piepsige Stimme in seinem Ohr. „Schwierig. Sehr schwierig. Viel Mut, wie ich sehe. Kein schlechter Kopf außerdem. Da ist Begabung, du meine Güte, ja – und ein kräftiger Durst, sich zu beweisen, nun, das ist interessant ... Nun, wo soll ich dich hinstecken?"
> Harry umklammerte die Stuhllehnen und dachte: „Nicht Slytherin, bloß nicht Slytherin."
> „Nicht Slytherin, nein?", sagte die piepsige Stimme. „Bist du dir sicher? Du könntest groß sein, weißt du, es ist alles da in deinem Kopf, und Slytherin wird dir auf dem Weg zur Größe helfen. Kein Zweifel – nein? Nun, wenn du dir sicher bist – dann besser nach GRYFFINDOR!" (Rowling 1998a, S. 134)

Harry ist etwas Besonderes, und doch ist er vertraut. „Tom, Dick and Harry", das heißt auf Englisch soviel wie „Jedermann", aber *Harry* heißt auch der Sohn des britischen Thronfolgers Charles, dessen Internatskarriere parallel zu der Harry Potters verläuft

---

was inkonsequent ist die Tatsache, dass die als kluge Streberin charakterisierte Hermine statt in Ravenclaw in Gryffindor gelandet ist.

[19] Bei Harrys erster Begegnung mit einer Schlange, bei der sich zeigt, dass er mit dieser Spezies reden kann, wird der Weggang der Python beschrieben als: „the snake *slid* swiftly past him" (Rowling 1997, S. 26, Hervorhebung von O'Sullivan).

(übrigens ergeben die Initialen der drei Freunde Harry, Ron und Hermine „HRH", ein Kürzel für *His Royal Highness*, ein vielleicht nicht beabsichtigter Hinweis auf das Prinzenthema). Potter, auch ein sehr geläufiger Name: *to potter*, heißt „herumwerkeln", eher eine alltägliche Tätigkeit und „töpfern", also eine Verbindung zu Kreativität und Schöpferischem.

Rowling schafft in ihren *Harry Potter*-Bänden also Originalität durch die Füllung der Form der Schulgeschichte mit neuen Inhalten. Details werden liebevoll ausgemalt. *Harry Potter* ist m. W. der erste Zyklus, bei dem der Verlauf der Schuljahre die Anzahl der Bände vorgibt, ein Band für jedes Jahr, das Harry in Hogwarts verbringt. Schule ist also nicht nur Thema und Schauplatz, sondern auch Strukturierungsprinzip, wir haben es mit einem Entwicklungsroman über sieben Jahre in sieben Folgen zu tun. Diese Schulstruktur gibt der Geschichte in der phantastischen Welt zudem ein realistisches Gerüst. Rowling selbst sagte, sie wolle nicht über Figuren schreiben, die ewig auf der gleichen Entwicklungsstufe stehen, wie etwa in den Büchern von Enid Blyton oder, wie *Peter Pan*[20], dem Mythos der ewigen Kindheit, den sie äußerst suspekt findet. Die Entwicklungsgeschichte ist zentral: We wird diese Gruppe von Figuren, allen voran Harry, älter werden? In den ersten vier Bänden hat sie sich am stärksten im letzten Band bemerkbar gemacht, im aufkeimenden Interesse am anderen Geschlecht.

Rowling gelingt also eine detailreiche und genaue Aufnahme von Strukturen und Elementen der Internatsgeschichte, sie haucht mit dieser Verfremdung der traditionellen Internatsgeschichte einer tot geglaubten Gattung neues Leben ein.

3 Einordnung in die Tradition der britischen Phantastik

Mit ihrem Hin und Her zwischen diesseitigem modernen Alltag der Muggel und der magischen Welt der Hogwarts Schule für Hexerei und Zauberei lässt sich Rowling in eine Tradition der angelsächsischen Phantastik des 19. Jahrhunderts, in die *Victorian fantasy* einordnen. Ähnlich wie George MacDonald, Mary Molesworth oder Edith Nesbit versucht sie, phantastische Elemente in die moderne Alltagswelt einzubinden und diese Integration komisch produktiv zu machen. Dadurch wird eine phantastische Struktur mit der des realistischen Kinderromans verbunden. Diese Spielart der phantastischen Literatur erhebt selten Anspruch auf eine wie auch immer geartete mythische Deutung der Welt; dadurch unterscheidet sie sich von der so genannten *high fantasy* für Kinder, als deren erster Vertreter gemeinhin J. R. R. Tolkien gilt, Alt-Philologe und Autor von *The Hobbit* (1937) und der darauf folgenden *Lord of the Rings*-Trilogie (1954/55), und zu deren wichtigsten Vertretern C. S. Lewis mit seiner in sieben Bänden erzählten phantastischen Romanserie *The Chronicles of Narnia* (1951-56) und die US-amerikanische Autorin Ursula LeGuin, Verfasserin der *Earthsea*-Tetralogie (1968-1991), gehören. In der Abenteuerhandlung der *high fantasy* muss ein singulärer Held auf einer Suche sich im Kampf mit den Mächten des Bösen bewähren und seine Welt „retten".

---

[20] „Es basiert auf einer Lüge. Es gibt keine endlose Kindheit. *Peter Pan* liefert eine ausnahmslos auf Männer fixierte Phantasiewelt." (Rowling in Dallach 2000, S. 9).

Gehandelt wird in einer in sich geschlossenen, sekundären, mythologischen Welt, die über eine andere Geschichte und Geographie als die der Leser verfügt, die nicht selten mit phantastischen Wesen (Zwergen, Magiern, sprechenden Tieren, Fabelwesen) ausgestattet ist und die z. T. mit einer eigenen Sprache versehen ist. Vereint sind die Vertreter der *high fantasy* dadurch, dass sie mithilfe dieser Gattung einen Entwurf präsentieren wollen: Tolkien erfand Mittelerde, um nach dem Vorbild alter Epen eine moderne Mythologie für England zu schaffen, C S. Lewis wollte für Kinder die christliche Heilsgeschichte neu darstellen, LeGuin schuf das Archipel Erdsee, um ihre von der Anthropologie und der Psychoanalyse Carl Jungs geprägte Auffassung über die Entstehung des Universums darzulegen.

Die Welt der *high fantasy* hat in der Regel stark mittelalterliche Züge (vgl. Sullivan 1996, S. 305). Gewohnt wird nicht selten in Schlössern. Liest man einige Passagen der Potter-Bücher, könnte man meinen, auch diese gehörten zum Bereich der *high fantasy*. Deutlich wird das z. B. beim ersten Blick auf Hogwarts:

> „Augenblick noch, und ihr seht zum ersten Mal in eurem Leben Hogwarts", rief Hagrid über die Schulter, „nur noch um diese Biegung hier."
> Es gab ein lautes „Oooooh!".
> Der Enge Pfad war plötzlich zu Ende und sie standen am Ufer eines großen schwarzen Sees. Drüben auf der anderen Seite, auf der Spitze eines hohen Berges, die Fenster funkelnd im rabenschwarzen Himmel, thronte ein gewaltiges Schloss mit vielen Zinnen und Türmen.
> „Nicht mehr als vier in einem Boot!" rief Hagrid und deutete auf eine Flotte kleiner Boote, die am Ufer dümpelten (Rowling 1998a, S. 124).

Mit dem Boot werden die Schüler an Land gebracht, danach folgen sie Hagrid eine lange Steintreppe hoch, bis sie an das riesige Eichentor des Schlosses gelangen.

Auch in Rowlings magischer Welt gibt es keine der Errungenschaften der industriellen Revolution oder der Informationstechnologie. Fackeln statt elektrischem Licht, Eulenpost statt E-Mail und natürlich kein Fernsehen.

In der Muggelwelt des Überflusses werden gerade die neuen Medien zur Negativcharakterisierung von Harrys Cousin Dudley herangezogen. Dudleys zweites Schlafzimmer, in dem bis dahin all seine Spielsachen aufbewahrt wurden, die nicht mehr in sein erstes passten, wird so beschrieben:

> Fast alles hier drin war kaputt. Die einen Monat alte Videokamera lag auf einem kleinen, noch funktionierenden Panzer [...]. In der Ecke stand Dudleys erster Fernseher. Als seine Lieblingssendung abgesetzt wurde, hatte er den Fuß durch den Bildschirm gerammt. [...] Andere Regale standen voller Bücher. Das waren die einzigen Dinge in dem Zimmer, die aussahen, als wären sie nie angerührt worden (Rowling 1998a, S. 44f.).

Rowling verhält sich also auf der expliziten Ebene medienkritisch und gestaltet die Hogwarts-Welt als eine medienfreie Zone. Auf der Gestaltungsebene ist allerdings der Einfluss der neuen Medien sehr stark auszumachen, die Beschreibungen der sich gegenseitig besuchenden Portraits in den dunklen Korridoren, der in den Mauern verschwindenden Türen, der sich versteckenden Bücher, der Treppen, die plötzlich ihre

Richtung ändern und anderswohin führen, der *Marauder's Map* („die Karte des Rumtreibers"), auf der Harry jeden sehen kann, all diese Elemente wirken wie eine Gameboy-Version von Hogwarts. Auch Quidditch als dreidimensionales Spiel könnte der Welt des Video-Spiels entsprungen sein; die Autorin „successfully incorporates the fizz and excitement of the modern video game into the prose page" (Tucker 1999, S. 231).

Der nostalgische Charme einer vorindustriellen Zeit, wie Hogwarts sie repräsentiert, stellt den Kontrast zum Muggel-Alltag und zum Alltag der Leser her, soweit korrespondiert Rowling mit der *high fantasy*. Aber das ist keine Phantastik, in der die Welten gänzlich getrennt voneinander sind, es gibt nur Spielregeln, die besagen, dass Zauberer sich anders verhalten, wenn sie in der Muggelwelt sind, sie verlieren nicht ihre Fähigkeiten, sie üben nur ihre Kräfte nicht aus. Die Existenz von Mischwesen – Halb-Muggel- und Halb-Zauberer – weist ebenfalls darauf hin, dass die beiden Welten nicht konsequent getrennt sind. Der Übergang zwischen den Welten ist der Ort des Reisens, der Bahnhof, genauer: die phantastische Schwelle liegt bei Gleis 9 ¾ des Londoner Bahnhofs King's Cross. Bis einschließlich Band 4 ist der Trennung von Zauber- und Muggelwelt keine signifikante Handlung strukturierende Bedeutung zugekommen. Das Potential der Phantastik als einer ihren ureigenen Regeln folgenden Anderswelt mit einer eingeschriebenen Vision von mythologischer, moralischer oder theologischer Dimension ist bisher nicht ausgeschöpft worden: „Die Erzählerin begnügt sich mit der Einführung des begrenzten Mysteriösen im Zauberland; das Mysterium, warum es dieses Zauberland überhaupt gibt und aus welchem Ursprung heraus es funktioniert, spricht sie nicht an" (Bachl 2001, S. 52).

Rowling übernimmt von der *high fantasy* vor allem das Setting, das mit Phantasiewesen aus verschiedenen Traditionen gut ausgestattet ist,[21] das Motiv der Suche und den großen Kampf zwischen Gut und Böse als Mittelpunkt[22] und verwendet die magische Welt besonders im Hinblick auf das Komikpotential, das sie mit sich bringt. Damit wird der Aspekt, der bei Tolkien, Lewis und LeGuin fehlt oder nur marginal vorhanden ist,[23] bei ihr in den Mittelpunkt gerückt.

4 Kreative Verarbeitung gattungsspezifischer Elemente durch Komik

Zu den die *Harry Potter*-Bände auszeichnenden Leistungen Rowlings gehört es, dass Ernsthaftes, Bedrohliches und Komisches in den Büchern gleichermaßen gelten, ohne dass die Komik lediglich als Entlastung funktionalisiert und ohne dass das Bedrohliche

---

[21] Von den Kobolden über die Riesen und Halbriesen, Hexen, Hausgespenstern, Einhörnern, Zentauren und Werwölfen. Allerdings haben die meisten der Tiere eher eine Statistenrolle, „they exist here as walk-on parts, rather than as members of their own separate universe following ist own rules" (Tucker 1999, S. 229).
[22] Verglichen mit der Ausgestaltung des Bösen in den Klassikern der *high fantasy* sind die Schatten, die bei Rowling auszumachen sind, jedoch eher schwach und schnell verflogen, auch wenn sie von Band zu Band an Gewicht zunehmen. Vgl. dazu King 2000.
[23] Eine in dieser Hinsicht seltene Ausnahme stellt T. H. Whites *Sword in the Stone* (1938) dar, ein komisch-phantastischer Roman über die Kindheit des zukünftigen König Artus.

durch die Komik trivialisiert wird. Die komisch-phantastische Tradition hingegen, wie sie z. B. durch den anfangs zitierten Hexen-Roman von Jill Murphy oder im deutschen Sprachraum beispielsweise durch Ottfried Preußler mit seinen kleinen Wassermännern und Hexen repräsentiert wird, verfügt gewöhnlich über keine existentielle Dimension, sie stellt keine schwierigen Fragen. Rowling aber erzählt mit einer Unbekümmertheit und Leichtigkeit von großen Fragen und schreckt dabei auch nicht vor Pathos zurück.

Die Komik erwächst aus der Bereitschaft der Autorin, das komische Potential des Alltäglichen zu erkennen und zu inszenieren, sie ist das Produkt einer überbordenden Einbildungskraft und soliden handwerklichen Fertigkeit, die die möglichen Spielarten der Situations-, Charakter- und Sprachkomik souverän beherrscht. Das soll an zwei Beispielen gezeigt werden; an der Aufnahme der Tradition des schwarzen Humors und am Einsatz einer sanfteren Spielart der Komik durch Verfremdung.

Ein Beispiel für schwarzen Humor, in der britischen Literatur besonders ausgeprägt, das zum Angstlachen treibende Spiel mit den Urängsten des Menschen, wurde bereits am Anfang dieses Beitrags mit einer Passage aus *James und der Riesenpfirsich* von Roald Dahl eingeführt, dem Lieblingsautor vieler junger Briten. Bei Kindern gehören zu diesen Urängsten die Ängste vor dem Verlassenwerden, davor, von den Eltern nicht geliebt zu werden oder Personen ausgeliefert zu sein, die einen missbrauchen. In ihrer Beschreibung der Verhältnisse bei den Dursleys[24] operiert Rowling mit den Mitteln des schwarzen Humors:

> Harry [...] schlief gerade, aber nicht mehr lange. Seine Tante Petunia war schon wach und ihre schrille Stimme durchbrach die morgendliche Stille.
> „Aufstehen, aber dalli!"
> Mit einem Schlag war Harry hellwach. Noch einmal trommelte seine Tante gegen die Tür.
> „Aufstehen!", kreischte sie. [...]
> „Beeil dich. Ich möchte, dass du auf den Schinken aufpasst. Und lass ihn ja nicht anbrennen, an Duddys Geburtstag muss alles tipptopp sein."
> Harry stöhnte.
> „Was hast du gesagt?", keifte seine Tante durch die Tür.
> „Nichts, nichts ..."
> Dudleys Geburtstag – wie konnte er den nur vergessen haben? Langsam kletterte Harry aus dem Bett und begann nach Socken zu suchen. Unter seinem Bett fand er ein Paar, zupfte eine Spinne davon weg und zog sie an. Harry war an Spinnen gewöhnt, weil es im Schrank unter der Treppe von Spinnen wimmelte. Und in diesem Schrank schlief Harry (Rowling 1998a, S. 24f.).

---

[24] Harry Potter lebt mit seinen Verwandten in „Nr. 4 Privet Drive, Little Whinging". Akustisch und in der Form eine urenglische Adresse, die ein gepflegtes, mittleres Haus in einem kleineren Ort suggeriert. *Privet* oder Leguster wird bevorzugt für Hecken benutzt, die ordentlich die Grenzen der Grundstücke der Familienhäuser markieren, *Little Whinging* ist analog etwa zu einem Ortsnamen wie *Little Riding* gebildet, mit einem kleinen Unterschied: *to whinge* heißt jammern, winseln. Mit der „sprechenden" Adresse werden also die Dursleys als eine private, ordnungsliebende, kleingeistige und jammernde Familie charakterisiert.

Sein Cousin Dudley hatte sich neben achtunddreißig anderen Geschenken zum Geburtstag ein Rennrad gewünscht, worüber sich Harry wunderte, denn

> Dudley war sehr dick und verabscheute Sport – außer natürlich, wenn es darum ging, andern eine reinzuhauen. Dudleys Lieblingsopfer war Harry, doch den bekam er nicht so oft zu fassen. Man sah es Harry zwar nicht an, aber er konnte sehr schnell rennen (Rowling 1998a, S. 25f.).

Mit grotesker Übertreibung, mit der unverhohlenen Parteinahme des Erzählers, mit der Lenkung der Sympathie des Lesers durch die Schwarz-Weiß-Charakterisierung und mit dem Spiel mit den Ängsten von Kindern siedelt Rowling die Beschreibung des Familienlebens der Dursleys in der Nähe zum Schwarzen Humor Dahl'scher Prägung an. Auch die unappetitliche Beschreibung Dudleys als konsumfixierter, dicker Tyrann könnte einer Erzählung von Dahl entnommen sein.[25] In *Harry Potter* wie in *James und der Riesenpfirsich* stehen das Gequältwerden und die eigene Ohnmacht im Vordergrund, auch hier sind die geliebten (nur guten) Eltern tot; die Ersatz-(nur bösen) Eltern bieten eine Fläche, auf die die unerlaubten Gefühle den leiblichen Eltern gegenüber aufgetragen werden können. Rowling selbst sagt zwar, sie meine, dass Dahl ein Meister dessen sei, was er tue, aber ihre Bücher seien moralischer als die Dahls. Auf den gesamten Text bezogen stimmt das, aber in den Passagen über die Muggelwelt steht Rowling im Gegensatz zu den in der Hogwarts-Welt spielenden Teilen in der Tradition des schwarzen Humors und damit in der Nähe der von ihr bei Dahl festgestellten Unmoralität. In der Muggelwelt gilt ein Gebot nicht, das Rowling in der magischen Welt herausstreicht: zweimal hinschauen. „Don't judge on what you see", singt der Hut in der Originalausgabe, denn in der magischen Welt ist vieles anders, als es zunächst erscheint, angefangen mit dem schmächtigen, unbedeutenden Jungen Harry selbst bis hin zu Sirius Black, der, als Mörder von Harrys Eltern verurteilt, in der Tat ihr treuester Freund war. Nur die Dursleys sind wirklich so, wie sie aussehen, und sie sehen nun wirklich nicht schön aus. Die dem schwarzen Humor inhärente Subversion, wie sie bei Dahl vorkommt, wird bei Rowling funktionalisiert als Beschreibungsmodus für die Muggelwelt, in der Harry zu leiden hat, diese Welt ist die Negativfolie zu seinem Dasein und seiner Entwicklung in Hogwarts. Der schwarze Humor ist also nicht durchgehender Modus wie bei Dahl – dafür sind Rowlings Bücher zu humanistisch geprägt, zu viel Betonung liegt auf Werten wie Freundschaft, Loyalität, Aufrichtigkeit, Opferbereitschaft usw. Als bisher eiserne Regel des Gesamtentwurfs gilt ferner, dass man mit Zauber Komik erzeugen kann, dass man den Zauber aber nicht auslacht, deshalb gibt es Bereiche, die ernst bleiben müssen. Ein gruseliger Spaß mit den dunklen Mächten Voldemorts passt daher

---

[25] Kinder, die durch die negative Schilderung des Erzählers zu regelrechten Hass-Figuren stilisiert werden, findet man in vielen Kinderromanen Dahls, vgl. z. B. das Ensemble fetter, verwöhnter, konsum- und medienbesessener Kinder in *Charlie and the Chocolate Factory* (1964), die für ihre „Laster" in grausam-komischer Weise bestraft werden. Dadurch, dass sie Dudleys Negativität durch dieselben Eigenschaften festlegt – die Medienbesessenheit, die Abneigung gegen das Lesen, die Fettsucht, die Unsportlichkeit, die Verwöhntheit und die Unbeherrschtheit – steht Rowling Dahl sehr nahe.

nicht ins Konzept. Hier kippt die Erzählweise zwar bei Gelegenheit in die der *gothic novel*,[26] schwarzer Humor wird aber bei dem ernsten Kern des Ganzen nicht eingesetzt.

Abb. 4: Umschlag von *Quidditch im Wandel der Zeiten* (Rowling 2001d).

Abb. 5: Ausleihformular aus *Quidditch im Wandel der Zeiten* (Rowling 2001d).

Durchgehend vorhanden ist in der magischen Welt hingegen die sanftere Komik durch Verfremdung; als Beispiel soll das Ausleihformular aus dem Buch *Quidditch im Wandel der Zeiten* dienen.

Dieses Buch (vgl. Abb. 4) gehört zu den erfindungsreichen *spin-off* Büchern, die ursprünglich in den *Harry Potter*-Romanen als Schulbuch oder Freizeitlektüre erwähnt und später ausgestaltet wurden.[27] Das Spiel mit der Fiktionalität ist auf Metaebene komisch, diese Bücher sind nur im Kontext der *Harry Potter*-Bücher begreifbar, die vermeintlichen Autoren gibt es nicht, sie sind erfundene Figuren. Auch mit dem Gegenstand Buch wird gespielt. In *Fantastische Tierwesen und wo sie zu finden sind* (Rowling 2001b) wird beispielsweise anhand von (fingierten) handgeschriebenen Eintragungen auf den Seiten ein Dialog zwischen Harry, Ron und Hermine inszeniert. Bei *Quidditch*

---

[26] Im vierten Band sieht Kohse 2000 in der Reinkarnations-Szene von Lord Voldemort auf einem Friedhof „eine unfreiwillige Splatterkomik".
[27] Vgl. Fußnote 11, S. 33.

im Wandel der Zeiten fungiert das Buch als „Original-Exemplar aus der Hogwarts-Schulbibliothek", die Spuren der häufigen Benutzung zeigen sich an den Rissen, die auf dem Umschlag angebracht worden sind. Innen angebracht ist ein Ausleihformular (vgl. Abb. 5), auf dem die Namen der vielen Schüler Hogwarts, die das Buch ausgeliehen haben, erscheinen; die meisten sind dem Leser aus den *Harry Potter*-Bänden bekannt.

Die Form des Ausleihformulars ist vertraut; mit der Überschrift „Eigentum von", den Sparten „Verliehen an" und „Rückgabe bis" und auch noch mit dem Hinweis der Bibliothekarin auf den schonenden Umgang mit dem Buch hätte es so ähnlich auch in einem Buch einer öffentlichen Bücherei stehen können. Der Normbruch, der für Komik unabdingbar ist, das plötzliche Kippen vom Vertrauten ins Unvertraute, wird auf diesem Formular mit dem letzten Satz der Bemerkung der Bibliothekarin erreicht: „Achtung! Wer dieses Buch zerreißt, zerfetzt, zerschnipselt [...] oder mit mangelndem Respekt behandelt, *dem jage ich die schlimmsten Strafen auf den Hals, derer ich fähig bin*. Irma Pince, Bibliothekarin" (Rowling 2001d, unpaginierte Seite, Hervorhebung von O'Sullivan).

Im Kontext der Hogwartswelt sind Bibliothekarinnen zu vielem fähig. Die Komik entsteht aus dieser Normbruch im erwarteten Verhalten einer Bibliothekarin und dadurch, dass die ungenannte Strafe der Einbildungskraft überlassen den Lesern wird. Schmunzeln wird der Leser schließlich auch, weil es durchaus vorstellbar ist, dass Muggel-Bibliothekarinnen nicht ungern gelegentlich über solche Mächte verfügen würden.

Komik durch Verfremdung zeigt sich immer wieder dadurch, dass die Welt der Muggel als die Sonderbare, Faszinierende, und die der Magier als die Norm dargestellt wird. So z. B. im Gespräch zwischen Harry und Oliver Wood, der ihm das Spiel Quidditch erklärt:

> „Die Jäger spielen mit dem Quaffel und werfen ihn durch die Ringe, um ein Tor zu erzielen", wiederholte Harry. „Das ist wie Basketball auf Besen mit sechs Körben, oder?" „Was ist Basketball?", fragte Wood neugierig. „Nicht so wichtig", sagte Harry rasch (Rowling 1998a, S. 184).

Diese verkehrte Perspektive wird bis in die kleinsten Einzelheiten durchgehalten. So handelt das von Ron Weasley gelesene Comic-Heft nicht etwa von Außerirdischen, sondern von etwas weitaus Faszinierenderem: der Titel des im Nebensatz erwähnten Heftes lautet *Abenteuer von Martin Miggs, dem mickrigen Muggel* (Rowling 1999a, S. 45).

Die durch die Phantastik hervorgerufene Verfremdung des Alltags macht sie generell besonders geeignet für satirische Seitenhiebe. Man kennt das z. B. in A. A. Milnes *Winnie-the-Pooh (Pu der Bär)* aus der Figurenzeichnung und der Parodie verschiedener Gesprächsformen und Textsorten wie z. B. der aufgeblasenen Sprache englischer Makler.[28] In *Harry Potter* ist die Zielscheibe einer solchen Komik u. a. die Medienfixiertheit bestimmter Zeitgenossen, dargestellt am Beispiel des narzisstischen Schönlings und Professors für Verteidigung gegen die dunklen Künste Gilderoy Lockhart, dessen Na-

---

[28] Vgl. dazu O'Sullivan 2000, S. 261ff.

men güldene Locken und Königlichkeit („roy") suggerieren, der aber vor der Aufgabe, die wirklichen dunklen Mächte zu bekämpfen, kläglich versagt. Die Satire auf den Starrummel gipfelt in den Prüfungsfragen, die er für sein Fach stellt:

1. Was ist Gilderoy Lockharts Lieblingsfarbe?
2. Wie lautet Gilderoy Lockharts geheimer Wunsch?
3. Was ist Ihrer Meinung nach Gilderoy Lockharts größte Leistung bisher?

So ging es weiter, über drei Seiten hinweg, bis zur letzten Frage

54. Wann hat Gilderoy Lockhart Geburtstag und was wäre das ideale Geschenk für ihn? (Rowling 1999a, S. 104f.)

Hermine Granger bekommt die volle Punktzahl für ihre Antwort auf Frage 2 („Wie lautet Gilderoy Lockharts geheimer Wunsch?"); sie schrieb: „die Welt von allem Bösen zu befreien und meine eigene Serie von Haarpflegeprodukten zu vermarkten" (Rowling 1999a, S. 105).

Auch die Boulevardjournalistin Rita Skeeter (deutsch Rita Kimmkorn) erhält eine überzogene Charakterisierung. Der Nachname, der sich im Englischen mit dem Vornamen reimt, ist eine umgangssprachliche Bezeichnung für „Mücke", also eine kleine, unbedeutende, aber überaus ärgerliche Erscheinung. *To skitter* heißt soviel wie *sausen, rennen, rasen*, sehr passend für eine Reporterin, die überall dabei sein will. Das Spiel mit der Sprache, besonders mit sprechenden Namen, ist eine Hauptquelle der Komik Rowlings; bei ihren Erfindungen der Namen von Personen, Einrichtungen und Gegenständen wertet die mehrsprachige Autorin die ihr bekannten Sprachen aus.[29]

Selbst kleine Nebensächlichkeiten der Erzählung werden komisch ausgeschmückt, durch die Benennung (oft unter Verwendung von Alliteration) und die Zuschreibung von Funktionen, wie z. B. bei *Bertie Bott's Every Flavour Beans* und dem *Quick-Quotes Quill* (Rowling 2000a, S. 267). Ein *Quick-Quotes Quill*, ins Deutsche übersetzt als *Flotte-Schreibe-Feder* (Rowling 2000b, S. 318), ist eine Kreuzung zwischen einem Diktier- und einem (im Stile der Boulevardpresse) Erdichtungsgerät. Die Journalistin stellt die Feder senkrecht auf das Pergament und spricht:

> „Probe ... mein Name ist Rita Kimmkorn, Reporterin des *Tagespropheten.*"
> Harry sah rasch hinunter auf die Feder. Kaum hat Rita Kimmkorn den Mund zugemacht, begann die grüne Feder schwungvoll über das Pergament zu fliegen:
> *Die attraktive Rita Kimmkorn (43), deren feurige Feder manch einen aufgeblähten Ruf durchlöchert hat —*
> „Wunderbar", sagte Rita Kimmkorn erneut [...] (Rowling 2000b, S. 318).

Bertie Bott's Every Flavour Beans, Bertie Botts Bohnen jeder Geschmacksrichtung, stellen eine wunderbare und manchmal nicht so wunderbare Überraschung dar, da der Esser nie weiß, wonach sie schmecken werden. Professor Dumbledore hat seine Schwäche für sie verloren, nachdem er das Pech gehabt hat, „auf eine zu stoßen, die nach Erbrochenem schmeckte" (Rowling 1997, S. 326). Ein erneuter Versuch bringt ihm keine Freu-

---

[29] Sie hat Griechisch, Latein und Französisch studiert und lebte bekanntlich in Portugal.

de: „Lächelnd schob er sich die goldbraune Bohne in den Mund. Kurz darauf würgte er sie wieder hervor: ‚Meine Güte! Ohrenschmalz'" (ebd.).

Die *Harry Potter*-Romane sind gut geschriebene, unterhaltsame Geschichten. Traditionell erzählt, das heißt chronologisch und von einem des öfteren kommentierenden und immer stark lenkenden auktorialen Erzähler, stellen sie für den Leser nicht die Herausforderung dar, die etwa der moderne psychologische Kinderroman bietet. Der Leser wird mit gekonnt abwechselnden Erzähltempi durch eine mit gut dosierter Spannung bereicherte Handlung voller Witze, komischer Einfälle und Beängstigendem geführt. Joanne Rowling nimmt in *Harry Potter* tradierte und vertraute Elemente der britischen Literatur auf und verwandelt und kombiniert sie auf originelle Art; dabei ergibt sich eher eine kreative Vermischung als eine eigene Vision. Im Kontext der phantastischen Literatur übernimmt sie Merkmale der *high fantasy*, ohne diesen Bereich selbst weiterzuentwickeln. Für die Gattung *Internatsgeschichte* gelingt eine Wiederbelebung durch die Fortschreibung und die Verfremdung des traditionellen Repertoires. Man könnte die *Harry Potter*-Romane mit einem Zug mit Dampflokomotive vergleichen, ähnlich dem, mit dem die Schüler nach Hogwarts fahren. Wird so ein Zug heute gebaut, ist er ein Nachbau, er hat etwas Nostalgisches. Aber dieser spezielle Zug ist von höchster handwerklicher Qualität, die Wagen sind solide, bequem und äußerst phantasievoll ausgestaltet. Man weiß noch nicht genau, wohin die Reise geht, aber die Gleise, auf denen er fährt, stehen jetzt schon fest.

5 Literaturverzeichnis

Primärliteratur

Dahl, Roald (1964): Charlie and the Chocolate Factory. New York: Knopf
Dahl, Roald (1964): Charlie und die Schokoladenfabrik. Aus dem Englischen von Inge M. Artl. Gütersloh: Bertelsmann
Dahl, Roald (1961): James and the giant peach. A children's story. New York: Knopf
Dahl, Roald (1968): James und der Riesenpfirsich. Aus dem Engl. von Inge M. Artl. Gütersloh: Bertelsmann
Hughes, Thomas (1857): Tom Brown's Schooldays. London: Macmillan
Ibbotson, Eva (1994): The Secret of Platform 13. London: Pan Macmillan
Ibbotson, Eva (1999): Das Geheimnis von Bahnsteig 13. Aus dem Engl. von Sabine Ludwig. Hamburg: Dressler
LeGuin, Ursula (1968-1991): Earthsea. [A wizard of Earthsea (1968), The tombs of Atuan (1971), The farthest shore (1973), Tehanu. the last book of Earthsea (1992)] New York
LeGuin, Ursula (1999): Erdsee. Der preisgekrönte Fantasy-Zyklus in einem Band. Aus dem amerik. Engl. von Margot Paronis und Hilde Linner. München: Heyne
Lewis, C. S. (1951-56): The Chronicles of Narnia [The lion, the witch and the wardrobe (1950), Prince Caspian. The return to Narnia (1951), The Voyage of the Dawn Treader (1952), The Silver Chair (1953), The Horse and his Boy (1954), The Magician's Nephew (1955), The Last Battle (1956)]. London: Geoffrey Bles

Lewis, C. S. (2002-2004): Die Chroniken von Narnia [Der König von Narnia (2002). Aus dem Engl. von Lisa Tetzner, Prinz Kaspian von Narnia (2003). Aus dem Engl. von Lena Lademann-Wildhagen, Die Reise auf der Morgenröte (2003). Aus dem Engl. von Ulla Neckenauer, Der silberne Sessel (2003). Aus dem Engl. von Ulla Neckenauer, Der Ritt nach Narnia (2003). Aus dem Engl. von Ulla Neckenauer, Das Wunder von Narnia (2002). Aus dem Engl. von Ulla Neckenauer, Der letzte Kampf (2004). Aus dem Engl. von Hans Eich]. Wien: Carl Ueberreuther

Murphy, Jill (1974): The Worst Witch. London: Alison & Busby

Murphy, Jill (1982): Alle Hexen fangen klein an. Aus dem Engl. von Ilse Strasmann. Ravensburg: Lesen-und-Freizeit-Verlag

Richards, Frank (1947): Billy Bunter of Greyfriars School. London: Skilton

Rowling, Joanne K. (1997): Harry Potter and the philosopher's stone. London: Bloomsbury

Rowling, Joanne K. (1998a): Harry Potter und der Stein der Weisen. Aus dem Engl. von Klaus Fritz. Hamburg: Carlsen

Rowling, Joanne K. (1998b): Harry Potter and the chamber of secrets. London: Bloomsbury

Rowling, Joanne K. (1999a): Harry Potter und die Kammer des Schreckens. Aus dem Engl. von Klaus Fritz. Hamburg: Carlsen

Rowling, Joanne K. (1999b): Harry Potter and the prisoner of Azkaban. London: Bloomsbury

Rowling, Joanne K. (1999c): Harry Potter und der Gefangene von Askaban. Aus dem Engl. von Klaus Fritz. Hamburg: Carlsen

Rowling, Joanne K. (2000a): Harry Potter and the goblet of fire. London: Bloomsbury

Rowling, Joanne K. (2000b): Harry Potter und der Feuerkelch. Aus dem Engl. von Klaus Fritz. Hamburg: Carlsen

Rowling, Joanne K. (2001a) [Pseud. Newt Scamander]: Fantastic Beasts and Where to Find Them. London: Bloomsbury

Rowling, Joanne K. (2001b): Phantastische Tierwesen und wo sie zu finden sind. Aus dem Engl. von Klaus Fritz. Hamburg: Carlsen

Rowling, Joanne K. (2001c) [Pseud. Kennilworthy Whisp]: Quidditch Through the Ages. London: Bloomsbury

Rowling, Joanne K. (2001d): Quidditch im Wandel der Zeiten. Von Kennilworthy Whisp. Aus dem Engl. von Klaus Fritz. Hamburg: Carlsen

Rowling, Joanne K. (2003a): Harry Potter and the Order of the Phoenix. Aus dem Engl. von Klaus Fritz. London: Bloomsbury

Rowling, Joanne K. (2003b): Harry Potter und der Orden des Phönix. Aus dem Engl. von Klaus Fritz. Hamburg: Carlsen

Tolkien, J. R. R. (1937): The Hobbit, or, There and back again. London: Allen and Unwin

Tolkien, J. R. R. (1998): Der Hobbit. Oder: Hin und Zurück. Aus dem Engl. von Wolfgang Krege. Stuttgart: Klett-Cotta

Tolkien, J. R. R. (1992) [EA 1954/55]: The Lord of the Rings. London: HarperCollins

Tolkien, J. R. R. (2001): Der Herr der Ringe. Aus dem Engl. von Wolfgang Krege. Stuttgart: Klett-Cotta

White, T. H. (1938): The Sword in the Stone. London: Collins

Wynne Jones, Diana (1982): Witch Week. London: Macmillan
Wynne Jones, Diana (1984): Hexenwoche. Aus dem Engl. von Friedl Hofbauer. Hamburg: Dressler
Wynne Jones, Diana (2001): Sieben Tage Hexerei. Aus dem Engl. von Friedl Hofbauer und Anna Melach. [= überarbeitete Übersetzung von Wynne Jones 1984]. Hamburg: Carlsen

Sekundärliteratur
Bachl, Gottfried (2001): Gefährliche Magie? Religiöse Parabel? Gute Unterhaltung. In: Spinner, Kaspar H. (Hg.): Im Bann des Zauberlehrlings? Zur Faszination von Harry Potter. Regensburg: Friedrich Pustet, S. 42-59
Cadogan, Mary; Craig, Patricia (1976): You're a brick, Angela! A new look at girls' fiction from 1839 to 1975. London: Gollancz
Carpenter, Humphrey; Prichard, Mari (1984): The Oxford Companion to Children's Literature. Oxford, New York: Oxford University Press
Clark, Beverly Lyon (1996): Regendering the School Story: Sassy Sissies and Tattling Tomboys. New York: Garland
Dallach, Christoph (2000): Die britische Schriftstellerin Joanne K. Rowling über den Erfolg ihres Märchenhelden Harry Potter und ihr neues Leben als Popstar. Interview. In: kulturSPIEGEL, H. 4, S. 7-10
Hein, Rudolf (2001): Kennen Sie Severus Snape? Auf den Spuren der sprechenden Namen bei Harry Potter. Bamberg: Collibri/Weiß
Kalka, Joachim (2000): Abfahrt am Gleis Neundreiviertel im Bahnhof King's Cross. Aus dem Familienroman der Neurotiker: Harry Potter und die Hoffnung, ein anderer in einer anderen Welt zu sein. In FAZ, Nr. 154, 6. Juni, S. 56
King, Stephen (2000): Der Pokal spricht, ich muss träumen. In Harry Potters Hexenküche vollbringt der Zitierfix wahre Wunder: Quellen eines phantastischen Bestsellers. In: FAZ, Nr. 173, 28. Juli, S. 46
Kohse, Petra (2000): Ausweitung der Kampfzone. Bergfest im HP-Universum: Band vier, „Harry Potter und der Zauberkelch", vollzieht einen Genrewechsel – es gibt einen Sturz in die Konkretion. In: taz, 24./25. Oktober, S. 13
Kristeva, Julia (1972): Bachtin, das Wort, der Dialog und der Roman. In: Ihwe, Jens (Hg.): Literaturwissenschaft und Linguistik. Ergebnisse und Perspektiven. Bd. 3. Frankfurt am Main: Athenäum, S. 345-375
Lexe, Heidi (2001): Möge die Macht mit Euch sein. Kanon, Kult und Klassik in der Kinderliteratur. In: 1000 und 1 Buch, H. 2, S. 4-15
Mattenklott, Gundel (2001): Text aus Texten. Phantastische Traditionen bei Harry Potter. In: Kutzmutz, Olaf (Hg.): Harry Potter oder Warum wir Zauberer brauchen. Wolfenbüttel: Bundesakademie für kulturelle Bildung, S. 33-43
Musgrave, P. W. (1985): From Brown to Bunter. The Life and Death of the School Story. London et al.: Routledge & Kegan Paul
Mynott, Glen (1999): Harry Potter and the public school narrative. In: The New Review of Children's Literature and Librarianship, H. 5, S. 13-27
Orwell, George: Boy's Weeklies. In: Horizon, March 1940
O'Sullivan, Emer (2001): Kinderliterarische Komparatistik. Heidelberg: Universitätsverlag C. Winter

Petzold, Dieter (2001): Die Harry Potter-Bücher: Märchen, fantasy fiction, school stories – und was noch? In: Spinner, Kaspar H. (Hg.): Im Bann des Zauberlehrlings? Zur Faszination von Harry Potter. Regensburg: Friedrich Pustet, S. 21-41

Pfister, Manfred (1985): Konzepte der Intertextualität. In: Broich, Ulrich; Pfister, Manfred (Hg.): Intertextualität: Formen, Funktionen, anglistische Fallstudien. Tübingen: Niemeyer, S. 1-30

Quigley, Isabel (1982): The Heirs of Tom Brown. The English School Story. London: Chatto and Windus

Richards, Jeffrey (1988): Happiest Days: The Public Schools in English Fiction. Manchester: Manchester University Press

Spinner, Kaspar H. (Hg.) (2001): Im Bann des Zauberlehrlings? Zur Faszination von Harry Potter. Regensburg: Friedrich Pustet

Sullivan, C. W. III (1996): High Fantasy. In: Hunt, Peter (Hg.): International Companion Encyclopedia of Children's Literature. London, New York: Routledge, S. 303-313

Tucker, Nicholas (2000): The Rise and Rise of Harry Potter. In: Children's Literature in Education 30, H. 4, S. 221-234

Martin-Christoph Just

Harry Potter – Ein postmodernes Kinderbuch!?

1 Einleitung

In meinem literatur- und kulturwissenschaftlichen Seminar „The Harry Potter Phenomenon" am Englischen Seminar der Universität Hannover im Wintersemester 2000/2001 wurde die These aufgestellt, *Harry Potter* sei ein durch und durch postmoderner Text. Denn: Die bisherigen *Harry Potter*-Romane entstanden zu einer Zeit, die zumeist als Postmoderne bezeichnet wird, und die Diskussion über die Romane wird zu weiten Teilen in *dem* postmodernen Medium geführt, im Internet.

Diese These wurde allerdings auch scharf angegriffen, und so konnte die Frage nicht abschließend beantwortet werden. In dem vorliegenden Beitrag, der für die Ringvorlesung im WS 2002/2003 an der Universität Lüneburg verfasst wurde, sollte diese Beantwortung dann nachgeholt werden.

2 Methode

Ich möchte zunächst versuchen, den Begriff *Postmoderne* zu definieren, da er zu jenen kulturellen Schlagwörtern gehört, die zwar meistens intuitiv verstanden werden, von denen es aber kaum eine präzise, allgemein anerkannte Vorstellung gibt.

> Few words are more used and abused in discussion of contemporary culture than the word „postmodernism" (Hutcheon 2002, S. 1).
> Opinion is still divided, however, on the value of the term and of the phenomenon it purports to describe (Baldick 1996, S. 175).
> The term cannot be usefully serve as an inclusive description of all literature since the 1959s or 1969s, but is applied selectively to those works that display most evidently the moods and formal disconnections described above (Baldick 1996, S. 175).

Diese Uneinigkeit führt auch dazu, dass immer noch diskutiert wird, ob die Postmoderne überhaupt eine Epoche im eigentlichen Sinne war/ist oder lediglich eine Strömung unter vielen. Ich werde die Postmoderne in ihrem sozio-historischen Kontext betrachten, die einzelnen Elemente dieser Epoche eingehend vorstellen und sie anhand von Beispielen aus der Populärkultur, aus Film, Literatur, Musik oder TV erläutern.

Danach werde ich untersuchen, welche der typischen postmodernen Methoden und Motive in Rowlings Texten auftauchen und – noch wichtiger – welche *nicht* verwendet werden. Entscheidend für die Kategorisierung der *Harry Potter*-Texte als postmodern oder nicht wird die Frage sein, welche literarischen Stilmittel Rowling benutzt, wie sie diese verwendet, auf welche sie verzichtet, und zu welchem Zweck und mit welcher Gewichtung sie die einzelnen Elemente einsetzt. Am Ende soll die Klassifizierung der *Harry Potter*-Romane als postmodern oder eben nicht postmodern stehen.

3 Definition von Postmoderne

Die Postmoderne als kulturelles Phänomen, als ästhetische Epoche und als künstlerische Stilrichtung beginnt gegen Anfang der 80er Jahre. Betrachtet man die vorausgegangenen Jahrzehnte nach dem Zweiten Weltkrieg in einem ganz groben Raster, so ergibt sich für Europa und besonders die Bundesrepublik Deutschland folgendes Bild:

50er Jahre	Wiederaufbau, Auferstehung aus Ruinen, Arbeit
60er Jahre	allmähliche Kritik an der Richtung des Aufbaus, Stellen der Schuldfrage, Generationenkonflikt, Etablierung von Gegenmodellen zum bürgerlichen Leben
70er Jahre	Einrichten im Erreichten und Verteidigung des Wohlstands, Verschärfung sozialer Konflikte, Terrorismus als Ausdruck der Kapitalismuskritik
80er Jahre	Die Supermächte führen wieder offen Krieg, Höhepunkt der nuklearen Bedrohung, Overkill[1]

Die Postmoderne steht somit an der Schnittstelle, an der die insgesamt für die Bevölkerung der westeuropäischen und nordamerikanischen Länder positive Nachkriegsentwicklung umzukippen droht. Sie ist aber auch eine Rückwendung auf ein anderes, noch stärker als die Nachkriegsjahre zum Mythos gewordenes Jahrzehnt: auf die 20er Jahre. Der damalige Slogan vom „Tanz auf dem Vulkan" gilt auch für die 90er, sogar noch dadurch verstärkt, dass diesmal nicht nur das Ende eines Jahrhunderts, sondern eines Jahrtausends bevorstand.

In seine Einzelteile zerlegt, bedeutet der Begriff Postmoderne schlicht: Nach der Moderne. Aber: meint das eine Fortsetzung der Moderne mit anderen Mitteln? Oder ist es eine Gegenbewegung?

Exkurs: Moderne

Die Moderne als kulturelle Bewegung richtete sich vor allem gegen das etablierte, konventionelle, biedermeierliche Verständnis von Kunst, Literatur und Musik, besonders gegen Harmonie, klare Perspektive, „schöne" Melodien, und generell gegen konkrete Darstellung.

> Modernist literature is characterized chiefly by a rejection of 19th-century traditions and of their consensus between author and reader (Baldick 1996, S. 140). In literature, finally, there was the rejection of traditional realism (chronological plots, continuous narratives relayed by omniscient narrators, „closed endings", etc.) in favour of experimental forms of various kind. (Barry 1995, S. 82).

---

[1] In einer aus sehr eindrucksvollen Originalquellen zusammengestellten Dokumentation des Hessischen Rundfunks lauten die Überschriften zu den Dekaden so: 50er – Zwischen Wirtschaftswunder und Wiederbewaffnung; 60er – Plastik, Pop und Flowerpower; 70er – Von Räucherstäbchen bis Rasterfahndung; 80er – Zwischen Pershing und Perestroika; 90er – Techno, Treuhand, Teletubbies (vgl. Meyer-Kahrweg 2000).

Dagegen setzte man: die Betonung der Innensicht, der Psyche; Subjektivität; das Verwischen der Genre-Grenzen; Impressionismus, das Einfangen der persönlichen Sinnesempfindung; die Fragmentierung der Wirklichkeit, ausgehend von dem Gedanken, dass das Individuum das Ganze nicht fassen kann und sich die Weltsicht aus dem Zusammenspiel der Teile speist.

> Modernist writing is predominantly cosmopolitan, and often expresses a sense of urban cultural dislocation, along with an awareness of new anthropological and psychological theories. Its favoured techniques of juxtaposition and multiple point of view challenge the reader to re-establish a coherence of meaning from fragmentary forms (Baldick 1996, S. 149).

Die Gründe für diesen Umbruch lagen in dem, was oft mit dem Begriff des „fin de siecle" (= Ende des Jahrhunderts) bezeichnet wird, in einer Endzeitstimmung, die sich unter anderem gegen die bürgerliche Gesellschaft und ihre Werte richtete: „Modernist writers tended to see themselves as an avant-garde disengaged from bourgeois values, and disturbed their readers by adopting complex and difficult new forms and styles" (Baldick 1996, S. 140).

Der allgemeine Optimismus des 19. Jahrhunderts hatte sich in einem Gefühl von Gemeinsamkeit, Zielgerichtetheit und Fortschritt ausgedrückt, im Glauben an die Wissenschaft und an die Überwindung von Ungerechtigkeit und Elend. All dies wurde gespeist aus dem teleologischen Denken in der Tradition der Aufklärung, das sich in den großen Meta-Texten der Zeit niederschlug – Christentum, Darwinismus, Marxismus haben bei allen inhaltlichen Unterschieden starke strukturelle Gemeinsamkeiten, denn in jedem Fall wird der lineare Fortschritt der Menschheit postuliert (vgl. Webster 2003, S. 125).

In der Literatur fand sich dieser Optimismus in vielen der großen viktorianischen Romane, in der Heilsgewissheit von Charlotte Brontes *Jane Eyre*, in der das soziale Elend überwindenden bürgerlichen Moral bei Charles Dickens, bei der Darstellung der Superiorität des Intellekt in den *Sherlock Holmes*-Geschichten; in der Musik in den klaren Strukturen und dem aufklärerischen Denken bei Beethoven, in der Idealisierung der Natur bei den Romantikern, in der Sinnenlust und Pracht bei Tschaikowskij.

Gegenbewegungen gab es natürlich auch – Denk- und Empfindungsrichtungen, die gegen die grundlegende Helligkeit Düsternis setzten, wie z.B. die Präraffaeliten. Es ist aber wahrscheinlich kein Zufall, dass das 19. Jahrhundert in der Malerei mit dem Durchbruch des Impressionismus endet, in dem oft der Triumph des Lichts, des Heiteren gefeiert wird.

Dieser Optimismus wich dann jedoch bei den Vertretern der Moderne einer pessimistischen, melancholischen, auch nostalgischen Sicht; der Glaube an den kontinuierlichen, linearen Fortschritt der Menschheit im Ganzen und im Detail ging verloren und war spätestens mit dem Ersten Weltkrieg auch nicht mehr wiederzugewinnen.

In den einzelnen Richtungen von Bildender Kunst, Literatur und Musik waren die neuen Ausdrucksweisen – Verwischen der Genre-Grenzen, Betonung der Psyche, Subjektivität, persönliche Sinnesempfindung, Aufhebung der Perspektive, Aufheben der

Harmonie – in unterschiedlichen Maßen vorhanden (vgl. Barry 1995, S. 81f.). Extrem deutlich wird zum Beispiel das Ende der perspektivischen Malerei und die Fragmentarisierung im Kubismus, das Ende der Harmonie und der Takt der Maschine als lebensbestimmender Rhythmus bei Strawinskij oder Schostakowitsch, die Darstellung der Sinnesempfindung bei Virginia Woolf, die Unmöglichkeit, Realität adäquat darzustellen, im Surrealismus.

Leitmotive werden die Fragmentarisierung der Welt, die Zersplitterung, durch die das Einzelwesen das Ganze nicht mehr überblicken kann. Sinnfällige Metapher für dieses Phänomen ist *das* neue Medium des beginnenden 20. Jahrhunderts: der Film, der aus Tausenden von Einzelstücken ein Ganzes schafft, dessen Realisierung aber ein hohes Tempo für seine Wirkung erfordert. Charakteristisch auch, dass viele der ersten Meilensteine des Films pessimistische Werke sind, in denen der Mensch die Kontrolle über sein Leben, seine Psyche oder über die Maschine verliert – zum Beispiel *Das Kabinett des Dr. Caligari* (1921), *Metropolis* (1927) oder *Modern Times* (1936).

Wie verhält sich nun die Postmoderne zur Moderne und zur traditionell-konventionellen Kunst? Allgemein gilt: Die Postmoderne bringt keine neuen Methoden, sondern eine neue *Bewertung* der Gedanken, Strukturen und Instrumente der Moderne. „Postmodernism may be seen as a continuation of modernism's alienated mood and disorienting techniques and at the same time as an abandonment of its determined quest for artistic coherence in a fragmented world" (Baldick 1996, S. 175).

Für die Moderne war die Zersplitterung der Welt etwas Erschütterndes, das im Werk adäquat umgesetzt werden musste; daher erscheinen auch die Werke fragmentarisiert, als einzelne Steine eines nicht mehr überblickbaren und nicht mehr zusammensetzbaren Mosaiks. Die Postmoderne sieht dagegen in der Fragmentarisierung etwas Befreiendes, Aufregendes:

> For the postmodernist, in contrast, fragmentation is an exhilarating, liberating phenomenon, symptomatic of our escape from the claustrophobic embrace of fixed systems of belief (Barry 1995, S. 84).
> This [faith in human progress] is especially noticeable in postmodernist novels which engage with history; whereas the nineteenth-century historical novel purported to represent a stable, accessible and shared historical narrative, […] recent novels […] offer fragmented, slippery, relative and incomplete accounts of historical events – or rather fictions (Webster 1996, S. 124).

Zerschlagen werden jetzt beispielsweise die festen Genre-Grenzen, und Zerschlagen und Zersplittern ist gut, denn nun kann man die Dinge wieder zusammensetzen – vor allem: *neu* zusammensetzen, mit einer anderen Zuordnung und anderen Relationen.

Der Verweis auf bekannte Texte geschieht dabei häufig mit einem ironisierenden Gestus, der auch der Ehrfurcht vor den etablierten Texten und Formen entgegenwirken soll. So kommt es oft zu aufgesplitterten, nicht mehr linearen Erzähl- oder Darstellungsformen, bisweilen auch zu aleatorischer Kunst, die den Zufall als Gestaltungsmerkmal in das Werk hineinnimmt.

Da alles mit allem verknüpft werden kann, ist die Grenzziehung bald nicht mehr möglich und auch nicht mehr sinnvoll. Stil-Mix und Genre-Mix bis hin zu Tabubrüchen sind die Regel, nicht die Ausnahme.

4 Methoden und Elemente der Postmoderne

Die Neuzusammensetzung bekannter Dinge ist wiederum keine neue Methode. Als künstlerisches Ausdrucksmittel hatte die *Collage* eine große Bedeutung in der Moderne – zum Beispiel bei Kurt Schwitters, der Bilder aus Zeitungsschnipseln und ähnlichen Materialien schuf.

Der Anthropologe Claude Levi-Strauss, der eine entscheidende Rolle bei der Entwicklung des Strukturalismus als (literatur-)wissenschaftlicher Methode spielte, prägte dann den Begriff der *bri-Collage* bzw. *bricolage* (1962). Der Unterschied zur „normalen" Collage besteht hauptsächlich darin, dass hier *disparate* Elemente kombiniert werden, Gegenstände aus verschiedenen Kontexten, die scheinbar zufällig zusammenkamen, wie gefundene Dinge. Die einzelnen Gegenstände sind zwar an sich bekannt, durch die Zusammenstellung entsteht aber ein Überraschungseffekt, der einen die Einzelteile in einem neuen Licht sehen lässt und neue Verbindungen zwischen den Teilen herstellt (vgl. Baldick 1996, S. 26 und S. 39).

Retrospektiv betrachtet ist es wahrscheinlich kein Zufall mehr, dass in diese Zeit nach Levi-Strauss auch die Entwicklung der Lego-Steine fällt – viele bunte Steine, die in endlosen, immer neuen Kombinationen zusammengebaut werden können. Wenn jüngere Kinder mit Lego bauen, dann ist das Wichtigste oft nicht das perfekte Nachbauen eines vorgegebenen Planes, sondern das Zusammensetzen, wichtiger jedenfalls als eine durchgängige Struktur oder ein klares Ziel. Die Postmoderne kümmerte sich also auch um ihre Kinder.

Ein anderes, ganz ohrenfälliges Beispiel für die Methode der Bri-Colage war die rasend schnelle Verbreitung des *Samplings* in den 80er Jahren: mit Computersoftware wurden Teile aus Musiktiteln herausgefiltert und in die eigenen Stücke integriert. Oft waren diese Teile mikroskopisch klein und kaum herauszuhören, manchmal wurde das neue Stück aber klar erkennbar um die alte Melodie herumgearbeitet. Zu Anfang galt dieses Sampling als Kavaliersdelikt; später wurden Musiker per Gesetz dazu verpflichtet, die übernommenen Quellen detailliert aufzulisten – das freie Zitieren wurde zumindest eingeschränkt.

Eine Variante dieser Methode kam Mitte der 90er in Mode: Pop und HipHop wurden mit Motiven aus der klassischen Musik kombiniert. Neu war das nicht, denn Ähnliches hatte zum Beispiel Gershwin in der Kombination von Klassischer Musik und Jazz gemacht. Es war jedoch neu für eine Generation, die mit der Musik des 19. Jahrhunderts fast gar nichts anfangen konnte, sie sogar als Symbol bürgerlicher Werte ablehnte, und die meisten der verwendeten Melodien überwiegend aus der Werbung kannte. Die Verwendung bekannter Melodien in der Kino- und Fernsehwerbung – natürlich auch eine postmoderne Angelegenheit.

Ein Vorreiter der Collagen- und Verfremdungsmethode war der US-amerikanische Satiriker James Thurber, der in seinen Märchen-Parodien die bekannten Texte mit neuen Enden versah, die häufig mit inkongruenten, anachronistischen Details aufwarten. In der Miniatur *The little girl and the wolf* (1945) zum Beispiel erschießt Rotkäppchen den Wolf mit einer Magnum-Pistole, denn: „It is not so easy to fool little girls nowadays as it used to be" (Thurber 1945). Die Geschichte enthält außerdem einen Verweis auf Calvin Coolidge, der von 1923 bis 1929 Präsident der USA – dieser konkrete historische Verweis und die genaue Bezeichnung der Waffe sind bewusste Verstöße gegen die genre-typischen Charakteristika des Märchens.[2]

The little girl and the wolf ist eine Fingerübung; in *The Macbeth Murder Mystery* (Thurber 1942) aber ist Thurber schon prophetischer Vorreiter der Postmoderne, denn dort wird Shakespeares Drama mit den Methoden des Detektivromans analysiert, allerdings nicht von WissenschaftlerInnen, sondern von Laien: von einer Amerikanerin, die leidenschaftlich gerne Krimis liest, und dem Ich-Erzähler, der stolz auf sein bürgerliches Wissen ist, die Amerikanerin zunächst als ignorant ablehnt, dann aber ihre Methoden anwendet und verfeinert und höchst erstaunt über die sensationellen Ergebnisse ist, die sich mit dieser Methode erzielen lassen.

Die genannten Beispiele zeigen eines deutlich: Die postmoderne Bri-Colage funktioniert am besten, wenn die RezipientInnen die verwendeten Texte und Motive kennen. Wer *Schwanensee* nicht kennt, wird bei Jeanettes *How it's got to be* (2002) nur sagen: „Oh, gutes Riff"; wer *Rotkäppchen* nie gelesen hat, wird Thurbers Text höchstens grotesk finden – der Effekt, der durch die Reibung zwischen den an sich völlig unterschiedlichen Elementen entsteht, geht jedoch verloren.

Die erwähnte Verwendung klassischer Musik in der Popmusik zeigt ein weiteres Element der Postmoderne: Sie ist eklektisch, anti-puristisch und nicht-hermetisch. Die Zutaten können aus allen möglichen Töpfen, Tuben, Schubladen, etc. kommen; es ist völlig egal, was verwendet wird. Es gibt keine Abschottung gegen bestimmte Kategorien, die Genre-Grenzen sind aufgehoben, die Genres werden miteinander kombiniert, und vor allem gibt es keine Unterscheidung mehr zwischen *Kunst* und *Populärkultur* – diskriminierende Begriffe wie „Trivialliteratur" werden entweder hinweggefegt oder zu positiven Begriffen umgedeutet. Gerade das Triviale, die Oberfläche ist für die Postmoderne ja das Essentielle (vgl. Barry 1995, S. 85).

In der Literatur wird häufig Ecos *Der Name der Rose* (1980) als Grenzpunkt zwischen Moderne und Postmoderne gesehen (vgl. Webster 1996, S. 124; Hutcheon 2002, S. 90), denn was ist dieser Roman? Krimi? Philosophisches Traktat? Satire? Historischer Roman? Man kann es nicht sagen, da die Grenzen fließend geworden sind. Auf jeden Fall eine Kombination sehr unterschiedlicher Elemente zu einem kohärenten Ganzen, bei dem man die Nahtstellen nicht mehr deutlich sehen kann.

---

[2] Gänzlich ohne humoristische Absichten ist Angela Carter's *The Bloody Chamber* (1979), in der die Autorin die gleiche Methode verwendet wie Thurber und damit bekannte Märchen aus feministischer Perspektive interpretiert.

Indes: Der Text ist an vielen Stellen so komplex, dass er sich doch wieder dem Verständnis und einer umfassenden Deutung entzieht. Ergo: doch wieder das hermetische Ausschließen vieler LeserInnen und ein Text für das Bildungsbürgertum, also nicht wirklich postmodern.

Die erwähnten Beispiele – Thurbers *The Macbeth Murder Mystery* und *Rotkäppchen*-Variation als Vorläufer, *Der Name der Rose* als erstes großes, auch kommerziell erfolgreiches Beispiel postmoderner Literatur, etc. – zeigen zudem viele weitere zentrale Elemente der Postmoderne:

Parodie

Bekannte Texte und traditionelle Erzählformen werden verfremdet, ironisiert oder veralbert. Beispiel: Thurber benutzt die bekannte Form des Märchens und deutet sie zu einem extrem kondensierten Thriller um, um die LeserInnen mit einer zum Märchen gänzlich inkongruenten Schluss-Pointe zu überraschen.

Pastiche

Bekannte Texte und Stilmittel werden nachgeahmt, oft als Hommage an die großen Vorbilder. Beispiel: *Der Name der Rose* verwendet sehr kenntnisreich die Strukturen des Detektivromans; dies wird den LeserInnen dann auch überdeutlich dadurch vor Augen geführt, dass der Name der Hauptfigur – William of Baskerville – einem der bekanntesten Kriminalromane entlehnt ist (vgl. Hutcheon 2002, S. 90). Beispiel: Die *Shrek*-Filme wiederum rekurrieren auf Form und Personen-Arsenal des Märchens und spielen in ironisierender Weise mit den Erwartungshaltungen der ZuschauerInnen.

Anachronismen

Dinge und Menschen aus verschiedenen Zeiten treffen aufeinander; verschiedene Kulturepochen vermengen sich. Beispiel: die ironische Verwendung der Filmmusik in den Tarantino-Filmen, wenn in *Reservoir Dogs*, einer Hommage an den *Film Noir* der 40er Jahre, eine ultra-harte Szene mit einem Soft-Rock-Klassiker der 70er Jahre unterlegt wird.

Verweise

Andere Texte werden erwähnt oder als Vergleiche herangezogen, wobei „Text" hier nicht immer „Schrift/literarisches Werk" heißt. In Fowles' *The French Lieutenant's Woman* (1969) zum Beispiel, einem anderen für die Entwicklung der Postmoderne wegweisenden Roman, gibt es eine lange Passage, in der eine Strandpromenade mit Michelangelos David-Statue und Skulpturen von Henry Moore verglichen wird. Der Autor zieht Verbindungslinien durch die Jahrhunderte hindurch, erklärt aber nicht, sondern setzt die entsprechenden Kenntnisse der Leser voraus. Gleichzeitig postuliert er auch, dass es tatsächlich Verbindungen zwischen den Ereignissen verschiedener Epochen gibt. Dies wird wiederum zur zentralen These im Roman *Waterland* (1983) des Booker-Preis-Gewinners Graham Swift.

Zitat

Andere Texte werden nicht nur erwähnt, sondern direkt zitiert. Das wohl beste Beispiel: *Dead men don't wear plaid (Tote tragen keine Karos)* (1982), ein Film, der nicht nur im Stil des *Film Noir* der 1940er Jahre gedreht ist, sondern bei dem Szenen aus anderen Filmen hineinkopiert wurden, aber so, dass der Held des modernen Films mit den anderen Figuren interagiert. Diese Methode wurde später auch bei *Forrest Gump* verwendet, jenem Film, der die postmodernen Methoden endgültig im Mainstream-Kino etablierte.[3]

Wichtig bei der Herauslösung einzelner Elemente und dem Einbauen in neue Kontexte ist, dass die Nahtstellen ruhig sichtbar bleiben können, da das Zitat als solches erkennbar bleiben soll, nicht zuletzt, damit das Publikum das Integrieren auch bestimmt bemerkt.

Verweis und Zitat lassen sich zu einem weiteren großen Zauberwort der Postmoderne zusammenfassen: *Intertextualität*. Überspitzt ausgedrückt: Der postmoderne Text lebt überhaupt erst durch die Bezüge zu anderen Texten, durch die Querverbindungen, die die LeserInnen herstellen können/müssen. Die Postmoderne wendet sich somit auch an RezipientInnen, die einen bestimmten Vorrat an Kenntnissen mitbringen müssen, allerdings mit einer anderen Ausrichtung als die Moderne. Die Moderne setzt immerhin zumeist noch sehr gebildete RezipientInnen voraus, bisweilen in ziemlich elitärer, manchmal arroganter Weise. In der Postmoderne dagegen beziehen sich die für das Verstehen der Werke nötigen Kenntnisse nicht mehr überwiegend auf den bürgerlichen Bildungskanon, sondern vielmehr auf die Populärkultur, besonders auf den Film. Um zum Beispiel *The French Lieutenant's Woman* deuten zu können, muss man sich sehr gut in den Konventionen des Viktorianischen Romans auskennen – um Tarantinos *Kill Bill*-Filme zu verstehen, braucht man dagegen Erfahrung mit dem Hongkong-Kino und allgemein mit den Spielregeln der Ästhetisierung der Gewalt im modernen Kino.

Nicht zuletzt durch dieses Besinnen auf die Produkte der populären Kultur besticht die Postmoderne in der Ausgestaltung ihrer Texte und Werke durch Fülle, Buntheit, Details, Prunk, Exzess, in bewusster Absetzung von der Kargheit der Moderne. Dazu kommt in vielen Fällen das Stilmittel des *Bad Taste*, also das bewusste Einsetzen von Elementen, die den guten Geschmack verletzen. Augenfälligstes Beispiel ist der Film *Bad Taste* von Peter Jackson (1988), ein Splatter-Film, der alle möglichen Komponenten aus Horror- und Science-Fiction-Filmen durcheinander mixt und mit viel Blut anrichtet. Dass ausgerechnet dieser Regisseur dann am Ende des Jahrhunderts *Den Herr der Ringe* verfilmte – und zwar ausgesprochen konventionell –, mag als Beispiel dienen,

---

[3] In der klassischen Musik ist dies ein gängiges und etabliertes Stilmittel. Beispiele: Tschaikowskij zitiert die Marseillaise in *Ouverture 1812*; Schumann zitiert die Marseillaise in der *Hermann und Dorothea*-Ouvertüre; Schostakowitsch zitiert Rossini's *Wilhelm Tell*-Ouvertüre in der Symphonie Nr. 15; Mozart zitiert *Figaro's Hochzeit* in *Don Giovanni;* Beethoven zitiert Mozart; Liszt und Verdi benutzen das alte *Dies irae*. Und alle schreiben „Variationen über ein Thema von ...".

dass die postmoderne Lebenseinstellung vielleicht oft nur genau das war: eine trotzige „Wir zeigen euch Saturierten jetzt mal ganz schlimme Sachen"-Attitüde.

5 Gedankenwelt der Postmoderne

Die Postmoderne ist generell eine Anti-These zum Realismus des 19. Jahrhunderts und zur Moderne. Der Prunk wird gegen die relative Askese der Moderne gestellt, die Üppigkeit gegen das Sich-etwas-Versagen, das „Anything goes" gegen die Forderung, Kunst müsse die Welt zeigen, wie sie ist. Anstelle der letztlich immer noch teleologischen Ausrichtung der Moderne tritt jetzt der Hedonismus, das Feiern des Augenblicks. Das „Carpe diem"-Motto im epoche-machenden Film *Der Klub der toten Dichter* (1989) wurde wissentlich-unwissentlich uminterpretiert zu „Lebe jeden Tag, als sei es der letzte" und entwickelte sich so zu einem der wesentlichen Slogans des ausgehenden 20. Jahrhunderts. Es entwickelte sich eine skeptische Haltung gegenüber der von der Moderne und der Kultur- und Literaturkritik postulierten tieferen Bedeutung der Dinge und Texte; nunmehr wird die Oberfläche betont und idealisiert.

Dazu gehört eine insgesamt narzisstische Haltung – die *Selbstinszenierung* der Künstler wird Teil der Werke. Jeff Koons oder HA Schult, aber auch Mode-DesignerInnen wie Wolfgang Joop oder Jil Sander, und auch Dieter Bohlen oder Verona Feldbusch sind Beispiele dafür, dass das Image, die nach außen zur Schau gestellte, bildliche Oberfläche zum entscheidenden Faktor, zur Realität wird. Seltsamerweise hatten zur gleichen Zeit Zeitschriften- und Fernseh-Dokumentationen Konjunktur, die sich anschickten, ein Person so zu zeigen, „wie er/sie wirklich ist" – der Glaube an eine objektiv feststellbare Wirklichkeit war also noch nicht gänzlich gestorben.

Daneben gibt es eine Absage an die großen *Meta-Erzählungen* des 19. und 20. Jahrhunderts – die Kirche als Institution des Glaubens verliert mehr und mehr an Bedeutung, der Sozialismus als staatstragendes Konzept zerbricht und wird zumeist verspottet, und auch der Feminismus stirbt im Bildersturm der Girlie-Bewegung. Generell: das politische Bewusstsein nimmt ab – statt Ostermarsch und Friedensbewegung nun eher Love-Parade und *Deutschland sucht den Superstar*.[4]

Ein Beispiel für die Dominanz der Bilder, der Oberfläche, des Images ist die Einordnung des Golfkriegs seitens des Philosophen Jean Baudrillard, der diesen Krieg als „Medienkrieg" bezeichnete, der gar nicht wirklich stattfand, sondern ein Medienerzeugnis war, also Hyper-Realität (vgl. Webster 1996, S 125).[5]

---

[4] In der Johannes-B.-Kerner-Show vom 19. Juni 2001 prallten zwei Ikonen in einem mit viel Tam-Tam angekündigten Duell aufeinander: Alice Schwarzer, die Galionsfigur der deutschen Frauenbewegung, und Verona Feldbusch, Symbol der „Ich brauche nichts zu können, ich muss mich nur gut verkaufen können"-Haltung. Alice Schwarzer konnte wenig von der gewohnten, von sozialen Utopien genährten offensiven Kraft entfalten und scheiterte daran, dass man in der Von Feldbusch verkörperten Spaßgesellschaft keine Ideale mehr braucht.

[5] Der Film *Wag the dog* (1997, Regie: Barry Levinson) zeigte einen Krieg, der ausschließlich von Schauspielern gespielt, der Bevölkerung aber als real vorgegaukelt wird. Der Film ist aber weniger ein ästhetisches Manifest als vielmehr ein satirischer Kommentar zur USA-Außenpolitik.

In der stärksten Ausprägung führt diese a-moralische Ablehnung der Realität zu einem Nihilismus, der seinen krassesten Ausdruck in der Ansicht von Karl-Heinz Stockhausen fand, einem der bedeutendsten avantgardistischen Komponisten, der die Bilder des zerstörten World Trade Center angeblich als „das größte Kunstwerk unseres Jahrhunderts" pries – was aber laut Stockhausen eine Fehlinterpretation eines Journalisten war.[6]

Baudrillards Reaktion darauf – in seinem Text „Requiem für die Twin Towers" – betont die Absage an moralisch-ethische Einordnungen:

> Was immer man über ihre ästhetische Qualität denken mag, die Twin Towers waren eine absolute Spitzenleistung, wie auch ihre Zerstörung eine absolute Spitzenleistung war. Das ist jedoch keine Rechtfertigung dafür, den 11. September als das größte aller Kunstwerke zu verherrlichen, wie es Karl-Heinz Stockhausen tat. Warum sollte ein Ausnahmeereignis ein Kunstwerk sein? Es für ästhetische Zwecke einzuspannen ist genauso widerwärtig, wie es für moralische oder politische Zwecke einzuspannen – vor allem wenn das Ereignis gerade deshalb so einzigartig ist, weil es sich eben jenseits von Ästhetik und Moral befindet (Baudrillard 2003, S. 106f.).

Weder bei Stockhausen noch bei Baudrillard spielen dabei die zivilen oder militärischen Opfer eine Rolle.

Die Auseinandersetzung um Stockhausens Äußerungen ist zudem noch für etwas anderes symptomatisch: für den Verlust an Streit- und Diskussionskultur. An die Stelle des ruhigen, auf die Argumente der Gegenseite eingehenden Gesprächs ist längst das Wortgefecht gerückt, in dem rhetorische Präzision durch Lautstärke und Polterigkeit ersetzt wird.

Beispiele: Das *Literarische Quartett*, in dem es – von vielen ZuschauerInnen durchaus goutiert und begrüßt – immer weniger um die besprochenen Bücher ging, sondern mehr und mehr um die möglichst unterhaltsame Kontroverse zwischen den Kombattanten, die hinterher wahrscheinlich wieder ein Herz und eine Seele waren; die Talk Shows der privaten TV-Sender, in denen es nicht um Inhalte oder Sachthemen geht, sondern um möglichst lauten Krawall; die Rededuelle zwischen den Kanzlerkandidaten Schröder und Stoiber vor der Bundestagswahl 2002, bei deren Bewertung unter anderem die Krawattenfarbe der Redner diskutiert wurde; oder der Wahlkampf vor der Gouverneurswahl in Kalifornien im Oktober 2003, wo Selbstdarsteller, Schauspieler und Aktionskünstler antraten, alle mit vielen bunten Dingen, aber niemand mit einem politischen, über den Moment hinausreichenden Konzept (vgl. Streck 2003).

---

[6] Unter http://www.stockhausen.org/spd_cdu.html gibt es eine Erklärung Stockhausens dazu, aus einer Anhörung des Rates der Stadt Kürten, dessen Ehrenbürger Stockhausen ist.
In einem Artikel vom 29. August 2002 auf der Homepage von Alternet, einem Projekt des Independent Media Institute, hält Michelle Goldberg an den Vorwürfen gegen Stockhausen fest. (vgl. http://www.alternet.org/story.html?StoryID=13981).

6 Postmoderne Elemente in den *Harry Potter*-Romanen

Wenden wir uns nun den *Harry Potter*-Romanen zu und untersuchen, welche stilistischen und inhaltlichen Elemente der Postmoderne Rowling verwendet, und in welcher Form sie dies tut.

Bricolage

Die Kombination bekannter Dinge in neuen, überraschenden Konstellationen gibt es bei Rowling. Man schaue sich nur die Figuren an: Zauberer, Hexen, Einhörner, Riesen, Zwerge, Zentauren, Monster, Schlangen und Basilisken, Goblins, Riesenspinnen, etc.

Das alles kennen wir aus Märchen, Mythen, Legenden, Folklore, aber auch aus anderen literarischen Texten, in denen diese Figuren schon vorkamen, besonders in der Fantasy-Literatur, allen voran Tolkiens *Der Herr der Ringe*, aber auch Preusslers *Die kleine Hexe* oder Endes *Die unendliche Geschichte* (wobei es nicht wahrscheinlich ist, dass Rowling die deutschen Texte kennt) (vgl. Maar 2002, S. 27f.).

Richtig neu ist an diesen Figuren nichts; neu ist aber die Zusammenstellung. Beispiel: Der Hippogreif (Altertum) wird in einer Szene mit dem Henker mit Kutte und Schwert (Mittelalter) und dem Zauberministerium (Jetztzeit) gezeigt; die Kombination macht die Absurdität der Beschlüsse des Ministeriums erst richtig deutlich, zumal diese Episode an die Hexenverfolgung erinnert, als auch Tiere zum Tode verurteilt wurden.

Zu den bekannten Geschöpfen bringt Rowling dann einige neue dazu, von denen manche sehr große künstlerische Würfe sind. Allen voran die Dementoren, eine geniale Eingebung, denn hier evoziert die Autorin mit wenigen Details das Bild einer übermächtig-grausamen Figur, die als Metapher für schwere psychische Depressionen steht.

Bei den menschlichen Charakteren gibt es ebenfalls zahlreiche bekannte Figuren und Typen: tapfere Jugendliche (Jim Hawkins aus Stevensons *Schatzinsel* als Prototyp), gütige, weise Zauberer (*Artus*-Sage, *Herr der Ringe*, *Krieg der Sterne*), gemeine Mitschüler, strenge LehrerInnen (Blytons Serien um *Hanni und Nanni* oder *Dolly*), argwöhnisch-sadistische Hausmeister, inkompetente oder machtgierige, kafkaeske Beamte (wie die Bonzen in Michael Endes *Jim Knopf*), etc. – auch hier nicht viel essentiell Neues.

Allerdings muss das Wort „bekannt" hier relativiert werden: Die Autorin verwendet so viele Details, dass sie nicht davon ausgehen kann, dass die LeserInnen jede Anspielung, jeden Verweis verstehen – nicht jeder wird zum Beispiel genau wissen, was der Name Minerva bedeutet oder welche Rolle das Einhorn in der Mythologie spielt; nicht jeder kennt Tolkiens Romane oder die gesamte europäische Märchenliteratur. Dies ist auch einer der Gründe, warum es recht bald *Harry Potter*-Lexika gab, in denen eben diese Dinge erklärt wurden (vgl. Schneidewind 2000; Hein 2001). Diese Ehre war bis dahin nur ganz wenigen literarischen Werken zuteil geworden; Beispiele sind *Der Name der Rose* und *Der Herr der Ringe*.

Dennoch gilt: Weil die Figuren so gut bekannt sind, freuen wir uns beim Erkennen oder sind froh darüber, dass wir nicht so viel Gedankenarbeit investieren müssen, um diese Charaktere genau kennenzulernen. Das heißt allerdings nicht, dass die Figuren flach, stereotyp oder klischeehaft gezeichnet sind – manche natürlich schon, denn das geht in keiner Kunstform anders, aber Rowling arbeitet mit außerordentlich vielen subtilen Pinselstrichen, die den ProtagonistInnen sehr genaue Konturen geben.

Sprengen der Genre-Grenzen und Vermengen der Genres

Hier sind die *Harry Potter*-Romane schon extrem, denn in ihnen kommt schier alles vor, was es an großen literarischen Gattungen gibt:

Kriminalroman: In allen Bänden geht es um ein Verbrechen, das entweder schon geschehen oder geplant ist, wobei die Schwere der Verbrechen ständig zunimmt, von Betrug und Diebstahl über schwere Körperverletzung und Mordversuch bis zu Folter und Mord. Und: In jedem Fall ist die Hauptperson direkt von dem Verbrechen betroffen – anders als die *Drei Fragezeichen* oder andere literarische Detektivgruppen, aber ähnlich wie bei Kästners *Emil und die Detektive*, wo der Verlust des Geldes an die existentielle Substanz der kleinen Familie geht, oder wie in Lindgrens *Kalle Blomquist lebt gefährlich*, wo es immerhin möglich ist, dass der Mörder auch die Kinder töten wird, die ihm auf die Spur gekommen sind.

Internats-Roman: Wie bei Thomas Hughes' *Tom Brown's Schooldays*, Blytons *Hanni und Nanni* oder Kästners *Das fliegende Klassenzimmer* spielen die meisten Szenen in einem Internat, dessen soziale Strukturen genau beschrieben werden und für die Handlung von großer Bedeutung sind. Anders als bei Enid Blyton ist das Internat allerdings kein Schutzraum, in den das Böse höchst selten eindringen kann – hier ist das Böse außerhalb *und* innerhalb der Mauern.

Bildungsroman/Entwicklungsroman: Harry und die anderen SchülerInnen werden in den sieben Bänden sieben Jahre älter, wandeln sich also von Kindern zu jungen Erwachsenen, die dann ihr weiteres berufliches und soziales Leben planen und meistern müssen; die Romane zeigen alle wichtigen Stationen auf diesem Weg. Dass das Älterwerden innerhalb einer Romanserie gezeigt wird, ist allerdings die Ausnahme – bei Hanni und Nanni, die innerhalb der Romane immerhin die gesamte Oberstufe durchlaufen, gibt es keine physisch-psychische Entwicklung, und besonders bei den außerordentlich langlebigen Krimi-Reihen wie *Die Drei Fragezeichen* oder *TKKG* bleiben die Figuren durch alle Abenteuer hindurch immer im gleichen Alter. Hogwarts ist also kein *Neverland*, in dem Harry wie Peter Pan ein ewiges Kind bleiben kann.

Abenteuerroman: Dies ist wahrscheinlich das größte Genre innerhalb der Kinderliteratur, mit der Blütezeit in der zweiten Hälfte des 19. Jahrhunderts, das Klassiker wie Mark Twains *Tom Sawyers Abenteuer*, Stevensons *Treasure Island* oder Jules Vernes *Die Kinder des Kapitän Grant* hervorbrachte.

Ähnlich wie bei Twain finden wir bei *Harry Potter* die gesamte Bandbreite an Abenteuern, von harmlosen „Wir ärgern den Hausmeister"-Streichen bis hin zu existentiellen, lebensbedrohlichen Konfrontationen.

Die Wandlung des Abenteuerromans nach dem Zweiten Weltkrieg zeigt sich am augenfälligsten wohl bei William Golding, der in *The Lord of the Flies* (1954) die gleiche Grundsituation verwendet wie Jules Verne in *Zwei Jahre Ferien*. Anders als bei Verne, wo die jugendlichen Helden – als typische Kinder ihres Zeitalters – existentielle Konflikte am Ende vernünftig lösen können, lässt Goldings pessimistische, an Hobbes erinnernde Weltsicht die Handlung in der Katastrophe enden.

Bei Rowling sind solch radikale Umdeutungen der klassischen Abenteuerroman-Strukturen zwar nicht unbedingt zu erwarten, sie hat aber genügend traumatisierende Ereignisse in den Geschichten, um diese nicht zum fröhlich genießbaren reinen Abenteuerroman zu machen.

Spionageroman: Auch davon gibt es bei *Harry Potter* ein breites Spektrum, von „Wir schleichen uns in den Gemeinschaftsraum der Parallelklasse" bis hin zu Motiven aus der „echten" Spionageliteratur – Doppelspione (allen voran Professor Snape), technische Instrumente und Waffen zum Spionieren und zur Spionage-Abwehr (Tarnumhang, Sneakoscope), Lauschangriffe (Extendable Ears), etc. Die Szene, in der Harry, verborgen unter dem Tarnumhang, ein Gespräch der Lehrer über seine Eltern und über Voldemorts Schreckensherrschaft belauscht (Band 3, Kapitel 10), könnte in ähnlicher Form auch bei John le Carré stehen. Ein weiteres Beispiel: Der Augenzeuge eines Verbrechens liegt im Krankenhaus, das an sich gut bewacht wird; dennoch wird er ermordet, und zwar mit Hilfe einer Topfpflanze, die ihm als Weihnachtsgeschenk geschickt wird (Band 5, Kapitel 23). Das Motiv wird zwar ironisiert verwendet, es geht aber immerhin um Mord.

In dieser Weise sorgt die tatsächliche Bedrohung von Voldemort und den von ihm kontrollierten Figuren dafür, dass Spionage und Verbrechensbekämpfung nie kindliches Spiel sind, sondern immer bittere Notwendigkeit.

Phantastische Literatur: Ein Teil der von Rowling verwendeten Figuren kommt direkt aus dem Arsenal, aus dem sich Fantasy-AutorInnen wie Tolkien, Ursula LeGuin, Wolfgang Hohlbein etc. reichlich bedienen (vgl. Maar 2003, S. 27). Anders als bei der reinen Fantasy-Literatur spielen die *Harry Potter*-Romane aber nicht in einer mittelalterlich anmutenden, in sich geschlossenen Welt:

> Keines dieser Wesen oder Hilfsmittel ändert etwas daran, dass Harry mit dem Genre, das Tolkien geschaffen hat, innerlich wenig gemeinsam hat. Tolkiens Trolle leben in Mittelerde im Dritten Zeitalter. Rowlings Zauberer machen ihre Einkäufe im London von 1991 (Maar 2002, S. 27f.).

Bei *Harry Potter* gibt es eine direkte Verbindung zwischen der phantastisch erscheinenden Sphäre und der realen Welt; die eine existiert *in* der anderen, und die Zauberwelt hat zwar eine eigene Geschichte, diese verläuft jedoch parallel zu „unserer" Weltgeschichte.

Ein weiterer wesentlicher Unterschied zu „echten" Fantasy besteht darin, dass der Held hier nicht auf eine Queste gehen muss. Anders als Frodo in *Lord of the Rings*, Atreju in Michael Endes *Die unendliche Geschichte* oder Prinzessin Aimee in Gabriele Beyerleins *Vollmondnächte* geht Harry nicht auf eine abenteuerliche Reise zu einem numinosen Ziel, sondern er selbst ist das Ziel der Bedrohung von außen. Was er mit anderen Fantasy-HeldInnen gemeinsam hat, ist jedoch das Durchlaufen verschiedener Initiationsriten, die ihn auf die Konfrontation mit dem übermächtig erscheinenden Gegner vorbereiten (Auswahl des Zauberstabs, erster Flug auf dem Besen, der Duellier-Club, etc.). Darüber hinaus trägt Harry ein Mal, das ihn von vornherein als auserkoren kenntlich macht – ein weiteres typisches Fantasy-Motiv.

Satire: Besonders die Darstellung des Zaubereiministeriums ist eine ätzende, in den besten Momenten kafkaeske Attacke gegen die Bürokratie; daneben werden die Dursleys und ihre Welt zur Karikatur des Spießertums. Da aber die Erzählfigur auch die Sympathieträger bisweilen ironisiert darstellt, entsteht ein sehr differenziertes Bild. Die Satire richtet sich insgesamt weniger gegen das reale Großbritannien, sondern hat in den Attacken gegen Rassisten, machtgierige Politiker oder die sensationslüsterne Presse universellen Charakter.

Liebesroman: In Band 4 kommen Harry und seine Freunde allmählich in die Pubertät und es beginnen die typischen Komplikationen. In den Internet-Foren zu *Harry Potter*, z. B. unter www.fanficparadies.de/hp, wird kaum ein Thema so heftig diskutiert wie die Frage nach den sich anbahnenden romantischen Beziehungen: Mit wem wird Harry ein Paar? Was ist mit Ron und Hermione? Oder Hermione und Viktor? Und wieso ist niemand aus dem Lehrkörper in einer festen Beziehung? Was ist mit Dumbledore und McGonagall? Und so weiter und so weiter.

Die emotionalen Bindungen zwischen den Figuren spielen in den Romanen eine sehr große Rolle; sie sind dabei aber nicht nur auflockerndes Beiwerk, sondern von bisweilen essentieller Bedeutung für die Entwicklung des Plots, da sich die Handlungen der Figuren und ihr Befinden oft direkt aus diesen Bindungen ergeben (zum Beispiel Rons Eifersucht auf Viktor; Snapes Eifersucht auf Harrys Vater; Ginnys Beziehung zu Tom Riddle; etc.).

Historischer Roman: Die Romane zeigen die Geschehnisse in einer Parallelwelt, in der es eine lange Geschichte von Kriegen, Aufständen, Rebellionen gegeben hat und die jetzt mit einer terroristischen Bedrohung fertig werden muss. Durch die Überlappung der Zaubererwelt mit der realen Welt werden die Romanereignisse mit den aktuellen Erfahrungen der Leserschaft korreliert – beispielsweise fällt das Öffnen der Kammer des Schreckens, mit dem Ziel, die nicht reinblütigen Zauberer und Hexen zu töten, zeitlich mit der Wannseekonferenz zusammen. Durch diese Parallelität kommt man auch kaum umhin, in dem Premierminister, der in Band 6 vom Zauberminister aufgesucht wird, unweigerlich Tony Blair zu sehen.

Gruselgeschichte: Rowling verwendet sehr viele Figuren und Settings aus Schauerroman und Horrorgeschichte. Ein altes Schloss, Geheimgänge, Geister, Gespenster, sadistische Hausmeister, Riesenspinnen, lebende Bilder, dreiköpfige Hunde, Schlangen, Drachen, Pferde, die nur jemand sieht, der schon einmal einen toten Menschen gesehen hat, abgehackte Hände, in Band 6 nun auch lebende Leichen, etc. – manches davon ist geeignet für angenehmen Grusel wie bei manchen Erzählungen von Poe, manches erinnert eher an Stephen King. Rowling operiert jedoch mit einer gänzlich anderen Dosierung; anders als zum Beispiel bei King gibt es nie eine Häufung dieser Elemente.

Realistischer Roman: Dieses Genre ist nicht so stark ausgeprägt, in den Beschreibungen von Harrys ersten Jahren in der „normalen" Welt gibt es aber genügend Details, die so auch in realistischen Romanen auftauchen könnten, zum Beispiel Dudleys Fettsucht oder das Mobbing schwächerer Schüler.

Bei der Analyse der Lektüre der Romane wird ein Phänomen recht deutlich: Man merkt die Übergänge zwischen den einzelnen Genres und Versatzstücken nicht; alles ist ganz fein gearbeitet, die Nahtstellen sind nicht sichtbar, und alles wirkt organisch, harmonisch, kohärent, und sehr als Ganzes (vgl. Maar 2002, S. 29)

Manches ist sogar so subtil, dass man davon ausgehen kann, dass nicht jede Anspielung bewusst von der Autorin verwendet wurde. Beispielsweise die an John le Carrés Spionageromane erinnernde Atmosphäre, als Harry die Lehrer im Pub belauscht (Band 3, Kapitel 10) – hier kommen literarische Muster vor, die bereits universelle Topoi geworden sind.

Dadurch kommt es zu einem spannenden Effekt: Der Eindruck der Texte hängt sehr stark davon ab, ob man die Muster erstens kennt und zweitens wiedererkennt – sehr junge LeserInnen kennen wahrscheinlich die Spionage-Literatur nicht und haben auch wenig Erfahrung in der antiken Mythologie, daher sind für sie Figuren wie die Zentauren oder Handlungselemente wie die Enttarnung des Spions Pettigrew etwas Neues und Erstaunliches, das ihren Horizont stark erweitert; erfahrene LeserInnen dagegen freuen sich, wenn sie die Hinweise und Motive wiedererkennen.

Die Romane werden so auch zu einem großen Rätsel mit „Spot the motif/Erkennen Sie die Melodie"-Effekten, wobei die Autorin diese Effekte auch dazu nutzt, die Blickrichtung in bestimmte Richtungen zu lenken, um dann im toten Winkel die entscheidenden Handlungen ablaufen zu lassen, die man aber durch die eigene Fokussierung bisweilen übersieht. Wie im klassischen Detektivroman wird man am Ende oft zurückblättern, um zu prüfen, ob die Hinweise tatsächlich alle da waren – und siehe: Sie waren dann tatsächlich immer da.

Darüber hinaus mischt Rowling die Ingredienzien ohne apologetischen Gestus, ohne „Ich weiß nicht, ob ich mich das hier trauen darf"-Attitüde, sondern sie tut es einfach, wobei die Spannungen, die sich durch das Gegeneinanderstellen von disparaten Dingen ergeben, sehr oft witzig oder ironisch aufgelöst werden. Dieser Stil- und Genre-Mix gelingt ohne Probleme; der besondere Reiz ergibt sich gerade aus der unerwarteten Kombination bekannter Elemente. Genre-Grenzen und Stil-Purismus existieren hier nicht.

Parodie und Ironie

Das Spiel mit der Erwartungshaltung ist natürlich auch ein wesentliches Element der Parodie. Rowling arbeitet meisterhaft mit diesem Instrument. Manchmal zur Spannungserzeugung – wenn McGonagall Harry nach seinem unerlaubten Flugversuch mit sich nimmt, erwarten alle aufgrund ihrer grimmigen Haltung, dass Harry bestraft wird; statt dessen sorgt McGonagall aber dafür, dass er in die Quidditch-Mannschaft kommt (Band 1, Kapitel 9). Noch häufiger aber benutzt Rowling die Erwartungshaltung, um komische Effekte zu erzielen. Dumbledore ist ein typisches Beispiel: Er entspricht zwar allgemein dem Typus des gütigen, weisen Mentors á la Merlin oder Gandalf, den wir aus Märchen, Romanen und Filmen kennen; diese Rolle wird aber ständig durch inkongruente Elemente persifliert – die Passwörter für seine Räume sind die Namen von Süßigkeiten, die Narbe auf seinem Knie sieht aus wie die Karte der Londoner U-Bahn, und wenn er von *Bernie Bott's Every-Flavour Beans* isst, bekommt er eine, die nach Ohrenschmalz schmeckt. Eine solche Majestätsbeleidigung hätte sich Tolkien z.B. nie getraut; Vorbilder für dieses Tricksen mit der Erwartung gibt es dafür reichlich bei Douglas Adams' *Hitchhiker's Guide to the Galaxy*.

Wichtig für den parodistisch-satirischen Effekt ist dabei, dass die parodistischen Elemente nicht in Kommentaren der Erzählfigur eingestreut werden, sondern dass besonders Dumbledore einen ausgeprägten Hang zur Selbstironie hat, die aber in den meisten Fällen in Situationen auftaucht, die ernst sind. Die ironische Brechung ist hier also ein Mittel, um mit bedrohlichen Lebenslagen umzugehen. Derartiger *Comic Relief*, also das Erträglich-Machen von Angst durch Komik, kommt oft von den Geistern oder den Hauselfen, bisweilen in ausgesprochenen Slapstick-Szenen, die dann aber auch ebenso oft wieder in sinistre Situationen umschlagen.

Intertextualität

„Intertextualität!" könnte geradezu das Motto der *Harry Potter*-Romane sein. Die Zahl der Verweise auf andere Texte ist so groß, dass sich die Romane als Gustostücke für das Bildungsbürgertum diskreditieren ließen – Rowling verwendet Motive und Figuren aus den großen Mythen, aus Märchen, Sagen, Legenden, und sie benutzt Elemente aus anderen Genres, ohne darauf hinzuweisen, dass sie das tut, und oft ohne auktoriale oder didaktische Erklärungen. Da sie zudem nicht *direkt* zitiert – sie verwendet keine Samples, sondern spielt die bekannten Riffs selber –, ist es nicht immer einfach, die verwendeten Motive sofort zuzuordnen. Wer diese Dinge aber (er-)kennt, freut sich über das Wiedererkennen, denn das Wiedererkennen als intellektueller Vorgang löst immer Freude aus.

Aber: Wer die Verweise nicht decodieren kann, wer zum Beispiel noch nie etwas von Leprechauns, Zentauren oder der Bedeutung der Eule in der antiken Mythologie gehört hat, bleibt dennoch nicht außen vor. *Harry Potter* ist kein esoterischer Text, der sich nur den Eingeweihten ganz erschließt; die Werke sind nicht hermetisch gegen Deutung von Unbefugten oder Unerfahrenen abgeschlossen.

Sprachspiele

Auch dies kommt ständig vor, und Rowling wird zu Recht für ihre virtuosen Wortspiele, Neologismen und überraschenden Wortkombinationen gelobt. Dabei benutzt sie häufig die Technik, Worte oder Namen aus der realen Welt in die Zauberwelt zu transferieren und dadurch zu verfremden – siehe zum Beispiel die Titel von Mrs Weasley's Kochbüchern, die Zeitungsnamen wie *Daily Prophet*, die Namen der Süßigkeiten oder den Namen des Schnellzauberkurses *Kwikspell*, eine Anspielung auf die englische Supermarktkette Kwiksave, wobei die Übernahme der orthographisch falschen, phonetischen Schreibweise gleich noch einen Seitenhieb auf die zunehmende Simplifizierung der Sprache bedeutet. Auch hier gilt: Wer die Vorbilder der Neuschöpfungen kennt, zieht einen größeren Lustgewinn aus der Lektüre.

Anachronistische, nicht-reale Welt

Durch das Verschachteln von verschiedenen Zeitebenen und die Verwendung anachronistischer Elemente wird in postmodernen Texten oft eine eigene, neue Welt geschaffen, die sich von der „realen" Welt grundlegend unterscheidet. Rowling geht durch einen Trick noch einen Schritt weiter: Die Zauberwelt ist zwar zeitgleich mit der realen Welt, aber sie ist eine vor-moderne Welt.

So gibt es dort keine Elektrizität, die Familienstrukturen sind altmodisch (zum Beispiel gibt es offenbar keine alleinerziehenden Elternteile), es gibt keine Jugendkultur (Popmusik, Kino, Computer etc. fehlen, werden aber auch nicht vermisst).[7] Für alles, wofür man in der normalen Welt Strom oder Treibstoff braucht, gibt es in der Zauberwelt eben Zauberei. Mr Weasleys Faszination über die seltsamen Methoden der Muggels, ihre mangelnden magischen Fertigkeiten durch Elektrizität auszugleichen, ist der offensichtlichste Ausdruck des Spannungsfeldes zwischen den beiden Welten.

Indes: Auch die dargestellte „reale" Welt wirkt anachronistisch, besonders, da keine konkreten Ereignisse oder (Marken-)Namen genannt werden, die eine zeitliche Verortung zuließen (Dudley hat zwar Computerspiele, es wird aber nicht gesagt, ob er z.B. *Tomb Raider* spielt). Zudem ist die satirische Darstellung der Dursleys so überzogen,

---

[7] Es gibt jedoch einige Details, die eine Verbindung zwischen Hogwarts und der modernen Computerwelt herstellen. Zum Beispiel erinnert der Fidelius-Zauber, mit dem Geheimnisse geschützt werden, an die Firewall-Technik, mit der Computer gegen Angriffe aller Art geschützt werden.

dass man sie kaum als authentische Figuren ansehen kann. In manchen kurzen Beschreibungen schafft Rowling durch die Verwendung einiger als „typisch englisch" konnotierter Begriffe (King's Cross, „blimey", „News at Seven", etc.) eine heimelige, nostalgische Atmosphäre. Aber: Es ist dies eine „nostalgia for an age that never existed".

Dadurch stellt sich ein paradoxer Effekt ein: Die Zauberwelt wirkt echter, realer als die reale Welt, die phantastischen Figuren sind wahrer als die normalen, die politischen Ereignisse in der magischen Welt werden während der Lektüre wichtiger als die, die sich im echten Großbritannien der Zeit ereignen.

Prunk, Detailfülle, Buntheit

Rowlings Romane strotzen geradezu vor Details; die Handlung geht einher mit einer angenehmen Flut an kleinen, schönen Dingen in einem Kaleidoskop mit vielen bunten Steinchen. Die Romane sind höchst bunt, ausladend und opulent in der Beschreibung der Details der Interieurs, der Mahlzeiten, der Kleidung; ein Fest für die Sinne, von denen alle während des Lesens angeregt werden – gar kein Vergleich mehr mit der Neuen Sachlichkeit in *Emil und die Detektive* oder der stereotypen Verwendung der immer gleichen Adjektive bei Blyton. In diesem Punkt sind übrigens die Verfilmungen ausgesprochen werkgetreu; die üppige Bilderfülle wurde in beiden Filmen sehr schön in das andere Medium übertragen.

Zieht man an dieser Stelle eine Zwischenbilanz, so lässt sich konstatieren: *Harry Potter* sieht tatsächlich aus wie ein postmoderner Text, da sehr viele der für die Postmoderne typischen Elemente und Methoden vorhanden sind.

Zur Verifizierung dieser These muss nun überprüft werden, welche postmodernen Charakteristika *nicht* vorkommen, welche *konventionellen* Mittel Rowling verwendet und wie die Gewichtung der einzelnen Teile ist.

7 Konventionelle Mittel in den *Harry Potter*-Romanen

Plot, Struktur

Zersplittert, fragmentiert, gemixt? Die Plots der *Harry Potter*-Texte sind nichts von alledem, denn Rowling bedient sich recht altmodischer narrativer und struktureller Methoden. Die Romane haben einen linearen, chronologischen und letztlich kompakten Aufbau, ohne Fragmentierung des Handlungsablaufes, ohne parallel laufende Sub-Plots, sodass die Handlung bei aller Detailfülle immer durchschaubar bleibt.

Die Erzählsituation ist auktorial, „neutral omniscience", das heißt die Erzählfigur ist allwissend, mischt sich aber in die eigentliche Geschichte nicht ein, gibt kaum Kommentare, erläutert einzelne Dinge nur, wenn sie für das Verständnis der Handlung wichtig sind. Harry ist zwar der Fokalisierer, die Figur, durch dessen Sinnesorgane die LeserInnen die Handlung erleben und dessen Gedanken sie erfahren (außer in den jeweils ersten Kapiteln der Bände 1, 4 und 6) – dies aber ohne unvermittelte, direkte

Einblicke in die Psyche der Hauptfigur. Techniken wie *Innerer Monolog* oder *Stream of Consciousness* werden nicht verwendet.

Die Handlungsdauer umfasst in jedem Band ein ganzes Jahr, dessen Krisen minutiös geschildert werden, mit den bekannten Methoden der Raffung oder Dehnung der erzählten Zeit.

Dies erinnert alles an Texte des 19. Jahrhunderts, die mit großer Geste Lebensgeschichten und Panoramen ausbreiten – Jane Austen und Charles Dickens sind hier größere Vorbilder als Douglas Coupland oder Irvine Welsh (vgl. Maar 2002, S. 29).

Bad Taste

Rowlings Romane gelten insgesamt als ausgesprochen lustig, mit großzügigen Dosen des schwer zu definierenden „typisch englischen Humors". Dabei gibt es nur drei kleine Beispiele von schlechtem Geschmack als Stilmittel: die doppeldeutige Verwendung von „Uranus" – der auf der Homophonie von *Uranus* und *your anus* basierende Witz ist aber schon sehr alt (er kommt auf der Single *Anus of Uranus* der Gruppe Klaatu aus dem Jahre 1973 vor) und auch nicht sehr lustig. Der Witz dient in der Szene wahrscheinlich dazu, Ron als unreif, wenig originell und latent frauenfeindlich zu charakterisieren.

In Band 5 gibt es zwei Beispiele von *toilet humour* (Rowling 2003, S. 278 und S. 336). Beide Fälle sind eher harmlos; da sie so gar nicht zum sonstigen Niveau von Rowlings Witz passen, kann man davon ausgehen, dass der schlechte Geschmack hier nicht Selbstzweck ist, sondern auch hier zur Charakterisierung einzelner Figuren dient.

Zelebrieren des Augenblicks, Hedonismus

An die Stelle des hedonistischen Genusses des Augenblicks ohne großes Nachdenken über das Morgen oder das Gestern – wie zum Beispiel in Irvine Welshs *Trainspotting* – setzt Rowling Situationen, die eine solche Haltung gar nicht erst zulassen. Harrys Leben ist fast von Geburt an eine einzige Reihe existentieller Bedrohungen; die reale, greifbare Gefahr und die damit verbundene moralische Verantwortung ist stets viel zu groß, um sich unbeschwert irgendwelchem Sinnentaumel hinzugeben. Das Feiern des Augenblicks könnte höchstens zur Ablenkung dienen, aber auch das funktioniert immer weniger (deutlich zum Beispiel in der Beschreibung der Weihnachtsfeste von Band zu Band).

Zudem steigert sich die Gefahr ständig: Zunächst ist der Gegner noch der verblendete Quirrell, später hat Harry es dann mit den Dementoren zu tun und mit einer faschistischen Gruppierung, die in aller Öffentlichkeit foltert (Band 4, Kapitel 9). Entsprechend ändert sich Harrys Grundstimmung: Von Roman zu Roman wird sie immer düsterer; er wird zunehmend wütender und aggressiver.

Auch auf der strukturellen Ebene erteilen die Romane der hedonistischen Weltsicht eine deutliche Absage. Eine Plot-Struktur wie bei Rowlings Romanen ist immer ein Indiz für eine teleologische, zielgerichtete Weltsicht. Außerdem wird die Erzählweise nie autoreferentiell erwähnt; die Erzählfigur kritisiert die eigenen Methoden nie, von einer Ironisierung ganz zu schweigen.

Die einzelnen Handlungsteile und die kaleidoskopisch-bunten Details fügen sich letztlich zusammen zu einem großen Ganzen, und häufig erkennt man erst später, was einzelne Dinge bedeuten, da man jetzt größere Zusammenhänge herstellen kann. Was hier passiert, ist also genau das Gegenteil von Fragmentarisierung – hier geht es um das Zusammenfügen von Teilen und dadurch um das Restaurieren einer Welt, die durch negative Einflüsse aus den Fugen geraten ist.

Betonung der Oberfläche

Auch hier ist es genau andersherum: in den Texten wird immer wieder gezeigt, dass die Oberfläche trügerisch ist. Die Beschreibung von Figuren wie Quirrell, Lupin, Barty Crouch, Moody, Snape oder den Veela halten die LeserInnen dazu an, unter die Oberfläche zu sehen, dem Schein zu misstrauen, das Image zu hinterfragen.

Dies ist ein altbekanntes literarisches Motiv, das besonders stark im Schauerroman verwendet wurde und von da an das 19. Jahrhundert prägte; wir finden es zum Beispiel prominent bei Jane Austen, die in *Pride and Prejudice* davor warnt, den ersten Eindrücken zu trauen (der Roman sollte zunächst auch *First Impressions* heißen), bei Dickens, der Schwindler wie den Artful Dodger oder Steerforth vorführt, bei Stevenson in der Beschreibung von John Silver, bei Thomas Hardy oder Hodgson Burnett.

Bei etlichen Krimis für Kinder und Jugendliche gibt es dagegen oft eine ganz andere Sichtweise, die ethisch mehr als fragwürdig ist: Bei Enid Blyton oder der *TKKG*-Reihe kann man sofort vom Äußeren und vom Verhalten der Figuren auf deren Verhalten schließen; der Charakter spiegelt sich dort durchweg im Aussehen, manchmal auch schon im Namen.

Ironische Brechung einer gefährlichen, unverständlichen Welt

Douglas Adams' Science-Fiction-Parodie *The Hitchhiker' Guide to the Galaxy*, ein Genre-Mix *par excellence*, beginnt damit, dass die Erde von Außerirdischen zerstört wird. So weit, so *Krieg der Welten* von H. G. Wells. Adams ironisiert dann aber *alles*, die destruktiven Aliens genau so wie die Verwaltung des Universums, und am Ende war alles gar nicht so schlimm.

Rowling verfährt genau entgegengesetzt. Nachdem Harry aus der bedrohlichen, ihn depravierenden Welt der Dursleys gerettet ist, beginnt eine witzige, ironische, zum Teil parodistische Darstellung seiner neuen Umgebung. Da hinein bricht dann aber massiv das Grauen – und das Grauen bleibt. Die lustigen Ereignisse sind momentane Erleichterung, aber über allem schwebt fortan die Bedrohung von Außen *und* von Innen. Hogwarts ist kein sicherer Ort, sondern ist schon von der Gegenseite infiltriert worden; in jedem Band ist das Böse bereits vor Harry dort. Diese doppelte Bedrohung von außen und innen ist für ein Kinderbuch sehr ungewöhnlich, denn gemeinhin gibt es immer die klare Trennung von *Wir* (die Guten) und *Sie* (die Bösen) sowie sichere Refugien, die erfolgreich gegen den Einbruch von außen verteidigt werden – siehe Stevensons *Schatzinsel*, Karl Mays Romane, Lindgrens *Brüder Löwenherz*, etc.

Nihilismus, a-moralische Attitüde, Spaßgesellschaft

Rowling hat sich selbst als Moralistin bezeichnet, und ihre Romane sind hoch-moralische Texte, in denen die Figuren beständig ethische Fragen bedenken müssen, bevor sie handeln (vgl. Mauersberg, Scholz 2000). Die freie Entscheidung des Individuums wird häufig als Grundlage des menschlichen Tuns und seiner Bewertung betont. Harry – die Hauptfigur, in der sich die philosophischen Ansichten der Autorin bündeln – ist allerdings kein Kind der Aufklärung, kein Rationalist, der die Welt durch die Macht der Vernunft und der Intelligenz durchdringt, sondern seine Entscheidungen sind meistens emotional und subjektiv. Dies macht ihn zu einem Vertreter der *emotionalen Intelligenz*, der aufgrund bestimmter Wertvorstellungen intuitiv seine Entscheidungen trifft, die von den LeserInnen meistens als richtig bewertet werden. Hermine fungiert zu Anfang als Kontrastfigur, denn sie setzt zunächst *nur* ihren Verstand ein. Später lernt sie aber auch, ihre emotionale Reaktion einzusetzen. Krass negative Kontrastfiguren sind Malfoy, Fudge oder Umbridge, die aus politischem Kalkül und/oder sadistischer Neigung unmoralisch handeln.

Die Moral als Instanz ist deswegen so wichtig, weil in den *Harry Potter*-Romanen die Grenzen zwischen Gut und Böse eben *nicht* so klar gezogen sind, weil es zahlreiche moralisch ambivalente Charaktere gibt (besonders Snape, aber auch Ron, Sirius, und selbst Dumbledore) und weil sich die Figuren immer wieder neu entscheiden müssen – völlig anders als bei Kinderkrimis wie *TKKG, Fünf Freunde, Knickerbocker-Bande* oder bei *James Bond* oder *Jerry Cotton*, wo gänzlich unkritisch ein schwarz-weißes, von manichäistischem Denken geprägtes Bild gezeichnet wird, in dem es nur *Wir, die Aufrechten* und *Die anderen, die Bösen* gibt.

8 Fazit

Betrachten wir nun die Waagschalen, so finden wir, dass Rowling in den *Harry Potter*-Romanen zwar viele der typischen postmodernen Stilmittel verwendet, dass aber sehr viel schwerer wiegt, was sie nicht benutzt und was sie an dessen Stelle setzt. Der größte Unterschied zur Postmoderne besteht in der *Gedankenwelt* der Werke, denn Rowling thematisiert alte, aber nach wie vor ungelöste ethische Probleme. Sie verwendet bei den *Harry Potter*-Romanen stilistische Methoden der Postmoderne wie Verweis, Zitat, Collage oder Verwischen der Genre-Grenzen, teilt aber keineswegs die Ideologie der Postmoderne. Die verwendeten Mittel geraten nie zum Selbstzweck, sondern werden Teil einer mit altmodischen narrativen Mitteln erzählten Geschichte, in der es vor allem um die psychische und ethische Selbstfindung des Protagonisten geht.

Rowling beschreibt in den Romanen immer wieder Situationen, in denen individuelle Entscheidungen im Rahmen einer gesellschaftlich fixierten Ethik getroffen werden müssen. Das Individuum – meistens Harry als Hauptfigur – wird damit konfrontiert, dass diese individuelle Entscheidung nicht immer leicht und nicht immer systemkonform ist. Es geht also darum, die eigene Handlung vor sich selber und vor der Gesellschaft zu rechtfertigen. Die Texte handeln daher nicht so sehr vom Kampf Gut gegen Böse, sondern vom Kampf des Individuums mit sich selbst bei der Entscheidungsfindung. Wie bei einer riesigen Zahl von Romanen gibt es zahlreiche Figuren, die sich *nie* entscheiden müssen, weil sie vorgefasste Meinungen vertreten, und die somit nie in moralische Konflikte kommen (Fudge, Malfoy, Umbridge, etc.). Im Zentrum stehen jedoch diejenigen Charaktere, die diesen Kampf mit sich selbst führen müssen.

Die *Harry Potter*-Romane sind also *anti-postmoderne* Texte mit postmodernen Mitteln. Daraus ergibt sich eine für die Bewertung und Einordnung der Texte entscheidende Reihe von Fragen: Geht Rowling damit über die Postmoderne hinaus? Haben wir es hier mit der Post-Postmoderne zu tun? Oder bedeutet ihr Rückverweisen auf den *Grand Recit* des 19. Jahrhunderts eine konservative, regressive Haltung? Stellt sie konkrete moralische Thesen auf, die den LeserInnen bei der Bewältigung des Lebens helfen? Und wie werden sich die Figuren verhalten, wenn es in den letzten beiden Bänden richtig böse wird?

9 Literaturverzeichnis

Primärliteratur
Adams, Douglas (1979): The Hitchhiker's Guide to the Galaxy. London: Pan Books
Beyerlein, Gabriele (2003): Vollmondnächte. Stuttgart und Wien: Thienemann
Carter, Angela (1979): The Bloody Chamber. London: Vintage/Random House
Eco, Umberto (1986): Der Name der Rose. 2. Aufl., München: dtv
Fowles, John (1969, reprint 1985): The French Lieutenant's Woman. London: Cape
Rowling, Joanne K. [Pseud. Newt Scamander] (2001a): Fantastic Beasts & where to find them. London: Bloomsbury
Rowling, Joanne K., [Pseud Wisp] (2001b): Quidditch through the Ages. London: Bloomsbury
Rowling, Joanne K. (1997): Harry Potter and the Philosopher's Stone. London: Bloomsbury
Rowling, Joanne K. (1998): Harry Potter and the Chamber of Secrets. London: Bloomsbury
Rowling, Joanne K. (1999): Harry Potter and the Prisoner of Azkaban. London: Bloomsbury
Rowling, Joanne K. (2000): Harry Potter and the Goblet of Fire. London: Bloomsbury
Rowling, Joanne K. (2003): Harry Potter and the Order of the Phoenix. London: Bloomsbury
Rowling, Joanne K. (2005): Harry Potter and the Half-Blood Prince. London: Bloomsbury
Swift, Graham (1992, revised edition): Waterland. London: Picador
Thurber, James (1942): My World and Welcome to it. New York: Harcourt, Brace & Co.
Thurber, James [1945]: The little girl and the wolf. URL: http://news1.yasuda-u.ac.jp/ptervin/HAL/little_girl.html (Stand: 19. Juli 2005)

Sekundärliteratur

Baldick, Chris (1996, reissue): The Concise Oxford Dictionary of Literary Terms. Oxford: Oxford University Press

Barry, Peter (1995): Beginning Theory. Manchester: Manchester University Press

Baudrillard, Jean (2003): Short Cuts. Frankfurt am Main: Zweitausendeins

Bruckert, Helmut; Stückrath, Jörn (Hg.) (2001): Literaturwissenschaft. Ein Grundkurs. 7. Aufl., Reinbek bei Hamburg: Rowohlt

Carpenter, Humphrey; Prichard, Mari (1984): The Oxford Companion to Children's Literature. Oxford & New York: Oxford University Press

Hein, Rudolf (2001): Kennen Sie Severus Snape? Auf den Spuren der sprechenden Namen bei Harry Potter. Bamberg: Colibri/Erich Weiß

Hunt, Peter (1994): An Introduction to Children's Literature. Oxford and New York: Oxford University Press

Hunt, Peter (Hg.) (1996): International Companion Encyclopedia of Children's Literature. London and New York: Routledge

Hutcheon, Linda (2002) [erste Auflage 1989]: The Politics of Postmodernism. London and New York: Routledge

Jung, Mathias (2004): Der Zauber der Wandlung. Harry Potter oder das Abenteuer der Ich-Werdung. Lahnstein: emu

Kümmerling-Meibauer, Bettina (1999): Klassiker der Kinder- und Jugendliteratur. Ein internationales Lexikon. 2 Bände. Stuttgart und Weimar: Metzler

Lee, Alison (1990): Realism and Power. Postmodern British Fiction. London and New York: Routledge

Maar, Michael (2002): Warum Nabokov Harry Potter gemocht hätte. Berlin: Berlin Verlag

Mauersberg, Barbara; Scholz, Moritz (2000): Interview mit J.K. Rowling. In: Frankfurter Rundschau. Das Gespräch – Sonderbeilage zur Frankfurter Buchmesse 2000, 8. Juli

Peck, John; Coyle, Martin (1993): How to study – Literary Terms and Criticism. Houndmills & London: MacMillan

Schneidewind, Friedhelm (2000): Das ABC rund um Harry Potter. Berlin: Schwarzkopf & Schwarzkopf

Streck, Michael (2003): Ein Käfig voller Narren. In: Stern, Nr. 41, S. 46-48

Watson, Victor (Hg.) (2001): The Cambridge Guide to Children's Books in English. Cambridge: Cambridge University Press

Webster, Roger (1996): Studying Literary Theory. 2nd edition, London: Arnold

Hörbücher

Meyer-Kahrweg, Dorothee (1998): Die 50er Jahre. Zwischen Wirtschaftswunder und Wiederbewaffnung. München: Der Hörverlag

Meyer-Kahrweg, Dorothee (1999): Die 60er Jahre. Plastik, Pop und Flowerpower. München: Der Hörverlag

Meyer-Kahrweg, Dorothee (1999): Die 70er Jahre. Von Räucherstäbchen bis Rasterfahndung. München: Der Hörverlag

Meyer-Kahrweg, Dorothee (2000): Die 80er Jahre. Zwischen Pershing und Perestroika. München: Der Hörverlag

Meyer-Kahrweg, Dorothee (2001): Die 90er Jahre. Techno, Treuhand, Teletubbies. München: Der Hörverlag

Norbert Clemens Baumgart

Die Bibel ein(sch)muggeln?
Die Suche nach mythologischen, religiösen und theologischen Spuren in den *Harry Potter*-Romanen

Die *Harry Potter*-Bände haben viel Aufmerksamkeit auch bei denen gefunden, die sich mit mythischen und religiösen Symbolen und Bildern beschäftigen oder sich in theologischen Denkkategorien bewegen. Drei Momente aus dem Spektrum der entsprechenden Veröffentlichungen[1] seien herausgegriffen. Erstens wird eine Art Nachweis geführt: Die *Harry Potter*-Bände lassen sich hilfreich und mit Gewinn aufgreifen, wenn praktisch-theologische und religionspädagogische Themen sowie Anliegen vorangebracht werden sollen.[2] Dieses Moment hat von Anfang an eine Rolle gespielt (Schuller 2001) und hält sich durch (Ritter 2003, 2005). Zweitens erfahren Werk und Inhalte von Joanne K. Rowling unterschiedliche Einordnungen: Sie werden unter den Stichworten Mythos (Tomberg 2002; Mattenklott 2003) oder Mythisches (Verweyen 2002) behandelt; man sieht sie einerseits in Nähe zum religiösen Glauben (Schmidt 2002; Ritter 2003, 2005), andererseits aber auch als nicht-religiös (Bachl 2001); sie werden philosophisch interpretiert (Möllenbeck 2002) oder theologisch aufgearbeitet (Striet 2002; Drexler, Wadinger 2004). Die Beiträge gehen von sehr unterschiedlichen Voraussetzungen und Begriffsdefinitionen aus. Drittens zielen die Beiträge meist auf eine Leserschaft, die aus Berufskollegen und -kolleginnen oder Vertretern der eigenen Fachdisziplin besteht. Sie sind an einen Binnenkreis gerichtet.

Der vorliegende Beitrag richtet sich deshalb nun einmal an Leserinnen und Leser, die nicht in den Feldern der Mythologie, Religion und Theologie zu Hause sind. Es soll transparent gemacht werden, wie man zu entsprechenden Einschätzungen und Einordnungen kommen kann. Fast alles hängt von den Voraussetzungen und Begriffsbestimmungen ab, von denen man ausgeht.[3] Sie sollen hier offen dargelegt werden und so einen Zugang zur Debatte ermöglichen.

Einige Vorbemerkungen seien noch gemacht. Rowlings Bücher stellen über weite Passagen ein literarhistorisches Sammelbecken dar, in dem zusammenfließt, was von der Antike bis in die Gegenwart reicht.[4] Die Sekundärliteratur hat die Nachklänge beschrieben. Verschiedene Modi von Nachklängen dürften vorliegen. Joanne K. Rowling

---

[1] Einen Überblick bietet Tomberg 2003.
[2] Zurückhaltend Meurer 2002.
[3] Andere Thesen und Ergebnisse als die hier vorgebrachten, werden somit nicht ausgeschlossen.
[4] Die Literaturwissenschaft hat hierfür den Begriff Intertextualität gewählt. Ein einzelner Text habe Bezüge zu anderen Texten oder Sprachwelten. Diese Bezüge können in einem Text explizit deutlich gemacht werden, von Autoren bewusst gesetzt worden sein, aber auch unbewusst (Petzold 2001, S. 23). Barthes 1978, S. 81, spricht davon, dass jeder Text eine „Echokammer" sei; andere Texte hallen in einem Text wider.

wird manches recherchiert haben, anderes wird aus ihrer eigenen langjährigen Lesepraxis stammen oder aus ihrem Studium der klassischen Altphilologie. Daneben ist mit nicht rekonstruierbaren Kanälen zu rechnen, durch welche die Stoffe oder Sujets der Autorin in die Feder flossen. Mit Zufällen ist zu rechnen. Beispielsweise liegt bei den Kentauren[5] in Bd. I – den Wesen mit Pferderumpf und menschlichem Oberkörper – eine Beschäftigung mit der Antike nahe.[6] Bei den Zeitreisen von Hermine und Harry im 3. Band hingegen dürfte Rowling neuere Science-Fiction-Literatur bzw. –Filme adaptiert haben. Die Fülle der Nachklänge jedenfalls verrät den weiten kulturgeschichtlichen Horizont, in dem die *Harry Potter*-Bände betrachtet werden können. In diesem Horizont selbst tauchen auch Mythen und Erzählungen sowie Reflexionen über Gott auf. Wenn ich nun die *Harry Potter*-Bände I-IV befrage, ob und in welcher Form in ihnen Mythologisches, Religiöses oder Theologisches vorkommt, ist das zugleich eine Frage danach, was aus dem vorausliegenden Horizont transportiert, nachgestaltet oder weggelassen wurde.

Die hier vorgetragenen Analysen haben vorläufigen Charakter. Noch liegen nicht alle sieben vor. Keiner weiß, welche Überraschungen Joanne K. Rowling für ihre Leserschaft noch bereithält. Was sie bisher erzählt hat, kann später in neuem Licht auftauchen. Voreilig ist, wer jetzt schon eine fertige Interpretation liefern will.

1 Mythologisches in den *Harry Potter*-Bänden?

Der Bezug zu Mythos und Mythischem wird unterschiedlich gesehen. Tomberg (2002) denkt in die Richtung, dass die *Harry Potter*-Bände *nur* einen Mythos unterbreiten können. Für Tomberg ist es der „Mythos der Freiheit".[7] Mattenklott (2003) sieht hingegen *hilfreich* einen „Mythos" aufgebaut, welcher der gesellschaftlichen und individuellen Selbstverständigung diene. Für Mattenklott begegnet mit dem „Kind" (Harry) ein geheimnisvoller Reichtum. Andere wie Verweyen (2002) stehen dazu in Distanz und sprechen unspektakulär vom Mythischen: Lediglich Motive aus Mythen werden übernommen. Ich setze hier deshalb noch einmal neu am Begriff „mythologisch" an, erläutere ihn und appliziere ihn dann auf die *Harry Potter*-Bände: Enthalten die *Harry Potter*-Bände Mythologisches?

---

[5] Dt. Zentauren; Bd. I, S. 275. Informativ die Abbildung aus dem Jahr 1520 bei Bellinger, 1989, S. 249. – Die Seitenangaben in diesem Beitrag beziehen sich, wenn nicht anderes angezeigt wird, auf die deutsche Ausgabe.

[6] In der antiken Vorstellung lebten Kentauren teilweise in Bergwäldern und waren wohl alle bis auf eine Ausnahme, nämlich Cheíron, gewalttätig (vgl. Bellinger 1989, S. 248). Entsprechend tauchen Kentauren bei Joanne K. Rowling im Verbotenen Wald auf, starren sogleich auf den Mars, den Stern des antiken Kriegsgottes, und allein einer der Kentauren, Florenz, bzw. ital. Firenze, rettet Harry. Die Sterndeutung der Kentauren erinnert auch an C. S. Lewis' *Narnia Chronicles* (1950-56).

[7] Tomberg 2002, S. 325 und S. 331f: In einer Welt voller Kausalitäten sei der freie menschliche „Wille entscheidend"; das „neuzeitliche Allmachtsideal" werde in der Zauberwelt phantasievoll ausgemalt.

(1) „*Mythologisch*" meint zunächst, was erkennbar und nachvollziehbar zum „Mythos" gehört im Unterschied zum nur Mythischen. So ergibt sich die Frage: Was ist ein „Mythos"?

Theorien zu dem, was ein Mythos ist, gibt es unzählige.[8] Die meisten Theorien setzen bei alten Stoffen an. Oft hat man Mythen der klassischen antiken Literatur im Blick, sei es nun die griechische oder die lateinische, aber vor allem auch die Mythen des Alten Orients, von den Sumerern über die Babylonier und Assyrer bis zu den alten Ägyptern, und obendrein auch noch die Mythen weiterer Früh- und Hochkulturen. Mythen gehören zu fast allen Völkern. Die Untersuchungsergebnisse zu den alten Stoffen werden nicht selten auch auf die Gegenwart angewandt. Der Gräzist Burkert (1982, S. 63ff.) betont, dass es sehr schwierig sei, den „*Mythos*" griffig zu beschreiben oder gar zu definieren. Dem kann man nur zustimmen. So sind auch die folgenden Ausführungen nur als eine Annäherung an den Mythos und seinen Kern zu begreifen.

Zunächst muss man im Anschluss an Kirk (1970) festhalten, dass Mythen in den weiten Bereich der Erzählungen gehören. Erzählungen in dem weiten Sinne, dass sie für gewöhnlich eine Story präsentieren (Baumgart 1994). Erzählungen haben sodann ihre spezifische Form, die Handlung wiederzugeben. Verschiedene Erzählungen können bekanntlich dieselbe Handlung wiedergeben, beispielsweise in Ich- oder Er-Form. Ein Mythos ist nicht an eine spezifische, einmalige Erzählung gebunden und haftet nicht am festen Wortlaut. Ein und derselbe Mythos kann kurz oder lang erzählt sein, gut oder schlecht; er kann im Mittelpunkt stehen oder auch nur kommemoriert werden. Der Mythos enthält Bedeutungsstrukturen, die jenseits der konkreten sprachlichen Gestalt liegen.

Der Mythos muss also nun in diesem weiten Rahmen der Erzählungen konkreter auf sein Spezifisches eingegrenzt werden. Ich lasse die breite Diskussion beiseite und lehne mich an eine Definition von Burkert (1982, S. 65) an. Diese Definition ist oft übernommen worden. Zum Beispiel hat der Theologe und Exeget Müller (1985) sie erfolgreich angewandt. Oder sie findet sich ähnlich in der Sekundärliteratur wieder.[9] Mythen haben *funktionalen* Charakter. Sie sind angewandte Erzählungen. Dabei ist charakteristisch: Mythen verbalisieren überindividuelle, kollektiv gültige oder für fest stehend erachtete Aspekte der Wirklichkeit. Mythen teilen die – oft nicht sofort offenkundige – Wirklichkeit mit und klären über sie auf. Die Erzählungen haben zwar auch für sich einen eigenen literarischen Sinn. Aber Mythen zielen auf die Realität ab, *hic et nunc*, „hier und jetzt". Beispielsweise kann ein Mythos in einer entfernten Vergangenheit oder entfernten Zukunft spielen, ja in einem transgeschichtlichen Rahmen. Etwa *in illo tempore*, „in jener Zeit". Doch der Mythos will etwas an der allseits greifbaren Wirklichkeit auf-

---

[8] Bisweilen wird nur darauf insistiert, dass die Vernunft und ihre Erkenntnis den Mythos ablösen und eine höhere Stufe in der Menschheitsgeschichte erreichen. So zum Beispiel Esser 2002, S. 22-33. Im Folgenden soll aber ein anderer Zugang zum Mythos im Mittelpunkt stehen (vgl. hierzu Mattenklott 2003, S. 46).
[9] Etwa bei Bellinge 1989, S. 5-9, und Geyer 1996.

schließen und erhellen. Mythen erklären die alltäglich und alljährlich erfahrbaren Vorgänge, Erscheinungen der Welt, der Natur, am Menschen, am Kollektivum, an einem Volk, an einer Religion usw. Grenzsituationen wie Leben und Tod werden thematisiert, Kultur, Handwerk, Weisheit usw.

(2) Nach der Theorie sei an einem Beispiel verdeutlicht, wie Mythen „funktionieren". Früh- und Hochkulturen kennen den Mythos von der Sintflut.[10] Der Mythos steht in Bezug zur Entstehung der Welt bzw. des Menschen, d.h. zur Schöpfung[11] und spielt in der Urzeit. Am Anfang des Mythos ist es beschlossene Sache, dass die geschaffenen Lebewesen samt und sonders ausgetilgt werden sollen. So kommt es auch. Eine Wasserflut ereilt die ganze Welt und vernichtet alle Lebewesen. Die Forschung sieht darin eine Verdeutlichung, dass das Leben als Ganzes eigentlich jederzeit tödlich gefährdet ist.

Nun gehört es zur Sintfluterzählung, dass jemand mit seiner Familie – und mit Vertretern aller Tiere – gerettet wird. Mit diesen beginnt das Leben auf der Welt von neuem. Wo die Rettung am Ende der Erzählungen entfaltet wird, begegnet der fundamentale Gegenpol im Mythos. Festgehalten wird, dass die beschriebene globale Zerstörung nicht noch einmal kommen wird. Die substantiellen Kräfte in der Welt werden das nicht noch einmal zulassen. In der alten Welt wurden selbstverständlich die Kräfte in den Göttern bzw. in dem einen Gott gesehen. So gehört zum Mythos das „Nicht-noch-Einmal" (Gen 8,20-9,17). Keineswegs kehrt der globale allumfassende Tod wieder. Niemals![12]

Wie „funktioniert" der Sintflut-Mythos? Zu diesem Mythos gehört eine Erzählperspektive: die Rückschau. Die erzählte Sintflut spielt vor der Geschichte, in der Urzeit. In diese Zeit wird verbannt, was als mögliche Gefahr für die Lebenswelt gesehen wird: ihr chaotisches Aus. Das erdenklich Mögliche bleibt aber auf die Urzeit beschränkt. Die Geschichte, die eigene Zeit und die Zukunft werden von diesem globalen tödlichen Aus freigemacht. Die mögliche Gefahr wird aus der Realität *hic et nunc*, „hier und jetzt", ausgeklammert. Das Ausklammern geschieht im je eigenen Weltbild der Epen auf plausible Weise. In der alten Welt war das durch das Göttliche möglich. Das Leben bleibt zwar partikulär gefährdet, aber nicht mehr global. Im Nacherzählen der Sintflut vergewissert sich die Erzählgemeinschaft der Sicherung ihrer Realität, ihrer Lebenswelt. Das Erzählen des Mythos generiert Aufklärung[13] über die Lebenswelt.

---

[10] Zum Folgenden Baumgart 1999.

[11] Die erzählerisch ausgereifte Gestalt des Mythos liegt vor im altbabylonischen Athramhasis-Epos aus dem 17. Jh. v. Chr., in der sumerischen Eridu-Genesis aus dem 16. Jh. v. Chr., in der XI. Tafel des Gilgamesch-Epos aus dem 12./11. Jh. v. Chr. und in der biblischen Erzählung aus dem 7.-5. Jh. v. Chr.

[12] Hierzu Müller 1985.

[13] Hierzu sowie zum Verhältnis von Mythos und Logos Horkheimer, Adorno 1968, S. 18: „Wie Mythen schon Aufklärung vollziehen, so verstrickt Aufklärung mit jedem Schritt tiefer sich in Mythologie." Vgl. auch ebd., S. 37.

Spricht man vom Mythologischen, sollte man derart den Mythos im Blick haben. Mythologisch meint im Gegensatz zum Mythischen das in Bezug auf „Mythos" Bedenkbare. Nun zur gestellten Frage: Enthalten die *Harry Potter*-Bände Mythologisches? Die Frage lässt sich auf dreifache Weise beantworten. Die erste Antwort lautet:

These 1 zum Mythologischen: Die Harry Potter-Bände haben im originären Sinne nichts mit Mythen zu tun und sind insofern auch nicht als mythologisch einzustufen.

Die erste Antwort klingt zunächst simpel. Sie soll aber dazu dienen, Klarheit zur Reflexion auf der Metaebene über die *Harry Potter*-Bände zu gewinnen. Der Akzent der ersten Antwort liegt auf „im originären Sinn", also auf ursprünglichem Sinn.

(1) Die *Harry Potter*-Bände leben von zwei Welten: Die Muggel-Welt und die der Zauberer und Hexen. Joanne K. Rowling etabliert einen Gegensatz: Auf der einen Seite begegnet das quasi Normale, Alltägliche und auf der anderen Seite das Merkwürdige, Mysteriöse. Innerhalb der *Harry Potter*-Bücher ist auf Seiten des Normalen und Alltäglichen die merkwürdige, mysteriöse Welt suspekt, was vor allem durch den *point of view* der Familie Dursley im Ligusterweg 4 zum Ausdruck kommt. Doch für Harry und viele andere Akteure übt die ihnen zugängliche Welt der Zauberer und Hexen eine Faszination aus. Und diejenigen Leser, die dem Rowlings Konzept anhängen (also die „Potterfans"), mögen anscheinend das Seltsame und Wunderbare. Die *Harry Potter*-Bände leben vom dynamischen Gegensatz „von Normalität und Außergewöhnlichem, von Vertrautem und Unerhörtem, von Möglichem und Unmöglichem" (Petzold 2001, S. 24f.).

Entscheidend in Bezug auf das Thema „Mythologisches" ist nun die Frage: In welchem Verhältnis stehen die zwei Welten zueinander? Einerseits berühren sich die zwei Welten und überlagern sich immer wieder: Auch die Muggel-Welt kann zum Beispiel von einem Zauber getroffen werden (Bd. III, S. 33f: Tante Magda). Von der einen Welt kann in die andere gewechselt werden (Bd. II, S. 73f: mit einem Ford Anglia). Im Detail sieht das sehr vielfältig aus. Keine prinzipielle räumliche und zeitliche Scheide liegt zwischen den Welten. Andererseits bleiben die Welten einander auffallend fremd und prinzipiell getrennt. Die Welt der Zauberer wirkt wie ein eigener Kosmos, wie eine Kultur nebenher. Petzold redet von einer „Subkultur" (2001, S. 29). Hogwarts, der Hauptschauplatz der Zauberwelt, wird bezeichnenderweise meist durch einen magischen Durchgang erreicht: Bahnsteig 9 ¾.

Für Harry mag zwar der Gang in die Zauberwelt eine Befreiung bedeuten. Er erfährt hier Geborgenheit, menschliche Wärme, alles hat seine überschaubare Ordnung. Vor allem erlebt Harry hier Bewunderung und Anerkennung. Allerdings ist die Welt der Zauberer auch durch Bedrohungen und Gefährdungen charakterisiert.

Aber das Ausschlaggebende für unsere Fragestellung ist, dass an der Zauberwelt nicht klar eine Bedeutung und Funktion markiert wird, die sie auf plausible Weise und einflussnehmend auf die normale Welt – auf eine normale Alltagswelt – haben könnte. Eine genauere Verhältnisbestimmung zwischen Zauberwelt und normaler Welt kann man nicht vornehmen. Das wäre eine von außen herangetragene, dem Werk nicht gemäße Interpretation. Es wird nirgendwo gezielt deutlich, dass die Zauberwelt substantiell die normale Welt aufschließt, über Ursachen her erklärt und leitend lenkt. Weder bestimmt Gruseliges der Zauberwelt die normale Welt wesentlich, noch geht von der Zauberwelt etwas Heilendes für die normale Welt aus, was jenseits einiger betroffener, zwischen den Welten wandernder Akteure liegen würde.

Fazit: Es liegt den *Harry Potter*-Bänden nicht daran, durch die Zauberwelt über die Wirklichkeit *hic et nunc*, „hier und jetzt", aufzuklären und auf nicht allseits offenkundige Dimensionen der Realität besonders einzugehen. In diesem Sinne ist ein klares Nein bezüglich der Frage angebracht, ob das Werk von Joanne K. Rowling in einer Nähe zum Mythos und Mythologischem stehe.

(2) Gegen das originär Mythologische spricht auch die Form der Fiktion in den *Harry Potter*-Bänden. Die Fiktion kann man nur zum Teil realistisch nennen, zum Teil ist sie phantastisch. Die Unterscheidung mag etwas gekünstelt klingen, soll aber wieder etwas deutlich machen. Unter realistischer Fiktion sei hier diejenige verstanden, bei der die erzählte Welt den Eindruck macht, mit sonstigen Alltagserfahrungen konform zu gehen, also so plausibel wie möglich zu erscheinen. Diese realistische Fiktion findet sich in vielen Kriminalgeschichten. Die phantastische Fiktion lässt mitdenken: So kann es in unserem Raum und unserer Zeit nicht ablaufen. Ein Ritt auf dem Besen, und sei es der Feuerblitz, scheitert an der Schwerkraft. Wallfahrten von Potterfans zu den Bahnsteigen am Bahnhof King´s Cross haben noch nichts Spektakuläres zutage gefördert.

Eine solche Unterscheidung zwischen den Formen von Fiktion hat mit unserer Geistesgeschichte zu tun. Die Neuzeit, insbesondere die Aufklärung, hat einen empirischen und rationalen Wirklichkeitsbegriff etabliert. So gesellt sich bei vielen, zumindest erwachsenen Lesern der Gedanke bei, dass phantastische Fiktion die empirische und rationale Wahrnehmung kontrastiert: „Es ist ja nur Phantasie …".[14]

Das wirkt nun in den Potter-Bänden so, dass Mythologisches nicht zustande kommen kann. Alte Mythen dürften teilweise auch fiktionalen Charakter haben. Manches an ihnen nehmen wir heute sogar auch als phantastische Fiktion wahr, etwa die Sphinx im Ödipusstoff. Wir wissen nicht, ob und wie antike Leser etwas als Fiktion wahrgenommen haben, eventuell sogar als phantastische. Doch scheinen antike Leser nicht auf die Barriere gestoßen zu sein, wie sie durch die neuzeitliche Wirklichkeitswahrnehmung entstand: „Das ist doch nur (!) Phantasie …". Solches dürfte Mythen ursprünglich fremd sein. Die gegenwärtige Interpretation antiker Mythen oder mythenähnlicher Texte steht meist vor der Crux, fiktiv und teilweise phantastisch Erzähltes in heute diskursfähige, meist abstrakte Thesen bringen zu müssen. Der berühmte Inter-

---

[14] Vgl. hierzu Thau 2002 und Meurer 2002, S. 62.

pretationssatz „Disse Geschichte is lögenhaft to vertellen, ... aver wahr is se doch" ist nach der erwähnten geistesgeschichtlichen Wende angesiedelt.[15]

Mythen und Mythologisches kann man in der Neuzeit kaum bilden, wenn man substantielle Handlungsstränge nur phantastisch sein lässt. Nachdem ein Nein zum Mythologischen in den Potter-Bänden deutlich gemacht wurde, steht nun aber auch sogleich eine dialektische Weiterführung an. Dass alles nur Phantasie sei, bedauert man nicht nur. Phantasie leistet auch etwas:

These 2 zum Mythologischen: Die Harry Potter-Bände laden zur mythologischen Denkbewegung ein, Fehlstellen am gegenwärtigen Verständnis/Erleben von Realität hic et nunc, „hier und jetzt", aufzuspüren.

Petzold (2001, S. 29) schreibt in seinem Beitrag über Rowlings Werk zur „phantastischen Fabulierkunst [...] und ihrem ernsthaften Anliegen" Folgendes: „die Welt – unsere Welt – braucht die Phantasie, um zu überleben, um nicht in herz- und geistlosem Nützlichkeitsdenken zu ersticken." Implizit gehen die *Harry Potter*-Bände negativ auf die normale Welt ein. Die Zauberwelt scheint ein Defizit an der normalen Welt aufzuzeigen. Durch die Kontrastierungen in den *Harry Potter*-Bänden erscheint die normale Alltagswelt als langweilig und stupide. Die Alltagswelt hat anscheinend ein Defizit beim Raum für Abenteuer, Wunschträume, Nervenkitzel und Unheimlichem. Das alles hat in der Zauberwelt Platz. Die Zauberwelt ist eine Welt, mit der die Phantasie auflebt; sie lässt die Rationalität der normalen Welt in ihrer platten Dürftigkeit erscheinen.

Klären die Potter-Bände derart über Mängel im normalen Leben auf? Das kann der/die Eine oder Andere durchaus so empfinden und erfahren. Das Mythologische liegt dann in einer Aufklärung über mangelnde Imagination und Realisierung der Potentiale in der Realität, wenn ein Gedankenschritt hinzukommt: Man bewegt sich geistig gut im Phantastischen usw., findet darin aber trotzdem Haftpunkte für das, was die so genannte Realität sein könnte. Mein Vorgehen operiert hier mit einer eventuellen Disposition bei den *Harry Potter*-Lesern, die sonst ungenützte Potentiale an Phantasie und Imaginationskraft aktiviert erleben und damit zugleich in ihr Verständnis/Erleben von Realität zurückfragen, wo nach Petzold ja sonst „herz- und geistloses Nützlichkeitsdenken" vorherrscht. Dieses Denken würde dann problematisiert. Die „unglaubliche" Zauberwelt mit ihren Kentauren, Riesen, Zeitreisen usw. verleiht dem Geist Flügel, aktiv steigt die Phantasie in die Zauberwelt hinein. Zugleich wird in der „Anderen Welt", der Zauberwelt, etwas „Glaubhaftes" aus der „Eigenen Welt" mitgenommen: Liebe, Gutes und Böses, Leben und Tod usw. (siehe unten). Solches könnten

---

[15] So beginnt bei Willem Schröder 1840 im „Hannoverschen Volksblatt" „Dat Wettlopen twischen den Hasen un den Swinegel up de lütje Haide bi Buxtehude" mit den Worten: „Disse Geschichte is lögenhaft to vertellen, Jungens, aver wahr is se doch, denn mien Grootvader, von den ick se hew, plegg jümmer, wenn he se mie vortuerde, dabi to seggen: ‚wahr mutt se doch sien, mien Söhn, anners kunn man se jo nich vertellen ...'"

eigentlich auch Abenteuer und Staunenswertes in der Realität hic et nunc, „hier und jetzt", sein, aber eben nicht bei „herz- und geistlosem Nützlichkeitsdenken". Das phantastisch Irreale ist dann wie ein wundervoller Katalysator. Er gibt frei, das potentiell Phantastische der Realität zu bedenken oder zumindest hier eine Leere zu entlarven, wie wir sie als Menschen empfinden können. Eine solche Klärung über einen Mangel scheint im mythologischen Bereich zwar nicht typisch zu sein, aber auch nicht zu fehlen.[16] Nur liefert ein originärer Mythos mit seinem Weltbild einen plausiblen Grund für den Mangel, hier offenbart sich vielmehr ein Mangel nur in der Bewegung des geistigen Subjektes selbst. Der Begriff „Aufklärung" ist hierfür durchaus auch angebracht.

So kann man von einer zeitdiagnostischen Aufklärung sprechen, dass dem modernen Verständnis und Erleben von Realität eine unbefriedigende Leere innewohnt. Eine dritte Antwort auf die Frage nach dem Mythologischen lautet:

These 3 zum Mythologischen: Figuren und Motive aus Mythen sind Teil von Joanne K. Rowlings literargeschichtlicher Echokammer und haben die Funktion, den Reichtum der Kulturgeschichte in die Phantasiewelt einzuspielen; zugleich können Figuren und Motive zu Symbolen werden.

Petzold (2001, S. 30) sieht „aus dem internationalen Fundus von Mythen" bei Rowling wiederkehren: „Phönix, Zentauren, Hippogreif, Basilisk, Sphinx, Tritonen (Meermenschen), Einhörner, Drachen." Die Figuren und dazugehörige Motive sind zu vielfältig in Geschichte und Literatur gewandert, als dass man nur von einer Beheimatung in Mythen sprechen kann. Doch darf man bei einigen durchaus von „Mythischem" sprechen, insofern sie in Mythen in prominenter Weise vorkommen. Die Figuren und Motive allein schaffen – wie gesehen – keinen Mythos oder Mythologisches.

(1) Joanne K. Rowling ist „am antiken Bildungsgut interessiert, das mehr und mehr unserem kulturellen Gedächtnis entschwindet" (Verweyen 2002, S. 318). Sie versteht es, Reichtümer der Antike „in unsere Hingabe an die virtual reality einzubringen" (ebd., S. 324). Zugleich bringt sie Schwung in die Phantasie. Auch Kulturgeschichtliches macht dies möglich. Schon mit dem geflügelten Pferd Pegasus malte sich die Antike den Traum aus: Statt nur zu reiten, zugleich auch fliegen. Das kehrt im Lauf der Kulturgeschichte beim Hippogreif (= Pferd-Greifvogel) wieder. Sirius Black kann mit dem Hippogreif Seidenschnabel davon fliegen und fliehen (Bd. III, S. 428).

Rowling geht frei mit den mythischen Figuren und Motiven um. Der Eindruck von atemberaubender Frische in den *Harry Potter*-Bänden entsteht auch, weil die Autorin mit den Motiven und Figuren zu spielen weiß.

Beispielhaft will ich auf ein mythisches Wesen eingehen: die Sphinx (Bd. IV, S. 657ff.). Beim Trimagischen Turnier hat Harry ein Labyrinth zu durchlaufen. Dort stellt sich ihm eine Sphinx in den Weg. Bei Joanne K. Rowling hat die Sphinx einen Löwen-

---

[16] Vgl. im Athramhasis-Epos Tafel III Abschnitt VII die Beschränkungen im Menschsein: Es gibt Kinder, die nicht zur Lebensreife kommen (Soden 1993, S. 644f.).

körper und einen Frauenkopf. Ihre Beschreibung der Gestalt ist ein Mix von Altägyptischem/Altorientalischem und Altgriechischem. Im alten Ägypten hat die oft männliche Sphinx Löwenleib und Menschenkopf; vielen bekannt ist die große Sphinx von Gizeh. Eine Sphinx ist in Ägypten wohl ein Wächterwesen. Aus Ägypten wanderte die Sphinx vielleicht über den Vorderen Orient nach Griechenland. Möglich ist, dass der syropalästinische/mesopotamische Bereich dabei auch eine eigene Sicht dieses Wesens dem alten Griechenland zukommen ließ. Heute wissen wir, dass der alte Orient oft die Quelle für griechische Vorstellungen bildete (Müller 2003). Im antiken Griechenland tritt die Sphinx meist weiblich auf: Kopf und Brust entsprechen denen einer Frau, der Löwenleib ist meist geflügelt. Damit ähnelt die Sphinx auffällig einem Kerub, der auch in der Bibel mehrfach vorkommt (Keel 1996, S. 124). Bei den Griechen kommt der Sphinx eine gewisse Aggressivität zu. Joanne K. Rowling gibt der Sphinx – wie bei den Ägyptern – keine Flügel.

Bei Rowling versperrt die Sphinx solange den Weg, bis Harry ihr Rätsel gelöst hat. Stellte sich Harry dem Rätsel nicht, könnte er unversehrt abziehen; stellte er sich und löste es nicht, würde er angegriffen. Harry muss letztlich durch eine umständliche Rätselfrage auf die „Spinne" kommen, und die Sphinx gibt den Weg frei.

Abb. 1: Oidípus und die Sphinx. Schale 5. Jh. v. Chr.; Città del Vaticano, Museo Etrusco-Gregoriano

Das Rätsel der Sphinx erinnert an den Oidípus-Mythos aus dem klassischen Griechentum. Darin werden die Stadt und das Reich Theben von einem Unglück getroffen. Die für den Mythos furchtbare Sphinx war geschickt worden: Sie verheerte das Land und fraß Menschen. Ein Orakel besagte, dass die Plage ende, sobald jemand das Rätsel löst, das die Sphinx stellt. Viele, die zur Sphinx kamen und ihre Rätsel nicht lösten, wurden von ihren Löwenklauen zerrissen. Eine Belohnung wurde ausgesetzt für den, der das Rätsel löst: Er bekäme die verwitwete Königin zur Frau und das Königreich.

Oidípus stellt sich dem Rätsel, das lautet: „Was ist es, das am Morgen auf vier Füßen geht, am Mittag auf zwei und am Abend auf drei?" Oidípus gibt die richtige Antwort: „Der Mensch, der als Kind krabbelt, als Erwachsener aufrecht geht und sich als Greis auf den Stock stützt." Als die Sphinx die richtige Antwort hört, stürzt sie sich in einen Abgrund.[17]

Bei Oidípus hat die Sphinx eine auf den gesamten Mythos bezogene Funktion: Ihr Rätsel nimmt den Menschen von Geburt bis zum Tod in den Blick. Entsprechend beschreibt der Mythos den Lebensweg des Oidípus von der Geburt bis zu seinem Ende, teilweise bis zur Entrückung durch die Götter. Wie Oidípus im Rätsel den ganzen Lebensweg des Menschen vor Augen hat, so wird er am Ende seiner Karriere sein ganzes Lebensrätsel entschlüsseln müssen: Oidípus tötete ohne genaues Wissen seinen Vater und heiratete seine Mutter.

Bei Rowling bleibt die Szene mit der Sphinx – bisher jedenfalls – ohne Bezug zu Harrys gesamtem Lebensweg. Das ist typisch für die *Harry Potter*-Bände und ihre Einsprengsel aus den Mythen.

(2) Doch etwas anderes muss an der Sphinx noch gezeigt werden: Mythisches kann bei Joanne K. Rowling zum Symbolischen werden (Verweyen 2002). Dazu bedarf der Leser des „dritten Auges" (Halbfas 1997): Durch diese Sehfähigkeit werden aus Zeichen, Gegenständen oder Figuren „Symbole", mit denen die Tiefendimension unserer Existenz ausgeleuchtet wird. Symbole kann man nicht erklären, enthalten sie doch eine nie sagbare Bedeutung jenseits unserer Sprachfähigkeit. Was die mehrdeutigen Symbole aufbewahren, kann man nur andeuten. Das sei hier versucht:

Die Sphinx stoppt Harry. Ihr Löwenleib steht im kulturellen Gedächtnis für majestätische Kraft, ihr Menschkopf für höchsten Verstand. Auf einem noch nie begangenen Weg (= Lebensweg) steht solches „quer". Dieses bleibt solange in der Quere, bis es schließlich lediglich als ein „Rätsel" genommen wird. Dann bleibt es zwar auch noch gefährlich, fängt aber schon an, sich zu verwandeln: Die Sphinx „lächelte" (Bd. IV, S. 658). Gelangt man in „ihr" Denken, zur Lösung ihres „Rätsels", entschwindet die Barriere. Wer so mit Barrieren auf seinen Wegen umgeht, besteht auch große Abenteuer.[18]

Symbole im Werk von Rowling muss der Leser sich selbst erschließen. Gerade Mystisches ist voller möglicher Symbole. In Filmen verblassen sie leider zu fertigen Bildern. Rowlings Werk greift nicht nur einfach alte Stoffe und Kulturgut auf, sie lädt damit auch zum Symbolverstehen ein. Sie ermöglicht dem, der es will, den orientierenden Blick in den Tiefgrund unserer Existenz. Das ist ein nicht gerade häufiges Angebot unserer Alltagswelt.

2 Religiöses in den *Harry Potter*-Bänden?

Bachl (2001) hat Anknüpfungspunkte in den *Harry Potter*-Bänden gesichtet, die zu dieser Frage Anlass geben: Religiös seien die Bände keineswegs. Andere sind seiner Vor-

---

[17] Anders die antike Darstellung bei Holzapfel 2000, S. 301, wo zu sehen ist, wie Oidípus die Sphinx tötet.
[18] In Bd. I, S. 323 ist der Tod für Dumbledore das „große Abenteuer".

gehensweise gefolgt, urteilten aber zurückhaltender.[19] Drei Thesen sollen die Grenzen dieser Fragestellung in den *Harry Potter*-Bänden verdeutlichen, aber zugleich auch etwas, was sich meines Erachtens jenseits dieser Grenzen auftut. Die drei Thesen stehen deshalb wieder in einem dialektischen Verhältnis.

(1) Am Ausgangspunkt muss wiederum eine annähernde Erläuterung dessen stehen, was unter Religion zu verstehen ist. Eine derartige Begriffsbestimmung ist problematisch und eine zutiefst abstrakte Reduktion. Das sei wenigstens angedeutet: Welche von den vielen Ausprägungen der Religion nimmt man zur Ausgangsbasis? Wenn im Folgenden die christliche Religion als Grundlage genommen wird, ist das für viele schon eine Einschränkung. Trotzdem wähle ich dieses Vorgehen. Das Christliche hat seine Wurzel im Jüdischen und teilt mit ihm einen Teil seiner Heiligen Schriften, in der Bibel das Alte Testament. So hat sich die Rede von der „jüdisch-christlichen" Religion eingebürgert. Auf andere differenzierte Weise ist auch der Islam mit dem Christentum verwandt: Judentum, Christentum und Islam sind die monotheistischen Weltreligionen. Die Beschreibungen der christlichen Religion füllen Bibliotheken. Die folgende Charakterisierung von „Religion" ist also aus arbeitstechnischen Gründen eine starke Vereinfachung.

Dreh- und Angelpunkt der Religion ist Gott. Damit hat Religion mit dem Nicht-Definierbaren zu tun. Der Fachbegriff lautet Transzendenz: das ins Unendliche Überschreitende. Gott ist für Religion nicht etwas, er kommt nicht in der Welt, in Raum und Zeit irgendwo und irgendwie vor, sondern steht darüber. Bedenkt der Mensch etwas, benennt oder beschreibt er es, wird es zeitlich, räumlich oder in irgendeinem Modus eingeordnet oder eingegrenzt. Das religiöse Denken weiß sich verpflichtet, bei Gott Grenzen zu verneinen. So kommt es zum Sprechen über das „Nicht-Aussprechbare". Zum Wissen vom „Nicht-Wissen".

Zwischen Welt, Mensch und allem Vorgefundenen einerseits und Gott andererseits gibt es eine unendliche Distanz. Zugleich gehört zur Religion, dass Welt, Mensch und alles zu Gott in Beziehung stehen, von ihm abhängen, von ihm herkommen, ja auch die Möglichkeit der menschlichen Freiheit von Gott gewährt wird. Thomas von Aquin (1224/25-1274) schreibt: „Wir können nämlich von Gott nicht erfassen, was er ist, sondern nur, was er nicht ist und wie sich anderes zu ihm verhält."

Nun wagt aber Religion, von Gott zu reden. Er bekommt – metaphorisch gesprochen – Züge. Das liegt für die Religion darin begründet, dass Gott sich zugewandt hat. Er hat sich zu seinem geschaffenen Weltkosmos und vor allem zum Menschen hingewandt. Der Fachbegriff lautet: „Offenbarung". In den Rahmen der Offenbarung gehört beispielsweise die Bibel. Von außen betrachtet – wie es Teile der Disziplin Religionsgeschichte tun – sind die Inhalte der Offenbarungen oft konform mit gesamtmenschlichen Erfahrungen bzw. Urerfahrungen. Für die Religion selbst handelt es sich

---

[19] Z. B. Drexler, Wandinger 2004; Möllenbach 2002; Striet 2002; Tomberg 2002; Mattenklott 2003; Ritter 2003, 2005.

um eine Selbstmitteilung Gottes derart, dass menschliche Metaphorik und Symbolik tastend *von* Gott reden und *zu* Gott reden kann. Letzteres nennt man „Beten".

Die Offenbarung Gottes führt zu komplexen Widerspiegelungen, die sich in den sehr bunten und unendlichen Facetten der Religion ereignen: Da gibt es den hilfreichen (Heil bringenden) Vermittler zwischen Gott und Welt/Mensch (Jesus Christus); hinzu kommen unterschiedlichste Formen, bei denen sich Gottes zuwendende Gegenwart noch einmal ereignet, im Heiligen Geist, in „wahr-genommenen" Worten aus der Offenbarung, in Engeln, in Ritualen usw. Vielerlei Erzählbilder zielen auf das, was vor aller Zeit von Gott aus war, wie sich Zeit vor Gott ereignet und was nach der Zeit kommt. Da gibt es die Existenz vor dem Leben und nach dem Tod. Gemälde werden entfaltet, wie vor Gott menschliches Leben gelingt, scheitern kann und dennoch gelingt. Das Drama zwischen Gut und Böse wird thematisiert, ohne das Rätsel des Bösen aufzulösen und ohne das Böse zur autonomen Größe neben Gott werden zu lassen. Der Teufel – so er in der Religion vorkommt – ist nie ein Gegenpart zu Gott, sondern eher Perversion des unendlichen Gottes im endlichen Rahmen der Welt.

Religion versteht und deutet Wirklichkeit und Erfahrungen von Gott und von den mit Gott verbundenen bunten und unendlichen Facetten her. Credo, ut intelligam, „ich glaube, um zu verstehen" – so heißt bei Anselm von Canterbury (1033-1109). Wirklichkeit und Erfahrungen bekommen in Religion ihre Auslegungen und ihre Form des Begreifens. Dass Religion – wie immer wieder gesagt – die tiefsten Menschheitserfahrungen bewahrt, hat mit ihrem Gottesverständnis anhand von Erfahrungen zu tun.

Angesichts dieses Verständnisses von Religion ergibt es sich von selbst, dass sich in den *Harry Potter*-Bänden kein religiöses Verstehen und Deuten der erzählten Welt findet:

These 1 zum Religiösen: In den Harry Potter-Bänden findet sich kein religiöses Verstehen und Deuten der erzählten Welt.

(1) Die Normalwelt der Dursleys bleibt – grob gesagt – im bürgerlichen Rahmen und wird wie vieles mit einem guten Schuss an Ironie dargestellt. Betritt man mit Harry die Zauberwelt, wird es zwar sehr interessant, doch diese Zauberwelt gestaltet sich kaum als besondere Ebene einer religiösen Deutewelt. Die phantastische Zauberwelt hat nichts mit dem biblischen Paradies, nichts mit dem christlichen Himmel und nichts mit einer – modern ausgedrückt – Utopie von neuem Leben zu tun.

Was sich in der Muggel-Welt abspielt, kehrt auch in der Zauberwelt wieder. Ja, die Zauberwelt spiegelt die Normalwelt oft wieder: Man muss essen, wird krank und gesund, kann sterben, hat Ängste und Freuden, begegnet Unwissen und Dummheit, Schläue und Weisheit. So gibt es eine Art von Post, eine Schulordnung und bezeichnenderweise das Gefängnis von Askaban. Ein Zielzustand ist mit der Zauberwelt nicht erreicht. Mal garstig und mal gastlich gebärdet sich die erzählte Zauberwelt, wie es zum Alltäglichen der Erde gehört: Menschen, Pflanzen und Tiere – so sonderbar sie auch sein mögen – sind hilfreich oder hinderlich.

Vor allem finden sich keine Andeutungen auf Gott hin, auch nicht auf Götter, und keine Bezüge in die göttliche Dimension. Nichts wird von dorther beschrieben und gedeutet.

(2) Das Personal der Zauberwelt und die magischen Wesen sind zwar differenziert dargestellt, und es gibt sogar Hierarchien. Doch sie sind nicht religiös qualifiziert wie Engel, Heilige, Propheten, Priester, begnadete Weise, Teufel, auch nicht wie Dämonen. Sie sind religiös indifferent, das heißt ohne In-Bezugsetzung zur göttlichen Sphäre.

Der amüsante Dumbledore erscheint als der potente Zauberer, und sein Vorname *Albus*, „Weiß", deutet es an, dass er für die schützende weiße Zauberei steht. Eine Gründung seiner Kräfte, seines Humors und seiner Weisheit von etwas Anderem, Größeren her findet nicht statt; derart bleibt die Figur Dumbledores ohne Spur an Religiösem.

Der Furcht einflößende Lord Voldemort erscheint als potenter Zauberer auf der schwarzen Seite. Sein Hang zur tyrannischen Macht hat vielleicht etwas mit seiner Biographie – mit vater- und mutterloser Kindheit (u.a. Bd. IV, S. 675)[20] – zu tun, doch fehlt jede religiös deutbare Explikation von In-sich-Gekehrtheit, Perversion von Seinsqualitäten usw.

Die Konfrontation zwischen weißer und schwarzer Zauberei wird zwar erzählerisch dramatisch entfaltet. Die Dramatik bleibt aber auch auf die Handlungsebene beschränkt. Es wird nicht gefragt, warum es überhaupt das helle und das dunkle Lager gibt, und was es ermöglicht hat, dass sich die Lager entwickeln konnten. Es fehlt der externe Blickpunkt, in welchem Verhältnis die Lager stehen und welchen Rang sie haben. Eine Seite wird als die rechte vorausgesetzt und Werte (wie „Du sollst nicht töten") werden präsupponiert, aber nichts deutet an, weshalb das so ist.[21] Fehlt ein solcher philosophischer oder auch nur quasi-philosophischer Ansatz, wird auch kein Daseinsrätsel bestaunt, geschweige denn Religiöses thematisiert.

(3) Nun werden viele sagen: Es gibt doch in den *Harry Potter*-Bänden viel Wundersames und die Magie. Im Krankenhaus tritt die Hexe Madam Pomfrey als Wunderheilerin auf, und im Schulunterricht lernt man auf Besen fliegen! Biblische Wunderheilerin? Durch die Lüfte fahren wie biblische Propheten (2 Kön 2,1-18)? Wunder und Magie kommen zwar in der Religion vor, sie machen aber noch keine Religion aus. Wundersames ist das Nicht-Gewohnte und das angeblich Nicht-Normale: Man wundert sich! Wundersames religiös zu betrachten, hieße, ihm im wahrsten Sinne auf den Grund zu gehen (Kollmann 2002, S. 9-13), genauso, wie man auch dem Alltäglichen auf den religiösen Grund gehen kann.

Magie und Religion ist ein eigenes Forschungsthema. Für Beck (1999, S. 163-169) und Greiner (1998, S. 101-137) hängt die Einschätzung von Magie durch die Religion

---

[20] Vgl. Schneidewind, 2000, 390-392. Striet, 2002, 346: Voldemorts Leben ist „von Anfang an tragisch [...] bestimmt durch das Böse."
[21] Verweyen, 2002, 317: Rowling bietet „keine rationale ‚Letztbegründung'" für die „universale Gültigkeit einer sittlichen Norm" an.

von deren Gottesverständnis ab. Magie ist eine Form von Einflussnahme; auf eine Automatik von Kräften wird gezielt Einfluss genommen, und diese Kräfte werden genutzt. Magie wird oft in Nähe zu einer modernen Technik gesehen, die etwas in der Welt beherrschen will (Möllenbeck 2002, S. 374f.). Wie die Literatur zeigt, positioniert man sich heute unterschiedlich zur Magie. Irgendwie wissenschaftlich Aufgeklärte sehen Magie skeptisch als Humbug, andere haben ihre Skepsis gegenüber einem eindimensionalen wissenschaftlichen Weltbild und stehen der Ausübung magischer Praktiken „offen" gegenüber. Wie dem auch sei, wo in der Bibel Magie auftaucht, ordnet sich diese Magie fast immer religiösen Konzepten ein und unter. Magie konterkariert in Religion nicht die Unverfügbarkeit des Göttlichen. Viele religiöse Menschen teilen heute die Skepsis gegenüber der Magie. Wird sie jedoch – wie eher in vergangenen Epochen – als Teil der Religion angesehen, wird sie in deren übergeordnete Weltsicht eingeordnet.

Joanne K. Rowling lässt Wundersamem und Magie keine Einordnung zukommen, die religiös wäre. Phantastisch fiktiv wird mit Wundersamem und Magie gespielt. Die Traumwelt wird aber nicht so geöffnet, dass eine - wie auch immer geartete - Einweisung in das religiöse Mysterium der Welt erfolgte.

(4) Rowling lässt oft – bewusst oder unbewusst – Religiöses beiseite. Beispielsweise bleibt Weihnachten in Hogwarts ein Fest der Folklore: Man beschenkt sich, isst gut, feiert und hat Ferien. Das Lied „Ihr Kinderlein kommet" (Bd. IV, S. 414), die eine erwähne Kirche (Bd. IV, S. 665), die Redensart „Gott sei Dank" (Bd. IV, S. 154), der „fette Mönch" (Bd. I, S. 128), die Beschreibung Harrys „göttlich" zu „sein" in einem Valentinslied (Bd. II, S. 247) – all das sind Erbstücke aus der Religion, ohne dass erkenntlich eine Religionsfunktion ausgewiesen wird. Man muss somit festhalten, dass die *Harry Potter*-Bände weder eine religiöse Botschaft vermitteln wollen, noch sich in eine solche Botschaft einordnen.

These 2 zum Religiösen: Die Harry Potter-Bände enthalten Einzelmotive, die auch traditionell im Rahmen der Religion beheimatet sind.

Die zweite Antwort auf die Frage nach dem Religiösen betrifft einzelne Motive und hat mit der großen Echokammer in den *Harry Potter*-Bänden auf Literatur und Kultur zu tun. Die These 2 setzt die These 1 nicht außer Kraft.

Genannt wurden schon Wunderheilungen und Magie. Es seien noch einige Beispiele erwähnt: das Einhorn, das ikonographisch im Mittelalter oft mit Maria, der Jungfrau und Gottesmutter, verbunden ist;[22] der Stein der Weisen, der im Mittelalter als Gabe Gottes galt; das biblische Alter der Familie Flamel, wie es zu den ersten Menschen in der Genesis gehört (u.a. Gen 5); das Durchbrechen der Todesgrenze, welches ein christliches Grundthema darstellt;[23] Flüche, die traditionell in der Religion neben dem

---

[22] Hierzu Weiteres bei Schiller 1980.
[23] Die Entfaltungen bei Kessler 1995.

Segen genannt werden;[24] rassische Schranken, die vor allem der biblische Apostel Paulus durchbricht;[25] usw.

Von diesen und anderen Motiven ließe sich breit die jeweilige Vorgeschichte im religiösen Kontext aufzeigen und ihre spielerische Adaption bzw. Verarbeitung bei Rowling. All das würde aber kaum bei der Frage nach dem Religiösen weiterführen, denn die Motive dienen nicht dem Einstieg in die religiöse Sphäre. Etwas anderes stellt die *Harry Potter*-Bände zumindest in eine gewisse Analogie zum Religiösen. Die dritte Antwort auf die Frage nach dem Religiösen hat etwas mit nahe liegenden Vergleichspunkten zu tun.

These 3 zum Religiösen: Menschliche Grundsituationen in den Harry Potter-Bänden stehen in Analogie zu typisch religiösen Themen.

Solche Grundsituationen haben in der Religion zentrale Bedeutung, entscheidet sich doch an ihnen, was menschliche Existenz im Wesentlichen ausmacht, und damit, worum es im Gottesverhältnis geht. Vier solche Grundsituationen seien angedeutet. Auch hier kann ich im Rahmen dieses Beitrages nur exemplarisch vorgehen. Die erste Grundsituation lässt sich zunächst mit Stichworten umschreiben und mündet in den *Harry Potter*-Bänden im Wort „Liebe".

(1) Identität; Anerkennung und Akzeptanz; letztlich Liebe

Harry Potter wird als jemand dargestellt, bei dem es explizit und implizit um die Frage nach der Identität geht. Zur menschlichen Identität gehören auch Wünsche und Phantasie. Ein Teil der Psychologie lehrt, dass heranwachsende Kinder und Pubertierende bisweilen andere sein wollen, als sie sind (Spinner 2001a, S. 11f., und 2001b). Andere, die von Dritten als solche erkannt und anerkannt werden. Bei Erwachsenen gibt es ähnliche Phänomene, sie haben aber anderen Stellenwert. An der Figur Harrys kann nun erlebt werden, wie eine gewünschte eigentliche Existenzform mit der Suche nach Anerkennung/Wertschätzung durch andere zu tun hat.

Identitätsfragen und Selbstfindung spielen sich zwischen Gefühlen und Stimmungen ab, so auch bei Harry. In der Welt der Dursleys ist Harry missachtet, schwach und gilt quasi als minderwertig. Gerade vor und im Pubertätsalter, aber nicht nur in diesem Alter, setzen bei solchen Situationen die Tagträume ein: Sie gestalten sich nach den Pattern von Stars, Idolen und Vorbildern. Nun ist in den *Harry Potter*-Bänden der Tagtraum in der erzählten Welt Wirklichkeit: Harry wird in der Zauberwelt zum anerkannten Helden.

Harry erlebt auch innerhalb der Zauberwelt das Wechselspiel von Missachtung und Anerkennung. So zum Beispiel als er verdächtigt wird, mit den Versteinerungen zu tun zu haben, die auf den Basilisken zurückgehen. Oder als Harry immer wieder von Dra-

---

[24] Hierüber informiert Greiner 1998.
[25] Dies hat seine Basis in der Theologie des Paulus (vgl. Theobald 2000).

co Malfoy und dessen Kumpanen Crabbe und Goyle Herabsetzungen erfährt. Doch stets gelingt es Harry, seine Erfahrung, ein Zurückgestoßener zu sein, zu überwinden und sich aus dem Würgegriff von Miss- und Verachtung zu befreien: Harrys Befreiungsschläge sind die Siege im Quidditch-Spiel, das Überstehen schlimmster Gefahren – und vor allem das Überleben der Begegnungen mit Voldemort. Der Erfolg der *Harry Potter*-Bände bei vielen Lesern dürfte nicht zum Geringen in diesem Aspekt liegen: Die bei Harry nicht ausgesprochene, aber gewünschte Traumexistenz ereignet sich.

In den Traum, ein Anderer zu sein, können Gedanken von Allmacht und Grandiosität hineingleiten. Auf dem Weg durch die *Harry Potter* Bände ist zu erleben, wie es teilweise auch zum Verlust von solchen Illusionen kommt. Harry bleibt auch sehr menschlich: Er hat Ängste, ist unwissend, er irrt, versagt, und Mühsal bleibt ihm nicht erspart. Harry fürchtet vor dem ersten Flug auf dem Besen, sich vor anderen lächerlich zu machen (Bd. I, S. 158). Er weiß nicht, was ein „Grimm" (Gespensterhund) ist (Bd. III, S. 113). Er vergaß die Sorgen seines guten Freundes Hagrid um den Hippogreif Seidenschnabel (Bd. III, S. 285). Hermine muss mit Harry fleißig einzelne Zauber nachholen und üben (Bd. IV, S. 361ff.). Das bringt Desillusion auch in der Traumlandschaft. Zu Reife und Identitätsgewinn gehören das Zusammenbrechen von Täuschung und Selbsttäuschungen.

Wesentlich bleibt, dass Harrys Werdegang von Anerkennung, Akzeptanz, Zustimmung und Zuwendung begleitet wird. Dumbledore ist ihm mehr als wohlwollend, Hagrid sein treuer Freund. Hermine und Ron bilden den engen Kreis, in dem er auch in Krisen aufgehoben bleibt.

Was so zum Werdegang von Harry gehört, wird von Rowling in einem Motiv komprimiert und doppelsinnig zur Grundlage seiner Existenz gemacht: Die Liebe seiner Eltern, speziell seiner Mutter hat ihn vor dem ersten Mordangriff Lord Voldemorts gerettet. Dieses Datum durchzieht die ersten vier *Harry Potter*-Bände wie eine Konstante, und darauf wird mehrmals angespielt. Harry erfährt davon in Bd. I durch Voldemort (Bd. I, S. 319: „sie hat versucht, dich zu schützen") und vor allem durch Dumbledore:

> Er [Voldemort] wusste nicht, dass eine Liebe, die so mächtig ist wie die deiner Mutter zu dir, ihren Stempel hinterlässt. Keine Narbe, kein sichtbares Zeichen … so tief geliebt worden zu sein, selbst wenn der Mensch, der uns geliebt hat, nicht mehr da ist, wird uns immer ein wenig schützen (Bd. I., S. 324).

Schließlich hört Harry noch Ende Bd. IV vom wiedererstandenen Voldemort: „Seine Mutter starb, weil sie ihn retten wollte – und schützte ihn damit unwissentlich auf eine Weise, die ich, zugegeben, nicht vorausgesehen hatte […] ich konnte den Jungen nicht berühren" (Bd. IV, S. 682). Ritter (2003, S. 5f.) erinnert hierbei an die religiösen Motive der Stellvertretung und des Opfertodes.

Für Theologen – wie J. Werbick (2000)[26] – ist aufgrund ihrer Tradition Liebe als erstes eine Bejahung, etwa in dem Sinne: Du sollst da sein und darfst da sein, als der, der

---

[26] Werbick 2000, S. 128f., zu den theologischen Voraussetzungen solcher Liebe.

du bist und sein kannst um deiner selbst willen. Beim Motiv der Liebe in Rowlings Werk ergibt sich die stärkste Analogie zur Religion. Religion geht es um Akzeptanz, Anerkennung und Bejahung des Individuums, unabhängig von all seinen Wegen und Wirrungen. Aufgrund der Ungeschütztheit und möglicher Deformationen, denen das Wort „Liebe" ausgesetzt sein kann, nimmt man es auch im Sprechen über Religion nur ungern in den Mund. Jedenfalls ist in Religion die Grundlage für die Existenz eines Menschen, dass er schon vor seiner Existenz bejaht und gewollt ist, und dass er in seiner konkreten Existenz die Bejahung und Anerkennung wiederfinden kann. Dies ist für Religion kein Beiwerk, sondern eine Seinsqualität.[27] Die *Harry Potter*-Bände bedenken zwar nicht diese Seinsqualität, tangieren aber – wie viele Werke – diese menschliche Grundsituation, die zum Kernbestand der Religion gehört.

Hierin liegt mehr Nähe zur Religion als in dem, was mit Harry Potter während seines ersten Jahres in Bezug auf den Gesamtverlauf geschah. Manche Interpreten (zum Beispiel Mattenklott 2003, S. 42f.) verbinden Harrys Überleben mit dem Überleben des biblischen Babys Mose vor den mordenden Ägyptern (Ex 1-2) und mit dem Überleben des Babys Jesu in Betlehem vor dem mordenden Herodes (Mt 2). Mit *Harry Potter* wiederhole sich die Geschichte des Heilbringers![28] Richtig ist, dass vergleichbare biographische Stationen vorliegen. Doch bisher fehlt bei Rowling eine im Sinne von Religion deutbare Führung hinter diesem biographischen Datum.

(2) Vorfahren als Schlüssel zum Verständnis der Figuren

Die zweite menschliche Grundsituation hat mit dem Ansatz zum Genealogischen zu tun: Es besteht in den *Harry Potter*-Bänden nicht nur ein Interesse am Stammbaum. Vorfahren werden auch zum Schlüssel, die Gegenwart von Figuren zu verstehen. Die *Harry Potter*-Bände sind breit von diesem Thema durchzogen. Joanne K. Rowling überschreitet bei diesem Thema meines Erachtens die Bedeutung, die ihm die anthropologischen Wissenschaften heute zumessen oder die sie erst langsam entdecken, und Joanne K. Rowling geht hier analoge Wege wie die Religion.

Als Sirius Black von Harry und Hermine aus einem Flügel von Hogwarts vor den Dementoren gerettet wurde, sagt er zu Harry: „Du bist – ganz wie der Sohn deines Vaters, Harry" (Bd. III, S. 428; S. 327). Im entscheidenden Moment agiert der Nachfahr wie der Vorfahr: Dass Harry den gefährlichen Feind „Krätze" alias Peter Pettigrew nicht getötet hat, erklärt Dumbledore Harry so: „Ich kannte deinen Vater sehr gut [...]. Auch er hätte Pettigrew das Leben gerettet, da bin ich sicher" (Bd. III, S. 440). Stand Harry erstmals vor dem Spiegel Nerhegeb/Begehren, wird sein innerster Wunsch offenbar: Ohne bewusste Kindheit mit den Eltern will er „Mum" und „Dad" sehen! In „Freude" und „Traurigkeit". Spricht Dumbledore mit Harry nach dessen Kampf mit Quirrell alias Voldemort über Harrys Mutter, heißt es: „selbst wenn der Mensch, der uns geliebt hat, nicht mehr da ist" (Bd. I, S. 324) – wirkt er. Harrys Zorn auf Tante

---

[27] Marcel 1952, S. 472: Liebe verspricht dem Geliebten: „Du wirst nicht sterben."
[28] Vgl. hierzu die kritischen Anmerkungen bei Striet 2002, S. 348f.

Magda ist am größten, als sie seine Eltern herabwürdigt (Bd. I, S. 31ff.). Mit Harry ist in den vier Bänden zu erleben, wie sich die Geschichte seiner Eltern etappenweise weiter ausbreitet, u.a. bei den Szenen in der Heulenden Hütte mit Sirius, Lupin und Peter Pettigrew/Wurmschwanz. Der Patronus, der Harry danach vor einem Dementor rettet – der Hirsch –, entpuppt sich als Animagusgestalt seines Vaters. Doch der Patronus geht nicht – wie zunächst vermutet – auf Harrys Vater zurück, sondern auf Harry selbst (Bd. III, S. 398, 424). Diesen Bezug zum Vater erklärt Dumbledore dem Helden Harry:

> Glaubst du, die Toten, die wir liebten, verlassen uns ganz? Glaubst du, es ist Zufall, dass wir uns in der größten Not am deutlichsten an sie erinnern? Du weißt, er lebt in dir weiter, Harry, und zeigt sich am deutlichsten, wenn du fest an ihn denkst. Wie sonst konntest du gerade diesen Patronus erschaffen? Er trat letzte Nacht in dein Leben (Bd. III, S. 440).

Patronus heißt Schirmherr, in der lateinischen Wortwurzel steckt pater, „Vater". Am Ende von Bd. IV, steigen die Opfer des wiedererstandenen Voldemort als Geister aus dem Zauberstab: auch Harrys Mutter und Vater. Diese geben Harry die Anweisungen, durch die er entkommen kann (Bd. IV, S. 696).

Über die Vorfahren „ent-schlüsseln" sich die Nachfahren, Vorfahren – wie auch immer – sind im Agieren oder Schicksal der Nachfahren gegenwärtig. Dabei gibt es in den *Harry Potter*-Bänden kein festes Schema. Denn bei weiteren Figuren entfaltet es sich andersartig:

Auf ganz eigene Weise beim Bösewicht Voldemort alias Tom Vorlost Riddle. Sein Vater war ein Muggel, der die mit Tom schwangere Mutter verstieß, weil sie eine Hexe war: Die Mutter starb bei der Geburt Toms; er wuchs im Waisenhaus auf. Voldemorts Urvorfahr mütterlicherseits ist Salazar, Gründer von Haus Slytherin; Salazar errichtete die Kammer des Schreckens, und der „wahre Erbe" Salazars, nämlich Voldemort, kann als Schüler und 50 Jahre später als lebende Erinnerung in einem Tagebuch die Kammer öffnen. Voldemort tötete seinen Vater und seine väterlichen Großeltern. Später aber benötigt er die Gebeine des Vaters, um in Kraft wiederzuerstehen (Bd. II, S. 158, 240ff.; 316ff.; Bd. IV, S. 5ff.; 675): „Knochen der Vaters, unwissentlich gegeben, du wirst deinen Sohn erneuern!" (Bd. IV, S. 670). Nach dem Anschlag auf den Vater ist dennoch eine gesuchte eigene Existenz ohne diesen Vater nicht möglich. In Absage an seine Familie der Riddles nennt Voldemort die Todesser seine „wahre Familie". Hier gibt es also – anders als im Falle Harrys – Brüche bei und mit den Vorfahren, dennoch sind diese Vorfahren stets neu da.

Ein ganz eigenes Profil hat das Genealogische beim Neville Longbottom: Dessen Eltern haben durch einen Cruciatus-Fluch den Verstand verloren, als Neville noch ein Baby war (Bd. IV, S. 622, 630f.). Das hallt aber beim heranwachsenden Sohn wider: Neville ist vergesslich (Bd. I, S. 172). Anders als bei Harry geht es hier zuerst um eine Last.

Religion entstand über Jahrhunderte. Dabei geschah die Vermittlung und Erweiterung von entsprechenden Erfahrungen über verschiedene Generationen hinweg. So kam auch das Verhältnis der Generationen zueinander in den Blick. In Religion liegt hierbei ebenso keine Stereotypie vor; die Generationenzusammenhänge haben unterschiedlichen Charakter. Stammbäume spielen in der Bibel eine große Rolle (Gen 1-12; 1 Chr; 2 Chr; Mt 1 u.ö.). Wer jemand ist, kann sich in vielem zeigen, aber auch aus seinen Urahnen ergeben: so bei Sem und seinen Nachfahren (ab Gen 9,18-27). Wie jemand auftritt und was ihm widerfährt, kann bei seinen Vorfahren vorgeprägt sein: Der biblische Noach tritt wie sein Urahn Henoch auf, und bei ihm wiederholt sich dessen glückender Lebensweg (Gen 5,24ff und 6,9.18ff.). Einige biblische Könige vergingen sich derart wie ihre Väter auf dem Thron (1 Kön 15,3), andere Könige waren auch Vorbilder, wie sich dieses schon bei ihren Vorfahren auf dem Thron zeigte (2 Kön 22,2).

Religion kennt einen zwischenmenschlichen Konnex mit zeitlicher Tiefe (Groß 1998, S. 104-125). Man weiß – je nachdem – um eine Solidarität oder irgendeine Verbindung[29] mit den Vätern und Müttern im Guten (Rut 4) oder Schlechten (Jer 31,29; Ez 18,2).

Entscheidend ist, dass in der Religion kein Automatismus beim Zusammenhang zwischen den Generationen vorherrscht. Aus den Vorfahren kann (!) Kraft erwachsen (2 Sam 7), muss es aber nicht. Vergehen der Vorfahren spielen eine Rolle (Ex 34,6ff.), aber sie werden zu keinem Fatum.[30] Es geht bei Nachfahren darum, dass die Vergehen der Vorfahren gesehen werden und dann eigene Wege gewählt und beschritten werden. Man kann mit den Vorfahren brechen im Schlechten (1 Kön 11,4), aber auch um erstrebenswerter Ziele willen (Phil 3,1-11), bleibt mit ihnen jedoch so oder so verbunden. Der Umgang mit Vorfahren entscheidet in Religion sogar über die Erscheinungsform einer Gesellschaft (Ex 20,12). Der Umgang wird begleitet und getragen von der transzendenten Seite (Ex 34,6f.; Ez 18).

So achtet Religion auf die Vernetzungen zwischen Menschen mit zeitlicher Tiefe, nicht nur in die Zeit zurück, sondern auch in die Zeit voran, also in die Zukunft (Dtn 4,40). Wie damit umzugehen ist, entscheiden Art und Qualität der Vernetzung. In Religion ist dabei auf jeden Fall so viel vernunftgemäße Anstrengung aufzubringen wie nur möglich. Keiner kann den Umgang mit den eigenen Vernetzungen an Dritte delegieren. Von der Vernetzung abzusehen, beraubt den Menschen einer Dimension seiner Existenz. Bildlich gesprochen geht es um einen Lebensstrom, an dem man nur teilhat. Die Teilhabe am Strom ist für Religion nicht nur etwas, das man zu entdecken hat, sondern auch eine Aufgabe, wenn das Leben in die eigene Hand genommen wird.

Wie die Kommentare Dumbledores zeigen, hätte Harry am Spiegel Nerhegeb aus Sehnsucht nach seinen Eltern zur Inaktivität paralysiert werden können (Bd. I, 233). Doch dann legt Harry die kindliche Sehnsucht ab und agiert selbstständig mit Blick auf

---

[29] In Afrika gibt es geschnitzte Lebensbäume. Dabei hocken Menschen auf ihren Eltern, die auf ihren Großeltern usw. Zur Existenzgrundlage gehören – bildlich – die Schultern derer, die vor einem waren.

[30] So z.B. Ez 18 und das gesamte Deuteronomistische Geschichtswerk von Dtn bis 2 Kön.

die Vernetzung (Bd. III, 440; Bd. IV, 692). Ein Gefühl für dieses Thema der Religion kann man Rowling nicht absprechen.[31]

(3) Entscheidung zwischen Gut und Böse sowie Entschiedenheit

Die dritte Grundsituation wurde schon angedeutet. Sie lässt wieder an Religiöses denken, ohne dass direkt ein religiöses Vorzeichen übernommen wird. Die Zauberwelt ist gespalten in Gut und Böse. „Gut und Böse" (Bd. I, 316) sind selten die Worte Joanne K. Rowlings. Wohl aber ist es ein polares Gegensatzpaar, das zu den Grundkategorien menschlichen Denkens und Wertens gehört. Die *Harry Potter*-Bände legen dem Interpreten diese Kategorie nahe.

Als Harry von Hagrid die erste Einführung in die Zauberwelt erfährt, ist von der „dunklen Seite" die Rede (Bd. I, S. 63). Harry möchte am ersten Abend in Hogwarts nicht dem Haus Slytherin zugeteilt werden; er hat eine Vorahnung bzw. weiß um den Ruf dieses Hauses, schwarze Magie hervorzubringen.[32] Harry kommt nach Gryffindor. Der Sprechende Hut respektiert Harrys Entscheidung (Bd. I, S. 133f.). Im zweiten Schuljahr kommt Harry der Zweifel an der Entscheidung, auch aufgrund der Ereignisse um die Kammer des Schreckens und den Basilisken. Der Sprechende Hut hatte schließlich am ersten Abend für Harry Slytherin angedacht; dort wäre Harry der „Weg zur Größe" durchaus möglich gewesen (Bd. II, S. 160, 215). Die Zweifel lösen sich wieder einmal im Gespräch mit Dumbledore. Tatsächlich − so Dumbledore − wäre Slytherin für Harry ein möglicher Weg gewesen. Dazu kam es nicht, denn Harry wollte es selbst nicht! Auf einer Metaebene der Reflexion sagt Dumbledore: „Viel mehr als unsere Fähigkeiten sind es unsere Entscheidungen, Harry, die zeigen, wer wir wirklich sind" (Bd. II, S. 343). Das Gryffindorschwert, das Harry in der Kammer des Schreckens vom „Sprechenden Hut" erhielt und mit dem er den Basilisken niederstach, sollte Harry beweisen, dass seine Entscheidung richtig gewesen war. Es sei beiseite gelassen, ob Rowling durch Dumbledores Worte mit einem erhobenen Zeigerfinger ihren jugendlichen und erwachsenen Lesern Moral eintrichtern will. Es erscheint mir jedenfalls das zum „Sich-Entscheiden" Geäußerte für unsere Fragestellung von Belang.

Harry bleibt seiner Entscheidung treu, anders gesagt: Aus seiner Entscheidung wird Entschiedenheit. Die Frage der Zugehörigkeit zu einem der Häuser bildet nur einen Ausschnitt aus dem Spektrum von Entscheidung und Entschiedenheit. Richtlinie ist natürlich nur das, was die Figur für „gut" erachtet. Und dem Ganzen mangelt es nicht an Pathos: Da gibt es bei Harry oder in seiner engsten Gruppe die Entscheidungen darüber, wer zu den eigenen Freunden zählt (Bd. I, S. 121), sich für die Freunde einzu-

---

[31] Zum Vorwurf, dass sich in Bezug auf die zweite Grundsituation ab Band V die „Versuchung faschistoider Ideologien" im Werk von Rowling einschleicht, vgl. Tomberg 2003, S. 518. Leider verkürzt Tomberg ein Zitat: „The bond of blood [is] the strongest shield." Der volle Wortlaut ist meines Erachtens nicht derart verdächtig: „Your mother's sacrifice made the bond of blood the strongest shield I could give you" (Bd. V, S. 737).
[32] Die Darstellung ist in diesem Fall nicht ganz klar. Vgl. Bd. II, S. 160 mit Bd. I, S. 126-144.

setzen (Bd. I, S. 192ff.), sich nicht mit der dunklen Seite einzulassen (Bd. I, S. 294), etwas zu wagen, Nachteile bewusst in Kauf zu nehmen oder sich selbst einzusetzen (Bd. I, S. 307), den Stein der Weisen nur zu finden, nicht aber zu benutzen (Bd. I, S. 326), die Hauselfe Dobby zu befreien (Bd. II, S. 348f.), mit Humor auf nicht geglaubte Wahrsagerei zu reagieren (Bd. IV, S. 232f.) – die Beispiele ließen sich noch fortsetzen.

In Religion hat das „Sich-Entscheiden" einen großen Stellenwert. Dadurch bekommt ein Mensch Profil (Ps 1; Mt 24). Der Mensch wird als ein mögliches Original geboren. Er kann als Original leben oder er kann als blasse Kopie von gesellschaftlichen „Es-ist-so" und „Man-tut-es-so" enden. Für Religion liegt im *„Sich-Entscheiden"* die Chance zur bleibenden Signatur, genannt: Ewigkeit. Zeitmomente berühren Überzeit und Bleibendes, werden zum „Kairos" (= entscheidender Augenblick), wenn qualitativ hochwertige Möglichkeiten vorliegen. Eine Gelegenheit will beim Schopfe gefasst werden. Die Gelegenheit (der greifbare Schopf) geht bekanntlich ungenutzt vorbei, wenn man nicht beherzt ist. Für Religion bleibt, was sich aus dem rechten Ent-„scheiden" der Möglichkeiten ergibt. Rowling behandelt dieses religiöse Thema, ohne es religiös zu signieren. Aus diesem Thema ergibt sich die vierte Grundsituation:

(4) Die „Erkenntnis von Gut und Böse"

Wären alle Situationen von vornherein klar und eindeutig, dann wäre nicht nur die Literatur langweilig, sondern auch das Leben. Natürlich will Harry sich gut entscheiden, doch er weiß glücklicherweise bei Rowling nicht immer, ob er sich auch tatsächlich gut entschieden hat.

Der implizite Leser bei Joanne K. Rowling schätzt den, der dem Guten folgt (Striet 2002, S. 349): Harry, seine Freunde, Dumbledore, Hagrid und viele andere. Diesbezüglich bietet Rowling brave Kinder- und Jugendliteratur, wie sie Heranwachsende zu manchen Zeiten benötigen. Dem Werk Rowlings liegt eine unspektakuläre Moral zugrunde, mit den üblichen Empörungen und Verstößen: Man müsse sich gegen die Versklavung des Hauselfen auflehnen und gegen unlauteren Journalismus protestieren. Eine Schulordnung ist für einen anständigen Heranwachsenden dazu da, dass er sie durchbricht. Das „Gute" bleibt aber unausgesprochen und unproblematisch das „Gute". Ohne Zweifel wird präsupponiert, dass sich das Gut-Sein und das Gute-Tun doch lohnen und auszahlen müsse.

In Bezug auf den Angst verbreitenden Lord Voldemort wird Klarheit geschaffen, dass er dem vorausgesetzten Moralkalkül nicht folgt. Hier findet sich die seltene Grundkategorie: „Gut und Böse". Quirrell spricht über sich und Voldemort so, dass man an Nietzsche erinnert wird:

> Damals war ich ein einfältiger junger Mann, mit dem Kopf voll lächerlicher Vorstellungen über Gut und Böse. Lord Voldemort hat mir gezeigt, wie falsch ich dachte. Es gibt kein Gut und Böse, es gibt nur Macht, und jene, die zu schwach sind, um nach ihr zu streben [...] (Bd. I, S. 316).

Doch Rowlings Bücher leben auch von der Schwierigkeit der Figuren, Gut und Böse unterscheiden zu können. Wer betreibt Böses, und was ist böses Tun? Beispiele: Ein

Teil der Zauberwelt vermag Hagrid, den riesigen Waldhüter, vor anderen in die Ecke des Bösewichts zu stellen: Dem gutmütigen Mann wird zugeschrieben, absichtlich Schüler durch Hippogreife (Bd. III, S. 226f.) und Knallrümpfige Kröter (Bd. IV, S. 458) zu gefährden und einzuschüchtern. Harry glaubte für eine Weile der Täuschung, dass Hagrid die Kammer des Schreckens vor 50 Jahren geöffnet hätte (Bd. III, S. 357). Vor allem gibt es die Reihe der Figuren, die zunächst auch vom Leser falsch eingeschätzt werden. Professor Quirrell, Tom Riddle und Alastor Moody, hinter dem Barty Crouch junior steckt, entpuppen sich erst langsam im Laufe ihrer Geschichte als Mitglieder der dunklen Seite. Barty Crouch junior in der Rolle von Alastor Moody erschien in den Augen Harrys sogar zunächst fast wie ein Schutzpatron, ehe er sich als aktiver Todesser enttarnte. Umgekehrt verhält es sich mit Sirius Black: Zunächst wurde in ihm der Mörder gesehen, der auch Harrys Tod wollte, ehe er zum getreuen und besorgten Paten Harrys wurde. Dem sowieso bösen Draco Malfoy wurde unterstellt, die Kammer des Schreckens geöffnet zu haben, jedoch zu Unrecht (Bd. II, S. 228ff.). Prof. Snape wurde Übles zugeschrieben beim ersten Quidditch-Spiel Harrys, beim Troll, in Bezug auf Lupin usw. Wer böse erscheint, dem wird noch Böses zugeschanzt.

Das alles liegt noch im Rahmen einer guten Kriminalgeschichte. Es geht um Spannung. Doch es geht über diesen Rahmen auch hinaus. Kein Zweifel: Harry gehört nicht auf die dunkle Seite; er gehört in die Riege derer, die keine dunkle Macht wollen. Doch Joanne K. Rowling zeigt auch so etwas wie böse, dunkle Anteile in Harry selbst. Dabei wird der Leser zwar nicht irritiert, aber diese Anteile sind da. Harry hat denselben Zauberstab wie Voldemort, und bekanntlich sucht sich der Stab den Zauberer (Bd. I, S. 96). Die Hauptfigur spricht die Schlangensprache Parsel wie Salazar Slytherin und dessen letzter Erbe Voldemort (Bd. II, S. 205ff.). Der Held der Romane bekam einen Teil der Fähigkeiten Voldemorts, als dieser ihn als Einjährigen ermorden wollte (Bd. II, S. 343). Harrys Narbe wird laut Dumbledore auch zum Band zwischen ihm und Voldemort (Bd. IV, S. 628). Tom Riddle alias Voldemort spricht in der Kammer des Schreckens von Ähnlichkeiten zwischen ihm und Harry (Bd. II, S. 326). Das Blut der Hauptfigur ist derart, dass der Bösewicht Voldemort durch diesen Lebenssaft wiedererstehen kann, dass er deren Schutz bekommt und dass er Harry ungefährdet berühren kann (Bd. IV, S. 671). Voldemort wird der, der er ist, durch das Pendant Harry, und Harry der, der er ist, durch Voldemort. Derart bewegen sich Harry und Voldemort aufeinander zu, auch wenn die Vorzeichen klar unterschiedlich bleiben. Harry kennt Rachegefühle, und beabsichtigt für eine Weile, über ein fundamentales Gesetz in der Zauberwelt hinauszugehen: Harry will Sirius Black, als er noch der angebliche Mörder ist, nicht nach Askaban bringen, sondern töten und zuvor noch Schmerzen zufügen (Bd. III, S. 352f.). Auch andere Figuren leben in diesem Spalt oder haben eine Geschichte mit diesem Spalt: so Prof. Snape und Crouch junior, der wie Harry von seiner Mutter gerettet wurde.

Auf der einen Seite wird blindlings dem ethischen und orientierenden Kalkül „*Gut und Böse*" gefolgt. Auf der anderen Seite mischen sich die Pole des Kalküls in den Figuren, so sie nicht steril einem der Pole angehören. Im Überlappen der Pole kann man auch ein Thema von Religion nachklingen hören.[33]

In Religion spielt die „Erkenntnis von Gut und Böse" eine zentrale Rolle. Die Erkenntnis ist dabei wieder als Aufgabe für den Menschen verstanden. Um die Schwierigkeit dieser Aufgabe weiß man in der Religion. Vor allem geht es Religion bei der Erkenntnis um Ethik und Lebensdeutung. Gleich die erste Erzählung der Bibel Gen 2-3 thematisiert, was es mit der „Erkenntnis von Gut und Böse" auf sich hat: Die ersten Menschen Adam und Eva lebten im Paradies, dem Zustand ungetrübten Glücks. Hier tritt die Schlange an den Menschen heran. Der Mensch weiß nicht, dass die Schlange Böses im Schilde führt. Die Schlange verspricht dem Menschen die „Erkenntnis von Gut und Böse". Der Mensch lässt sich auf die Schlange ein und erhält die Fähigkeit, „Gut und Böse" zu erkennen. Mit der Fähigkeit, „Gut und Böse" zu erkennen, geht das Paradies verloren, ist der Zustand des Glücks dahin. Die Fähigkeit überfordert eigentlich fortan den Menschen. Das biblische Buch Kohelet bezweifelt, ob der Mensch „Gut und Böse" immer erkennen kann. Jedenfalls begleitet für die Bibel die Fähigkeit, „Gut und Böse" zu erkennen, den Menschen durch seine Geschichte und zeichnet ihn aus.

Mit der „Erkenntnis von Gut und Böse" ist der Mensch Subjekt und hat seine Geschichte zu verantworten. Religion thematisiert das ethisch: „Du sollst" „Gut und Böse" erkennen und entsprechend handeln. Die vielen Begriffe und Denkformen hierzu kann man gar nicht alle aufzählen. Religion thematisiert aber auch die Erfahrungen, dass im menschlichen Subjekt selbst die beiden Pole „Gut" und „Böse" einziehen und existieren können. Schon deshalb sind die Erkenntnis des Menschen, sein Tun und Lassen relativ und fragil. Ambivalenzen können vorkommen und dürfen es auch. Im desillusionierenden Umgang damit entsteht menschliche Reife.

Religion kennt eine Dialektik jenseits positiver Fähigkeiten und Bestimmungen des Menschen. Es gibt die Spannung im begrenzten Menschen: Was nicht gut ist, soll nicht sein, kommt aber zwangsläufig vor. Einerseits bleibt diese Spannung bestehen, andererseits wird die Spannung dialektisch aufgehoben: Was nicht gut ist, darf auch sein! Das Bestehen der Spannung und ihr dialektisches Aufheben vollziehen sich als Drama. Das Aufheben der Spannung geschieht in Religion durch das, was dem Menschen von außen geschenkt wird: Die Fachbegriffe lauten in der Religion „Rechtfertigung" durch Gott, Gottes „Vergebung" usw. Einfacher gesagt, gilt für den Menschen: Prüfe alles und folge der Moral, dem Guten! Was nicht geht, ist anzuerkennen und darf sein. Mit dem Göttlichen zusammen wird der Umgang mit den unausweichlichen moralischen Fehlstellen möglich.

In den *Harry Potter*-Bänden wird die Ambivalenz angedeutet, in die Menschen angesichts ihres Erkenntnisvermögens und ihres gesollten Tun und Lassen von „Gut und Böse" geraten können. Religion bietet aber Wege mit Gott, solche Erfahrungen zu verarbeiten und mit ihnen umzugehen. Davon findet sich nichts bei Rowling.

---

[33] Vgl. die Paulusbriefe im Neuen Testament.

Welches Fazit ist zum Religiösen zu ziehen? Das Religiöse findet sich in den *Harry Potter*-Bänden nicht ausdrücklich. Insofern aber existentielle Grundsituationen durchgespielt werden, ergeben sich Analogien zu zentralen religiösen Grundthemen, ohne typisch religiöse Denk- und Erklärungsformen zu übernehmen. Solche Analogien finden sich nicht nur in den *Harry Potter*-Bände, sondern auch in anderen Werken der Literatur. Bei Joanne K. Rowling haben sie aber einen gewissen breiten Raum. Die Autorin schafft es so, menschliche Themen und Fragen, wie sie in Religion mit eigenem Vorzeichen behandelt sind, erneut narrativ und spannend einer breiten Leserschaft von Jung und Alt anzubieten. Wenn Leben und Welt ohne unauslotbare Geheimnisse und staunenswerte Tiefensignaturen bleiben, kann dem Menschen eine Leere drohen.[34] Um diese anthropologische Sicht im religiösen Sinne zu teilen und entsprechend die *Harry Potter*-Bände wahrzunehmen, wird jemand „religiös musikalisch" sein müssen. Er wird in seiner Interpretation religiöse Weiterdeutungen vornehmen können. Wer „religiös unmusikalisch"[35] ist, wird im postmodernen Pluralismus mit einer anderen Denkform an die Werke herangehen, kann aber ihre Potentiale zum Religiösen wertschätzen und für wichtig erachten. Die teilweise uralten spannenden Fragen und Themen bleiben, die Herangehensweisen variieren. Verdankt sich Rowlings Erfolg auch der Tatsache, dass ihr Werk so vielfältig deutbar ist?

3 Fazit: Die Theologie und die *Harry Potter*-Bände

Bei den Jahrtausenden an Theologiegeschichte bleibt es nicht aus, dass die Beschreibungen dessen, was Theologie ist, ins Uferlose gehen. Eine akzeptable Umschreibung ist: Theologie (griechisch: *theos* = Gott) ist die Wissenschaft, die sich systematisch mit Religion und ihrem Gottesbezug befasst.[36] Nach dem bisherigen Durchgang ist die Frage nach der Theologie leicht zu beantworten: Die *Harry Potter*-Bände enthalten keine Theologie und gehen keine theologischen Wege. Das ist Konsens in der entsprechenden Sekundärliteratur.

Doch viele Beiträge sehen es als lohnenswert, ja als Herausforderung für die Theologie an, sich von ihrem Standpunkt aus mit den Werken Rowlings zu befassen (Drexler, Wandinger 2004; Rahner 2003; Ritter 2003, 2005; Schmidt 2002; Striet 2002; Tomberg 2001, 2002). Wie das geschehen kann, dazu liefert dieser Beitrag Beispiele: Mensch und Leben sind ein unendliches Geheimnis, das in Gott gründet (Rahner 1976). Diese Grundannahme bleibt ein nichts sagendes Theorem, wenn sie nicht konkret entfaltet wird. Rowlings Werke geben der Theologie dafür gute Vorlagen. Sie lassen sich theolo-

---

[34] So die Kritik von Christa Meves 2000a/b. Meves Pessimismus teile ich aber nicht. Sie sieht die *Harry Potter*-Romane als „Antwort auf den Glaubensverlust der Moderne" und meint: Ohne „religiöse Heimat" greife der unter „der Leere" leidende Mensch „nach Irrlichtern und Strohhalmen."

[35] So ein inzwischen geflügeltes Wort von Jürgen Habermas, mit dem er sich selbst in seiner Dankesrede zur Verleihung des Friedenspreises des deutschen Buchhandels 2001 einstufte und damit wohl an Max Weber (1864-1920) anlehnte.

[36] Theologie bezieht dabei auch Mythen ein.

gisch weiterdenken. Da die Werke viele faszinieren, sie sich und ihre Mitmenschen in den Inhalten wieder erkennen, ergibt sich für Theologie ein viel beachtetes Arbeitsfeld. Theologie muss bei ihrer Analyse der *Harry Potter*-Bände die Selbstverständigung nach innen überschreiten, ihr Vorgehen und Denken auch für diejenigen transparent machen, die in nichttheologischen Denkansätzen und Wissenschaftsdisziplinen beheimatet sind. Theologie kann so ihr Denken als urmenschliche Suchbewegung, als von Gott eröffnetes Fragen ins Gespräch bringen.

Theologie hat die *Harry Potter*-Bände auch kritisch zu sichten: Tomberg analysierte bereits ihr neuzeitliches Allmachtsideal (2002), und wies auf die Gefahren ihrer unterschwelligen Rassen- und Blutideologie (2003[37]); Meurer (2002) bemängelte die atemloser Schnelligkeit der Handlung, das fehlende Innehalten beim Leseprozess, wodurch Meditation als religiöse Propädeutik unmöglich wird. Abschließende Urteile werden erst nach Vorlage des siebenten Bandes möglich sein.

Die theologische Kritik (Bachl 2001, S. 53-56; Schuller 2001, S. 67f.; Thau 2002) richtet sich zugleich gegen fragwürdige Warnungen vor Joanne K. Rowlings Werken, die aus bestimmten kirchlichen oder religiösen Kreisen kommen bzw. kommen sollen.[38] Die Werke propagieren angeblich Antichristliches, gefährlichen Satanismus oder verherrlichen die Magie. Theologinnen und Theologen haben solche Vorwürfe schon früh zurückgewiesen. Denn Rowling kreiert keine Alternativreligion; ihre phantastische Fiktion stürzt keine Metaphysik und keine Weltdeutung, noch etabliert sie solche; die Autorin geht hingegen oft von Werten aus, die auch die christlich-jüdische Religion prägen (Nächstenliebe usw.).

Mein Resümee lautet: Ein Theologe kann nicht vorschnell und unlauter Mythologisches, Religion oder gar die Bibel in die *Harry Potter*-Bände ein(sch)muggeln. Doch ohne Analogien dazu sind die Bände für einen Theologen nicht. Urfragen, die Triebfedern für Religion, kehren in ihnen wieder. Der Erfolg der Werke Rowlings ist für den Theologen als rastloses Anklopfen des religiösen Urtriebes deutbar. Bei Zeitgenossen der so genannten postmodernen Gesellschaft klopft Religion an! Das ist keine neue Einsicht (Böttinger 2005). Wie gehen Zeitgenossen und Theologen damit um? Wie öffnet man dem Anklopfenden die Tür und lässt das Urreligiöse ein? Theologinnen und Theologen wissen, dass „Religion" zu Selbsttäuschung, Fundamentalismus und Verknechtung pervertieren kann. Im Namen von Religion wurde oft genug Angst verbreitet, gedroht ... Doch Theologen wissen auch sehr gut, dass „Religion" heilen, Menschen menschlich und Leben schön machen kann, ja den Tod überwinden lässt. Kehrt das Bewusstsein für die Relevanz des Religiösen wieder – wie Jürgen Habermas (2001) meint –, dann hat die Theologie die Pflicht, kritisch und wachsam ihren Erfah-

---

[37] Siehe oben Fußnote 31, S. 92.
[38] Vgl. Berger 2001, 2002; Huber 2001; Pfluger 2000. Zu anderen Stimmen Bachl 2001, S. 53: Man kann nicht stets unterscheiden, ob tatsächlich Warnungen oder Proteste vorliegen, oder „die Werbung diese [...] erfunden hat, um den Verkauf zu steigern."

rungsschatz anzubieten und im Diskurs zu vermitteln. Auch in der Rezeption des Medienereignisses *Harry Potter*.

4 Literaturverzeichnis

Bachl, Gottfried (2001): Gefährliche Magie? Religiöse Parabel? Gute Unterhaltung. In: Spinner, Kaspar H. (Hg.): Im Bann des Zauberlehrlings? Zur Faszination von Harry Potter. Regensburg: Pustet, S. 42-59

Barthes, Roland (1978). Über mich selbst. München: Matthes & Seitz

Baumgart, Norbert Clemens (1994): Gott, Prophet und Israel. Eine synchrone und diachrone Auslegung der Naamanerzählung und ihrer Gehasiepisode (2 Kön 5). Leipzig: St. Benno-Verlag

Baumgart, Norbert Clemens (1999): Die Umkehr des Schöpfergottes. Zu Komposition und religionsgeschichtlichem Hintergrund von Gen 5-9. Freiburg: Herder

Beck, Martin (1999): Elia und die Monolatrie. Ein Beitrag zur religionsgeschichtlichen Rückfrage nach dem vorschriftprophetischen Jahwe-Glauben. Berlin: W. de Gruyter

Bellinger, Gerhard J. (1989): Knaurs Lexikon der Mythologie. München: Knaur

Berger, Klaus Rudolf (2001): Harry Potter. Zauberlehrling des 21. Jahrhunderts. Wuppertal: EG-Verlag Wuppertal

Berger, Klaus Rudolf (2002): Von Joanne K. Rowling lernen? In: Factum Magazin Online, 24. Dezember

Böttinger, Christoph (2005): Säkularisierung und Religiosität. Sakralisierung der säkularen Gesellschaft als Herausforderung und Chance christlicher Glaubensvermittlung. In: Theologie und Glaube 95, S. 134-146

Burkert, Walter (1982): Literarische Texte und Funktionaler Mythos. Zu Istar und Atrahasis. In: Assmann, Jan; Burkert, Walter; Stolz, Fritz (Hg.): Funktionen und Leistungen des Mythos. Drei orientalische Beispiele. Göttingen: Vandenhoeck & Ruprecht, S. 63-78

Drexler, Christoph; Wandinger, Nikolaus (Hg.) (2004): Leben, Tod und Zauberstab. Auf der theologischen Spurensuche in Harry Potter. Münster: Lit

Esser, Wolfgang G. (2002): Philosophische Gottsuche. Von der Antike bis heute. München: Kösel

Geyer, Carl-Friedric (1996): Mythos. Formen – Beispiele –. München: C.H. Beck

Greiner, Dorothea (1998): Segen und Segnen. Eine systematische Grundlegung. Stuttgart: Kohlhammer

Groß, Walter (1998): Zukunft für Israel. Alttestamentliche Bundeskonzepte und die aktuelle Debatte um den Neuen Bund. Stuttgart: Katholisches Bibelwerk

Habermas, Jürgen (2001): Dankesrede zur Verleihung des Friedenspreises des deutschen Buchhandels

Halbfas, Hubertus (1997): Das dritte Auge. Religionsdidaktische Anstöße. Düsseldorf: Patmos

Holzapfel, Otto (2000): Lexikon der abendländischen Mythologie. Freiburg: Herder

Horkheimer, Max; Adorno, Theodor W. (1968): Dialektik der Aufklärung. Philosophische Fragmente. 2. Aufl., Frankfurt am Main: Fischer

Huber, Carole [2001]: Harry zaubert sich an die Spitze. Die Euphorie um den Zauberlehrling macht viele blind. URL: http://www.factum-magazin.ch/whats_new/news.cgi?v=archive&c=Literatur&id=1224154414.shtml (Stand: 1. Juli 2005)

Keel, Othmar (1996): Die Welt der altorientalischen Bildsymbolik und das Alte Testament. Am Beispiel der Psalmen. 5. Aufl., Göttingen: Vandenhoek & Ruprecht

Kessler, Hans (1995): Sucht den Lebenden nicht bei den Toten. Die Auferstehung Jesu Christi in biblischer, fundamentaltheologischer und systematischer Sicht. Würzburg: Echter

Kirk, Geoffrey S. (1970): Myth. Its Meaning and Functions in Ancient and Other Culteres. Cambridge: Univ. Press

Kollmann, Bernd (2002): Neutestamentliche Wundergeschichten. Biblisch-theologische Zugänge und Impulse für die Praxis. Stuttgart: Kohlhammer

Marcel, Gabriel (1952): Geheimnis des Seins. Wien: Herold

Mattenklott, Gundel (2003): Harry Potter – phantastische Kinderliteratur. Auf den Spuren eines globalen Erfolgs. In: Stimmen der Zeit 128, S. 39-51

Meurer, Thomas (2002): Das Potter-Phänomen. Konkurrenz für Tora und Evangelium? Religionspädagogische Bemerkungen zu Befürchtungen und Hoffnungen rund um das Phänomen Harry Potter. In: Christenlehre 2, S. 58-62

Meves, Christa (2000a): Die Zaubermacht des Harry Potter. In: Rheinischer Merkur, Nr. 47, 24. November

Meves, Christa (2000b): Harry Potter: Erfolgsbücher in einer glaubenslosen Zeit. Wenn der abgeschaffte Teufel ahnungsvoll zurückkehrt. URL: http://www.karl-leisner-jugend.de/Potter.htm (Stand: 2. Februar 2002)

Möllenbeck, Thomas (2002): Ikone der Kontingenz. In: Theologie und Glaube 92, S. 367-380

Müller, Hans-Peter (1985): Das Motiv für die Sintflut. Die hermeneutische Funktion des Mythos und seiner Analyse. In: Zeitschrift für die alttestamentliche Wissenschaft, S. 295-316

Müller, Hans-Peter (2003): Psalmen und frühgriechische Lyrik. Drei Beispiele. In: Biblische Zeitschrift 47, S. 23-42

Petzold, Dieter (2001): Die Harry Potter-Bücher: Märchen, fantasy fiction, school stories – und was noch? In: Spinner, Kaspar H. (Hg.) (2001): Im Bann des Zauberlehrlings? Zur Faszination von Harry Potter. Regensburg: Pustet, S. 21-41

Pfluger, Niklaus (2000): Harry Potter. Kritische Anmerkungen zum neuen Erfolgsbuch Harry Potter und der Feuerkelch. In: Mitteilungsblatt der Priesterbruderschaft Pius X., Nr. 264, Dezember, S. 29-35

Rahner, Johanna (2003): Die zwei Seiten der Wirklichkeit. Die Abenteuer des Zauberlehrlings Harry Potter ziehen Kinder und Erwachsene in ihren Bann. In: Konradsblatt, Nr. 24, 15. Juni 2003, S. 20f.

Rahner, Karl (1976): Grundkurs des Glaubens. Einführung in den Begriff des Christentums. Freiburg: Herder

Ritter, Werner H. (2003): Wenn Schwarzenegger betet und Harry Potter gegen den Bösen kämpft. Religiöse Elemente in der Popkultur und ihre Bedeutung für Kirche und Praktische Theologie. In: Theo-Web-Wissenschaft. Zeitschrift für Theorie der Religionspädagogik 2, S. 4-15

Ritter, Werner H. (2005): Wenn Schwarzenegger betet und Harry Potter gegen den Bösen kämpft. In: Nachricht der ELKiB 60, S. 49-52
Rowling, Joanne K. (1998): Harry Potter und der Stein der Weisen. Hamburg: Carlsen
Rowling, Joanne K. (1999): Harry Potter und die Kammer des Schreckens. Hamburg: Carlsen
Rowling, Joanne K. (1999): Harry Potter und der Gefangene von Askaban. Revidierte Fassung, Hamburg: Carlsen
Rowling, Joanne K. (2000): Harry Potter und der Feuerkelch. Hamburg: Carlsen
Schiller, Gertrud (1980): Ikonographie der christlichen Kunst, Bd. 4,2: Maria. Gütersloh: Mohn
Schneidewind, Friedhelm (2000): Das ABC rund um Harry Potter. Ein Lexikon. Berlin: Lexikon Imprint Verlag
Schmidt, Axel (2002): Die Suche nach dem rechten Lebensmittel. Harry Potter als Beispiel einer modernen praeparatio Evangelii. In: Theologie und Glaube 92, S. 353-366
Schuller, Florian (2001): Wie Harry Potter in die Katholische Akademie kam und warum er dort hingehört. Beobachtungen eines lesenden Pfarrers. In: Spinner, Kaspar H. (Hg.): Im Bann des Zauberlehrlings? Zur Faszination von Harry Potter. Regensburg: Pustet, S. 60-71
Soden, Wolfgang von (1993): Der altbabylonische Atramhasis-Mythos. In: Kaiser, Otto (Hg.): Texte aus der Umwelt des Alten Testamentes Band III, Mythen und Epen II. Gütersloh: Gütersloher Verlagshaus, S. 612-645
Spinner, Kaspar H. (2001a): Im Bann des Zauberlehrlings. Tiefenpsychologische und lesepsychologische Gründe für die Faszination von Harry Potter. In: Ders. (Hg.): Im Bann des Zauberlehrlings? Zur Faszination von Harry Potter. Regensburg: Pustet, S. 11-20
Spinner, Kaspar H. (2001b): Minderwertigkeitsgefühl und Grandiositätsfantasie. Wie „Harry Potter" seine Leser verzaubert. In: Knobloch, Jörg (Hg.): Harry Potter in der Schule. Didaktische Annäherung an ein Phänomen. Mühlheim: Verlag an der Ruhr, S. 113-119
Striet, Magnus (2002): Anweisung zum seligen Leben? Ein nüchterner Blick (nicht nur) auf Harry Potter. In: Theologie und Glaube 92, S. 338-352
Thau, Daniela (2002): Fantasy: Harmloses Vergnügen oder dubioser Okkultismus? In: Jüdische Allgemeine, 14. Februar, S. 5
Theobald, Michael (2000): Der Römerbrief. Darmstadt: Wissenschaftliche Buchgesellschaft
Tomberg, Markus (2001): Zauberwelten im Kopf. Zur Metaphysik der „Harry-Potter"-Rezeption. In: Knobloch, Jörg (Hg.): Harry Potter in der Schule. Didaktische Annäherung an ein Phänomen. Mühlheim: Verlag an der Ruhr, S. 121-132
Tomberg, Markus (2002): Mythos? Transzendentale Propädeutik? – In Rowlings Romanen findet sich beides. In: Theologie und Glaube 92, S. 325-337
Tomberg, Markus (2003): Muggel gegen Zauberer. Wie harmlos ist Harry Potter? In: Herder Korrespondenz, S. 514-518
Verweyen, Hansjürgen (2002): Tod-Liebe-Eros. Archetypische Symbole bei J.K. Rowling. In: Theologie und Glaube 92, S. 315-324
Werbick, Jürgen (2000): Den Glauben verantworten. Eine Fundamentaltheologie. Freiburg: Herder

Sabine Berloge

„Expecto Patronum!"
Harry Potter aus kindertherapeutischer Sicht[1]

Wir alle schätzen, so denke ich, Madam Pomfrey, Hogwarts' tatkräftige Ärztin und Krankenschwester für Zauberunfälle aller Art. Nehmen wir einmal an, sie beherrsche nicht nur die Kunst, Knochen nachwachsen zu lassen und aus Schülergesichtern sprossende Bärte und gurkenartige Warzen zu entfernen, sie verfüge nicht nur über unerschöpfliche Vorräte an heilender Schokolade, sondern sie sei außerdem auch noch eine Gestalttherapeutin für minderjährige Hexen und Zauberer – also eine Kollegin von mir. Am Rande einer von uns beiden besuchten Fortbildung zum Thema „Hexen oder Heilen? Auf dem Weg zu einer interdisziplinären Witchcraft" hätte es geschehen können, dass Kollegin Pomfrey meine Muggel-Einschätzung zu einem Fall erfragte, der sie zu jener Zeit sehr beschäftigte. In wenigen Wochen würden neue Schülerinnen und Schüler nach Hogwarts kommen, darunter eben jener Fall. Da das in der Muggel-Welt so üblich und sie im interdisziplinären Arbeiten erfahren ist, hätte sie mir folgende Anamnese zu meiner Information aufgeschrieben.

Anamnese: Potter, Harry

Harry ist ein elfjähriger Junge. Für sein Alter ist er sehr klein und mager. Er hat einen Sehfehler und trägt eine Brille. Auf der Stirn hat er eine blitzförmige Narbe. Harry ist Vollwaise. Er stammt aus einer Zaubererfamilie und lebt seit zehn Jahren bei der Schwester seiner Mutter, deren Mann und Sohn. Die Familie Dursley ist eine Muggel-Familie.

Harry war ein Wunschkind und erlebte während seines ersten Lebensjahres viel Zuwendung und Liebe vonseiten beider Elternteile. Die Ehe der Eltern war glücklich. Allerdings ist anzunehmen, dass die Familie gegen Ende seines ersten Lebensjahres zunehmenden Belastungen ausgesetzt war, da sie verfolgt wurde und sich verstecken musste.

Als Harry knapp ein Jahr alt war, wurden beide Eltern in seiner Gegenwart ermordet, er selbst überlebte auf bisher ungeklärte Weise. Es wird vermutet, dass die große Liebe seiner Mutter, die starb, um ihn zu retten, ihn mit einem Schutzzauber versehen hat, der ihn vor dem Zugriff des Mörders schützte und diesen schwächte. Schwer traumatisiert wurde er von einem Beauftragten Dumbledores, eines mächtigen Zauberers und Freundes von Harrys Eltern, aus dem zerstörten Haus gerettet und zu den Muggel-Verwandten gebracht, bei denen er seitdem lebt.

---

[1] Dieser Beitrag ist bereits erschienen in Kutzmutz, Olaf (Hg.) (2001): Harry Potter oder Warum wir Zauberer brauchen. Wolfenbüttel: Bundesakademie für Kulturelle Bildung, S. 20-32. Abdruck mit freundlicher Genehmigung.

Hier erhält er nicht die Liebe und Fürsorge, die jedes Kind seines Alters, besonders aber ein so früh geschädigtes Kind, benötigt. Onkel und Tante betrachten ihn als nicht dazugehörig, seine Herkunft wird verschwiegen, als Tabu behandelt. Gegenüber seinem gleichaltrigen Cousin wird er massiv benachteiligt. Sowohl in Hinsicht auf Fürsorge und Versorgung als auch in bezug auf seine emotionale und seine Persönlichkeitsentwicklung kann von schwerer Vernachlässigung gesprochen werden. Er hat keine Freunde, sondern ist ein gehänselter Außenseiter. Wenn seine, ihm selbst unbekannten, Zauberkräfte sich einmal zeigen, wird er als verhaltensauffällig stigmatisiert.

Prognose

Da Harry bisher keinerlei Gelegenheit hatte, seine frühe Traumatisierung durchzuarbeiten, und durch den Aufenthalt in Hogwarts erstmalig mit seiner Geschichte und der Geschichte seiner Eltern konfrontiert werden wird, steht zu erwarten, dass bisher verdrängte Gefühle aufbrechen werden. Vor allem mit Ängsten ist zu rechnen, außerdem mit Gefühlen der Verlassenheit und Verzweiflung. Zudem ist es sehr wahrscheinlich, dass die Sehnsucht nach den verlorenen Eltern und der verlorenen Liebe und Geborgenheit sich Bahn brechen wird. Dies umso mehr, als er nach dem Tod seiner Eltern keine neuen liebevollen Bezugspersonen gefunden hat. Wir müssen davon ausgehen, dass sein Selbstwertgefühl nach zehn Jahren fehlender Wertschätzung seiner Persönlichkeit sehr geschwächt ist und dass es ihm schwer fallen wird, Vertrauen zu fassen und um Hilfe zu bitten.

Allerdings können wir darauf vertrauen, dass er über starke Ressourcen verfügt, da es ihm gelungen ist, allen Angriffen, Traumatisierungen und Deprivationen zum Trotz zu überleben. Die Quelle dieser Stärke liegt meiner Einschätzung nach in seinem glücklichen ersten Lebensjahr. Offenbar konnte er damals – wie Sie es nennen würden – ein stabiles Urvertrauen aufbauen, da er sich von seinen Eltern liebevoll willkommen geheißen, angenommen und beschützt fühlte. In unseren Augen ist er durch den Schutzzauber seiner Mutter für die Schwierigkeiten seines Lebens und deren Bewältigung gut ausgestattet.

Dennoch sollte Harrys Entwicklung sorgfältig beobachtet werden, und es sollte ihm beim Eintreten der oben prognostizierten Probleme magischtherapeutische Unterstützung zukommen.

Pomfrey, Hogwarts Schule für Hexerei und Zauberei, drei Wochen vor Harrys 11. Geburtstag

Soweit die Anamnese meiner geschätzten magischen Kollegin. Wie so oft, und das sagte ich ihr während unseres folgenden Gesprächs, von dem wir der Einfachheit halber einmal annehmen, es habe stattgefunden, wie so oft also war ich ein wenig neidisch auf den Reichtum an Interventionen – Zaubersprüche, Flüche usw. –, die den Kollegen und Kolleginnen aus der magischen Disziplin zur Verfügung stehen. Und ich war froh für die kleinen angehenden Hexen und Zauberer, dass in ihrer Welt soviel Zauberhaftes zu ihrer Heilung und Rettung bereitsteht. Denn in unserer muggeligen TherapeutInnen-Welt stellt sich zwar hin und wieder auch ein Wort, eine Geschichte, ein Bild oder ein Lächeln als Flüche bannender Zauber heraus, dennoch müssten wir angesichts eines Kindes mit einer Lebensgeschichte wie der Harry Potters feststellen: Das ist ein schwerer Fall. In diesem kurzen Leben ist schon so viel Mangel und Verletzung angehäuft, dass die Prognosen für die heilende Wirkung einer noch so guten Kindertherapie nur sehr vorsichtig optimistisch sein können. Vor allem haben wir unseren kleinen Muggel-Harrys keinen Fluchtort wie Dumbledores Hogwarts zu bieten. Gestalten sich die familiären Verhältnisse derart schädigend wie bei Harry Potter und ist auch durch intensive Elternarbeit nichts an der negativen Haltung gegenüber dem Kind zu ändern, dann hat unsere Welt lediglich Krisen- und Heimeinrichtungen anzubieten. Auch dort wird manchmal gezaubert – aber wo gibt es in unseren Heimen schon runde Schlafzimmer mit samtbehangenen Himmelbetten? Immerhin – vielen der Kinder, mit denen ich arbeite, könnte ein, wenn auch nur imaginierter, Besuch in der Großen Halle gut tun, ein Blick auf die üppig gefüllten Teller und an die verzauberte Decke, eine Einladung, es sich in den Sesseln des Gemeinschaftsraumes im Gryffindor-Turm mit den anderen am Feuer gemütlich zu machen.

Ich denke da zum Beispiel an ein wie Harry elfjähriges Mädchen, nennen wir es Carla, das in Berlin bei Onkel, Tante, Cousins und Cousinen lebt. Es gibt einige Ähnlichkeiten mit Harrys Geschichte. Die Eltern sind in einem fremden Land verschollen, beide wollten und/oder konnten sich um die Tochter nicht mehr kümmern, da war sie drei Jahre alt. Erinnern kann sie sich an ihre Eltern nicht. Es gibt zwar ein Photo, das sie mit Vater und Mutter zeigt, aber das hat die Tante versteckt, damit, wie sie es begründet, die Kleine nicht traurig wird. Überhaupt erfährt sie kaum etwas, auch hier ein Tabu. Psychische Krankheit, Alkoholismus vielleicht, jedenfalls etwas in ihrer jetzigen Familie ebenso Stigmatisiertes wie das Hexen- und Zaubererdasein von Harrys Eltern in den Augen der Dursleys. Lange Zeit war Carla nur diffus klar, dass sie nicht das Kind dieser beiden Erwachsenen ist, bei denen sie lebt. Nun wird sie nicht wie Harry vernachlässigt, aber die Erfahrung des Verlassenwerdens, des nicht wirklich Dazugehörens, dazu der Nebel an ungenauen Informationen – all das macht ihr schwer zu schaffen. Keine sichtbare Zauberer-Narbe auf ihrer Stirn, aber Kopf- und Augenschmerzen, Übelkeit, Traurigkeit, Schwierigkeiten damit, Freundinnen zu finden. Wie Harry liebt sie die Schule und fürchtet nichts mehr als die Ferien. Und sie liebt Märchen, besonders das vom Aschenputtel. Damals, als ich mit Madam Pomfrey zu sprechen mir vorstellte, ahnte ich noch nicht, dass ich heute meiner kleinen Klientin zwar keine Eulenpost mit einer Einladung nach Hogwarts schicken, ihr aber die *Harry Potter*-Bücher empfehlen kann, in der Hoffnung, sie möge sich in dieser Aschenputtel-Variante wiederfinden und gemeinsam mit Harry von den therapeutischen Zaubersprüchen und magischen Einsichten profitieren.

Joanne K. Rowling muss damals, anders ist es nicht vorstellbar, an unserer interdisziplinären Tagung teilgenommen, einen Blick auf Harrys Anamnese geworfen und beschlossen haben, die Geschichte dieses Jungen, der in zwei Welten lebt, zu verfolgen und als Fallbeispiel zu dokumentieren. Gerade vonseiten der KindertherapeutInnen und ihrer Klientinnen gebühren ihr und Madam Pomfrey, die in gewisser Weise dieses Werk erst ermöglicht hat, für ihre umfassende Forschungsarbeit großer Dank. Denn nur durch ihre Initiative und ihren Fleiß ist es mir heute möglich, Ihnen einige der besonders wirksamen und auch für uns Muggel-TherapeutInnen interessanten therapeutischen Methoden und Techniken aus der magischen Welt vorzustellen.

Während hierzulande die Muggel-Kollegen der Bürokraten aus dem Zauberei-Ministerium gerade mithilfe des Psychotherapeutengesetzes einen Kahlschlag in der Therapielandschaft veranstalten, verfolgt die von mir vorläufig so genannte „Dumbledore-Methode" den entgegengesetzten Weg. „Lasst 1000 Zauber wirken", könnte das Motto sein. Oder: „Bei uns findest du immer den Zauber, den du gerade brauchst – und verkraftest." Am Fallbeispiel Harry Potter wird deutlich, dass dies nicht mit einer kostengünstigen Kurzzeit-Behandlung möglich ist, sondern langfristige therapeutische Bemühungen beinhaltet, wechselnde Methoden, kreative Therapeuten und Therapeutinnen. Allen und allem gemeinsam ist das schrittweise Heranführen des Klienten an das, was in der Gestalttherapie „die Begegnung mit dem Schmerz" und „der Kontakt zu den eigenen Gefühlen" genannt wird. Auf der Basis einer tragfähigen Beziehung wird im Kontakt mit dem Therapeuten dann Schritt für Schritt erprobt, welche neuen Erlebens- und Verhaltensmöglichkeiten zur Verfügung stehen, sodass dort, wo frühe Verletzungen inneres Wachstum be- oder verhinderten, schließlich die Energien wieder fließen und neues Wachstum ermöglichen.

Der erste Schritt in diesem Prozess besteht, wie Joanne K. Rowling dokumentiert, darin, auf das familiäre Umfeld einzuwirken. Wunderbarerweise nützt es den Dursleys gar nichts, diesen Einfluss verbannen oder gar fliehen zu wollen. Wer nicht gerade einen fast elfjährigen Zauberer bei sich zu Hause versteckt, der hat es in der Muggel-Welt leider sehr viel leichter, therapeutische oder pädagogische Hilfsangebote abzuwehren. Aber hier hilft alles nicht: Die Zauberwelt nimmt Kontakt zu Harry auf und verändert damit umgehend das gesamte Familiensystem. Schon nach dem ersten Eulenbrief zieht Harry zum Beispiel aus der Besenkammer um in Dudleys Zweitzimmer. Jemand von außen nimmt Einfluss, jemand, der Harry kennt und schätzt. Das Verleugnen und Unsichtbarmachen-Wollen ist nachhaltig gestört, die Veränderung der Familienmuster nicht mehr aufzuhalten.

Hagrid ermöglicht dann den zweiten, wesentlichen Schritt: Durch ihn bekommt Harry erstmals Zugang zu seiner Geschichte. Dort, wo bisher nur Schweigen, Lügen und Verachtung herrschten, gibt es plötzlich einen sympathisierenden Zeugen aus der Welt seiner Eltern, einen, der Harry als Kind dieser Eltern erlebt hat. Während der Lebenshintergrund für den nun Elfjährigen bisher leer und er selbst vor diesem Hintergrund vollständig allein war, entfaltet sich nun biographische Tiefe, in der er einen, noch dazu geschätzten und erwünschten Platz hat. So stellt sich jetzt heraus, dass seine Muggel-Großeltern stolz auf seine Mutter waren, als sich zeigte, dass sie eine Hexe war. Die Kälte und Ablehnung, die Harry vonseiten seiner Tante entgegengebracht wird, lässt sich nun auf die Eifersucht einer sich zurückgesetzt fühlenden neidischen Schwester zurückführen und wird damit zwar weder erträglicher, noch akzeptabler, erhält aber eine klärende Relativierung.

Hagrid, der gescheiterte Hogwarts-Schüler und Halbriese, eine wüste Erscheinung mit sehr zweifelhaften Manieren und Vorlieben (ich sage nur: Drachen! Riesenspinnen!!) wird so zum zentralen Wegbereiter für Harrys Aufbruch zu sich selbst. „Unkonventionell" würden wir das vielleicht nennen, „gewagt" wohl auch, denn schließlich ist er es auch, der Harry zum ersten Mal damit konfrontiert, wie seine Eltern tatsächlich gestorben sind. Wie zu erwarten, löst dieses neue Wissen eine heftige psychische Reaktion aus, indem Harry, der sich bisher nur an einen grünen Blitz erinnern konnte, nun das dazugehörige grausige Lachen des Mörders hört.

Ach, selbst gescheiterte Zauberer ohne Schulabschluss haben es eben besser, hätte ich an dieser Stelle Madam Pomfrey versichert, denn ich zum Beispiel hätte mir, und zwar zu Recht, in meiner Supervision mindestens sagen lassen müssen: „Zu viel, zu schnell. Wie willst Du das halten?"

Und doch sehen wir staunend gerade hier die wundersame Wirksamkeit der Dumbledore-Methode. Hagrid bringt Harry unbedingte Zuneigung und Wertschätzung entgegen, er lässt keinerlei Zweifel daran, dass er auf seiner Seite steht und stark genug ist, Harry zu schützen. Darüber hinaus versorgt er Harry umgehend mit dem, was dieser, im direkten, wie im übertragenen Sinn, so lange entbehrte, nämlich: Wärme und Nahrung. Schließlich wird er ihm auch noch Zugang zu seinem Vermögen, seinen Schätzen verschaffen. Bei alledem ist er aber für Harry keine ehrfurchtgebietende Autorität, sondern eher ein riesengroßer wundersamer Kumpel. Das macht es Harry, über dessen von Madam Pomfrey schon prognostiziertes angegriffenes Selbstwertgefühl wir noch sprechen werden, sicher einfacher, diesem ersten Therapeuten so zu vertrauen, dass er seine psychische Stabilität angesichts der dramatischen Enthüllungen nicht verliert, sondern ihm zuversichtlich folgt auf dem Weg in die fremde Zauberwelt, die sich als seine Welt herausstellen wird.

Hagrid zu schicken, war also eine weise Entscheidung, gerade auch deshalb, weil er eben kein richtiger Zauberer ist, sondern nur heimlich mit einem rosa Regenschirm als Zauberstabersatz dilettiert. Wer weiß, ob Harry sonst über die Brücke zu seiner neuen Identität überhaupt hätte gehen können. Denn genau hier entfalten sich seine massiven Selbstzweifel. Ist das alles nicht ein großer Irrtum? Wird er sich blamieren, wird man herausfinden, dass er gar kein Zauberer ist und ihn wieder davonjagen? „Harry jagen" war schließlich der Pausensport an seiner alten Schule – das hat sich als Selbstbild eingeprägt. Und nun soll er etwas ganz anderes, ein ganz anderer sein? Die Tatsache, dass er, wie er zu seiner Verwirrung und Überraschung in der Winkelgasse erfährt, in Zauberer- und Hexenkreisen eine Berühmtheit ist, hilft da auch nicht weiter. Im Gegenteil, das verstärkt den Druck und die Versagensangst. Hermine zum Beispiel, die er im Hogwarts-Express kennenlernt, hat schon mächtig Zaubersprüche gelernt und „Hintergrundliteratur" studiert, Ron ist gar als Zauberer aufgewachsen und staunt darüber, dass auf Muggel-Photos die Figuren stillstehen. Harry jedoch weiß selbst über Quidditch nichts, ein Spiel, das im Leben von elfjährigen Zauberern offenbar eine zentrale

Rolle spielt. Oh, oh, da wird er wohl bestenfalls in „Hufflepuff" landen, wenn sie ihn nicht ohnehin zurückschicken, denn in diesem Haus, so hört er, sollen „viele Flaschen" sein. So gering also schätzt er sich selbst ein. Madam Pomfrey, ich kann Sie zur Treffsicherheit Ihrer Prognose nur beglückwünschen. Überhaupt stelle ich mir vor, dass wir uns demnächst einmal wieder zu einem fachlichen Austausch treffen sollten. Aber das nur am Rande.

Kein Wunder, dass Harry angesichts des Sprechenden Hutes, der die Verteilung der neuen Hexen und Zauberer vornimmt, die Knie zittern. Noch einmal wird deutlich, wie wenig er aufgrund seines bisherigen Lebens daran glauben kann, wirklich dazuzugehören. Vielleicht, wahrscheinlich, so fürchtet er, seinem alten Lebensmuster folgend, wird er derjenige sein, der gar nicht gewählt wird.

Doch nun erleben wir den Auftritt eines Hutes als Therapeut. Kein Brückenbauer diesmal, sondern ein Diagnostiker. Ressourcenorientiert und nicht pathologisierend, wie in der Dumbledore-Schule üblich, attestiert er Harry viel Mut, einen wachen Verstand, Begabung und einen kräftigen Drang, sich zu beweisen. Keine Rede davon, nicht dazuzugehören! Und mehr noch: Harry wird aufgefordert, sich zwischen unterschiedlichen Entwicklungsmöglichkeiten zu entscheiden. Zum ersten Mal in seinem Leben hat er die Wahl und die Chance, sich auf sich selbst zu besinnen, seine Eigenschaften und seine Bedürfnisse abzuwägen und Verantwortung für sich selbst und seinen Weg zu übernehmen.

Und wieder staunen wir beglückt darüber, dass dieses Zauberer-Kind – against all odds – diese Chance ergreifen und nutzen kann. Das, so würde ich es Kollegin Pomfrey in unserem nächsten Gespräch sagen, gehört für mich persönlich zu den überzeugendsten Qualitäten der Dumbledore-Schule: unbedingtes Vertrauen in die Ressourcen und Selbstregulierungskräfte der Kinder. Diese Grundhaltung hat mich ja überhaupt erst auf die Idee gebracht, auch sie sei Gestalttherapeutin. Es ist vorstellbar, dass ich ihr bei dieser Gelegenheit von dem kleinen Muggel-Erstklässler erzählen würde, der übrigens einige Ähnlichkeit mit Harry hat: Klein, mager, bebrillt, wurde er von einem Sozialarbeiter aus der Kriseneinrichtung, in der er lebte, zur Einschulung gebracht. Seine Mutter ist alkoholkrank und hat ihn massiv vernachlässigt. Dieses kleine Wesen zeigte natürlich viele, viele Defizite. Felix war voller Angst und Wut und verzweifelter Liebe. Und doch gelang es ihm, die Angebote der Therapiezeit zu nutzen. Mit großem Mut, der ihn zu einem sicheren Kandidaten für Gryffindor gemacht hätte, ging er auf die schmerzvollen Themen seines Lebens zu, als er erst einmal Vertrauen gefasst hatte. In einem langen Prozess kam er in Kontakt zu seinen Ressourcen, vor allem mithilfe seiner Fähigkeit des kreativen Ausdrucks. So verwandelte sich in seinen Zeichnungen das von Adlern, Geiern und Füchsen verfolgte und regelmäßig getötete Hasenkind allmählich. Zunächst einmal fand es eine Zuflucht: eine Erdhöhle, in der es ausreichend Nahrung gab und in der es abwarten wollte, bis es groß wäre. Schließlich fand es starke Freunde, mit denen es Ausflüge machen und sicher in seine Höhle zurückkehren konnte. Überlebenswillen, Durchhaltekraft, Phantasie, Kontaktfähigkeit, Vertrauen – all dies zeigte sich nicht unversehrt, aber lebendiger und kraftvoller, als die bisherige katastrophale Lebensgeschichte des Kindes es womöglich hätte erwarten lassen. Wenn Felix, wie der kleine Überlebenskämpfer nicht heißt, erst einmal gut genug lesen kann, wird ihm Harry ein wichtiger und stärkender Freund sein, der so viele seiner Ängste und Nöte kennt und so viele seiner Qualitäten teilt. Willkommen in Gryffindor, Felix.

Lassen Sie uns nun einen kleinen Zeitsprung machen, denn mir bleibt hier nicht der Raum, die Dumbledore-Methode in sämtlichen bezaubernden Details zu erörtern. Wir wissen dank Frau Rowlings anschaulichen Aufzeichnungen, dass Harry sich in Hogwarts erstaunlich gut zurechtfindet. Er hat Freunde, er besteht Prüfungen der schulischen und der ungeheuerlichen Art, fasst Vertrauen und entwickelt sich sehr lebendig. Dazu gehört allerdings auch, dass er seine neu gewonnenen Kräfte häufig noch nicht richtig einschätzen kann, gefährlich große Risiken eingeht und durch seine große Neugierde in Situationen gerät, in denen er ohne Hilfe verloren wäre. Er bleibt also ein hochgradig gefährdetes Zauberer-Kind. Dies umso mehr, als er mit seiner zentralen traumatisierenden Lebenserfahrung, dem Mord an seinen Eltern, bisher immer nur ansatzweise konfrontiert wurde. Höchste Zeit also, dass Professor Lupin auftaucht, wohl der bisher wichtigste Therapeut in Harrys Leben. Dumbledore hat ihn mit Bedacht engagiert, denn das Verdrängte, das Dunkle, das Angstmachende will sich nun zeigen. Harry muss gestärkt werden für die Begegnung mit der Angst, die in der Zauberwelt in der Form von Dementoren auftritt. Da Lupin ein Spezialist für die Abgründe des Daseins ist – schließlich hat er selbst eine schwarze Nachtseite, trägt er in sich einen reißenden Werwolf – wird er Harry im dritten Schuljahr zur Seite gestellt. Nur Dumbledores weiser Voraussicht und Bereitschaft zu unkonventioneller Personalpolitik, über die wir uns ja schon angesichts des Drachenausbrüters Hagrid freuten, nur Dumbledore also ist es zu verdanken, dass Lupin in Harrys Nähe war, als die Dementoren sich ihm zum ersten Mal näherten. Auf sich allein gestellt, hätte er diese Begegnung nicht überstanden. Mit den Dementoren überliefert uns Joanne K. Rowling wohl eines der eindrücklichsten Bilder, die in der Hexen- und Zaubererwelt für psychische Nöte gefunden wurden. Sie verkörpern schwere Depressionen, die jedes positive Gefühl, jeden Lebensmut aus uns herausziehen und Kälte, Verzweiflung, Selbstmordgedanken verbreiten. Depressionen-Dementoren ernähren sich von unserer Lebendigkeit und reduzieren uns auf die schlimmsten und verheerendsten Erlebnisse und Gefühle unseres Lebens. Weichen sie uns nicht mehr von der Seite, finden wir kein Gegenmittel gegen ihre blinde zehrende Kälte, werden wir zu ihren Gefangenen, zu „Gefangenen von Askaban". Dumbledores Auffassung nach ist es ein schwerer Fehler zu glauben, man könne sie instrumentalisieren, zum Beispiel als Bewacher für Schwerverbrecher und Anhänger des Bösen. Hogwarts jedenfalls sollen sie nach seinem Willen nie betreten – ein Ziel, das er, wie wir erfahren, nicht vollständig durchsetzen kann. Harry ist, so weiß Dumbledore, besonders von Depressionen bedroht, da er besonders Schreckliches erlebt hat. So wird er durch die Dementoren zurückgeworfen in die Mordnacht, immer mehr Erinnerungen tauchen auf, das Ausmaß des Grauens, seine eigene Hilflosigkeit und sein Ausgeliefertsein werden immer deutlicher. Das Gefühl der Angst überwältigt ihn, lässt ihn das Bewusstsein verlieren. Durch Dumbledores Erklärungen versteht er zwar ein wenig besser, was da mit ihm geschieht, aber er will und kann sich nicht damit abfinden, dass er eben ein besonders leichtes Opfer der Dementoren ist und sich möglichst von ihnen fernhalten sollte. Als Opfer definiert er sich nämlich schon lange nicht mehr. Eher sieht er sich als den superschnellen fliegenden „Sucher" seiner Quidditch-Mannschaft. Und er stimmt einer erneuten Umdefinition seiner Person nicht zu. Obwohl er, wie von Kollegin Pomfrey vorhergesehen worden wäre, tatsächlich zum Einzelkämpfer neigt und große Schwierigkeiten damit hat, um Hilfe zu bitten, überwindet er sich und fragt Professor Lupin um Rat. Hier sehen wir, wie weit Harrys Entwicklung fortgeschritten ist. Jetzt ist er kein Kind mehr, das vollständig auf die Aufmerksamkeit und Fürsorge der Erwachsenen und auf deren helfende Interventionen angewiesen wäre. In gewisser Weise – und seinem Alter von mittlerweile 13 Jahren entsprechend – kann er schon selbständiger für sich sorgen. Er spürt den Leidensdruck, sucht sich eine Vertrauensperson und bittet diese um Hilfe. Dabei geht er nicht kopf- und wahllos vor, sondern nimmt sehr aufmerksam wahr, von wem er wohl am ehesten die notwendigen Qualitäten erwarten kann. So hat er bemerkt, dass Lupin offenbar über einen Zauber verfügt, mit dem er die Dementoren damals im Abteil vertrieb. Und seine Schokolade stärkte und wärmte Harry dann schließlich auch überraschend intensiv. Aber bevor sich die beiden tatsächlich an die anstehende Angst-Therapie machen können, müssen noch die Voraussetzungen und Bedingungen geklärt werden, fast so wie im Muggel-Leben. Beide Seiten müssen Projektionen hinterfragen, die, würden sie nicht aufgelöst, in die Irre führen und den Prozess behindern würden. So glaubt Lupin zum Beispiel, Harrys größte Angst sei die vor Lord Voldemort, dem Mörder seiner Eltern, der auch ihn zu töten versuchte. Zu seiner Überraschung erfährt er nun im Vorgespräch, dass er sich irrt. Hätte er sich im Unterrichtsfach „Verteidigung gegen die Dunklen Mächte" nicht zwischen Harry und den Irrwisch gestellt, hätte dieses wunderbar zauberische Angsterkundungsmittel nämlich die Figur eines Dementors angenommen. Harrys größte Angst, so stellt Lupin fest, gilt also der Angst. Harry seinerseits hatte sich unter dem Anti-Angst-Zauber zum Schutz vor Dementoren eine eher hagridartige Schlagetotgestalt vorgestellt, hinter der er sich verstecken könnte. Er muss nun erfahren, dass jeder seinen eigenen, ihm gemäßen antidepressiven Schutzschild hervorbringen muss, und dass es sich dabei um eine sehr schwere Aufgabe handelt, der auch viele erwachsene Zauberer nicht gewachsen sind.

„Expecto patronum!" heißt der Schutzzauber, der auch meinem kleinen Vortrag hier seinen Titel gegeben hat. Es ist wohl der stärkste und wichtigste Zauber, den Harry bisher erlernt hat – und es ist der Zauber, der seiner speziellen Biographie und aktuellen Lebenssituation am persönlichsten entspricht. Ein Patronus, ein Schutzgeist, das ist ja das, was Harry so bitter entbehrt hat seit dem Tod seiner Eltern. Unsichtbar aus dem Hintergrund hatte Dumbledore diese Rolle zwar übernommen und wird dies auch hoffentlich noch lange tun, aber nun ist es für Harry von zentraler Bedeutung, dass dieser Schutzgeist sichtbar wird und dass Harry weiß, wie er selbst mit dessen Hilfe gegen seine Angst aktiv angehen kann. Auf seinem therapeutisch begleiteten Weg hat sich Harry jetzt soweit gekräftigt, dass er bereit ist, seiner Angst zu begegnen. Dennoch hat er psychische Schwerstarbeit vor sich, die schrecklichen Erinnerungen werden zunächst stärker, überwältigen Harry und werfen ihn buchstäblich um. Da ist es beruhigend zu sehen, wie großzügig Kollege Lupin stärkende Schokolade verteilt (während wir Muggel-TherapeutInnen uns ja eher aufs Taschentuch-Aushändigen spezialisiert haben) und wie behutsam er Harrys Experimentieren mit der eigenen Schutzkraft dosiert. Sehr interessant und schlüssig berichtet Frau Rowling im Übrigen von der Faszination, die depressive Zustände ausüben können, von der Verlockung, an ihnen festzuhalten, da sie immer auch einen, wenn auch neurotischen, Gewinn beinhalten. In Harrys Fall stellt sich dieses Phänomen so dar, dass es ihn verlockt, wieder und wieder die Stimmen seiner Eltern zu hören, was nur in Momenten tiefster Depression möglich ist. Er empfindet eine gewisse masochistische Sehnsucht nach diesen Todesszenen. Solange Harry dieser Sehnsucht nachgibt, schwächt er jedoch seinen Patronus. Wäre er nicht dazu in der Lage gewesen, dieses Verharren im alten Leid loszulassen, die Therapie wäre hier gescheitert und Harry hätte sich womöglich, wie so viele andere vor und nach ihm, leidend und beharrlich an seiner Neurose festhaltend in seinem Leben eingerichtet. Aber wie wir schon wissen, ist eine von Harrys stärksten Ressourcen sein Mut und die unbedingte Entschiedenheit, sich nicht wieder zum Opfer machen zu lassen. Und er ist bei seinem Therapeuten in guten Händen. Dieser möchte nicht, dass er sich überfordert – und er drückt ihm gleichzeitig sein volles Vertrauen in seine Selbstheilungskräfte aus. Lupin ermutigt ihn dazu, ein immer genaueres Gewahrsein zu entwickeln für die Situationen, in denen Harry sich sicher, geborgen, glücklich und zuversichtlich erlebte. Aus diesem Lebensstoff sind die Dementoren bannenden Anti-Depressiva gemacht. In solchen lebendigen Gefühlen, in Situationen, in denen der Kontakt zwischen dem Selbst und der Umwelt fließend und befriedigend war, gilt es, sich zu verankern, um von dort aus neu weiterzuwachsen. Hier liegt die Kraftquelle, aus der der Patronus Gestalt und Kraft gewinnt.

Während meines zweiten Gesprächs mit Madam Pomfrey, von dem ich mir vorstellen könnte, es zu arrangieren, wäre sie vielleicht etwas mitleidig, wenn sie erführe, dass wir Muggel-Therapeutinnen für all diese Prozesse sehr viel mehr Zeit bräuchten als unsere Freunde in Hogwarts. Aber womöglich, nein, wahrscheinlich würde es sie freuen zu hören, dass auch in unserer Arbeit mit Angst-Klienten Irrwische und Patronus-Zauber eine Rolle spielen.

Moritz zum Beispiel kam zu mir, als er elf Jahre alt war – ein Alter, mit dem wir uns als Studierende des Potter-Falles inzwischen gut auskennen. Er blieb einige Jahre in Therapie, denn es galt, großen Ängsten zu begegnen. Das war im Vor-Potter-Zeitalter, vielleicht wäre mit Harrys sachkundiger Unterstützung der Prozess sonst etwas kürzer gewesen. Irrwichte hatte ich keine im Schrank, leider, leider, aber Papier und Stifte und Handpuppen und Stofftiere. So konnte die Angst auf unterschiedliche Weise Gestalt annehmen, und wie wir spätestens durch Professor Lupins Arbeit wissen, ist das eine wichtige Voraussetzung dafür, die Angst vor der Angst zu überwinden. Mal erschien sie als sich auf den schlafenden Jungen werfendes und ihn erstickendes Ungeheuer, mal als Horrorfilm-Zombie, mal als die Königin der Handpuppen. Sie wurde bekannter, vertrauter, differenzierter. Und eines Tages war es soweit, dass Moritz sich vorstellen konnte, diese so gefürchtete und doch zugleich so verlockende Angst loszulassen. So wie Harrys Motivation sich unter anderem daraus speiste, beim nächsten Quidditch-Spiel nicht wieder aus Angst vom Besen fallen zu wollen, so hatte sich Moritz, inzwischen ebenfalls 13 Jahre alt, fest vorgenommen, endlich einmal eine Ferienreise mit anderen Kindern und ohne seine Eltern mitzumachen. Das war der Moment des Patronus, der in diesem Fall Schutzengel genannt wurde. Es bestätigte sich Lupins Behauptung, jeder Mensch beschwöre seinen ganz eigenen Patronus herauf. Hier war es ein Punker mit grünem Haar, in schwarzer Lederkluft, in den Händen hielt er Trommelstöcke, denn er war ein guter Drummer. Bei allen äußeren Unterschieden – Harrys silbern schimmernder Hirsch scheint ja meilenweit vom schwarzgewandeten Punker entfernt – finden sich bei näherer Betrachtung doch Gemeinsamkeiten zwischen beiden Schutzwesen. Harry glaubt ja zunächst, sein Vater habe den Patronus, der ihn aus tödlicher Gefahr rettete, heraufbeschworen. Erst dadurch, dass für komplizierte Prozesse auch in der Dumbledore-Methode zusätzliche Zeit vorgesehen ist und Harry die Chance erhält, diese Situation ein zweites Mal – und diesmal aus einer anderen Perspektive – durchzuarbeiten, zeigt sich die Wahrheit. Sein Vater ist tot und kann nichts für ihn tun, Harry selbst ist gefragt. Tatsächlich gelingt es ihm, diesen mächtigen Patronus zu gestalten, indem er einen Schritt auf dem Vaterweg geht, einen Schritt in Richtung auf sein zukünftiges Mann-Sein. Der Hirsch, in den sein Vater sich zu verwandeln pflegte, dient ihm dabei als Modell und Unterstützung. Auch Moritz konnte erst dann seinen Punk-Patronus finden, als sein Vater bereit war, seine Aufgaben bei der Begleitung des Jungen in dessen zukünftiges Männerleben zu übernehmen. Die interessante Frage, ob für Mädchen die Mütter diese stärkende Rolle übernehmen müssten, können wir hier und heute leider nicht erörtern.

Vor kurzem hat nun Harrys 5. Schuljahr angefangen, er ist also heute ein 15-jähriger Jugendlicher. Noch ist die deutsche Übersetzung von Frau Rowlings Aufzeichnungen aus dem 4. Hogwarts-Jahr nicht erschienen, aber wir sind ja schon vor einer Weile dazu übergegangen, Fachliteratur, jedenfalls wenn sie in Englisch geschrieben ist, in der Originalsprache zu studieren. Also wissen wir, dass Harry noch einen weiten und gefährlichen Weg vor sich hat, aber auch, dass er durch Hogwarts und die wunderbare Dumbledore-Methode inzwischen sehr gestärkt und gefestigt wurde.

Ein eindrucksvolles Beispiel dafür finden wir im „Goblet of Fire" überschriebenen 4. Band der Rowling'schen Forschungsarbeit, als er lernt, einem der vernichtendsten und illegalen Flüche der Zauberwelt, dem Imperius-Fluch zu widerstehen. Dieser Fluch zielt auf Manipulation und erzeugt im Opfer völlige Willenlosigkeit, sodass es in jeder Weise fremdbestimmt werden kann. Harry ist der einzige heranwachsende Zauberer seiner Klasse, der diesem Zauber widerstehen kann. Zwar spürt er die Verführung, die von diesem Fluch ausgeht: Für nichts verantwortlich und zuständig zu sein, sich einfach dem Willen eines anderen auszuliefern, hat auch etwas ungeheuer Entlastendes und Verlockendes. Aber in Harry gibt es eine innere Stimme, die diesem Sog widerspricht. Er hat sich damals, unter dem Sprechenden Hut, eben wirklich entschieden für das Haus der Tapfersten. Aber es wird auch deutlich, dass selbst der gut durchtherapierte Harry seine innere Stimme trainieren, also lernen muss, sie achtsam wahrzunehmen und dadurch zu stärken. Trotz aller Zauberkraft braucht er immerhin vier Versuche, bis seine innere Stimme stark und deutlich genug ist. Überhaupt zeigt der 4. Band nachdrücklicher als der vorangehende Bericht, dass auch Zauberstab, Tarnmantel und ein fortgeschrittenes Zaubererwissen nicht bedeuten, dass die Probleme sich nun im Handumdrehen lösen. Im Gegenteil: Viel Arbeit, viel Beharrungsvermögen und Frustrationstoleranz sind gefragt. Und, Harrys alte Schwäche aus seiner Einzelkämpferzeit, die Fähigkeit, um Hilfe zu bitten und Schwächen einzugestehen.

Den Potter-Spezialistinnen und -Spezialisten unter Ihnen, die noch nicht den Feuerkeich-Band studiert haben, steht also eine aufregende und erhellende Lektüre-Zeit bevor. Viele Muggel-Kinder, ob vernachlässigt, angstgeplagt, draufgängerisch, hyperaktiv, einsam oder depressiv, werden ein wenig mitgewachsen und mitgeheilt sein, wenn sie dieses Buch ausgelesen haben. Und die Welt wird – hoffentlich – auch für sie ein wenig bunter und bezaubernder. Sagen wir es mit Durnbledore: „Schwachkopf! Schwabbelspeck! Krimskrams! Quiek! Danke sehr!" (Rowling 2000a, S. 136).

Literaturverzeichnis

Rowling, Joanne K. (1999a): Harry Potter und die Kammer des Schreckens. Hamburg: Carlsen

Rowling, Joanne K. (1999b): Harry Potter und der Gefangene von Askaban. Hamburg: Carlsen

Rowling, Joanne K. (2000a): Harry Potter und der Stein der Weisen. 15. Aufl., Hamburg: Carlsen

Rowling, Joanne K. (2000b): Harry Potter and the Goblet of Fire. London: Bloomsbury

Ricarda Strobel

Harry Potter auf der Leinwand:
Der Spielfilm *Harry Potter und der Stein der Weisen*

1 Zur Produktionsgeschichte

Der erste Film nach den Romanen der *Harry Potter*-Reihe lief nach einer groß angekündigten Mitternachtspremiere am 22. November 2001 in den deutschen Kinos an, nur sechs Tage später als in Großbritannien, den USA und Kanada und nur knapp drei Wochen nach der Welturaufführung, die am 4. November in London vor geladenen Gästen stattgefunden hatte. Die Großkinos zeigten *Harry Potter und der Stein der Weisen* gleichzeitig in mehreren Sälen. Die Erwartungen der Kinobetreiber waren hoch gespannt, wurde doch in der Presse bereits die „erfolgreichste Premiere aller Zeiten" (ZDFheute 2001) bejubelt, bei der die englischsprachige Version nach vier Tagen schon 116 Millionen Dollar eingespielt hatte. Angeblich waren die Karten für die ersten Vorstellungen schon seit Wochen ausverkauft – wie sich jedoch bald herausstellte, war diese Behauptung nur ein Teil des Medienrummels, der den Kinostart vorbereitete und begleitete, zusammen mit einem unübersehbaren Sortiment an Tie-In-Artikeln, die sich allesamt schlechter als erwartet verkauften (vgl. den Beitrag von Frey und Wagner in diesem Band, S. 183ff.). Der Film *Harry Potter und der Stein der Weisen* allerdings galt wenige Monate nach seiner Premiere bereits als zweitgrößter Kassenschlager aller Zeiten nach *Titanic* mit einem Einspielergebnis von insgesamt über 926 Millionen Dollar (vgl. ZDFheute 2002).

Die Vorbereitungsphase für diesen Filmstart hatte schon 1997 begonnen, als der britische Produzent David Heyman mit der Autorin der Romanvorlage in Verhandlungen über die Filmrechte eintrat (vgl. Warner Bros. 2001). Heyman konnte die Rechte schließlich für günstige 700.000 Dollar erwerben. Er musste sich dafür allerdings einigen Bedingungen Joanne Rowlings beugen: Der zukünftige Film sollte sich eng an die Romanhandlung anlehnen und ein deutlich britisches „Gesicht" erhalten, d. h. ausschließlich mit britischen und irischen Schauspielern besetzt und an Drehorten in England produziert werden.

Das Interesse renommierter Regisseure an der *Harry Potter*-Produktion war sehr groß – auch der deutsche Regisseur Wolfgang Petersen stand in der engeren Auswahl. Der Produzent favorisierte zunächst Steven Spielberg, der sich mit Filmen wie *E.T.* und *Unheimliche Begegnungen der Dritten Art* einen Ruf als Meister übernatürlicher Familienunterhaltung geschaffen hat. Aber Spielbergs Vorhaben, die Romanhandlung frei zu interpretieren und mit Haley Osment (*The Sixth Sense*) in der Hauptrolle zu besetzen, fand nicht die Zustimmung der Autorin, und Spielberg zog seine Bewerbung schließlich zurück. Am Ende bekam Chris Columbus den Zuschlag, der schon als Regisseur von *Kevin allein zu Haus*, *Kevin allein in New York* und *Mrs. Doubtfire* sowie als Drehbuchautor der *Gremlins* beim Familienpublikum erfolgreich gewesen war und viel Erfahrung in der Arbeit mit Kindern aufweisen konnte. Ihm stand ein Budget von 125 Millionen Dollar zur Verfügung.

Das engere Team um Columbus bestand aus erfahrenen und teilweise Oscar-prämierten Leuten, nämlich dem Drehbuchautor Steven Kloves, von dem das Script zu *Die fabelhaften Baker Boys* stammt, dem Kameramann John Seale, der schon *Der englische Patient* gedreht hatte, dem Produktionsdesigner Stuart Craig, bekannt von *Ghandi*, und der Kostümbildnerin Judianna Makovsky, die bereits für die Ausstattung der Bürger von *Pleasantville* gesorgt hatte. Die Filmmusik komponierte John Williams, der Schöpfer der Soundtracks zu *Krieg der Sterne* und *E.T.*, und für die Special Effects ist Rob Legato verantwortlich, der schon die *Titanic* sinken und *Apollo 13* wieder auftauchen ließ.

Ein besonderes Problem des *Harry Potter*-Stoffes bestand darin, dass die tragenden Rollen der Geschichte Kinder-Charaktere sind. Die Arbeit mit Kinder-Schauspielern unterliegt zahlreichen Auflagen des Jugend- und Arbeitsschutzes und der Schulpflicht. Außerdem sind so junge Schauspieler naturgemäß wenig routiniert und ihr Können ist schwer einschätzbar. Für die Produktionsplanung bedeutet das eine kompliziertere Terminierung der Dreharbeiten und zusätzliche Kosten. Für die insgesamt 450 Kinder, die an der ersten *Harry Potter*-Produktion mitwirkten, wurde beispielsweise im Studio eine eigene Schule eingerichtet, an der sie bis zu fünf Stunden pro Tag unterrichtet wurden (vgl. Cosack 2001).

Um die Rolle des Harry hatten sich bei der Casting-Agentur insgesamt 40.000 Jungen beworben, nicht aber der damals 11-jährige Kinder-Darsteller Daniel Radcliffe, der sie dann bekam. Ihn hatte der Regisseur in der BBC-Serie *David Copperfield* gesehen und sofort für den idealen Film-Harry gehalten. Nach einigem Hin und Her wurde der Sohn eines Casting-Agenten im August 2001 verpflichtet: Radcliffe bekam einen Vertrag über zwei Filme und angeblich umgerechnet 1,5 Millionen Euro. Die Rolle von Harrys Freund Ron Weasley erhielt der 13-jährige Rupert Grint, der wie auch die 11-jährige Emma Watson, die im Film Hermine Granger spielt, erste Schauspielerfahrungen in einer Amateur-Theatergruppe gesammelt hatte. Die Besetzungsliste der erwachsenen Darsteller liest sich wie ein *Who's Who* der britisch-irischen Schauspieler: Robbie Coltrane (Hagrid), der inzwischen verstorbene Richard Harris (Prof. Dumbledore), Ian Hart (Prof. Quirrell), Alan Rickman (Prof. Snape), Maggie Smith (Prof. McGonagall) und John Cleese als der Fast Kopflose Nick wirkten mit.

Unter dem Gesichtspunkt professionellen Know-hows waren mit der Auswahl von Drehteam und Besetzung die besten Voraussetzungen für einen Blockbuster-Erfolg geschaffen, und die Dreharbeiten konnten Anfang Oktober 2000 beginnen. Sie waren im März 2001 abgeschlossen. Die Nachbearbeitung mit Special Effects, Filmschnitt und Vertonung nahm die Monate bis zum Spätsommer in Anspruch.

2 Das Presse-Echo nach der Premiere

Die Resonanz, die *Harry Potter und der Stein der Weisen* anlässlich seiner Premiere in der deutschen Presse fand, war groß und auffallend einmütig: Fast alle Rezensenten hoben durchaus kritisch die „Buchstabentreue der Verfilmung" (Rodek 2001) hervor, die

„Film und Buch perfekt zur Deckung gebracht" (Göttler 2001) habe, als „üppige Illustration" (Kohse 2001) des Buches, die kaum einen eigenen Eindruck hinterlasse. „*Harry Potter* – der Film – bleibt ganz nah am Buch. Das ist sein einziger, aber auch ein entscheidender Fehler", schrieb beispielsweise Konrad Heidkamp in der ZEIT (Heidkamp 2001). Ablehnend beurteilt wurde von vielen Kritikern, dass bei der doch so engen Übertragung dennoch ein Film entstanden sei, der „die fiktionale Kraft des Buches nicht einzuholen [imstande ist], weil er, anders als das Buch, die Atmosphäre einer Bedrohung durch das Böse nicht zu evozieren vermag", wie Anke Westphal in der *Berliner Zeitung* befand (Westphal 2001).

Ein weiterer Kritikpunkt, der sich in fast allen Rezensionen wiederfindet, ist die Besetzung der Hauptrolle mit Daniel Radcliffe, dessen Harry den Kritikern rundum als zu brav erschien – angefangen von der Topffrisur bis zu allgemeiner Charakterblässe. Stellvertretend für viele sei Katrin Hoffmann vom *epd Film* zitiert:

> Daniel Radcliffe als Harry ist denn auch das schwächste Glied in der sonst so hochkarätigen Besetzungsliste. Er spielt einen eher zurückhaltenden, zögernden Harry, dem man zwar sofort glaubt, dass er immer misshandelt wurde in seinen ersten elf Lebensjahren, der aber nicht den Mut und die Gewitztheit ausdrücken kann, die Harry im Buch vor allem charakterisieren (Hoffmann 2001).

Der Rezensent der ZEIT erkennt in dieser Schwäche aber auch etwas Gutes: „Am Ende des *Steins der Weisen* aber bekommt jeder sein eigenes Harry-Bild zurück, das zählt zu den sympathischen Seiten des Films – Radcliffe prägt sich eben nur bis zum Abspann ein" (Heidkamp 2001).

Die Kritik der „Abweichungen" eines Spielfilms von seiner literarischen Vorlage ist geradezu symptomatisch für eine Generation von Filmkritikern, die in ihrem Selbstverständnis noch ganz der Buchkultur verhaftet ist. Sie übersieht, dass solche Veränderungen fast immer medientypisch sind. Gerade durch sie entsteht aus der Adaption eines Stoffes ein fiktionales Werk eigenen Rechts, ein „Spielfilm" eben, dessen Eigenarten man unter dem eingeschränkten Blickwinkel der „Literaturverfilmung" kaum gerecht werden kann. Immer gilt es dabei auch zu bedenken, dass ein Spielfilm als arbeitsteilig entstandenes Produkt das Ergebnis einer Vielzahl von Entscheidungen in unterschiedlichen Bereichen ist und immer wieder auch dem Zwang medialer Konventionen und sachlicher Gegebenheiten unterworfen ist, wie sie für den Buchautor nicht gelten. Im Folgenden soll der Effekt solcher Modifikationen am Beispiel der Handlungskonstruktion verdeutlicht werden, bevor ich abschließend punktuell an wenigen Beispielen auf die Funktionsweise einiger filmtypischer Stilmittel in *Harry Potter und der Stein der Weisen* eingehe.

3 Die Handlungskonstruktion in Buch und Film

Auf die Handlungskonstruktion eines Spielfilms nehmen in erster Linie der Drehbuchautor und der Regisseur Einfluss. Die angestrebte Zielgruppe und Länge des Films sowie erste Überlegungen zu den Drehorten und Schauspielern beschränken dabei die Freiheit des Autors. Ein Vergleich des Sequenzprotokolls (vgl. Faulstich 2002, S. 73ff.)

von *Harry Potter und der Stein der Weisen* mit den Kapiteln der Romanvorlage zeigt, dass auf der Oberflächenebene die Handlungselemente fast 1:1 in den Film übertragen wurden. Nur vereinzelt wurden Handlungselemente weggelassen oder neu hinzugefügt.

Filmhandlung	Sequenz	Dauer/s.	Romanhandlung	Kap.	Seiten
Vorgeschichte: Dumbledore, McGonagal und Hagrid bringen Harry zu seinen Verwandten.	1	213	Vorgeschichte: Dumbledore, McGonagal und Hagrid bringen Harry zu seinen Verwandten.	1	19
Vorspann	2	8	–		
Zehn Jahre später: Harry bei den Dursleys.	3	147	Zehn Jahre später: Harry bei den Dursleys.	2	9
Der Zoobesuch.	4	172	Der Zoobesuch.		5
Sommerferien. Eulen bringen Briefe für Harry.	5	153	Sommerferien. Eulen bringen Briefe für Harry.	3	11
–			Flucht auf die Insel.		5
Felseninsel. Hagrid holt Harry ab	6	353	Hagrid holt Harry ab. Information über Harrys Eltern	4	16
London. Einkauf der Schulsachen und Besuch der Grigott's Bank.	7	599	Abreise von der Insel.	5	7
			Kneipe: Harry ist bekannt.		4
Kneipe. Hagrid erzählt Harry von Voldemorts Mord an seinen Eltern. Darin Rückblende (31 s.)	8	128	Besuch der Grigott's Bank		5
			Einkauf der Schulsachen, dabei Zusammentreffen mit Draco.		12
–			Harry bei den Dursleys.	6	2
Abfahrt am Gleis 9 ¾. Harry trifft Familie Weasley.	9	174	Abfahrt am Gleis 9 ¾. Harry trifft Familie Weasley		9
Bahnfahrt. Harry lernt Ron und Hermine kennen.	10	215	Bahnfahrt. Harry lernt Ron und Hermine kennen.		14
Nacht. Ankunft und Fahrt über den See nach Hogwarts.	11	85	Nacht. Ankunft und Fahrt über den See nach Hogwarts.		2

Filmhandlung	Sequenz	Dauer/s.	Romanhandlung	Kap.	Seiten
Begrüßung und Einweisung von Dumbledore. Der sprechende Hut.	12	399	Begrüßung und Einweisung von Dumbledore. Der sprechende Hut.	7	10
Das Begrüßungsmahl. Geister, v.a. der „Fast Kopflose Nick".	13	168	Das Begrüßungsmahl. Geister, v.a. der „Fast Kopflose Nick".		6
Weg durch das Treppenhaus nach Gryffindor.	14	135	Peeves, der Poltergeist.	7	3
Erster Schultag. Nachricht vom Einbruch in der Grigotts-Bank.	15	273	Erster Schultag. Nachricht vom Einbruch in der Grigotts-Bank.	8	13
Flugunterricht. Harry wird Sucher im Quidditch-Team.	16	337	Flugunterricht. Harry wird Sucher im Quidditch-Team.	9	13
Das Treppenhaus leitet die Freunde in den verbotenen Korridor. Begegnung mit Fluffy.	17	16	Verabredung zum Zauberduell. Peeves' Geschrei, der verbotene Korridor und Fluffy.		9
Einführung Harrys in das Quidditch-Spiel.	18	130	Einführung Harrys in das Quidditch-Spiel.	10	5
Zauberunterricht. Ron verletzt Hermine mit seiner neidischen Bemerkung.	19	198	–		
Halloween. Troll-Alarm. Ron und Harry retten Hermine.	20	346	Halloween. Troll-Alarm. Ron und Harry retten Hermine.		10
Frühstück. Die Eule bringt Harry einen Besen.	21	99	Frühstück. Die Eule bringt Harry einen Besen. (am Kapitelanfang)		3
Quidditch-Match gegen Slytherin. Harry fängt den Schnatz.	22	423	Quidditch-Match gegen Slytherin. Harry fängt den Schnatz.	11	12
Die Freunde erhalten von Hagrid einen Hinweis auf Nicholas Flamel.	23	74	Die Freunde erhalten von Hagrid einen Hinweis auf Nicholas Flamel.		2
–			Forschungen über Flamel.	12	5

Filmhandlung	Sequenz	Dauer/s.	Romanhandlung	Kap.	Seiten
Winter. Harry und Ron bleiben über Weihnachten in Hogwarts. Sie spielen Zauberschach.	2	93	Winter. Harry und Ron bleiben über Weihnachten in Hogwarts. Sie spielen Zauberschach.	12	6
Weihnachten. Harry bekommt einen Zauberumhang.	25	102	Weihnachten. Harry bekommt einen Zauberumhang.		6
Harry schleicht unsichtbar umher: Gespräch zwischen Snape und Quirrell, der Spiegel Nerhegeb.	26	291	Harry schleicht unsichtbar umher: Gespräch zwischen Snape und Quirrell, der Spiegel Nerhegeb.		5
Harry zeigt Ron den Spiegel. Erklärung und Warnung durch Dumbledore.	27	174	Harry zeigt Ron den Spiegel. Erklärung und Warnung durch Dumbledore.		6
Frühling. Identität Flamels. Fluffy bewacht den Stein der Weisen.	28	112	Frühling. Identität Flamels. Fluffy bewacht den Stein der Weisen.	13	6
–			Quidditch-Match gegen Hufflepuff		8
Hagrid hat einen jungen Drachen. Malfoy beobachtet und petzt.	29	235	Hagrid hat einen jungen Drachen. Malfoy beobachtet und petzt.	14	15
Strafarbeit im Verbotenen Wald. Kurze Begegnung mit Voldemort.	30	432	Strafarbeit im Verbotenen Wald. Kurze Begegnung mit Voldemort.	15	21
Nach den Prüfungen. Dumbledore ist in London, Gefahr droht. Harrys Entschluss.	31	188	Nach den Prüfungen. Dumbledore ist in London, Gefahr droht. Harrys Entschluss.	16	10
Nacht. Die Freunde schleichen zu Fluffy und rutschen durch die Falltür. Drei Banne schützen den Stein und werden von Hermine (Schlingpflanze), Harry (fliegende Schlüssel) und Ron (Schachspiel) gebrochen.	32	780	Nacht. Die Freunde schleichen zu Fluffy und rutschen durch die Falltür. Drei Banne schützen den Stein und werden von Hermine (Schlingpflanze), Harry (fliegende Schlüssel) und Ron (Schachspiel) gebrochen.	16	14
–			Hermine löst das letzte Rätsel		3

Filmhandlung	Sequenz	Dauer/s.	Romanhandlung	Kap.	Seiten
Harry geht allein weiter. Konfrontation mit Quirrell (= Voldemort). Harry widersteht seiner Versuchung. Der Stein der Weisen rettet ihn.	33	413	Harry geht allein weiter. Konfrontation mit Quirrell (= Voldemort). Harry widersteht seiner Versuchung. Der Stein der Weisen rettet ihn.	17	8
Dumbledores Krankenbesuch bei Harry: Der Stein der Weisen ist vernichtet.	34	196	Dumbledores Krankenbesuch bei Harry: Der Stein der Weisen ist vernichtet.		6
Wiedersehen mit Ron und Hermine. Schuljahrsende-Feier. Verleihung des Hauspokals an Gryffindor.	35	249	Wiedersehen mit Ron und Hermine. Schuljahrsende-Feier. Verleihung des Hauspokals an Gryffindor.		7
Abreise in die Sommerferien. Hagrid schenkt Harry Fotos seiner Eltern.	36	136	Abreise in die Sommerferien und Ankunft daheim.		2

Abb. 1: Vergleich des Sequenzprotokolls von *Harry Potter und der Stein der Weisen* als Film und als Roman

Die wenigen Auslassungen und Hinzufügungen bleiben allerdings nicht ohne Einfluss auf die Aussage des *Harry Potter*-Films: Die Figur des Poltergeists Peeves zum Beispiel bereitet im Roman aus kindischer Freude am Ärgern den Freunden, aber auch ihren Widersachern immer wieder Probleme.

> Der Fast Kopflose Nick freute sich immer, wenn er den neuen Gryffindors den Weg zeigen konnte, doch Peeves der Poltergeist bot mindestens zwei verschlossene Türen und eine Geistertreppe auf, wenn man zu spät dran war und ihn auf dem Weg zum Klassenzimmer traf. Er leerte den Schülern Papierkörbe über dem Kopf aus, zog ihnen die Teppiche unter den Füßen weg, bewarf sie mit Kreidestückchen oder schlich sich unsichtbar von hinten an, griff sie an die Nase und schrie: „HAB DEINEN ZINKEN!" (Rowling 1998, S. 146).

Peeves ist als Kondensat der Charakterzüge eines unerzogenen Kindes angelegt – die pure unreflektierte Rücksichtslosigkeit und Lust an der Bosheit – und bildet eine Kontrastfolie für die übrigen Kinderfiguren dieses Bildungsromans, die sich zwar noch in unterschiedlichen Stadien des Erzogen-Werdens befinden, aber allesamt schon eine beträchtliche Sozialisationsleistung vollzogen haben. Der Poltergeist fehlt in der Filmhandlung ganz und damit auch die zusätzliche Tiefendimension und die Qualität von Entwicklungsdynamik, die er der Figurenausstattung des Romans verleiht. Statt seiner sieht man im Film nur hier und da ein paar halb durchsichtige Gespenster in kleinen Grüppchen durchs Bild schweben, die aber nie Einfluss auf die Handlung nehmen.

Neu hinzugefügt wurde im Film dagegen der erste Teil der Sequenz 17, in dem das Treppenhaus die Freunde ohne ihr eigenes Zutun in den Verbotenen Korridor leitet, wo sie dann den dreiköpfigen Hund Fluffy entdecken, der das Geheimnis von Hogwarts bewacht. Im Roman dagegen geraten die Schüler durchaus aktiv in diesen Gang. Sie schleichen nämlich verbotenerweise und entgegen allen Warnungen nachts im Schulhaus herum, weil Harry ein Zauberduell mit Draco Malfoy bestreiten will. Als Peeves durch sein Geschrei den Hausmeister alarmiert, verirren sich die Kinder auf der Flucht vor ihm in den verbotenen Gang, Hermine öffnet die verschlossene Tür mit einem Zauberspruch.

> „SCHÜLER AUS DEM BETT!", brüllte Peeves, „SCHÜLER AUS DEM BETT, HIER IM ZAUBERKUNSTKORRIDOR!"
> Sie duckten sich unter Peeves hindurch und rannten wie um ihr Leben bis zum Ende des Gangs, wo sie in eine Tür krachten – und die war verschlossen. [...]
> „Ach, geh mal beiseite", fauchte Hermine. Sie packte Harrys Zauberstab, klopfte auf das Türschloss und flüsterte: „Alohomora!"
> Das Schloss klickte und die Tür ging auf – sie stürzten sich alle auf einmal hindurch, verschlossen sie rasch hinter sich und drückten die Ohren dagegen, um zu lauschen.
> „In welche Richtung sind sie gelaufen, Peeves?", hörten sie Filch fragen. „Schnell, sag's mir."
> „Sag ‚bitte'."
> „Keine blöden Mätzchen jetzt, Peeves, wo sind sie hingegangen?"
> „Ich sag dir nichts, wenn du nicht ‚bitte' sagst", antwortete Peeves mit einer nervigen Singsangstimme.
> „Na gut – bitte."
> „NICHTS! Hahaaa! Hab dir gesagt, dass ich nichts sagen würde, wenn du nicht bitte sagst! Haha! Haaaa!"
> Und sie hörten Peeves fortrauschen und Filch wütend fluchen" (Rowling 1998, S. 176).

Das Handlungselement des Zauberduells, in dem die Feindseligkeit und Aggressivität breiten Raum einnehmen, die Harry gegenüber Draco empfindet, wurde überhaupt nicht in die Filmhandlung übernommen. Das Gleiche gilt für die Prügelei zwischen Ron und Draco während des zweiten Quidditch-Matches. Eine weitere Situation, in der Harry und seine Freunde sich massiv ungehorsam verhalten und die im Roman ein ganzes Kapitel umfasst, wird im Film in knapp vier Minuten nur kurz erwähnt: das Abenteuer mit Hagrids Drachen Norbert. Der im Roman brandgefährliche Akt der Solidarität mit Hagrid und schließlich die Hilfeleistung für ihn wird im Film nur noch kurz angedeutet als Anlass für Draco, die Freunde zu verpetzen und damit die Strafarbeit im Verbotenen Wald zu motivieren.

Auf der produktionstechnischen Ebene dienen diese und weitere kleinere Veränderungen des Handlungsverlaufs im Film in erster Linie der Raffung und Zeitersparnis. Auf der Ebene der Aussage bewirken sie aber eine Entschärfung der Handlungsvorlage im Sinne einer Neutralisierung der aggressiven und unangepassten Seiten der kindlichen Helden. Ihre Charakterzeichnung verliert eine wichtige Dimension und damit an Tiefe und Dynamik – und begründet letztlich die Kritik am viel zu braven Film-Harry.

Daneben gibt es natürlich auch kleinere Veränderungen, die schlicht technisch bedingt sind, wie die Szene, in der Harrys Besen angeliefert wird – zur Enttäuschung vieler Kinder nicht wie im Roman von sechs Eulen, sondern nur von einer einzigen, weil Tiertrainer Gary Gero den fast nicht dressierbaren Eulen darüber hinaus nichts beibringen konnte (vgl. Levine 2001).

Eine interessante Umsetzung durch Verschiebung von der sprachlichen auf die optische Ebene erfährt die Verankerung in der literarischen Tradition zu Beginn der Geschichte: Die Schilderung von Harrys kläglichen Lebensumständen bei den Dursleys erinnert in ihrer karikaturenhaften Überzeichnung stark an die Romane von Charles Dickens, vor allem an *Oliver Twist*, eine Verortung, die im Spielfilm erst durch die Szenen in der Winkelgasse deutlich wird, die hier ein ausgeprägt viktorianisches Ambiente bildet, auf das es im Roman so gar keinen Hinweis gibt.

Die Dramatisierung der Romanhandlung für den Film war zunächst unproblematisch. Die Grundstruktur konnte mit kleinen Abwandlungen beibehalten werden, weil schon die erzählte Handlung in ihrem Aufbau in etwa dem Muster des Melodramas entspricht, wie es für Spielfilme in der Tradition des Hollywood-Films typisch ist (vgl. Abb. 2, S. 122).

Die Phasenstruktur des Films sieht also wie folgt aus: Sequenz 1 bildet einen Prolog, in dem die Vorgeschichte in einer Rückblende gezeigt wird. Der darauf folgende Vorspann markiert einen Zeitsprung von zehn Jahren, nach dem die Exposition beginnt. Sie umfasst die Sequenzen 2 bis 11 und erzählt, wie Harry seine Identität als Zauberer erkennt und nach Hogwarts kommt: Sie schließt mit dem spektakulären ersten Blick auf das erleuchtete Schloss, den Schauplatz der folgenden Ereignisse.

Es folgen zwei Phasen mit der dramatischen Funktion der Handlungssteigerung; sie schildern Harrys Aufstieg zum Helden des Zauberinternats: Die Sequenzen 12 bis 15 beschreiben, wie der in der Muggelwelt so verachtete Harry sich in der Zauberwelt einlebt und merkt, dass er hier zu etwas Besonderem berufen ist. Ein erstes Geheimnis wird ihm bewusst: Was ist in dem Päckchen, das nicht aus der Gringotts-Bank gestohlen werden konnte, weil Hagrid es zuvor abgeholt hatte? Die nächste Phase steigert die Handlung weiter bis zur Klimax in Sequenz 22: Harry entwickelt sich zum Helden – durch seine Flugkünste, seinen Kampf mit dem Troll und seinen sportlichen Triumph als Quidditch-Spieler. Hier wird der dramaturgische Sinn der Zusammenfassung der beiden Quidditch-Matches des Romans (Kapitel 11 und 13) zu einem einzigen (Sequenz 22) deutlich: Die dramatische Klimax wird auch optisch zum grandiosen Höhepunkt des Films.

Die Handlungssteigerung wird in dieser Phase auch visuell vermittelt durch die Motive des Treppensteigens und Fliegens und schließlich den Schauplatz der Klimax hoch in der Luft. Auf dem dramatischen Höhepunkt wird Harrys Triumph in starker Untersicht gezeigt, während sich die Kamera um ihn herumschraubt. Unmittelbar darauf (Sequenz 23) stößt er auf ein zweites Rätsel: Wer ist Nicholas Flamel?

In den beiden folgenden Filmphasen fällt die Handlung in zwei Stufen ab bis zur Antiklimax, die mit dem Kampf zwischen Harry und Voldemort in Sequenz 33 erreicht ist. Die zunehmende Bedrohung Harrys ist hier das zentrale Thema. Die erste Stufe reicht von Sequenz 24 (Beginn der Weihnachtsferien) bis Sequenz 30, der Begegnung Harrys mit Voldemort im Verbotenen Wald, der Warnung des Zentaurs und Hermines vorläufigem Trost: „Solange Dumbledore bei dir ist, kommt niemand an dich ran." Die zweite Stufe beginnt in Sequenz 31 mit warnenden Vorzeichen: Die Narbe brennt, und Dumbledore ist in London. Auch hier parallelisiert die optische Ebene die dramaturgische Funktion durch ein ständiges Abwärts, ein immer tieferes Vordringen in die Unterwelt: der Sprung der Freunde durch die Falltür, ihr Abrutschen durch die Schlingpflanzen, der Weg durch die verschlossene Tür und schließlich Harrys letzter Gang allein die Stufen hinab zu Voldemort. Der antiklimaktische Zweikampf endet mit dem Zerfall des Bösen und erschöpft Harry so sehr, dass er ohnmächtig zu Boden fällt. Die entspannenden, fröhlichen Sequenzen 34 bis 36 bilden mit der Bewegung zurück in den Alltag das melodramentypische gute Ende.

Dramatische Funktion	Handlung	Sequenzen	Dauer/s.
Prolog	Rückblende Vorgeschichte	1	213
Exposition	Harry kommt nach Hogwarts	2-11	2.030
Steigerung I	Einleben in der Zauberwelt. Harry erkennt seine Berufung als Zauberer.	12-15	975
Steigerung II, bis Klimax	Harry wird zum Helden	16-23	1.768
fallende Handlung I	zunehmende Bedrohung durch Voldemort	24-30	1.445
Fallende Handlung II, bis Antiklimax	Konfrontation mit dem Bösen und Zweikampf	31-33	1.381
Lösung	gutes Ende, Abschied	34-36	581

Abb. 2: Phasenaufbau der Filmhandlung

So weit, so ähnlich. Wie kommt es dann aber, dass so viele Kritiker den im Vergleich zum Roman freundlicheren und weniger düsteren Gesamteindruck des Spielfilms monieren? Eine Erklärung dafür liefert ein quantitativer Befund: der Vergleich der Anteile, den die einzelnen Handlungsphasen gemessen am Gesamtumfang des Werks einnehmen.

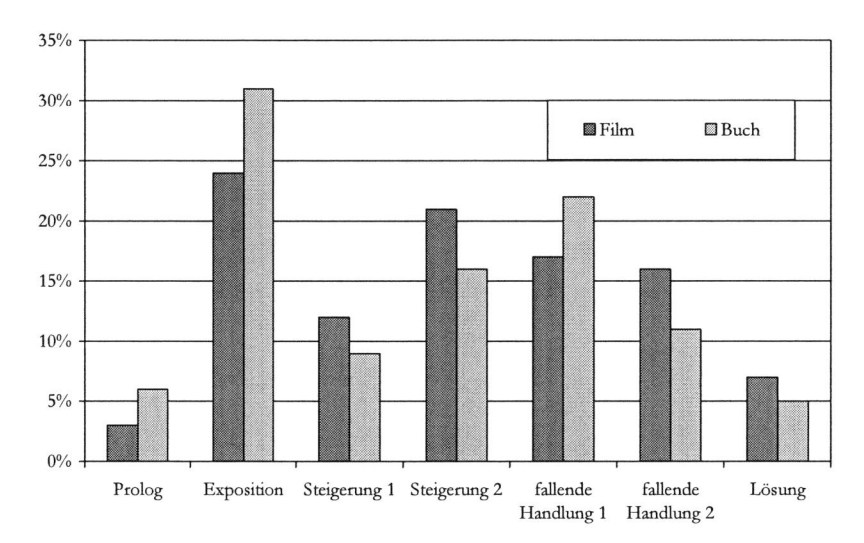

Abb. 3: *Harry Potter und der Stein der Weisen* in Buch und Film. Anteile der Handlungsphasen im Vergleich

Die Bezugsgröße war dabei für den Film die Zeit und für das Buch der Seitenumfang. Wie an Abb. 3 erkennbar ist, haben im Film die beiden Steigerungsphasen (zusammen 33 % gegenüber 25 %) und die Lösung (7 % gegenüber 5 %) einen wesentlich höheren Anteil am Werkumfang als im Buch. Dort nehmen der Prolog und die Exposition besonders großen Raum ein, was sich medienspezifisch durch die Ökonomie des Zeigens gegenüber dem Beschreiben erklären lässt: Die einführende Beschreibung von Setting und Charakteren in den Kapiteln 1 bis 6 erstreckt sich im Buch über 37 % des Gesamtumfangs, während der Film dieselben Handlungselemente in nur 27 % seiner Laufzeit zeigt. Außerdem aber fällt auf, dass die ersten Stufe der fallenden Handlung, in der es um die zunehmende Gefährdung Harrys geht, im Film (9 %) gegenüber dem Buch (15 %) deutlich gekürzt ist. Die eigentliche actionreiche und aktive Konfrontation der Freunde mit dem dunklen Geheimnis von Hogwarts nimmt dann wieder im Film den relativ breiteren Raum ein (16 % gegenüber 11 %). Im Film erhalten also die optimistischen, positiven und aktiven Handlungskomponenten schon durch ihre quantitative Dominanz eine stärkere Gewichtung als im Buch. Auch dadurch wird die Handlung verharmlost und verniedlicht, was im Sinne einer Altersfreigabe „ab 6 Jahre" liegt, die wiederum essentiell für einen Familienfilm ist.

4 Figurenanalyse

Harry Potter ist im Roman die zentrale Identifikationsfigur und mit Hilfe der auktorialen Erzählform als „runder" Charakter gezeichnet, der nicht nur heroische Taten vollbringt, sondern auch mit seinen Gefühlen im Widerstreit liegt, Ängste und Selbstzweifel hat, wie sie die jugendlichen Leser selbst auch kennen. Im Film dagegen erlebt der Zuschauer einen zu einer eindimensionalen Figur verflachten Helden, der mit staunenden Augen durch die Zauberwelt streift, um im entscheidenden Augenblick immer das Richtige zu tun – ein Tatbestand, der sich im kritischen Urteil vieler Rezensenten über den „zu glatten" und „blassen" Harry spiegelt.

Auch diese Veränderung ist durchaus medientypisch. Die Figurencharakterisierung im Spielfilm *Harry Potter und der Stein der Weisen* folgt nämlich einem System, das sich in sehr vielen Spielfilmen findet: Zwei Dimensionen der Identifikation, nämlich die Projektion und die Identifikation mit dem Gleichartigen, werden aufgespalten und so auf zwei Filmfiguren verteilt, dass die eine zur projektiven Identifikation mit einem bewundernswerten Helden (hier mit Harry) einlädt und die andere zur wiedererkennenden Identifikation mit einer Figur, die dem Zuschauer so fehlbar und unbedacht erscheint wie er selbst. Hier deckt Hagrid, der im Film neben seiner Funktion als Beschützer und Führer in die unbekannte Welt auch viele Züge eines „großen Kindes" trägt, diesen Bereich ab, und das erklärt auch die Beliebtheit dieser Filmfigur bei den kindlichen Zuschauern. Jede der beiden wesentlichen Identifikationsfiguren in *Harry Potter und der Stein der Weisen* ist klar und eindeutig in der Charakterisierung, aber erst beide Figuren zusammen ermöglichen die vollständige Identifikation und die damit verbundene psychologische Gratifikation des Filmerlebnisses. (Im zweiten *Harry Potter*-Film findet diese Aufspaltung übrigens zwischen Harry und Ron statt, der hier zur Identifikation mit dem Gleichartigen einlädt.) Mithilfe dieser Technik des Identifikations-Splitting wird also auch durch die Figuren-Charakterisierung im Spielfilm gegenüber der Romanvorlage eine Reduktion von Komplexität und damit ein einfacherer Zugang zur psychologischen Gratifikation des Filmerlebens erreicht.

5 Filmspezifische Gestaltungsmittel

Ähnlich wie die Figuren verändern sich durch ihre filmspezifische Gestaltung auch manche Handlungselemente in ihrer Bedeutung, beispielsweise das „Zauberschach". In *Harry Potter und der Stein der Weisen* wird zweimal Schach gespielt: zu Beginn der Weihnachtsferien (Sequenz 24) auf einem normalen Schachbrett und unmittelbar vor Harrys Konfrontation mit Voldemort (Sequenz 32) auf einem großen Spielfeld aus Marmor mit ungefähr fünf Meter großen Figuren. Das Besondere am Zauberschach ist, dass die Figuren, „Schachmenschen" genannt, ein Eigenleben entwickeln.

Im Roman wird bei der Vorstellung des Zauberschachs ironisch Harrys schlechtes Schachspiel ganz unheldenhaft als eklatante Führungsschwäche gekennzeichnet:

> Harry spielte mit Schachmenschen, die ihm Seamus Finnigan geliehen hatte, und die trauten ihm überhaupt nicht. Er war noch kein guter Spieler und sie riefen ihm ständig Ratschläge zu, allerdings widersprüchliche, was ihn heftig verwirrte: „Schick mich ja nicht dorthin, siehst du denn nicht seinen Springer? Schick doch *den da*, auf *den* können wir verzichten" (Rowling 1998, S. 218).

Im Spielfilm fehlt diese Ebene der Situationsdeutung völlig, stattdessen werden hier die tricktechnisch belebten Schachfiguren ausführlich vorgeführt. Man sieht, wie sich die kleinen Figuren gegenseitig niederschlagen. Die hinzukommende Hermine macht eine abfällige Bemerkung über die Brutalität des Spiels. Vor dem Hintergrund dieser Szene wird dann später auch die Gefährlichkeit des finalen Schachspiels mit den riesigen Steinfiguren für die Zuschauer und die drei Freunde sofort erkennbar. Nicht wie im Roman die emotionale Qualität der Gesichtslosigkeit der weißen Schachmenschen (die übliche Zuordnung der Farben schwarz und weiß zu den moralischen Eigenschaften gut und böse ist hier umgekehrt) lässt die Kinder erschaudern, sondern im Film versperren ihnen die Figuren mit starrenden Waffen den Weg. Sie sagen den Kindern nicht, was von ihnen erwartet wird, und sie verneigen sich zum Abschluss auch nicht höflich. Das Schachspiel ist im Film nicht mehr das „königliche Spiel", ein Symbol, eine intellektuelle Herausforderung, sondern eine actionreiche physische Auseinandersetzung, bei der sich die Kontrahenten gegenseitig nicht nur schlagen, sondern vernichten. Die Tonebene konkretisiert das Geschehen mit dem Krachen berstender Steine. Die Darstellung mit den Stilmitteln des Films bewirkt hier eine deutliche Brutalisierung und einen Verlust an Subtilität. Es ist sicher kein Zufall, dass immer dann, wenn in der Presse die Eignung des Films für jüngere Kinder diskutiert wurde, das Schachspiel als Beispiel für „Horrorszenen" genannt wurde (vgl. z. B. Heidkamp 2001).

Eine darstellerische Dimension, durch die sich der Spielfilm in besonderer Weise vom Roman unterscheidet, ist die Tonebene, also Stimmen, Geräusche und Musik. Die musikalische Gestaltung bedingt in hohem Maße die emotionale Qualität eines Spielfilms, und zwar meist ohne dass die durch sie geleistete Steuerung der Wahrnehmung ins Bewusstsein der Zuschauer vordringt. Der Soundtrack für *Harry Potter und der Stein der Weisen* wurde von John Williams komponiert, von dem unter anderem auch die mit Oscars ausgezeichnete Musik für *Der Weiße Hai, Star Wars* und *E.T.* stammt.

Musik kommt in *Harry Potter* vor allem in Leitmotiv-Technik zum Einsatz. Der Soundtrack enthält verschiedene musikalische Motive, u. a. für die Welt der Zauberer, für Hogwarts, Harry und Voldemort, die von einem großen Orchester gespielt und im Verlauf der Handlung variiert und miteinander kombiniert werden. Die Motive dienen als Untermalung zunächst der Charakterisierung von Handlungsbestandteilen oder Personen. So wird das Haupt-Motiv „Zauberwelt", von Streichern und Holzbläsern gespielte geheimnisvoll an- und abschwellende Tonfolgen, gleich im Prolog eingeführt und im Verlauf der Handlung dann überall eingesetzt, wo es besondere zauberhafte Elemente hervorzuheben gilt oder wo die Zauberwelt von der Welt der Muggel abgegrenzt wird: als die Eulen die Briefe bringen, bei der Ankunft in Hogwarts, im „lebendigen" Treppenhaus usw. Das „Harry"-Motiv, optimistisch und kräftig, wird in der Zooszene mit der Schlange eingeführt und taucht wieder auf, als Hagrid ihn über seine Identität als Zauberer aufklärt, als die Eule ihm den Besen bringt usw. Das „Voldemort"-Motiv ist eine düstere Variation des Hauptmotivs „Zauberwelt".

Die musikalischen Motive werden im Fortschreiten der Handlung auch zu einer subtilen Kommentierung und Deutung des Geschehens eingesetzt: Beispielsweise ertönt, während Draco unter dem sprechenden Hut sitzt, kurz das Voldemort-Motiv, das in der Rückblende eingeführt wurde, in der Harry vom Mord an seinen Eltern erfährt. In der Rückblende wird auch schon musikalisch kurz auf die Verbindung zwischen Gut und Böse, zwischen Voldemort und Harry hingedeutet, die ihren Höhepunkt schließlich in der antiklimaktischen Szene findet, in der Harry der Versuchung durch Voldemort widersteht. Das musikalische „Voldemort"- und das „Harry"-Motiv werden miteinander verbunden und in der letzten Auseinandersetzung so gegeneinander komponiert, dass die Dramatik des Kampfes zwischen Gut und Böse, der sich auf der Handlungsebene abspielt, auf der musikalischen Ebene parallelisiert und verstärkt wird.

Abgesehen von der leitmotivischen Charakterisierung und Kommentierung gibt es in der Filmversion von *Harry Potter und der Stein der Weisen* aber auch nicht motivgebundene Musik, Klangteppiche, die die Szenen meist unauffällig und oft sehr leise begleiten: So ist beispielsweise die Szene in der Winkelgasse mit fröhlicher Tanzmusik unterlegt, beim Quidditch-Sieg ertönt ein triumphaler Marsch und die Szenen im Verbotenen Wald und beim Abenteuer mit dem Troll haben eine ausgesprochen düstere musikalische Untermalung. Unterschwellig werden so durch die Filmmusik Stimmungen vermittelt und Situationen gedeutet.

Eine weitere Funktion der Musikuntermalung ist die Akzentuierung bestimmter Handlungselemente. So verschwindet vor vielen wichtigen Dialogstellen der musikalische Hintergrund plötzlich und hebt so das gesprochene Wort deutlich hervor, beispielsweise als Hagrid Harry von der Felseninsel abholt. Umgekehrt werden wichtige Details auch durch eine spezielle musikalische Akzentuierung hervorgehoben, etwa als Harry seine Einweisung in das Quidditch-Spiel erhält. Die Funktion dieser konventionellen Verwendung der Musik als Untermalung ist letztlich die Verdeutlichung und Lenkung des Verständnisses, die Eliminierung jeglicher Ambivalenz.

Schließlich dient die Gestaltung der Tonebene in *Harry Potter* stellenweise auch der Spannungserzeugung, am auffälligsten sicherlich auf dem dramatischen Höhepunkt des Quidditch-Matches. Sieht man sich diese Szene mit abgeschaltetem Ton an, erscheint das eben noch so rasante Match plötzlich als eher gemächliches Dahinschweben der Protagonisten auf ihren Besen. Tatsächlich zeigt eine quantitative Überprüfung, dass die Schnittfrequenz in dieser Szene weit unterhalb dessen liegt, was in Actionszenen im Spielfilm üblich ist. Zum Vergleich nur einige wenige Zahlen, die zudem aus älteren Filmen stammen – heute wird in vielen Filmen noch deutlich schneller geschnitten: Die durchschnittliche Einstellungslänge am Spannungshöhepunkt beträgt in *Harry Potter und der Stein der Weisen* 2,3 Sekunden, in *Das Omen* dagegen beispielsweise 1,4 Sekunden, ebenso wie in dem James Bond-Film *Im Geheimdienst Ihrer Majestät*. Aufregend wird das Quidditch-Match nicht auf der optischen, sondern auf der akustischen Ebene: Vor dem Hintergrund einer aufpeitschenden Musikuntermalung kommt durch viel Sausen, Pfeifen und Aufprall-Geräusche Bewegung ins Spiel, wobei der Sensurround-Ausstattung der Kinos eine wichtige Rolle zukommt. Somit wurde im *Harry Potter*-Film auch die Sound-Ebene kalkuliert genutzt, um die im Allgemeinen übliche Technik der Spannungssteuerung durch die Schnittgeschwindigkeit zu umgehen, was wiederum der angestrebten Altersfreigabe „ab 6 Jahren" zugute kam, denn allzu schnelle Schnittfolgen gelten als für jüngere Kinder nicht geeignet.

6 Fazit

Harry Potter und der Stein der Weisen in der Bearbeitung fürs Kino zeichnet sich auf den ersten Blick also durch eine bemerkenswerte Nähe zu seiner Buchvorlage aus. Das war gewollt und programmatisch. Bei näherer Betrachtung zeigt sich jedoch, dass der Spielfilm sowohl auf der Ebene der Handlungsführung als auch bei der Charakterisierung durch den Einsatz filmspezifischer Stilmittel eine Umdeutung vornimmt, die sich beschreiben lässt als Infantilisierung und Simplifizierung, im Vergleich zum Buch durchaus als einen Verlust an ästhetischer Komplexität. Diese Veränderung ist kein Zufall, sondern muss als kommerzielle Erfolgsstrategie gewertet werden. Mit *Harry Potter* auf der Leinwand wird die Erfolgs„kuh" weiter gemolken, der „Milch" jedoch zur besseren Marktgängigkeit ein Einheitsgeschmack verpasst. Dennoch – der Erfolg rechtfertigt die Strategie, und den Vergleich mit anderen Kinderfilmen braucht *Harry Potter und der Stein der Weisen* nicht zu scheuen: Aus dieser Perspektive gehört er mit Sicherheit zu den anspruchsvollsten Kinderfilmen, die in den letzten Jahren in den Kinos waren.

7 Literaturverzeichnis

Cosack, Bettina (2001): Die Himmel öffneten sich. In: Berliner Zeitung, 19. November

Faulstich, Werner (2002): Grundkurs Filmanalyse. München: Fink

Göttler, Fritz (2001): Harry Potter und der Stein der Weisen. In: Süddeutsche Zeitung, 21. November

Heidkamp, Konrad (2001): Zauberhafte Abziehbilder. In: Die Zeit, Nr. 48, 22. November

Hoffmann, Katrin (2001): Harry Potter und der Stein der Weisen. In: epd Film, Nr. 12

Kohse, Petra (2001): Harry Potter und der Stein der Weisen. In: taz, 21. November

Levine, Tom (2001): Hübsch, aber dumm. In: Berliner Zeitung, 16. November

Rodek, Hanns-Georg (2001): Harry Potter und der Stein der Weisen. In: Die Welt, 21. November

Rowling, Joanne K. (1998): Harry Potter und der Stein der Weisen. Hamburg: Carlsen

Warner Bros. 2001: Ein Blick hinter die Kulissen. URL: http://www.hp-fans.de/filme/filmspecial/kulissen/kulissen.htm

Westphal, Anke (2001): Das blank geputzte Böse. In: Berliner Zeitung, 21. November

ZDFheute [19. November 2001]: „Harry Potter" erfolgreichste Premiere aller Zeiten. URL: http://www.heute.t-online.de/ZDFheute/artikel/0,1367,MAG-=-10452,00.html

ZDFheute [19. Februar 2002]: Harry Potters „Stein der Weisen" zweitgrößter Kassenschlager. URL: http://www.heute.t-online.de/ZDFheute/artikel/ 0,1367, MAG-0-178269,00.html

Stefanie Hundeshagen, Maik Philipp

Dirty Harry? Die Filmfiguren Harry, Dobby und Hagrid im Lichte einer Publikumsbefragung

1 Die ersten beiden *Harry Potter*-Filme in der Publikumswahrnehmung

Für die Kinowirtschaft war Harry ein Segen: Über zwölf Millionen Kinobesucher in Deutschland sahen binnen eines Jahres *Harry Potter und der Stein der Weisen*. Der erste *Harry Potter*-Film war ohne Zweifel kommerziell äußerst erfolgreich – der Medienkonzern Warner nahm über eine Milliarde Euro nur aus den Eintrittsgeldern ein (vgl. Rodek 2002). Doch abseits der Leinwand war Harry nicht so viel Glück beschieden wie gewünscht. Das „Hardcore-Marketing à la Hollywood" habe dem Zauberlehrling „mehr geschadet als genützt", urteilt Turi (2005), und das Merchandising habe auf die Leser unsympathisch gewirkt.[1]

Doch nicht nur die Vermarktung war und ist Gegenstand der Kritik, Harry selbst war es ebenfalls. Unisono erklangen die kritischen Stimmen, als sie den Zauberlehrling im ersten Film charakterisierten. Sein Darsteller Daniel Radcliffe erschien farblos und blieb „zu eindimensional, um wirklich zu berühren" (Heidkamp 2001, S. 44).[2] Fans jüngeren Alters monierten den optisch langweiligen Harry mit seiner Topffrisur; sie waren Sabine Wilharms Buchillustrationen gewohnt, die einen pfiffigen Jungen mit verstrubbelten Haaren und der blitzförmigen Narbe zeigen (vgl. ebd.). Einen schweren Stand hat der verfilmte Harry nach Meinung Susan Vahabzadehs auch bei Erwachsenen. Sie schreibt in ihrer Rezension des zweiten *Harry Potter*-Films, dieser und sein Vorgänger gehörten „nun mal nicht zu jener Sorte Kinderfilm, in der man sich auch als Erwachsener besonders wohlfühlt – dazu würde mehr Mut und Einfallsreichtum gehören, als J.K. Rowling einem Filmemacher erlaubt; beides behält sie ihren Büchern vor" (Vahabzadeh 2002). Der Kritik zum Trotz, dass sich der Regisseur Chris Columbus „in seiner Zwangsjacke" erneut „geradezu sklavisch an die Vorlage gehalten" habe (Rodek 2002), sahen sich viele deutsche Kinobesucher den zweiten Film an. Mit 8,8 Millionen Kinogängern war *Harry Potter und die Kammer des Schreckens* der erfolgreichste Film des Jahres 2002 (vgl. Zoll 2002, S. 4).

Wie auch die Filmkritiker betrachtete das Publikum, insbesondere jenes mit Kenntnis der Romane, Harry auf der Leinwand mit Argusaugen. Wie Filmrezipienten die ersten beiden Filme wahrnahmen, wurde im Rahmen eines Forschungsseminars zur *Harry Potter*-Rezeption an der Universität Lüneburg einerseits und einer Magisterarbeit andererseits genauer untersucht. Der Fokus lag dabei auf den Unterschieden zwischen den Geschlechtern und den LeserInnen und NichtleserInnen der Romane. Die erste Erhe-

---

[1] Vgl. dazu den Beitrag von Frey und Wagner in diesem Band, S. 183ff.
[2] Zur Kritik am ersten Film vgl. den Beitrag von Strobel in diesem Band, S. 114f.

bung³ im November 2001 bestätigte die Kritik der Feuilletonisten: In *Harry Potter und der Stein der Weisen* zog nicht Harry, sondern die Figur Hagrid enorme Sympathien auf sich; über Harry äußerten sich die Probanden im Wesentlichen negativ (vgl. dazu den Erklärungsansatz von Strobel in diesem Band, S. 123). Über die Ergebnisse der ersten Befragung hinaus gaben die Printmedien mit der Aussage, dass die Figur Harry in *Harry Potter und die Kammer des Schreckens* modifiziert worden sei,⁴ einen weiteren Impuls für die zweite Umfrage, die in Stefanie Hundeshagens Magisterarbeit mündete. Hieraus wurden folgende Kernfragen generiert: Welche Vorlieben und Abneigungen seitens der RezipientInnen bezüglich der Figuren in *Harry Potter und die Kammer des Schreckens* sind zu verzeichnen? Inwieweit hat sich der Beliebtheitsgrad der Figuren Harry und Hagrid im zweiten Film seitens der RezipientInnen modifiziert?

Das Ergebnis sei vorweggenommen: Harry ist in der Gunst des Publikums gestiegen.⁵ Im Rahmen der folgenden Figurenanalyse anhand von einzelnen Filmsequenzen sollen mögliche Gründe für seinen Beliebtheitszuwachs im zweiten Film ermittelt werden. Die Analyse wird dabei immer wieder Bezug zur literarischen Vorlage nehmen. Im Anschluss folgt eine Analyse der Figur des Hauselfen Dobby, der mit Abstand die erfolgreichste Figur der Umfrage war. Auch hier soll auf der Basis einzelner Filmszenen ergründet werden, worauf sich eine derartige Sympathie der ZuschauerInnen zurückführen lässt. Schließlich folgt die Figur Hagrid, die im Vergleich zur ersten Umfrage an Beliebtheit eingebüßt hat. Eine Analyse soll hier denkbare Gründe aufzeigen, weshalb diese Figur vergleichsweise wenige positive Reaktionen der ZuschauerInnen hervorgerufen hat.

Für eine Film- und Figurenanalyse ist neben einer Analyse der filmischen Gestaltungsmittel⁶ ein Sequenzprotokoll unerlässlich. *Harry Potter und die Kammer des Schrecken* hat eine Länge von 120 Minuten und 23 Sekunden; das am Ende des Beitrags vorgelegte Sequenzprotokoll (S. 155-158) zeigt eine Unterteilung in insgesamt 59 Sequenzen.

2 Figuren und Figurenkonstellation in den Medien Film und Buch

Der Film als ein audiovisuelles Medium bringt es mit sich, dass Sichtbares und Äußerliches dominieren. Um innere Vorgänge der Figuren wie Gedanken und Gefühle darzustellen, bedarf es besonderer schauspielerischer Leistung und filmischer Mittel. Gleich-

---

3   Eine Zusammenfassung der Ergebnisse der ersten Zuschauerbefragung findet sich im Hundeshagen-Beitrag auf S. 164.
4   Vgl. folgende Aussagen: „In ‚Harry Potter und die Kammer des Schreckens' ist der ‚Zauberlehrling' selbstbewusst, frech und stark" (Hennig 2002, S. 39); „Wir haben Harry düsterer angelegt" (Heymann, zit. nach Schütze, Dachselt 2002, S. 100); „Harry wirkt reifer und mutiger" (Wertheimer 2002, S. 19), „Noch spannender! Noch gruseliger! Mit einem noch härteren Harry!" (von der Reith 2002, S. 198).
5   Den Ergebnissen der zweiten Umfrage ist ein eigener Beitrag in diesem Band gewidmet, s. S. 159ff., zu den Ergebnissen der Figurenpräferenzen s. S. 170.
6   Die gestalterischen Ausdrucksmöglichkeiten sollen hier nicht einzeln aufgeführt und expliziert werden, sondern werden im Laufe des Beitrags eingeführt und, wo nötig, erklärt.

falls sind Handlungs- und Dialogsequenzen von anderer Bedeutung als im Roman, wenn auch die Möglichkeiten z.B. eines auktorialen Erzählers durch einen Erzähler im Film umgesetzt werden können. Da dies bei *Harry Potter und die Kammer des Schreckens* jedoch nicht der Fall ist, sind hier die als Handlungsträger eingesetzten Figuren von großer Bedeutung. Sie entwickeln das Geschehen, tragen es aus und treiben es voran.

Grundsätzlich lassen sich Haupt- und Nebenfiguren unterscheiden. Hauptfiguren haben den größeren Anteil an der Figurenkommunikation, sind direkter und häufiger am Geschehen beteiligt und werden ausführlicher und komplexer dargestellt (vgl. Schneider 2003, S.17f.). Während die Hauptfiguren für die narrative Entwicklung verantwortlich sind, dienen die Nebenfiguren überwiegend zur Kontrastierung und Beschreibung des Protagonisten. Im Gegensatz zu den individuellen Charakteren, den Hauptfiguren, werden Nebenfiguren oft typisiert, als Vertreter einer Gruppe dargestellt. Die/der ProtagonistIn ist eine Schlüsselfigur, die im Wahrnehmungszentrum des Films steht und im Gegensatz zu den Nebenfiguren für das Handlungskontinuum unverzichtbar ist. Den klassischen Gegenspieler bildet die/der AntagonistIn.[7] In der Figurenkonstellation sind bereits Hinweise auf die Deutung des Films gegeben, denn sie charakterisiert die Stellung und das Verhältnis der Figuren zueinander. Entscheidend ist das zwischen den Figuren bestehende Beziehungsgeflecht, das sich im filmischen Handlungsprozess in ständiger Entwicklung befindet: „Die Figuren bilden ein Geflecht, eine Konstellation, in der sie durch ihre Ausstattung mit Eigenschaften und Handlungsmöglichkeiten gegeneinander gesetzt sind. Diese Konstellation ist nicht statisch, sondern verändert sich dynamisch im Laufe des Films" (Hickethier 1993, S. 123).

Welche Charaktereigenschaften im Film verstärkt in den Vordergrund treten, wird insbesondere anhand von Selbst-, Fremd- und Kameracharakterisierungen deutlich. Die *Selbstcharakterisierung* findet dabei einerseits durch das äußere Erscheinungsbild, andererseits durch Handeln, Verhalten, Sprache, Mimik und Gestik der jeweiligen Figur statt. Die *Fremdcharakterisierung* beinhaltet eine Charakterisierung durch eine Kontrastierung zu anderen Figuren einerseits sowie durch Äußerungen, Wertungen und das Verhalten anderer Figuren andererseits. Bei der *Kameracharakterisierung* werden die Figuren schließlich durch die Kamera als erzählende Instanz z.B. durch zahlreiche Groß- und Nahaufnahmen[8] oder Ober- und Unterperspektiven[9] charakterisiert. Diese Form der

---

[7] Es kann allerdings auch wie bei *Harry Potter und die Kammer des Schreckens* mehrere ProtagonistInnen geben, die gemeinsam gegen mehrere AntagonistInnen bestehen müssen.

[8] Bei der *Großaufnahme* konzentriert sich der Blick der ZuschauerInnen auf den Kopf der Figur. Die Großaufnahme stellt häufig eine Form von Intimität nicht nur zwischen Filmfiguren, sondern auch zwischen ZuschauerIn und Figur her. Die ZuschauerInnen erkennen anhand der Mimik die mentalen Prozesse der Filmfigur. Dadurch wird die Innenperspektive kenntlich, was die Möglichkeit zur Identifikation erhöht. *Nahaufnahmen* zeigen die Figur vom Kopf bis zur Mitte des Oberkörpers. Die ZuschauerInnen sehen, wohin die Figuren schauen, und können so ihre Schlüsse für den weiteren Handlungsverlauf ziehen (vgl. Hickethier 1993, S. 58ff.).

Charakterisierung findet sich sowohl bei der Selbst- als auch bei der Fremdcharakterisierung wieder (vgl. Faulstich 2002, S. 197ff.).

Für die Untersuchung der unterschiedlichen Figurenkonzeptionen sind die Kategorien eindimensionale versus mehrdimensionale Figuren und statische versus dynamische Figuren bedeutsam: Eindimensionalen Figuren stellen „flache" Charaktere bzw. „Typen" dar, die durch wenige Merkmale, Eigenschaften, Motive und Bedürfnisse klar gekennzeichnet sind. Hierbei handelt es sich meist um die oben bereits angesprochenen Nebenfiguren, die in der Figurenkonstellation ihre eigene Funktion haben. Mehrdimensionale, „runde" Figuren sind hingegen Individuen mit unterschiedlichen Facetten, die viele verschiedene Merkmale und eine deutliche Komplexität aufweisen. Sie bleiben als ProtagonistInnen interpretationsbedürftig und mehrdeutig und erfahren eine Veränderung ihrer Persönlichkeit im Sinne der oben angesprochenen Entwicklung. Solche Figuren werden auch als dynamische Figuren bezeichnet, da sie sich im Laufe des Geschehens verändern und ihre Anschauungen oder Meinungen modifizieren (vgl. Stückrath 2001, S. 16f.). Anlass ist hier meist eine Komplikation bzw. eine Komplikationshandlung. Stückrath spricht hier von einer Figur, „die in ihrer Beziehung zu einem von ihr geschätzten Gut eine Störung erfährt und zudem nicht in der Lage ist, die Störung spontan oder routinemäßig zu beseitigen" (ebd., S. 12).

3 Identifikationspotentiale von Filmfiguren

Dem Identifikationspotential einer Figur kommt ein besonderes Gewicht zu. Filme werden dabei oft aus der Perspektive einer handelnden Figur erzählt, mit der sich die RezipientInnen identifizieren können. Bonfadelli definiert Identifikation als „Gefühlsbindung an eine Person" und formuliert das „Bedürfnis des Rezipienten, so zu sein wie andere Personen auf der Leinwand" (Bonfadelli 1999, S. 196). Eine Identifikation spielt sich demnach auf der affektiv-emotionalen Ebene ab. Sie wird begünstigt, wenn ein gemeinsamer Konflikt existiert oder das Identifikationsvorbild Bedürfnisse und Wünsche stellvertretend befriedigen kann. Eine Identifikation hängt somit zum einen von den persönlichen Lebenseinstellungen und -hintergründen der ZuschauerInnen ab, zum anderen vom Zusammenspiel diverser filmischer Gestaltungsmittel.

Daraus folgt, dass eine Identifikation von der spezifischen Inszenierung und dem filmischen „In-Szene-setzen" der jeweiligen Figur als ein Sympathieträger und eine Identifikationsfigur abhängig ist. Je näher die Kamera einer handelnden Figur „auf den Leib rückt" – etwa durch Großaufnahmen –, desto mehr können die ZuschauerInnen am Innenleben der Figur teilhaben, da sie die Mimik und Gestik, ihre Gefühle wie Traurigkeit oder Angst sehr nahe miterleben. Um z.B. die Gedankengänge der Figuren im Film zu visualisieren, wird die Figur gezeigt, wie sie etwas anschaut, im Anschluss daran zeigt die Kamera das, was die Person sieht. Die ZuschauerInnen verstehen so, was

---

[9] Werden Figuren von der Kamera aus der *Obersicht* abgebildet, wirkt eine Figur klein und unterlegen. *Untersichten* lassen Figuren hingegen als bedeutend und mächtig oder aber auch bedrohlich erscheinen (vgl. Mikos 2003, S. 190ff.).

die Figur denkt (vgl. Bordwell 1995, S. 183). Der so genannte „erblickte Blick" meint hier die Beobachtung der Beobachtung: Die RezipientInnen teilen den Blick einer Figur und schauen mit den Augen der Figur auf das Geschehen. Übernimmt die Kamera diese Perspektive, werden sie in die subjektive Sichtweise mitsamt ihren emotionalen und psychologischen Prozessen involviert. Diese Sichtweise wirkt sich förderlich auf eine Identifikation mit der handelnden Figur aus. Ein solcher identifikatorischer Blick, der eine Figur begleitet, wird häufig in Filmen mit einem kindlichen oder jugendlichen Helden eingesetzt (vgl. Hickethier 1993, S. 148f.).

Vorderer kritisiert, dass das Involvement der ZuschauerInnen während der Rezeption meist ausschließlich auf eine Identifikation reduziert wird, die für ihn lediglich einen Spezialfall der involvierten Rezeption darstellt (vgl. Vorderer 1992, S. 84). Grundsätzlich unterscheidet er involvierte und analysierende Rezeption. Erstere involviert die RezipientInnen kognitiv und emotional derart, dass sie sich selbst nicht mehr der Rezeptionssituation bewusst sind und das filmische Geschehen „miterleben". Bei einer analysierenden Rezeption nehmen die RezipientInnen die Position eines distanzierteren Beobachters zum Geschehen ein, d. h. sie „denken *über* den, nicht aber (wie bei der ‚involvierten Rezeption') *in* dem Film" (ebd., S. 83, Hervorhebung von d. Verf.).

Neben der Identifikation zählen auch Empathie und Sympathie zu den kognitiv-emotionalen Aktivitäten der RezipientInnen, die allerdings nicht eindeutig von der Identifikation abgegrenzt werden können (vgl. Bonfadelli 1999, S. 198). Empathie bedeutet eine Übernahme der Gefühle der Filmfigur durch die ZuschauerInnen: „Empathie ist eine von einem Betrachter und einem Betrachteten geteilte Emotion, ein gemeinsames Gefühl von Subjekt und Objekt in einer Interaktion." (Feshbach, zit. nach Mikos 2003, S. 168). Während Empathie von der Moral der ZuschauerInnen unabhängig ist, spielt bei der Sympathie für eine Figur in erster Linie die moralische Position eine Rolle, nicht aber der persönliche Geschmack oder spezielle Vorlieben. Sympathie für eine Figur empfinden die ZuschauerInnen v.a. in Form von Anerkennung und Loyalität sowie Einbindung in die Perspektive, die Sichtweise und die Gefühle der Figur (vgl. Mikos 2003, S. 168ff.).

4 Analyse der Figuren Harry, Dobby und Hagrid im Licht der Publikumsbefragung

4.1 Harry Potter

Nach der Rezeption des Buches hatten die LeserInnen individuelle Vorstellungen von der Romanfigur Harry, denen die Verfilmung mit einer einzigen Präsentation begegnen musste.[10] Zuvor bot schon das Buchcover den LeserInnen eine bildhafte Präsenta-

---

[10] SchauspielerInnen geben einer literarischen Figur eine physische Gestalt, sodass Rolle und DarstellerIn in der Wahrnehmung der RezipientInnen oft zu einer unaufhebbaren Einheit verschmelzen. Deshalb erweist sich die Auswahl der DarstellerInnen meist als äußerst schwierig und langwierig; die Besetzung von Harry Potter blieb da keine Ausnahme (zur Besetzung vgl. Strobel in diesem Band, S. 114).

tionsform, die sich dem imaginären Bild in der Vorstellung der LeserInnen zugesellte. In Deutschland repräsentierten die Zeichnungen der Illustratorin Sabine Wilharm die Romanfigur Harry Potter, in den bisherigen Filmen ist es der Darsteller Daniel Radcliffe, der Harry ein Gesicht gibt.

Doch die Filmfigur zog nicht nur die Kritik der befragten RezipientInnen der ersten Umfrage auf sich, sondern auch die der öffentlichen Medien, die ihn als „zurückhaltenden, zögernden Harry" mit einem „braven Allerweltsgesicht" (Hoffmann 2001, S. 37) oder als „blass" mit einer „braven Topffrisur" bezeichneten (vgl. Heidkamp 2001, S. 44). Demnach entsprach der Film-Held äußerlich nur wenig dem Roman-Helden, der frechen, kantigen Illustration auf dem Buchcover,[11] und auch sein Verhalten war eher schüchtern und brav. Daher stellte sich die Frage, ob und inwieweit die Figur in *Harry Potter und die Kammer des Schreckens* modifiziert wurde.

Im zweiten Roman wird der Protagonist ähnlich wie im ersten Band *Harry Potter und der Stein der Weisen* beschrieben, nur dass er nun zwölf Jahre alt ist. Harry ist ein Zauberer, der gerade sein erstes Jahr in der Hogwarts-Schule für Hexerei und Zauberei hinter sich hat. Er ist nach wie vor klein und dünn. Seine leuchtend grünen Augen ziert eine Brille mit runden Gläsern. Sein rabenschwarzes Haar ist ständig zerzaust, und auf seiner Stirn zeichnet sich eine feine Narbe ab, die einem Blitz ähnelt (vgl. Rowling 1999, S. 8). Herausragendes Merkmal neben seiner Narbe ist im zweiten Roman und Film seine Fähigkeit, die Schlangensprache Parsel zu sprechen, was nur sehr wenige Zauberer, etwa Salazar Slytherin und Lord Voldemort, können. Zwar spielte Daniel Radcliffe im zweiten Film erneut Harry, er wurde aber dahingehend verändert, dass er schon äußerlich mehr der Romanfigur glich. Während der Filmhandlung vollzog er eine Entwicklung: Harry wirkt zu Beginn zunächst brav, mit glattem Haar und ohne Anzeichen von Heldenhaftigkeit. Zum Ende hin, v.a. im Verbotenen Wald und der Kammer des Schreckens, zeigt er sich tapfer, mutig und selbstbewusst. Seine Kleidung ist von den Kämpfen mit den Spinnen oder der Riesenschlange zerschlissen und besudelt, seine Haare sind zerzaust und sein Gesicht ist beschmutzt.

Diese Verwandlung zu einem härteren, kantigeren Harry lässt sich auch bei einem Vergleich der Filmplakate oder Video- bzw. DVD-Cover konstatieren: Das Filmplakat von *Harry Potter und der Stein der Weisen* ist in Blau gehalten. Zentral und groß in der Mitte befindet sich ein lieb und unsicher aussehender Harry mit blauen Augen und korrekt sitzender Kleidung und Haaren. Um ihn ordnen sich andere Figuren des Films wie Hagrid, McGonagall, Snape, Hermine, Ron und Dumbledore (vgl. Abb. 1). Auf dem Plakat von *Harry Potter und die Kammer des Schreckens* ist Harry ebenfalls die zentrale und am größten abgebildete Figur, dahinter kleiner in den Größenverhältnissen abnehmend die Figuren Ron und Hermine, unten links im Bild Dobby. Das Bild ist in Grün gehalten, was insgesamt eine düstere, numinose Atmosphäre schafft. Harrys Haare sind zerzaust, und sein Blick ist energisch und bestimmt. Sein Gesicht und seine Hand, in der er das Schwert von Godric Gryffindor hält, sind beschmutzt (vgl. Abb.

---

[11] Vgl. hierzu die beiden Abbildungen auf S. 207 im Beitrag von Frey und Wagner in diesem Band.

2). So lässt sich allein schon aufgrund der Filmplakate bzw. Filmcover eine Modifizierung des Protagonisten feststellen.

Abb. 1: DVD-Cover zum Film *Harry Potter und der Stein der Weisen*. © Warner Bros.

Abb. 2: Plakat zum Film *Harry Potter und die Kammer des Schreckens*. © Warner Bros.

Analog zu dieser veränderten Präsentation erfolgt im letzten Drittel von *Harry Potter und die Kammer des Schreckens* die bereits angesprochene charakterliche Entwicklung von einem unscheinbaren, zurückhaltenden, passiven Jungen zu einem aktiven, unerschrockenen, gefühlvollen Helden (s. Seq. 47). Am Ende der Komplikationsphase[12] im Verbotenen Wald, beim Höhepunkt in der Kammer des Schreckens und auch in der Auflösungsphase beim Aufeinandertreffen mit den Figuren Mr. Malfoy und Dobby zeigt sich Harry härter und mutiger als im ersten Film. Der zweite Film berücksichtigt, wie es auch im zweiten Buch geschieht, stärker seine persönliche Entwicklung. *Harry Potter und der Stein der Weisen* zeigte eine Zentralfigur, die erst einmal begreifen musste, dass sie kein ungeliebter Waisenjunge, sondern ein berühmter Zauberer ist. In *Harry Potter und die Kammer des Schreckens* verschärft sich seine Identitätssuche. Nun geht es nicht mehr um die Akzeptanz des Zaubererdaseins und der Zauberwelt, sondern darum,

---

[12] Die Handlung lässt sich nach Faulstich in fünf verschiedene Handlungsphasen aufteilen: Die *Exposition* des Films dient der Problementfaltung, Figuren und Orte werden eingeführt. In der *Komplikationsphase* wird die Handlung gesteigert, Konflikte werden verschärft, neue Probleme tauchen auf und gewinnen an Komplexität. Der *Höhepunkt* des Films beinhaltet die Krise und auch den Umschwung. In der *Auflösungsphase* wird die Handlung verzögert, d.h. der Ausgang ist zwar absehbar, wird aber noch zurückgehalten. Das *Happy-End* beendet schließlich die Handlung (vgl. Faulstich 2002, S. 81f.).

dass er mit Verdächtigungen seiner Umwelt und mit Selbstzweifeln konfrontiert wird, er sei möglicherweise der Erbe Slytherins und somit Zauberer der dunklen Seite. Geheimnisvolle Stimmen und Schriften an der Wand, Intrigen und Anschuldigungen, dunkle Kammern, Prüfungen auf Leben und Tod – der junge Held muss sich bei der Suche nach seiner Identität Herausforderungen stellen und lernt in der Auseinandersetzung mit seiner Vergangenheit etwas über sein wahres Selbst: Er ist nicht nur ein tapferer und mutiger Zauberer, sondern auch ein wahrer und guter Gryffindor. Filmproduzent David Heymann sagte in einem Interview mit der Kinozeitschrift „Cinema" dazu: „Wir haben Harry düsterer angelegt. Das liegt an seiner Unsicherheit, was ihn selbst und seine Zukunft anbelangt" (zit. nach Schütze, Dachselt 2002, S. 100). Der Darsteller Daniel Radcliffe äußerte sich wie folgt:

> Aus dem ersten Teil wissen sie [die ZuschauerInnen, die Verf.] ja, worum es geht. Geschichten und Personen entwickeln sich. Mir gefällt es, dass Harry nicht mehr nur der Naive, ewig gut Gekämmte ist, sondern raffinierte Pläne entwickelt und zum Happy-End sogar verdreckt und besudelt auftritt. Der Held muss auch zum Mörder werden. Er tut's – aber nur, um seine Freunde zu retten (zit. nach Faber 2002, S. 9).

Folgende Charaktereigenschaften der Filmfigur Harry treten in *Harry Potter und die Kammer des Schreckens* verstärkt in den Vordergrund: Harry lässt sich als heldenhaft, mutig, tapfer und hart, zielstrebig, selbstbewusst, bestimmt und energisch, kameradschaftlich, hilfsbereit, fürsorglich und einfühlsam, clever, witzig, höflich, (gelegentlich) unsicher, ängstlich, verzweifelt und hilflos beschreiben. Als nächstes soll genauer untersucht werden, auf welche filmischen Details, Handlungen und sonstige Umstände sich die genannten Charaktereigenschaften zurückführen lassen.

Neben seinem bereits beschriebenen Äußeren weist auch seine Sprache charakteristische Eigenheiten auf. Während im ersten Film die Figur Hagrid durch eine typische Redewendung „Hätt' ich doch bloß nichts gesagt!" zusätzlich charakterisiert wurde, sind im zweiten Film bei Harry wiederkehrende Redewendungen interessant: „Moment", „Moment mal", „Sekunde". Sie betonen, dass Harry clever und ein nachdenklicher Beobachter ist. Der Ursprung dieser Redewendungen liegt in der Romanvorlage, in der Harry einmalig anmerkt: „Moment mal, [...] woher wissen Sie, dass meine Freunde mir nicht geschrieben haben?" (Rowling 1999, S. 229).

Auch die Stimme an sich und die Intonation vermitteln zusätzliche Informationen über den Protagonisten. Seine deutsche Synchronstimme wirkt sehr kindlich, wie auch zum Teil in der zweiten Umfrage kritisiert wurde. Ist sein Verhalten seiner fortschreitenden Entwicklung angeglichen worden, so gilt dies nicht für seine Stimme in der deutschen Synchronfassung; Daniel Radcliffes Originalstimme klingt tiefer und reifer. Neben seiner Sprache und Stimme bringen das Verhalten und Handeln der Filmfigur unterschiedliche Charakterzüge zum Vorschein. So leistet Harry an vielen signifikanten Handlungssequenzen des Films effektive Detektivarbeit: Er ist es, der den Zettel in Hermines versteinerter Hand findet und damit das Rätsel um die Kammer des Schreckens löst. Er weiß nun, warum Hermine in der Bibliothek war und versteinert wurde und dass es sich bei dem Monster um einen Basilisken handeln muss. Beim Anblick der Spiegelung im Fenster kombiniert er, dass die Opfer deswegen nicht getötet, sondern nur versteinert wurden, weil niemand ihm direkt in die Augen geschaut hat (stattdessen erfolgte der Blickkontakt mittelbar durch eine Kamera, einen Spiegel, einen Geist und eine Pfütze).

Weiterhin tritt Harrys Humor im Gegensatz zum Buch vermehrt in den Vordergrund, wobei sein Sprachwitz wohl eher einer Unterhaltungsabsicht des gesamten Films zuzuordnen ist als der Intention, Harry eine besondere Charaktereigenschaft zuzuweisen. Nachdem er z.B. aufgrund des plötzlichen Auftauchens des Zuges aus dem fliegenden Auto geschleudert wird und es schafft, wieder hineinzuklettern, meint er trocken: „Ich glaube wir haben ihn gefunden [den Zug, d.Verf.]" (s. Seq. 10).

Die Figurenkonstellation der ProtagonistInnen Harry, Ron und Hermine kann als „unschlagbares Trio" bezeichnet werden. Die Dialoge der drei werden von der Kamera häufig im Schuss-Gegenschuss-Verfahren[13] gezeigt, und den RezipientInnen wird somit direkte Nähe suggeriert. Harry erweist sich hier als einfühlsamer, fürsorglicher Freund. Während des gesamten Films verhält er sich seinen Freunden gegenüber äußerst kameradschaftlich. In „brenzligen" Situationen erkundigt er sich besorgt nach ihnen (s. Seq. 35 und 52). In der Bedrohung durch den Antagonisten Lord Voldemort steht Harry zu Hagrid (s. Seq. 53), dem er am Ende des Films im Unterschied zur Romanvorlage das Gefühl vermittelt, unentbehrlich zu sein: „Hogwarts ist nicht Hogwarts ohne dich" (s. Seq. 58). Auch erscheint es ihm wichtig, Hagrid persönlich auf die Kammer des Schreckens anzusprechen, statt unfair hinter seinem Rücken Mutmaßungen anzustellen (s. Seq. 45 und 46). Des Weiteren lobt er Hermine für ihre Hilfe beim Lösen des Rätsels und tritt dabei selbst bescheiden in den Hintergrund (s. Seq. 58).

Insgesamt gesehen zeigt die Filmfigur mehr Emotionen als die Roman-Figur, wie folgende Szenen belegen, die im Buch gänzlich fehlen: Beim Besuch der versteinerten Hermine im Krankenzimmer wechselt Harry die alten Blumen gegen neue aus und setzt sich zu Hermine aufs Bett. Er spricht voller Gefühl zu seiner versteinerten Freundin: „Ich wünschte, du wärst bei uns, du fehlst uns", „Wir haben dich noch nie so sehr gebraucht". Harry wird von der Kamera in Großaufnahme mit einem traurig gesenkten Blick gezeigt; warmes, orangefarbenes Licht im Hintergrund umgibt ihn dabei sanft. Er streichelt liebevoll Hermines Hand, was die Kamera den ZuschauerInnen in einer Detailaufnahme nahe bringt. In der Darstellung der Buchvorlage hatten Harry und Ron stattdessen nicht vor, Hermine zu besuchen und müssen es nur aufgrund einer Notlüge tun. Harry bietet den ZuschauerInnen im Film an dieser Stelle viel mehr Raum zur Empathie und Sympathie (s. Seq. 48).

Auch gegenüber Ginny in der Kammer des Schreckens ist die Filmfigur Harry fürsorglicher als im Buch angelegt. Während des im Vergleich zum Buch längeren Kamp-

---

[13] Beim *Schuss-Gegenschuss-Verfahren* werden die kommunizierenden Figuren abwechselnd frontal in Nah- oder Großeinstellungen gezeigt. Dadurch, dass die Figuren leicht an den ZuschauerInnen vorbeiblicken, aber innerhalb des fiktionalen Raumes bleiben, werden ihre Emotionen nicht direkt an sie gerichtet (vgl. Hickethier 1993, S. 65ff.).

fes mit dem Baselisken kümmert sich Harry um Ginny und hält ihre Hand, obwohl er schwer verwundet ist (s. Seq. 53 und 54). In der letzten Sequenz, der Feier in der Großen Halle, die im Buch nur auf einer halben Seite dargestellt wird, wird Harry sehr emotional gezeigt. Er ist überglücklich, dass seine Freunde Hermine und Hagrid wieder zurück sind. Hermine nimmt er strahlend mit geschlossenen Augen in die Arme. Auch Hagrid wird herzlich gedrückt (s. Seq. 59). Die Wirkungsabsicht dieser Präsentation liegt nahe: Er ist „ein kleiner, unerschrockener Held, der selbst so viele Probleme im Leben hat und dabei so angenehme Werte vertritt wie Freundschaft und Vertrauen." (Humann, zit. nach Müller 2003, S. 2). Dass dieser Held, wie Humann treffend anmerkt, auch seine Probleme und seine „schwachen Momente" hat, entspricht der menschlichen Dimension seiner Wesensmerkmale und muss seinem Ansehen nicht zwangläufig schaden.

Vorrangig am Anfang des Films wird die Figur von negativen Gefühlen eingeholt: Bei den Dursleys ist Harry unsicher und schwach. Wut, Verzweiflung und Hoffnungslosigkeit dominieren hier (s. Seq. 1-4), bei seiner Reise mittels Flohpulver und anschließend in der Nokturngasse zeigt er große Angst (s. Seq. 7). Im Laufe des Films nimmt sein Ansehen Schaden, denn er hört Stimmen, die kein anderer wahrnimmt und befindet sich zum falschen Zeitpunkt am falschen Ort. Später erleben die SchülerInnen, dass Harry die Schlangensprache Parsel spricht, was ihren Verdacht noch zusätzlich bekräftigt, er sei der Erbe Slytherins und habe die Kammer geöffnet. So wird er für kurze Zeit vom beliebtesten zum verachtetsten und gefürchtetsten Schüler Hogwarts degradiert, einer persona non grata, der außer von seinen engsten Freunden von allen gemieden wird (s. Seq. 29-31). Diese Erfahrung des Protagonisten, der verzweifelt und hilflos reagiert, ist überaus menschlich und nachvollziehbar. Hierdurch erscheint Harry für die ZuschauerInnen nicht unerreichbar, sondern alltagsnah.

Am Ende des Films gibt sich Harry trotz der heldenhaften Leistung in der Kammer des Schreckens aufgrund der Parallelen zu Voldemort unsicher, deprimiert und voller Selbstzweifel, die erst dank Dumbledores Bestätigung ausgeräumt werden können (s. Seq. 55). Die Kamera vermittelt seine Emotionen in mehreren Großaufnahmen. Gerade diese Menschlichkeit, seine vollkommene Unvollkommenheit schaffen eine Nähe zu den ZuschauerInnen. Seine Heldenhaftigkeit erlangt Harry auch durch seine Zielstrebigkeit, Bestimmtheit und Stärke sowie seine Bestimmtheit. Er weiß, was er will: unbedingt nach Hogwarts zurückkehren, das Rätsel der Kammer des Schreckens lüften und herausfinden, wer der wahre Erbe Slytherins ist, seine und Hagrids Unschuld beweisen, die Kammer finden und Ginny retten. Konflikte entstehen daraus, dass Figuren, etwa Harry vs. Dobby, unterschiedliche, unvereinbare Ziele haben. Daraus resultiert eine Komplikationshandlung, die bei den ZuschauerInnen Spannung erzeugt.

Doch tritt Harry an vielen Stellen im Film auch sehr selbstbewusst auf: Er bietet Tom Riddle alias Lord Voldemort in der Kammer des Schreckens selbstsicher die Stirn, indem er ihm verkündet, dass er es diesmal nicht geschafft habe, sein Werk zu vollenden, da in wenigen Stunden der Alraunen-Trank zum Wiederbeleben all derer, die versteinert wurden, fertig sei. Hinzu kommt, dass er an dieser Stelle energisch und bestimmt zunächst Hagrid und anschließend mit einem selbstsicheren Grinsen Dumbledore verteidigt, was die Kamera in Großaufnahme zeigt (s. Seq. 53). Heldenhaft meistert er den Kampf mit dem Baselisken. Obwohl er durch das Gift des Baselisken äußerst schwach ist, zieht Harry das Tagebuch hervor und sticht den Giftzahn hinein. Selbst gegenüber Fawkes, dem Phönix, zeigt er schwer verletzt nach dem finalen Kampf Größe, indem er selbstkritisch meint: „Du warst super, Fawkes, ich war nur etwas zu langsam." Nachdem ihn Fawkes durch seine Tränen geheilt hat, ist Harry erleichtert und hoffnungsvoll. Er gibt diesen Optimismus weiter an Ginny und formuliert ihn so auch explizit für die RezipientInnen: „Alles wird gut, Ginny. Es ist vorbei, nur eine Erinnerung, nichts weiter" (s. Seq. 54). Die Musik trägt in dieser Sequenz zu einer Emotionalisierung bei: Immer wenn Fawkes erscheint, ertönt eine beschwingte, gefühlvolle Musik, die das emotionale Element unterstützt.

Der Roman akzentuiert stärker das Leiden der Figur, als sich Harry beim Quidditch-Turnier den Arm bricht (s. Seq. 25) und in der Nacht, in der seine Knochen nachwachsen (s. Seq. 27). Der Film hingegen betont seine Tapferkeit in Verbindung mit anderen Tugenden des Helden, der in großer Überlegenheit handelt: In der Kammer des Schreckens trägt er Ginny behutsam, aber bestimmt auf, was sie tun soll, um sich zu retten: „Ginny, als allererstes musst du hier raus, geh zum Ende der Kammer, dort findest du Ron" (s. Seq. 54).

Weitere filmtypische Elemente sind so genannte „Actionszenen" ohne textuelle Parallele im Roman, die den Helden weitergehend charakterisieren. Es sind medienspezifische Ergänzungen der Romanvorlage, die dank digitaler Bildbearbeitung perfekt erscheinen. Die erste Actionszene, die nicht im Roman vorhanden ist, findet sich in Sequenz 10: Harry wird aus dem fliegenden Auto geschleudert und kann sich nur noch am Griff der offenen Tür festhalten. Schnell wechselnde Perspektiven und Großaufnahmen der Gesichter sorgen für Dramatik. Das Auge der Kamera zeigt das Geschehen auch aus Harrys Blickwinkel („erblickter Blick"). Die Blickachse der RezipientInnen und der Kamera ist dabei gleich, sodass die Angst der Figur sehr nahe erlebt wird. Ein weiteres Beispiel ist das Quidditch-Turnier in Sequenz 25: Harry liefert sich mit Draco eine wilde Verfolgungsjagd nach dem Goldenen Schnatz, während der andere Spielball, der „verrückte" Klatscher, hinterher fliegt und diverse Zerstörungen anrichtet. Beide sausen mit enormer Geschwindigkeit durch das Gewölbe unter den Tribünen. Wie bei einer echten Verfolgungsjagd liegt die Kamera mal vor und mal hinter den beiden. Mal befindet sie sich seitlich neben, mal über ihnen. Hat sie die Führung übernommen, schauen die RezipientInnen direkt in Harrys angestrengtes Gesicht, das in Großaufnahme gezeigt wird. Ist sie zu langsam, sausen die zwei über sie hinweg. Teilweise zeigt die Kamera den waghalsigen Flug auch aus Harrys Sicht. Die ZuschauerInnen erleben so hautnah mit, wie der Klatscher nur haarscharf sein Gesicht verfehlt. Dadurch dass die Kamera Harry und Draco verfolgt, auf sie zukommt oder vor ihnen flüchtet, werden die ZuschauerInnen verstärkt ins Handlungsgeschehen involviert. Die erhöhte Schnittfrequenz verleiht dieser Actionszene Spannung, Dynamik und Dramatik, was die ZuschauerInnen wiederum verstärkt mitfiebern lässt. Schließlich wirft es

Draco vom Besen. Kurz bevor Harry den Schnatz fängt, rammt der Klatscher seinen Arm. Obwohl er verletzt ist, taumelt er nur kurz und versucht sofort weiter den Schnatz zu fangen, was ihm dann auch gelingt. Nach der unsanften Landung wird Harry, der stolz und überglücklich den Schnatz in der Hand hält, sogleich erneut dreimal von dem Klatscher attackiert.

Eine weitere Actionszene, die der Roman nicht aufweist, zeigt der Film in der Kammer des Schreckens. Harry zieht das Schwert aus dem Sprechenden Hut und klettert auf die riesige Statue von Salazar Slytherin. Der Baselisk greift ihn daraufhin an und schlägt auf den Stein ein, sodass Harry nur noch mit einer Hand an einem Vorsprung hängt. Die ZuschauerInnen sehen die Gefahr aus der Oberperspektive, was die Höhe verdeutlichen soll, und aus den Augen des bedrohten Helden, was die Dramatik der Situation steigert. Oben auf dem Kopf der Statue angelangt, bekommen die ZuschauerInnen in einer Halbtotalen[14] einen Überblick über den spektakulären Kampf. Als Harry stürzt und das Schwert herunterzurutschen droht (Detailaufnahme), zeigt die Kamera sein Entsetzen und seine Panik wiederum in Großaufnahme („erblickter Blick"). Diese filmische Gestaltung präsentiert seine Innenperspektive, reflektiert seine mentalen Prozesse in dieser nahezu ausweglosen Situation und zeigt schließlich seine heldenhafte Tat: Entschlossen greift Harry nach dem Schwert und sticht es dem Baselisken ins Maul. Kurz darauf zieht er sich das Überbleibsel des Kampfes aus dem Arm, einen Giftzahn des Baselisken. Der Baselisk bricht taumelnd in sich zusammen, wobei er plötzlich in einem Schreckmoment für die ZuschauerInnen bedrohlich nah an die Kamera und somit auch an die BetrachterInnen herankommt (s. Seq. 53). Das audiovisuelle Medium zeigt so unter Einsatz vielfältiger filmischer Mittel, wie die Zentralfigur zusehends an Persönlichkeit und Selbstbewusstsein gewinnt und menschliche Tugenden des Helden entwickelt.

Auch Kontraste zu anderen Filmfiguren tragen zu einer Charakterisierung von Harry bei; dies soll hier nur am Vergleich mit Ron gezeigt werden. Ganz im Gegensatz zu Harry wird die aufgrund seiner roten Haare in den Medien schlicht als „Rotschopf" bezeichnete Figur Ron häufig als „weicher Typ" dargestellt wie beim Entdecken der Spinnen im Schloss, beim Trinken des Vielsaft-Trankes (ein Verwandlungstrunk), bei dem ihm übel wird, und insbesondere im Verbotenen Wald bei den Spinnen. Der Kontrast zu dem Protagonisten wird hier besonders deutlich (s. Seq. 47): Da die Figur Ron vor Angst und Panik wimmert und winselt, wirkt Harry umso heldenhafter, mutiger und tapferer. Er bleibt beinahe kontinuierlich ruhig, vernünftig, überlegt und gefasst. Er hat das Kommando, gibt die Handlungsanweisungen und weist auch Ron zurecht: „Ruhe!", „Komm schon!", „Fahr schon!", „Los weg hier.", „Na los!", „Schneller!", „Mach schon!", „Wir müssen fliegen!", „Zieh die Kiste hoch!", „Ron, Vorsicht!". Er geht mutig voraus, spricht mit der Monsterspinne Aragog und zaubert den Weg

---

[14] In der Halbtotalen werden die agierenden Figuren gleichberechtigt im Handlungsraum präsentiert. Sie sind hierbei von Kopf bis Fuß zu sehen, sodass ihr Agieren für die ZuschauerInnen sichtbar ist.

frei. Seine Qualitäten als Führungsperson werden besonders im Kontrast zu dieser Figur deutlich. Im Gegensatz zu Ron, der nicht versteht, wozu diese Tortur im Wald gut gewesen sein soll, weiß Harry, dass sie etwas sehr Wichtiges herausgefunden haben: dass ihr Freund Hagrid die Kammer weder heute noch damals geöffnet hat und er demnach unschuldig ist. Die Sequenz im Verbotenen Wald stellt der Film allerdings anders als das Buch dar, denn im Roman existiert dieser extreme Kontrast zwischen Ron und Harry nicht: „Sie [Harry und Ron, d. Verf.] warteten, am ganzen Leib zitternd und wagten nicht, sich zu bewegen." (Rowling 1999, S. 283), „Starr vor Schreck standen sie da und warteten." (ebd., S. 282). Im Gegensatz zum Film hat die Romanfigur Harry wie die Filmfigur Ron große Angst: „Zu Tode erschrocken schlug er um sich" (ebd., S. 284), „das schlimmste Spektakel [...], das er je gesehen hatte", „Sein Herz schien die Brust verlassen zu haben und in der Kehle zu pochen", „Harry raffte den letzten Mut zusammen" (ebd., S. 286). Während der Roman die Ängste beider Protagonisten exponiert, intendiert der Film offenbar die Präsentation eines eindeutigen Helden. Auch vor und während der Verwandlung in Crabbe und Goyle (Seq. 34-36), und in den unterirdischen Gewölben (Seq. 52-54) ist Harry in seiner Überlegenheit federführend: Er geht erneut voraus und weiß, was zu tun ist. So gibt er Ron in den Katakomben die Anweisung, die Steine für den Rückweg wegzuräumen, während er weitergeht und alleine nach Ginny sucht, was ihn sehr mutig erscheinen lässt.

Im Anschluss an die oben aufgeführten Ergebnisse soll nun auf die vermehrten Identifikationsangebote mit Harry als eine mögliche Ursache für den Publikumserfolg der Figur bei der zweiten Umfrage eingegangen werden. Die Identifikationsangebote an die RezipientInnen wurden mit vielseitigen filmischen Mitteln und unter einer neuen Figurenkonzeption produziert. So sind die Empathie der ZuschauerInnen, ihr starkes Involvement und die daraus resultierende identifikatorische Nähe zum Helden während des Filmerlebnisses das Ergebnis eines raffinierten Zusammenspiels folgender gezielt eingesetzten Gestaltungsmittel: fesselnde Action, gelungene Animationen u.a. beim Quidditch (s. Seq. 25), im Verbotenen Wald (s. Seq. 47) und dem finalen Kampf mit dem Baselisken (s. Seq. 53), rasante Kamerafahrten, wechselnde Perspektiven, Achsenverhältnisse, die die ZuschauerInnen das Geschehen aus der Sicht des Protagonisten erleben lassen,[15] „intime" Einstellungen durch zahlreiche Nah- und Großaufnahmen, emotionsgeladene Filmmusik – von gefühlvoll und hoffnungsvoll bis düster, bedrohlich und dramatisch.

Zu einer Verbindung zwischen RezipientInnen und der Filmfigur Harry kommt es v.a. dann, wenn mit der eigenen Person Übereinstimmungen festgestellt werden und das Identifikationsvorbild somit Bedürfnisse und Wünsche stellvertretend befriedigen kann (vgl. Bonfadelli 1999, S. 198). Denn je mehr der Film mit seinen Vermittlungs-

---

[15] Haben der Protagonist und die ZuschauerInnen dabei durch die Kameraführung denselben Wissensstand, kommt es eher zu einer identifikatorischen Nähe, da sich der Zuschauer auf der gleichen Ebene mit dem Protagonisten fühlt.

formen die ZuschauerInnen und ihren Erfahrungshorizont anspricht, umso größer ist die Möglichkeit der Identifikation (vgl. Faulstich 2002, S. 22). *Harry Potter und die Kammer des Schreckens* bietet hierzu eine Vielzahl von Möglichkeiten, indem er Vertrautes aufgreift und in einem phantastischen Gewand präsentiert: So ist der fiktive soziale Raum des Films, die Zauberschule Hogwarts, ähnlich wie der reale soziale Raum der ZuschauerInnen beispielsweise eines realen Internats oder einer normalen Schule strukturiert. Es existieren außerdem wirklichkeitsähnliche Freund- und Feindschaften, die ein Pendant in den Erfahrungen der ZuschauerInnen finden. In dieser Konzeption ist es stimmig, dass das Ansehen des Helden zwischenzeitlich ins Wanken gerät und dass er am Ende wieder als Sieger hervorgeht.[16]

Die Figur Harry repräsentiert sowohl den Wunsch nach Anerkennung als auch jenen, ein anderer zu sein, als er ist,[17] der sowohl für Kinder wie für Erwachsene ebenso bedeutsam werden kann (vgl. Spinner 2001, S. 11f.). Harry wird so unabhängig vom Alter der RezipientInnen zu einer „Identifikationsfigur für eine phantasierte Identitätssuche" (ebd.). Dazu bedarf es keines vollkommenen Helden – gerade seine Unvollkommenheit in Form seiner menschlichen Unzulänglichkeit bringt ihn den RezipientInnen näher. Hier zaubert kein omnipotenter Supermann, sondern ein ganz normaler Junge. Vom ersten zum zweiten Film wird Harry den ZuschauerInnen immer vertrauter – sie entdecken nicht nur die Zauberwelt immer ein Stück mehr, sondern auch die Figur Harry samt ihrem Identifikationspotential.

Im Vergleich der beiden Verfilmungen zeigt der Protagonist Harry eine interessante Weiterentwicklung. Die Filmfigur weist trotz einiger Abstriche zur Romanvorlage eine Vielzahl von unterschiedlichen Charaktereigenschaften auf. Vor allem sein Mut, seine Tapferkeit, seine Cleverness, seine gefühlvolle Art und sein Selbstbewusstsein machen ihn zu einem Helden, mit dem sich die ZuschauerInnen identifizieren können. Die Ergebnisse der Umfrage zum Film bestätigen dies, denn im Vergleich zur ersten Umfrage hat die Figur Harry deutlich an Beliebtheit zugenommen. Ihn sehen die ZuschauerInnen zuerst, wenn sich die Wolken nach dem Filmtitel zu Begin des Films lichten, und wenn zum Abschluss noch einmal alle wichtigen Figuren des Films in Großaufnahme gezeigt werden, gilt ihm die allerletzte Großaufnahme der Kamera, wie er glücklich strahlt, bevor die Kamera die Große Halle langsam verlässt. Harry, der zu Beginn des

---

[16] Die Umfrage bestätigt hier Bonfadellis Annahmen einer Identifikation hauptsächlich mit Hauptfiguren des gleichen Geschlechts und der gleichen Altersgruppe (vgl. Bonfadelli 1999, S. 198): Vorzugsweise Kinder, darunter vermehrt Jungen favorisierten im Rahmen der Umfrage den Helden Harry. Die Gruppe der 10-13-Jährigen war hierbei am stärksten vertreten, wobei 12-jährige Kinder dominierten, was genau dem Alter des Helden im zweiten Teil entspricht. Eine Identifikation mit dem Protagonisten liegt aufgrund dessen gerade für die gleichaltrigen RezipientInnen nahe (zu den Geschlechterpräferenzen vgl. ausführlich Hundeshagen in diesem Band, S. 172ff.).

[17] Harry kann nur schwer akzeptieren, dass er auch Eigenschaften des bösen Lord Voldemorts, etwa die Fähigkeit, Parsel zu sprechen, besitzt. Um zu beweisen, dass er nicht der Erbe Slytherins ist, verwandelt er sich sogar kurzzeitig in eine andere Person.

Films noch der passiv Erleidende ist, entwickelt sich zum aktiv Handelnden. *Harry Potter und die Kammer des Schreckens* ist demnach die Geschichte eines Helden, der sich im Kampf mit seiner Umwelt, den anderen und mit sich selbst zu bewähren hat, bis er sich schließlich im Kampf mit seinem Feind, dem Antagonisten Lord Voldemort stellt und ihn erneut besiegt.

4.2 Dobby

Die Figur Dobby wird im zweiten Roman und auch im Film neu eingeführt. Dobby ist ein so genannter Hauself, ein Phantasiegeschöpf mit magischen Fähigkeiten, weder Mensch noch Tier. Es ist ein untergeordnetes Mitglied der magischen Welt, das in seiner Charakteristik für niedere Putz-, Küchen- und sonstige Dienstleistungstätigkeiten zuständig ist und in der Gesellschaft der Zauberer keinerlei Macht oder Ansehen hat – ein „underdog" also. Trotz seines niederen Standes kommt Dobby eine bedeutsame Rolle zu, wie auch das Filmplakat bzw. das Video- und DVD-Cover vermuten lassen, auf dem Dobby links unten im Bild eine wichtige Position einnimmt. Bemerkenswert ist, dass der Kopf dieser Figur beinahe so groß wie der von Harry erscheint, was auf die Wichtigkeit der Figur schließen lässt (vgl. Abb. 2, S. 135).

Abb. 3: Die Figur Dobby, hier bei ihrem ersten Auftritt im Film. © Warner Bros, Quelle: http://geekculture.dk/visbillede.php3?id=1682

Der vollständig computeranimierte Dobby taucht im Buch wie im Film insgesamt an drei Passagen auf: am Anfang bei den Dursleys, in der Mitte der Handlung und am Ende. Im Roman handelt es sich um die Kapitel „Dobbys Warnung", „Der besessene Klatscher" und „Dobbys Belohnung". Insgesamt ist Dobby somit im Buch auf 18 Seiten bzw. 5 Prozent des Gesamtumfangs präsent. Im Film tritt Dobby ebenfalls in diesen drei Phasen in Erscheinung, aufgeteilt auf vier Sequenzen (Seq. 3, 27, 56 und 57) mit einer Gesamtpräsenz von 12 Minuten – das sind 8 Prozent der Gesamtfilmdauer.

Allein schon durch sein äußeres Erscheinungsbild ist Dobby ein außergewöhnliches Geschöpf.[18] Er besticht durch seine großen, fledermausähnlichen Ohren, seine lange schmale Nase und seine riesigen, hervorquellenden grünen und kugelrunden Augen. Bekleidet ist der kleine Elf mit einem alten, schmuddeligen Kissenüberzug mit Löchern für Arme und Beine. Sein bräunlicher, hagerer Körper und sein kahler Kopf erinnern an ein altes, runzeliges Männlein. Der Erzähler im Roman beschreibt Dobby beispielsweise als eine „große, hässliche Puppe mit einem Schluckauf" (Rowling 1999, S. 17).

Neben seinem Äußeren ist auch Dobbys Stimme sehr markant. Seine durchdringende, teils krächzende, teils piepsige Stimme ist sehr typisiert und ebenso wenig zu überhören wie sein Jammern und Winseln sowie seine geräuschvollen Tränen. Einen enormen Geräuschpegel verursachen darüber hinaus seine ständigen Selbstbestrafungsanfälle. Dobby meint, er müsse sich selbst immer für irgendetwas bestrafen. Seine Methoden hierbei sind vielfältig: Mal stößt er seinen Kopf gegen den Schrank, ein anderes Mal greift er zur Schreibtischlampe, einer Flasche oder Ähnlichem. Währenddessen schluchzt er mehrmals lauthals: „Böser Dobby! Böser Dobby!" (s. Seq. 3 und Rowling 1999, S. 17). Dobbys Bestrafungen sind ganz im Sinne seiner strengen Zaubererfamilie, den Malfoys, die ihn zwar schlecht behandeln, über die er aber niemals schlecht reden darf. Er befürchtet, dass er für immer und ewig dazu verdammt sei, ihnen wie ein Sklave dienen zu müssen. Die einzige Möglichkeit für Dobby, seine Freiheit zu erlangen, ist, von seinem Gebieter Kleidung geschenkt zu bekommen.

Dobby zählt nicht zu den Protagonisten des Films, sondern zu den Nebenfiguren. Trotzdem kann er nicht eindeutig als eindimensionale, statische Figur bezeichnet werden, da er sich im Film weiterentwickelt. Gerade am Ende des Films in den Sequenzen 56 und 57 überrascht der Elf die ZuschauerInnen mit neuen, bislang untypischen Charakterzügen. Zwar ist Dobby nur von sekundärer Bedeutung für den Handlungsverlauf, weil sich die Geschichte auch ohne ihn ereignen könnte, außerdem ist er innerhalb der Gesamthandlung von 12 Minuten bzw. 18 Seiten eher unterrepräsentiert, dennoch stellt er eine dominante, einprägsame Figur mit unterschiedlichen Facetten dar. Sein sehr eigener Charakter zeigt sich hauptsächlich in Form von Selbstcharakterisierungen wie durch sein Auftreten, sein Handeln und seine Mimik und Gestik. Dobby lässt sich als enthusiastisch, depressiv, sensibel, demütig, ungeschickt, ehrfürchtig, dickköpfig, selbstlos, einfallsreich und kameradschaftlich beschreiben.

Zunächst lässt sich konstatieren, dass Dobby eine sehr emotionale Figur ist. Wenn er traurig und verzweifelt ist – was größtenteils der Fall ist –, dann lebt er dieses Gefühl lautstark aus: Er schluchzt, heult, wehklagt, stöhnt, quiekt, zittert, winselt und jammert mit wässrig-traurigen oder weit aufgerissenen Augen. Die Glücksgefühle lebt der Elf

---

[18] Die Autorin Joanne K. Rowling bestimmte höchstpersönlich im Entstehungsprozess des Films das reale Aussehen des Hauselfen (vgl. Faber 2002, S.11).

ähnlich intensiv aus. Als er dank Harrys List seine Freiheit erlangt, reißt Dobby seine großen Augen weit auf, wobei seine Ohren freudig nach oben gehen; er wiederholt fassungslos voller Enthusiasmus, dass er nun frei sei; er jauchzt und drückt ergriffen die Socke an sein Herz. Auch beginnt Dobby beispielsweise jedes Mal vor Rührung lautstark zu heulen, wenn Harry etwas Nettes zu ihm sagt, da er derlei nicht gewöhnt ist.

Bis auf die letzte Szene, in der Dobby vom Sklavenstand befreit wird, wirkt der Hauself insgesamt gesehen eher unterwürfig und depressiv. So lässt er die meiste Zeit niedergeschlagen den Kopf hängen, während er larmoyant Harry sein Anliegen schildert, ihn von Hogwarts fernzuhalten. Von sich selbst spricht er demütig nur in der dritten Person. Demut und Unterwürfigkeit zeigt Dobby aber nicht nur gegenüber Harry, sondern v.a. als treu ergebener Sklave dem grausamen Mr. Malfoy. Dobby verhält sich Harry gegenüber zwar auch unterwürfig, sein Verhalten ist aber von einer tiefen Bewunderung, Ehrfurcht und Wertschätzung gegenüber dem jungen Zauberer gekennzeichnet, den er respektvoll mit „Sir" anredet: „‚Harry Potter ist demütig und bescheiden', sagte Dobby ehrfürchtig und seine kugelrunden Augen erglühten." (Rowling 1999, S. 19). „Harry Potter muss da bleiben, wo er in Sicherheit ist. Er ist zu groß, zu gut, um verloren zu gehen. [...] Er ist zu wichtig, Sir!" (ebd., S. 20). „‚Harry Potter setzt sein Leben für Freunde ein!', stöhnte Dobby in einer Art wehmütiger Begeisterung. ‚So edel, so tapfer!'" (ebd., S. 187).

Trotz aller fragwürdigen Taten, die Harry für den Moment in Schwierigkeiten gebracht oder auch verletzt haben, ist es seine Intention, Harry zu helfen und ihn vor den „schlimmen Dingen" zu beschützen, die in Hogwarts geschehen werden. In ihrer Zielstrebigkeit, den Protagonisten Harry vor einer dunklen Gefahr zu bewahren, zeigt sich die Filmfigur im Gegensatz zum Roman an manchen Stellen unbeholfen und geradezu tollpatschig und verstärkt dadurch das filmische Element der Komik. So rennt er, als er die Treppe bei den Dursleys hinabsaust, zunächst einmal gegen die Wand. Als er im Krankenzimmer dem wütenden Harry zu entfliehen versucht, springt er vom Bett und landet ungeschickt auf seinem Hinterteil. Durch seine Unbeholfenheit, seine extremen Gefühlsausbrüche und nicht zuletzt auch durch seine übertriebene Gestik und Mimik (etwa das Aufreißen seiner riesigen Augen und sein Ohrenwackeln), ruft der Hauself nicht nur Empathie bei den ZuschauerInnen hervor, sondern trägt gleichzeitig auch zu deren Belustigung bei. Folglich befinden sich die RezipientInnen zwischen Mitleid und Amüsement angesichts der Szene, in der Dobby Harry seine gebügelten und aufgrund dessen verbundenen Hände entgegenhält. Die Absicht dieser Figurendarstellung ist simpel: Dobby soll trotz der Probleme, die er der Heldenfigur Harry bereitet, keine Figur sein, die Antipathien der RezipientInnen auf sich zieht. Eine zärtliche Geste gegenüber Harry, die im Buch ebenfalls nicht zu finden ist, stützt diese These: Als Harry ihn festhält, um ihn von einer Selbstbestrafungsattacke abzuhalten, streichelt Dobby seine Hand und meint zu ihm: „Dobby will doch nur, dass ihm nichts Schlimmes zustößt."

Dobby tritt im Film – im Gegensatz zum Buch – teilweise fröhlicher in Erscheinung. Roman und Film stellen die Glücksgefühle beim Erlangen seiner Freiheit zwar gleichermaßen dar, der Film gestaltet jedoch weitere Sequenzen, um Dobbys Leiden kurzfristig entgegenzuwirken. So kauert er nicht wie im Buch auf dem Bett von Harry, sondern hüpft ausgelassen und freudig darauf herum. Darüber hinaus tupft Dobby Harry im Roman nachts im Krankenzimmer niedergeschlagen und mit einer Träne an seiner Nasenspitze die Stirn ab. Im Film taucht Dobbys Kopf in einer Großaufnahme überraschend vor Harry und somit zugleich auch den ZuschauerInnen auf, die mit einem fröhlichen „Hallo!" (s. Seq. 27) begrüßt werden. Überraschend sind ferner Dobbys Mut und seine Bestimmtheit am Ende des Films, was ganz im Gegensatz zu seinem beschädigten Selbstbewusstsein und seiner Unsicherheit steht: Nachdem Harry ihn von seinem Sklavenstand befreit, holt Mr. Malfoy wutentbrannt zum Angriff gegen Harry aus. Dobby reagiert ohne zu zögern. Beschützend stellt er sich vor seinen neu gewonnenen Freund, wobei er nur halb so groß ist wie Harry, was nur in der visuellen Darstellung herausgearbeitet wurde. Während er seine dünne Hand ausstreckt, sagt Dobby mit ungewohnt energischem und bösem Blick: „Sie werden Harry auf keinen Fall Leid zufügen!". Kurz darauf schießt ein bläulicher Strahl aus seiner Hand. Mr. Malfoy wird ein paar Meter durch die Luft geschleudert, sodass er unsanft auf dem Rücken landet. Dobby, der immer noch vor Harry steht, verschränkt die Arme und gibt – immer noch die Socke fest in der Hand – abfällig triumphierend ein „Hm" im Sinne von „So, das wäre erledigt!" von sich, was ebenfalls nur im Film vorkommt. Er nickt dabei zufrieden, begleitet von einem lustigen Ohrenwackeln, was wiederum als komisches Element zu werten ist.

Die Tatsache, dass Dobby im Film ohne Zauberstab zaubert, zeugt von enormen Kräften und präsentiert diese Figur in vergleichsweise großer Macht. Er lässt Kuchen schweben und hinunterfallen, verzaubert die Absperrung zum Gleis 9 ¾, verhext den Klatscher beim Quidditch-Turnier und wirbelt Mr. Malfoy durch die Luft. Nachdem die RezipientInnen einen Einblick in Dobbys Zauberkräfte erhalten haben, verfällt er wieder in seine alte unterwürfige Rolle gegenüber Harry. In dieser kontrastiven Spannung zwischen Macht und Demut gewinnen beide Figuren an Schärfe.

Seine Mimik und Gestik und das für ihn typische Ohrenwackeln charakterisieren Dobby zusätzlich. Sie verleihen ihm Individualität und bringen ihn den RezipientInnen nahe. Dazu kommen gegenüber der Buchvorlage teilweise neue Details, z. B. sein erschrockener Ausruf: „Hätt ich doch bloß nichts gesagt!" im Krankenzimmer (s. Seq. 27). Interessanterweise war dieser Ausruf die charakteristische Redewendung Hagrids in *Harry Potter und der Stein der Weisen*, der deutlich für Sympathien der ZuschauerInnen sorgte. Vor allem die Mimik seiner ständig mitwackelnden Ohren und seiner großen Augen (vgl. „Kindchenschema" im Begriffsverständnis der pädagogischen Psychologie) kommen durch derartige Einstellungsgrößen deutlich zur Geltung. Eine besonders intime Atmosphäre wird außerdem durch das Schuss-Gegenschuss-Verfahren erzeugt, dass vorzugsweise dann verwendet wird, wenn Dobby Harry etwas mitteilt. Die Unter- und Oberperspektiven setzten Dobby und Harry zusätzlich in Szene. Die letzte Einstellung, in der die RezipientInnen Dobby wahrnehmen, zeigt ihn in einer Nahaufnahme, wie er glücklich Harry anstrahlt. Der Handlungsstrang der Figur Dobby ist so mit einem Happy-End abgeschlossen.

Es lässt sich zusammenfassen, dass Dobby die ZuschauerInnen in erster Linie durch Erzeugung von Emotionen – insbesondere Empathie – für sich gewonnen hat. Denkbare Gründe für den großen Erfolg dieser Figur im Rahmen der Umfrage ist des weiteren Dobbys Einprägsamkeit: sein außergewöhnliches Erscheinungsbild gekoppelt mit seiner übertriebenen Mimik und Gestik, die durch zahlreiche Nah- und Großaufnahmen noch betont wird. Selbst die LeserInnen wurden nicht enttäuscht, da sich die Sequenzen, in denen Dobby zu sehen ist, eng an die Romanvorlage halten.

4.3 Hagrid

Die Figur des Rubeus Hagrid ist den LeserInnen wie auch ZuschauerInnen schon aus dem ersten Film bekannt. In beiden Filmen spielt Robbie Coltrane den Wildhüter, die „gute Seele" von Hogwarts, eine der Lieblingsfiguren Rowlings (vgl. Sturm 2001, S. 15). Von der Autorin persönlich bekam er den Rat: „Stell ihn Dir als einen riesigen Hell's Angle vor, der finster dreinblickend von seinem Motorrad steigt und Dir dann erzählt, wie schön es in seinem Garten blüht" (ebd.). Diese Vorstellung gilt auch für *Harry Potter und die Kammer des Schreckens*. Denn während bei der Figur Harry und ihrem Darsteller Daniel Radcliffe eine Modifizierung des Äußeren konstatiert werden kann, ist das äußere Erscheinungsbild des Wildhüters gleich geblieben: Hagrid ist „zweimal so groß wie ein gewöhnlicher Mann und mindestens fünfmal so breit" (Rowling 1998, S. 20). Sein Gesicht ist „fast gänzlich von einer langen zottigen Haarmähne und einem wilden, struppigen Bart verdeckt", seine Augen schimmern „wie schwarze Käfer" (ebd., S. 54), und er besitzt „Hände, so groß wie Mülleimerdeckel" und „Füße wie Delfinbabys" (ebd., S. 20). Neben seinem auffälligen Äußeren ist für ihn auch seine saloppe Umgangssprache v.a. im Film kennzeichnend, z.B. „Verdammig, der Klatscher hat's bloß auf Harry abgeseh'n!" (s. Seq. 25). Auch wenn es sich bei Hagrid um eine Nebenfigur handelt, stellt er keinen statischen „Schwarz-Weiß-Charakter" dar, sondern zeigt unterschiedliche Facetten: Während der erste Film ausschließlich Hagrids Stärken thematisierte und den ZuschauerInnen z.B. verschwiegen wurde, dass Hagrid ein gescheiterter Hogwarts-Schüler ist, der aus der Zauberschule hinausgeworfen wurde, werden im zweiten Film neben seinen Stärken auch seine Schwächen näher beleuchtet.

Die Stärken des Halbriesen vermittelt der Film in erster Linie in Form von Selbstcharakterisierungen, die im weiteren Verlauf aufgezeigt werden. Seine Charaktereigenschaften lassen sich wie folgt zusammenfassen: Er ist heldenhaft, fürsorglich, einfühlsam, gefühlvoll, zuverlässig, emotional und humorvoll.

Trotz seines wilden Aussehens und seines ungeschlachten Verhaltens hat er ein weiches Herz. Hagrid übernimmt eine ähnliche Rolle für Harry wie im ersten Roman und Film: die eines riesengroßen, verlässlichen Freundes mit väterlichen Zügen. Er stellt keine ehrfurchtgebietende Autorität dar, sondern zaubert im ersten Roman und Film sowie im zweiten Roman heimlich mit seinem rosa Regenschirm. Zwar findet sich Harry mittlerweile gut in der Zauberwelt zurecht, trotzdem benötigt er wie auch schon in *Harry Potter und der Stein der Weisen* Hagrids Hilfe. Hagrid tritt erst nach 58 Seiten bzw. 16 Minuten das erste Mal in Erscheinung, doch er entpuppt sich sogleich als Harrys Retter. In der düsteren Nokturngasse wird Harry von finsteren Gestalten in die Enge getrieben. Als Hagrid auftaucht, weichen sie respektvoll zurück. An dieser Stelle wird Hagrid zusätzlich durch die Kamera charakterisiert: Selbstbewusst steht er auf einer Anhöhe und wird dank Unterperspektive und einer Lichtquelle, die ihn wie einen Heiligenschein umgibt, filmtechnisch heroisiert (vgl. Abb. 4).[19] Hagrid hat Harry im ersten Teil in die Einkaufsmeile der Zauberwelt, die Winkelgasse, geführt, und er tut es auch diesmal. Allerdings hält er ihm väterlich eine „Standpauke" (s. Seq. 7). Als wahrer Freund zeigt sich Hagrid ebenfalls in Sequenz 32, als er aufgebracht in Dumbledores Büro gestürmt kommt, um für Harry Partei zu ergreifen. Selbst vor dem Zaubereiministerium würde er voller Überzeugung Harrys Unschuld beschwören. Für Dumbledore setzt sich Hagrid verbal gleichfalls tatkräftig ein und verteidigt ihn vor Cornelius Fudge und Lucius Malfoy (s. Seq. 46).

Abb. 4: Hagrid in der Nokturngasse. © Warner Bros,
Quelle: http://www.thealmightyguru.com/reviews/harrypotter/Images/Hagrid4.jpg

Während des gesamten Films – v.a. beim Quidditch-Turnier in Sequenz 25 – sorgt sich Hagrid um seinen Freund Harry, als dieser massiv von einem Klatscher attackiert wird. Nicht nur Harry gegenüber verhält sich der Halbriese fürsorglich: Er hilft Ron, als dieser Schnecken spuckt, und tröstet Hermine liebevoll und einfühlsam, nachdem sie von Malfoy als „Schlammblut"[20] beschimpft wurde. Am Ende des Films (s. Seq. 58) zeigt

---

[19] Ansonsten tritt eine Kameracharakterisierung eher verhalten auf und zeigt sich vorzugsweise in perspektivischen Darstellungen, die seine enorme Körpergröße in Szene setzen oder aber auch Nahaufnahmen, die dem Zuschauer seine Emotionen nahe bringen sollen.

[20] Das Wort „Schlammblut" ist in der Zauberwelt ein rassistisches Schimpfwort für jemanden, der nicht „reinblütig" ist, sondern aus einer Muggelfamilie mit nicht magischen Eltern stammt.

Hagrid große Dankbarkeit gegenüber Harry, Ron und Hermine. Vor allem Harry bringt ihm sehr viel Gefühl entgegen und zeigt ihm, wie wichtig er für ihn ist. Hagrid erwidert seine Zuneigung durch eine liebevolle Geste: Er streichelt während einer herzlichen Umarmung Harrys Kopf. Als der gesamte Saal zu klatschen anfängt, ihn umjubelt und feiert, reagiert der sonst so selbstbewusste Hagrid verlegen und gerührt.

Neben Gefühl zeigt der gutmütige Wildhüter auch Humor. Zum einen sorgt er durch sein bloßes Auftreten für Komik, z.B. als er mit einem toten Hahn in Dumbledores Büro gestürmt kommt und, während er lauthals für Harry Partei ergreift, unbewusst mit dem Hahn hin und her wedelt (s. Seq. 32). Zum anderen nimmt er sich selbst nicht so ernst, als er beispielsweise zufällig mitbekommt, wie Ron von Aragog spricht: „Haarig und verrückt – ihr sprecht doch nicht etwa von mir?" (s. Seq. 41). Vor allem am Ende des Films trägt Hagrid zur Belustigung der ZuschauerInnen bei, als er mitten in die Feier hereinplatzt und salopp und schlagfertig meint: „'Tschuldigt die Verspätung. Die Eule, die meine Entlassungspapiere gebracht hat, hat sich total verflogen. So'n bescheuerter Vogel namens Errol" (s. Seq. 58).

Hagrids Gefühle sind vielschichtig: Seine Emotionen reichen von Empörung über Malfoys Beschimpfung; seiner Antipathie gegenüber dem wichtigtuerischen Lockhardt (die er mit Ron und Harry teilt); seinem Zorn gegenüber Lucius Malfoy, als dieser sein Haus betritt; seiner Angst und Verzweiflung, als er erfährt, dass er nach in das Zaubergefängnis Askaban soll; bis hin zu intensiven Glücksgefühlen am Ende des Films.

Ein sympathisches Bild von Hagrid wurde den ZuschauerInnen schon im ersten Film vermittelt. Doch in *Harry Potter und die Kammer des Schreckens* wird Hagrid zwischenzeitlich in ein schlechtes Licht gerückt, was hauptsächlich durch Fremdcharakterisierungen geschieht und im Folgenden näher erläutert werden soll: In Sequenz 40 wohnt Harry einer Erinnerung bei, die von dem 16-jährigen Schüler Tom Riddle alias Lord Voldemort absichtlich inszeniert wurde, um Harry auf eine falsche Fährte zu locken. Im Rahmen dieser 50 Jahre in die Vergangenheit reichenden Erinnerung wird der damals junge Hagrid fälschlicherweise als Schuldiger dargestellt, die Kammer des Schreckens geöffnet zu haben und für den Tod einer Schülerin verantwortlich zu sein. Harry muss sehen, wie Tom Riddle Hagrid mit der bereits erwähnten Spinne Aragog, die sich in der Kiste neben ihm befindet, ertappt. Als Riddle Aragog aus der Kiste entfliehen lässt, reagiert Hagrid verzweifelt. Ohne Mitgefühl entgegnet Riddle, dass er ihn nicht gehen lassen könne und er einen Schulverweis sowie Zauberverbot erhalte.

Die Folge dieses Einblicks in die Vergangenheit ist, dass Harry nun denkt, Hagrid habe damals – wenn auch ohne böse Absicht – die Kammer des Schreckens geöffnet, um sein geliebtes Monster freizulassen. Statt eines zusätzlichen Schauspielers, um den damals jungen Hagrid darzustellen, ist diese Szene im Low-Key-Stil gehalten. Dunkelheit umgibt ihn, sodass nur seine Umrisse erkennbar sind. Somit fallen Nah- und Großeinstellungen seiner Verzweiflung weg, die bei den ZuschauerInnen verstärkt Empathie hätten hervorrufen können. Als Harry seinen Freunden von der schlimmen Neuigkeit berichtet (s. Seq. 41), sind Ron und Hermine zunächst von Hagrids Unschuld überzeugt, werden aber im Laufe des Gesprächs immer unsicherer. Wenn aber noch nicht einmal der Protagonist Harry und seine Freunde von Hagrids Unschuld überzeugt sind, wie sollen es dann die ZuschauerInnen sein? Als Hagrid während ihres Gesprächs zu ihnen stößt, haben sie nicht den Mut, ihn auf ihre Zweifel anzusprechen und lenken ab. Erst in Sequenz 46 beschließt Harry schließlich zusammen mit Ron, Hagrid aufzusuchen, um ihn doch auf ihre Verdächtigung anzusprechen. Doch sie kommen nicht dazu, da Hagrid Besuch von Zauberminister Fudge, Dumbledore und später auch Mr. Malfoy bekommt. Auch hier sprechen die Dinge nicht für ihn: Fudge nimmt ihn mit in das gefürchtete Zaubergefängnis, weil er nach mittlerweile drei Angriffen handeln musse. Außerdem sage seine Akte einiges gegen ihn aus. Selbst Dumbledores Einsatz für seinen Wildhüter kann ihm nicht mehr helfen.

Nachdem Hagrid Harry und Ron den versteckten Hinweis gegeben hat, den Spinnen zu folgen, begeben sich die beiden Jungen in den Verbotenen Wald. Während Harrys Gespräch mit dem Anführer der Spinnen, Aragog, erfahren die ZuschauerInnen, dass Hagrid zwar unschuldig ist und war, aber eine sonderbare Vorliebe für gefährliche Monster hat. So hat der junge Hagrid damals beispielsweise die grausame Kreatur versorgt, sie versteckt und gefüttert. Nicht nur, dass es schon vor 50 Jahren gefährlich war, ein solches Monster im Schloss bei den SchülerInnen zu halten. Nun bringt er auch noch Harry und Ron in Lebensgefahr, da die unzähligen Monsterspinnen Harry und Ron zwar keinen Schaden zufügen, aber entschlossen sind, die beiden nicht mehr gehen zu lassen. Selbst wenn Hagrid geglaubt hat, Aragog und sein Gefolge würden den beiden Jungen nichts antun, da sie Freunde von ihm sind, konnte er es nicht wissen und gefährdet sie somit. Daher regt sich Ron nach ihrer wohlbehaltenen Ankunft bei Hagrids Hütte auch immens über ihn auf: „‚Den Spinnen folgen, den Spinnen folgen' – Wenn Hagrid jemals aus Askaban rauskommt, bringe ich ihn um!" (s. Seq. 47).

Die bislang aufgeführten Verdächtigungen in Form von Fremdcharakterisierungen (von Harry, Ron, Hermine, Riddle, Fudge und Mr. Malfoy) sprechen zunächst gegen Hagrid. Das Bild der ZuschauerInnen von Hagrid verändert sich aber gemeinsam mit dem des Protagonisten Harry in dem Moment, in dem Aragog erzählt, dass Hagrid nicht die Kammer des Schreckens geöffnet habe und es ein ganz anderes Monster im Schloss gebe. Nun ist Harry vollends von Hagrids Unschuld überzeugt und froh, dies herausgefunden zu haben, selbst wenn sie sich dafür in Gefahr begeben mussten. Allerdings ist es fraglich, inwieweit Aragogs Fürsprache für den Wildhüter verloren gegangene Sympathien der ZuschauerInnen zurückgewinnen kann. Denn auch wenn der Anführer der Spinnen voller Achtung von Hagrid spricht und ihn als Freund und guten Mann bezeichnet, handelt es sich dennoch um die Meinung eines gefährlichen Monsters. Neben den oben genannten Darstellungen gibt es auch positive Fremdcharakterisierungen: So steht Dumbledore die ganze Zeit über vollends hinter Hagrid und glaubt felsenfest an seine Unschuld. Auch Harry verteidigt ihn – trotz seiner zwischenzeitlichen Zweifel – in der Kammer des Schreckens energisch vor Riddle.

Es lässt sich zusammenfassen, dass Selbst- und Fremdbild bei der Figur des Hagrid differieren. Das Fremdbild wird im Laufe der Handlung immer wieder von Verdächtigungen bestimmt. Hagrids Selbstbild bleibt hingegen unverändert: Er beteuert die ganze Zeit über seine Unschuld.

Warum spielt Hagrid im Rahmen der Umfrage zum zweiten Film ganz im Gegensatz zum ersten Film nur eine untergeordnete Rolle? Eine vergleichende Untersuchung der Roman- und Filmhandlung hinsichtlich positiver und negativer Handlungssequenzen zeigt es. Mit positiven Handlungssequenzen sind hierbei Filmsegmente gemeint, die den Halbriesen als freundliche, sympathische Figur darstellen. Negative Handlungssequenzen konzentrieren sich hingegen in erster Linie auf die Anschuldigung, er habe die Kammer geöffnet, und auf seine seltsame Vorliebe für monströse Kreaturen.

Im Roman agiert die Figur auf 16 Seiten und in drei Nebensätzen. Indirekt wird er auf fünf Seiten und drei Sätzen durch andere Figuren thematisiert. Insgesamt gesehen ist er somit auf ca. 21 Seiten im Roman präsent. Daraus ergibt sich folgende Struktur: 38 % der Darstellung von Hagrid im Roman sind negativ konnotiert, 52 % positiv und 10 % enthalten sowohl positive als auch negative Tendenzen bezüglich seiner Charakterisierung. Es lässt sich demnach folgern, dass die Romanfigur durchaus einen Imageverlust erleidet, letzten Endes überwiegen aber die Buchpassagen, die ihn positiv darstellen und seine Stärken verdeutlichen. Anders verhält es sich im Film: Hagrid wird im Film direkt und indirekt insgesamt 17 Minuten und 22 Sekunden thematisiert: 12 Minuten und 58 Sekunden davon ist er auf der Leinwand zu sehen (direkte Darstellung) und 4 Minuten und 24 Sekunden ist er in den Worten der anderen Figuren präsent (indirekte Darstellung). Die Auswertung des Verhältnisses von positiv und negativ vermitteltem Bild der Figur Hagrid ergibt hier: 38 % der Darstellung des Film-Hagrids sind positiv besetzt, 46 % hingegen negativ, 16 % der Handlung ist sowohl positiv als auch negativ konnotiert. Fazit ist daher, dass im Gegensatz zur Romanvorlage den ZuschauerInnen vermehrt ein negatives Bild von Hagrid vermittelt wird.

Im Film zeigt sich die Intention, Hagrids Ansehen zu stärken, indem er das Ende modifiziert. Im Roman wird nur in einem Nebensatz erwähnt, dass Hagrid am Ende auf dem Fest auftaucht. Der Film zeigt die Feier stattdessen fast fünf Minuten lang, davon stellen fast drei Minuten das positive Image dieser Figur wieder her: Die Kamera fixiert das Tor der Großen Halle, das sich langsam öffnet und in dieser Perspektive die Erwartung der RezipientInnen schürt. Hagrid betritt den Saal. Er geht durch die Reihen der sprachlosen SchülerInnen und bleibt schließlich vor Harry, Ron und Hermine stehen. Verlegen meint er: „Also eins ist wohl klar, wenn du nicht gewesen wärst, Harry – und Ron – und Hermine natürlich –, dann wäre ich jetzt noch – ihr wisst schon, wo! Also ich kann nur eins sagen: danke!" Daraufhin entgegnet ihm Harry: „Hogwarts ist nicht Hogwarts ohne dich!" und umarmt ihn innig. Als Dumbledore aufsteht und zu klatschen beginnt, schließen sich die anderen LehrerInnen und SchülerInnen an. Gerührt von Jubel und den Glückwünschen der SchülerInnen, wischt sich Hagrid eine Träne weg. Zahlreiche Großaufnahmen richten die Aufmerksamkeit der ZuschauerInnen auf seine Mimik. Abschließend gestikuliert er: „Ja, ich hab's geschafft".

Wie die Umfrage zu *Harry Potter und die Kammer des Schreckens* erwies, reichte diese Darstellung von Hagrid aber nicht aus, um seine Beliebtheit bei den RezipientInnen zu steigern. Einige der Befragten kritisierten sogar das „zu kitschige, übertriebene" Ende, was ganz dem Klischee des Hollywood-Kinos entspricht: Die Handlung wird zu einem positiven Ende geführt und Figuren wie Hagrid bekommen ihre Sicherheit und Stabilität wieder. Die Probleme sind gelöst, die Ziele sind erreicht, die Ordnung ist wieder hergestellt und die Kamera verlässt langsam das Geschehen und zieht sich zurück (vgl. Bordwell 1995, S. 199).

Hagrid taucht zwar, von der Buchvorlage abweichend, zusätzlich an der einen oder anderen Stelle im Film auf, etwa während des Quidditch-Spiels, als er sich um Harry sorgt, der von einem Klatscher verfolgt und verletzt wird (s. Seq. 25), oder auf dem Schulhof (s. Seq. 41). Dadurch ändert sich allerdings nichts an der verhaltenen Bewertung Hagrids seitens der ZuschauerInnen. Hinzu kommt, dass der Roman eine zusätzliche Szene enthält, die der Film nicht aufgreift, die Hagrid aber zusätzlich heroisiert: Als sich Mr. Weasley und Mr. Malfoy im Buchladen in der Winkelgasse prügeln, erscheint Hagrid als Retter und schlichtet den Streit.

Abschließend lässt sich festhalten: Trotz des Beweises seiner Unschuld und zusätzlicher ihn positiv charakterisierenden Szenen, belegt Hagrid nur noch den achten Platz der beliebtesten Figuren in *Harry Potter und die Kammer des Schreckens*. Es lassen sich folgende mögliche Gründe hierfür zusammenfassen: Während in *Harry Potter und der Stein der Weisen* ausschließlich Hagrids Stärken dargestellt werden, dominiert im Folgefilm die negativ konnotierte Handlung. Daneben handelt es sich bei Hagrid um eine bereits bekannte Figur.

Dobby als beliebteste Filmfigur gewinnt allein dadurch Aufmerksamkeit, dass er im Roman und im Film neu eingeführt wird und als Phantasiegestalt eine außergewöhnliche Figur ist. Harry ist den RezipientInnen ebenfalls schon bekannt, aber er ist der Held der Geschichte und wurde im zweiten Film modifiziert. Er hat eine positive Entwicklung durchlaufen, in der er selbstbewusster, härter und kantiger geworden ist. Hagrid zeigt zwar auch eine Entwicklung, ist jedoch zwischenzeitlich eine Figur, die in der Rezeption Anlass zu Zweifeln an ihrer positiven Charakteristik gibt: in seiner Wandlung vom liebenswerten Wildhüter zum Verantwortlichen für die „schlimmen Vorfälle" in Hogwarts. Erst im letzten Drittel des Films wird er zum überschwänglich gefeierten und umjubelten Verbündeten der ProtagonistInnen Harry, Ron und Hermine. Außerdem ist Hagrid insgesamt gesehen in der Handlung des zweiten Films nicht in gleichem Umfang präsent wie im Filmdebüt, wo er noch vermehrt Harrys Freund, Mentor und Führer durch die fremde Zauberwelt verkörpert. Kongruent zu dieser Figurendarstellung war Hagrid neben anderen Figuren des Films nur auf dem Plakat von *Harry Potter und der Stein der Weisen* zu sehen; das Filmplakat von *Harry Potter und die Kammer des Schreckens* zeigt lediglich das Trio der ProtagonistInnen Harry, Ron und Hermine sowie Dobby (vgl. Abb. 2, S. 135). Durch typisierte Redewendungen wie „Hätt' ich doch bloß nichts gesagt!" wurde Hagrid im ersten Film außerdem zusätzlich charakterisiert. Im zweiten Teil findet sich dieses Detail hingegen bei der Figur Dobby wieder.

Es lässt sich demnach festhalten, dass Hagrid im zweiten Film zum einen durch die geringere Handlungspräsenz allgemein und zum anderen durch weniger positive Darstellungen und charakterisierende Details den RezipientInnen weniger nahe gebracht wurde und dass er eine publikumswirksame Eigenschaft an eine andere Figur verlor. Hierin liegt sicher eine Erklärung dafür, dass in der Umfrage zu *Harry Potter und die Kammer des Schreckens* ein Rückgang der Sympathien für diese Figur festzustellen war.

5 Fazit: Harry, Dobby und Hagrid im Vergleich

Der Hauself Dobby und der Zauberlehrling Harry sind die beliebtesten Figuren im Ergebnis der dieser Arbeit zu Grunde liegenden empirischen Untersuchung. Sind die Figuren Dobby und Harry zwar teils gegensätzlich angelegt, so weisen sie doch einige Parallelen auf. Es lassen sich z.b. ähnliche Figurenkontexte feststellen: Beide haben bei ihren Familien ein elendes Los, dienen ihrem Herrn und werden von ihm entwürdigend behandelt: Dobby von Mr. Malfoy und Harry von den Dursleys. Daher zeigt Harry Verständnis für Dobbys Situation. Des Weiteren weisen beide teilweise ähnliche Eigenschaften auf: Sie reden z.b. ihnen nahestehende Personen unterwürfig mit „Sir" an: Harrys Onkel Vernon, obwohl er ein Verwandter, und Dobby Harry, obwohl er ein Junge ist. Auch bezüglich der Räumlichkeiten sind Ähnlichkeiten zu verzeichnen: Sie sind beide nicht frei – Harry in der Muggelwelt, was auch zusätzlich durch die Gitterstäbe vor seinem Fenster symbolisiert wird, und Dobby in der Zauberwelt, in der er schließlich aber dank Harry die Freiheit erlangt. Signifikant ist zudem die Parallele, dass Harry Dobby aus dem Schrank befreit, in dem er sich vor Onkel Dursley versteckt hat: Die Figur Harry lebt in der Muggelwelt im Roman und im Film selbst in einem Schrank. Auch äußerlich besteht eine Übereinstimmung: Die Romanfigur Harry und Dobby haben grüne Augen.

Zwischen den Figuren Dobby und Hagrid lassen sich ebenfalls äußere und charakterliche Parallelen konstatieren. Beide sind Phantasiegestalten mit menschlichen Eigenschaften und Tugenden. Sie weisen ein außergewöhnliches äußeres Erscheinungsbild auf: Hagrid besticht durch seine immense Körpergröße und Körperfülle, seine wild wuchernden Haare und seinen langen Bart; Dobby ist hingegen klein und schmächtig ohne jegliche Körperbehaarung. Beide sind sehr emotional und unbeholfen angelegt und betonen visuell und durch ihre Handlungen sowie Äußerungen das komische Element des Films. Darüber hinaus zeigen alle drei analysierten Figuren ähnliche Charaktereigenschaften: Sie sind zuverlässig, hilfsbereit, humorvoll, kameradschaftlich, Individuen und dazu fähig, über sich hinauszuwachsen und zum Helden aufzusteigen – der eine mehr, der andere weniger. Im Laufe der Handlung zeigen Harry, Dobby und Hagrid unterschiedliche menschliche Facetten, sowohl Stärken als auch Schwächen: Harry ist nicht immer der Held, denn er gerät dadurch, dass er einen Teil von Lord Voldemorts Fähigkeiten besitzt, in den Verdacht, der dunklen Seite anzugehören und der Erbe Slytherins zu sein. Dobby ist zum einen durch seine Demut und Unterwürfigkeit gekennzeichnet, zum anderen besitzt er große Zauberkräfte, die ihn mächtig machen. Hagrid schließlich hat trotz seiner liebevollen, einfühlsamen Art eine Vorliebe für Monster.

Es hat sich gezeigt, dass Regisseur Chris Columbus im zweiten *Harry Potter*-Film den Protagonisten eher so angelegt hat, wie ihn das Publikum aus der eigenen Vorstellung und dem Roman kennt. Die empirischen Ergebnisse bestätigten, dass die RezipientInnen dies guthießen. Columbus' Modifikationen an der Filmfigur sind jedoch beendet: Der dritte Film, *Harry Potter und der Gefangene von Askaban*, stammt von einem anderen Regisseur, dem Mexikaner Alfonso Cuarón, der mit seiner „schrill-erotischen Teenie-Romanze" (Reith 2002, S. 99) „Y tu mamá también" bekannt geworden ist. Die begonnenen Umgestaltungen an den Filmfiguren gehen damit weiter. Wie sympathisch KinobesucherInnen Harry & Co. in ihrer Weiterentwicklung finden, ist jedoch eine andere Forschungsfrage zum Phänomen *Harry Potter*.

6 Literaturverzeichnis

Bonfadelli, Heinz (1999): Medienwirkungsforschung I. Grundlagen und theoretische Perspektiven. Konstanz: UVK

Bordwell, David (1995): Die Hard und die Rückkehr des klassischen Hollywood-Kinos. In: Rost, Andreas (Hg.): Der schöne Schein der Künstlichkeit. Frankfurt am Main: Verlag der Autoren, S. 151-200

Columbus, Chris (Regie) (2002): Harry Potter und die Kammer des Schreckens. Mit: Daniel Radcliffe, Rupert Grint, Emma Watson, Kenneth Branagh, John Cleese, Robbie Coltrane, Jason Isaacs, Maggie Smith, Alan Rickman, Richard Harris. Warner, 161 Minuten.

Faber, Karin von (2002): Harry, es wird ernst. In: Hörzu, H. 46, S. 8-11

Faulstich, Werner (2002): Grundkurs Filmanalyse. München: Fink

Heidkamp, Konrad (2001): Zauberhafte Abziehbilder. In: Die Zeit, Nr. 48, 22. November, S. 44

Hennig, Bettina: Harry Potters neue Zauberwelt. In: Bild am Sonntag, 10. November 2002, S. 38f.

Hickethier, Knut (1993): Film- und Fernsehanalyse. Stuttgart et al.: Metzler

Hoffmann, Katrin (2001): Harry Potter und der Stein der Weisen. Chris Columbus verfilmt detailgenau den Bestseller. In: epd Film 18, H. 12, S. 37

Mikos, Lothar (2003): Film- und Fernsehanalyse. Konstanz: UVK

Müller, Brigit (2003): Ein kleiner, unerschrockener Held. Wie Carlsen-Chef Klaus Humann den Harry-Potter-Coup landete. In: Hinz & Kunzt-Extra, Nr. 129, S. 11

Reith, Rolf von der (2002): Rückkehr in die Zauberschule. In: TV Today, H. 24, S. 198-202

Rodek, Hanns-Georg [2002]: Harry, mach mal Pause! URL: http://www.welt.de/data/2002/11/12/455869.html (Stand: 1. Juli 2005)

Rowling, Joanne, K. (1998): Harry Potter und der Stein der Weisen. Hamburg: Carlsen

Rowling, Joanne, K. (1999): Harry Potter und die Kammer des Schreckens. Hamburg: Carlsen

Schneider, Jost (2003): Einführung in die Romananalyse. Darmstadt: Wissenschaftliche Buchgesellschaft
Schütze, Jochen; Dachselt, Tilman (2002): Dirty Harry schlägt zurück. In: Cinema, H. 10, S. 96-100
Spinner, Kaspar (2001): Im Bann des Zauberlehrlings. Tiefenpsychologische und lesepsychologische Gründe für die Faszination von Harry Potter. In: Ders. (Hg.): Im Bann des Zauberlehrlings? Zur Faszination von Harry Potter. Regensburg: Pustet, S. 11-20
Stückrath, Jörn (2001): Leitfaden zur Analyse und Interpretation von Erzähltexten. Manuskript. Universität Lüneburg: Universität Lüneburg
Sturm, Susanne (2001): Der große Kino-Zauber. In: TV Spielfilm, H. 24, S. 13-15
Turi, Peter [2005]: Warum Harry Potter sterben muss. URL: http://www.spiegel.de/kultur/literatur/0,1518,365303,00.html (Stand: 16. Juli 2005)
Vahabzadeh, Susan [2002]: Das fehlende Augenzwinkern. Chris Columbus' zweiter Streich: „Harry Potter und die Kammer des Schreckens". URL: http://www.sueddeutsche.de/kultur/artikel/11/10001/ (Stand: 1. Juli 2005)
Wertheimer, Thomas (2002): Harry Potter und die Kammer des Schreckens. In: TV 14, H. 24, S. 18f.
Zoll, Markus [2002]: Die Kinobesucher 2002. Strukturen und Entwicklungen auf Basis des GfK-Panels. URL: http://www.filmfoerderungsanstalt.de/downloads/publikationen/kinobesucher_2002.pdf (Stand: 16. April 2004)

7 Anhang: Sequenzprotokoll zu *Harry Potter und die Kammer des Schreckens*

Sequenzende	Nr.	Inhalt der Sequenz
01:24	1	Bei den Dursleys, Harrys Zimmer.
02:55	2	Bei den Dursleys, Wohnzimmer.
07:37	3	Bei den Dursleys, Zimmer von Harry. Harry begegnet erstmals Dobby, der ihn vor einer Rückkehr nach Hogwarts warnt.
07:54	4	Bei den Durleys, draußen, „Gefängnis".
10:24	5	Flucht. Abfahrt von den Dursleys. Harry flüchtet nachts gemeinsam mit Hedwig mit einem fliegenden Auto, Ankunft bei den Weasleys am nächsten Morgen.
13:34	6	Fuchsbau, Frühstück. Eule Errol bringt Hogwarts-Einkaufslisten.
17:15	7	Kamin der Weasleys, Nokturngasse, Winkelgasse. Harry wird bedroht, Hagrid und Hermine tauchen auf.
21:22	8	Winkelgasse, Flourish & Blotts. Wortgefecht von Mr. Malfoy und Mr. Weasley im Buchladen.
22:42	9	Bahnhof. Ron und Harry können nicht durch die Mauer zum Gleis 9 ¾; sie wollen mit dem Auto fliegen.
24:55	10	Flug mit dem Auto, Beinaheunfall.

Sequenz-ende	Nr.	Inhalt der Sequenz
27:35	11	Ende des Flugs mit dem Auto. Notlandung auf der Peitschenden Weide, die Ron und Harry vertreibt.
28:12	12	Ankunft in Hogwarts.
29:46	13	Kerker von Snape. Harry und Ron erhalten eine Standpauke.
31:47	14	Kräuterkunde, Umtopfen der Alraunen im Gewächshaus.
33:43	15	Frühstück in der Großen Halle.
36:22	16	Verteidigung gegen die Dunklen Künste. Hermine hilft dem neuen Lehrer Lockhardt in dessem Klassenzimmer.
38:12	17	Auf dem Weg zum Quidditchtraining. Draco Malfoy beleidigt Hermine, Rons Bestrafungsfluch schlägt fehl, er spuckt Schnecken. Harry und Hagrid bringen Ron zu Hagrid.
39:44	18	Hagrids Hütte. Hagrid tröstet Hermine.
40:58	19	Lockhardts Büro. Harry hört zum ersten Mal die eiskalte Stimme.
45:32	20	Korridor. Harry hört wieder die Stimme. Rote Schrift an der Wand, versteinerte Katze. Harry wird verdächtigt, aber er verschweigt die Stimme.
46:11	21	Treppen. Hermine, Ron und Harry sprechen über das Vorgefallene. Hermine ist besorgt.
49:10	22	McGonagalls Klassenzimmer. Hermine fragt nach der Kammer des Schreckens.
50:03	23	Schulhofgang (draußen). Hermine, Ron und Harry spekulieren, wer die Kammer des Schreckens geöffnet haben könnte.
50:47	24	Bibliothek. Die drei wollen sich dank Vielsaft-Trank in Slytherins verwandeln.
56:19	25	Quidditch-Turnier im Gang. Harry wird gezielt vom Schnatzer attackiert. Er vermutet, sein Arm sei gebrochen; ein Heilversuch Lockhardts schlägt fehl.
56:47	26	Krankenzimmer (tagsüber). Harry wird von seiner Mannschaft, Ron und Hermine besucht.
1:00:37	27	Krankenzimmer (nachts). Die unheimliche Stimme ist wieder da. Dobby taucht auf und warnt erneut vor grauenhaften Dingen. Selbstbestrafung. In der Zwischenzeit hat ein zweiter Angriff stattgefunden.
1:01:38	28	Mädchentoilette. Geist der Maulenden Myrte. Ron, Hermine und Harry vermuten, dass Mr. Malfoy die Kammer geöffnet haben könnte.
1:06:23	29	Duellier-Club in der Großen Halle. Duell von Draco und Harry. Harry spricht Parsel, um sich zu verteidigen.
1:07:40	30	Leerer Klassenraum. Hermine und Ron befürchten, Harry könnte ein Erbe Slytherins sein.

Sequenz-ende	Nr.	Inhalt der Sequenz
1:08:23	31	Arbeitsraum. Harry wird angestarrt und geht.
1:10:06	32	Korridor. Harry hört wieder die eiskalte Stimme. Er entdeckt den Fast Kopflosen Nick und Justin, beide erstarrt. Spinnen.
1:14:07	33	Dumbledores Büro. Harry entdeckt einen Phönix-Vogel mit heilenden Kräften. Hagrid beteuert Harrys Unschuld an den Geschehnissen, Dumbledore glaubt dies auch.
1:15:19	34	Weihnachten, Große Halle. Harry, Ron und Hermine bereiten Verwandlung in Slytherins vor.
1:16:18	35	Vor der Großen Halle. Präparierte Törtchen für den Vielsaft-Trank.
1:18:08	36	Mädchentoilette. Vom Trank wird Hermine schlecht, sie läuft auf die Toilette und bittet Harry und Ron (beide verwandelt), ohne sie zu starten.
1:21:29	37	Bei den Slytherins. Draco erzählt, dass die Kammer des Schreckens vor 50 Jahren schon einmal geöffnet wurde. Der Schuldige wurde von Hogwarts verwiesen. Harry und Ron flüchten nach Rückverwandlung.
1:22:05	38	Mädchentoilette. Hermine hat versehentlich falsche Zutat verwendet und kann sich nicht zurückverwandeln.
1:23:46	39	Mädchentoilette. Die Maulende Myrte hat die Toilette geflutet. Harry findet ein Tagebuch.
1:27:54	40	Reise in die Vergangenheit. Das Buch gehört Tom Map. Volo Riddle. Er spricht mit Harry und will ihm zeigen, was vor 50 Jahren geschehen ist. Harry wird ins Buch gesogen und sieht ein totes Mädchen.
1:29:36	41	Vergangenheit. Harry folgt Riddle, der Schüler ist. Der meint, dass das Monster des jungen Hagrids schuld sei. Hagrid beteuert Unschuld Aragogs, Riddle kündigt Schulverweis und Zauberverbot an. Rückkehr Harrys in die Gegenwart.
1:30:55	42	Schulhof. Harry berichtet Ron und Hermine, dass Hagrid der Verdächtige von damals sei. Die beiden sind skeptisch und wollen Hagrid selbst fragen, tun es aber nicht. Aufgeregter Neville: Harry solle mitkommen.
1:31:31	43	Schlafsaal. Harry Sachen sind durchwühlt, das Tagebuch fehlt.
1:32:01	44	Kein Quidditch. Das Spiel wird abgesagt.
1:32:38	45	Krankenzimmer. Hermine versteinert, ein Spiegel wurde neben ihr gefunden.
1:33:38	46	Gemeinschaftsraum Gryffindor. Harry beschließt mit Tarnumhang zusammen mit Ron zu Hagrid zu gehen.
1:39:17	47	Hagrids Hütte. Dumbledore und Cornelius Fudge tauchen auf und nehmen Hagrid fest. Dumbledore wird suspendiert. Hagrid gibt Ron und Harry den Rat, den Spinnen in den Verbotenen Wald zu folgen.

Sequenz-ende	Nr.	Inhalt der Sequenz
1:46:09	48	Der Verbotene Wald, bei den Spinnen. Harry spricht mit Aragog über Hagrid und die Kammer des Schreckens. Hagrid ist unschuldig. Flucht mit dem fliegenden Auto.
1:46:57	49	Krankenzimmer. Harry entdeckt Zettel in Hermines Hand.
1:50:11	50	Korridor. Nachricht auf dem Zettel: Der König der Schlangen, Baselisk, mit seinem tödlichen Blick bewegt sich in den Rohren in Hogwarts. Weitere Botschaft: Ginny Weasley wurde in die Kammer verschleppt. Evakuierung Hogwarts'. Lockhardt soll in die Kammer gehen.
1:51:24	51	Lockhardts Büro. Harry und Ron eilen zu Lockhardts Büro und treffen ihn beim Packen an.
1:54:50	52	Mädchentoilette. Harry findet am Waschbecken den Eingang zur Kammer des Schreckens.
1:58:25	53	Auf dem Weg in die Kammer. Lockhardt, Ron und Harry gehen durch den Eingang. Von der Decke stürzende Felsbrocken trennen Harry von den anderen beiden. Er geht allein weiter.
2:07:12	54	In der Kammer des Schreckens. Am Fuß einer Statue findet Harry Ginny. Riddle taucht auf. Rückblende: Ginny hat Kammer geöffnet und Angst vor der Macht des Tagebuchs bekommen. Riddle hat Harrys Vertrauen erschlichen, damit das Werk Slytherins zu Ende geführt wird. Riddle (= Voldemort) ruft den Baselisken, der Harry verfolgt. Der Phönix taucht auf und hackt dem Baselisken die Augen aus. Harry tötet den Baselisken mit einem Schwert.
2:10:27	55	Happy-End in der Kammer des Schreckens. Harry zerstört das Buch mit dem Giftzahn des Baselisken, Riddle wird zerstört. Der Phönix heilt Harry und trägt ihn, Ron, Ginny und Lockhardt zurück nach oben.
2:13:33	56	Dumbledores Büro. Ron und Harry sollen ausgezeichnet, Hagrid aus dem Gefängnis entlassen werden. Harry ist wegen der Parallelen zwischen ihm und Voldemort besorgt. Dumbledore antwortet, ein Teil von Voldemorts Kräften habe sich über die Narbe auf ihn übertragen.
2:16:26	57	Dumbledores Büro. Mr. Malfoy und Dobby treten ein. Gespräch von Dumbledore und Mr. Malfoy, Mr. Malfoy geht nach Disput. Harry bittet um das Tagebuch.
2:18:35	58	Korridor. Harry befreit Dobby mithilfe des Tagebuchs und einer Socke.
2:23:31	59	Fest in der Großen Halle. Der Fast Kopflose Nick und Hermine sind ebenso wie Hagrid wieder da. Jubel.

Stefanie Hundeshagen

Harry anders gesehen: Publikumsreaktionen auf den Film *Harry Potter und die Kammer des Schreckens*

„Sie kennen doch sicher den Witz von den beiden Ziegen, die die Rollen eines Films auffressen, der nach einem Bestseller gedreht worden ist, worauf die eine Ziege zur anderen sagt: ‚Mir war das Buch lieber'" (Hitchcock, zit. nach Gast 1999, S. 7). Wie dieses Zitat von Alfred Hitchcock andeutet, werden Verfilmungen literarischer Werke, die bereits den Rang so genannter Bestseller erlangt haben, vielfach kritisch betrachtet. Ältere Untersuchungen zeigen, dass auch Literaturwissenschaftler Literaturverfilmungen[1] meist danach beurteilen, inwieweit die textuelle Vorlage umgesetzt wurde. Nach wie vor sind die Meinungen über die Möglichkeiten einer gelingenden filmischen Adaption von Literatur gespalten. Daher sollen zunächst einige Überlegungen zu der Frage angestellt werden, worin sich die Rezeption von Buch und Film unterscheidet. Im Anschluss daran werden die Befunde zu unterschiedlichen geschlechtsspezifischen Präferenzen bei der Medienrezeption vorgestellt. Die Vorüberlegungen zu medien- und geschlechtsspezifischen Rezeptionsunterschieden bilden die Basis für die Erhebung zum Film *Harry Potter und die Kammer des Schreckens*. Die im November 2002 durchgeführte Umfrage ging der Frage nach, wie FilmrezipientInnen mit oder ohne Kenntnis der Potter-Romane die Verfilmung bewerten. Von Interesse war außerdem, ob männliche und weibliche Zuschauer den Film anders gesehen haben.

1 Rezeption von literarischen Texten und Filmen im Vergleich

Wenn wir einen literarischen Text lesen, „konstituieren" sich Bilder in unserer Phantasie (vgl. Iser 1994, S. 253). Wenn wir einen Film sehen, versuchen wir aus den flüchtigen Bildern, die wir wahrnehmen, eine kohärente Geschichte zusammenzusetzen. Bei beiden Medien ist die Rezeption von Prozessen geprägt, die genauer differenziert werden können: Der Lesevorgang beschreibt nach Iser die Prozesse, die bei den LeserInnen während der Buchlektüre bedeutsam sind. Der Text wird demnach erst durch das Konkretisieren im Lesevorgang lebendig: „Das Werk ist das Konstituiertsein des Textes im Bewußtsein des Lesers" (Iser 1994, S. 253). Eine wichtige Rolle bei der Buchlektüre spielen die imaginären Bilder im Kopf der LeserInnen, die während des Leseprozesses wie „ein ständiger Bilderstrom unser Bewußtsein" durchziehen (ebd., S. 260). Iser unterscheidet beim Rezeptionsprozess eines Textes im Vergleich zur Rezeption eines Films zwischen Wahrnehmung und Vorstellung. Bei der Kreation der Bilder in der Phantasievorstellung handelt es sich demnach nicht um ein optisches, wahrnehmendes Sehen, sondern um ein Sehen in der Vorstellung. Denn bei der Wahrnehmung

---

[1] Literaturverfilmungen werden auch als Adaptionen bezeichnet und stellen nur eine mögliche Adaptionsform dar. Adaption ist hierbei ein Oberbegriff für die Transformation von einem Medium in ein anderes (vgl. Albersmeier 1989, S. 17).

muss ein Objekt vorgegeben sein, während die Vorstellung lediglich ein Versuch ist, sich das vorzustellen, was man nicht sehen kann (vgl. Iser 1994, S. 261).

Ein literarischer Text besitzt im Vergleich zur Vielfalt der empirischen Wahrnehmung eine gewisse Unvollständigkeit (vgl. Eicher 1996, S. 117). Im Vergleich zur Rezeption des Films sind gerade die Unbestimmtheiten, das Verschwiegene eines Textes von Bedeutung. Sie appellieren an die Einbildungskraft der LeserInnen, diese Sinnauslassungen oder „Leerstellen" mit Vorstellung zu füllen und sich somit an der Sinnkonstitution des Geschehens zu beteiligen. Demnach stellt alles, was einen Handlungsablauf oder einen Beschreibungsvorgang unterbricht, eine Leerstelle dar. Die Folge dieser Unterbrechungen des Satz- und Sinnflusses ist, dass der Text mehrere Realisationsmöglichkeiten bereithält. Durch diesen Auslegungsspielraum wird jede Lektüre individuell aktualisiert, und einzelne Satzkorrelate verbinden sich erst durch die Selektionsentscheidungen innerhalb der Lektüre miteinander zu einem Sinn für die/den jeweilige/n LeserIn. Genau in dieser Konstituierung besteht der schöpferische Akt des Lesens (vgl. Iser 1994, S. 258ff.). Bei der Sinnfiguration der Zeichen eines Textes spielen aber auch individuelle Anschauungen, Erfahrungen und Erwartungen der RezipientInnen eine Rolle (vgl. ebd., S. 264), sodass es immer wieder zu einer „Synthese von Text und Kontext" (Eicher 1996, S. 119) kommt.

Iser beschäftigt sich weiterhin mit der vielfachen „Enttäuschung" von RezipientInnen einer Literaturverfilmung, die zuvor die Romanvorlage gelesen haben. Ihnen erscheinen die Figuren im Vergleich zu den Bildern, die bei der Lektüre entstanden sind, relativ „arm". Nach Iser ist dies auf die Unterschiede zwischen den beiden Bildtypen im Buch und im Film zurückzuführen: Der Film gibt ein Objekt vor, das die ZuschauerInnen optisch wahrnehmen. Diese vorgegebenen Objekte des Films haben „einen höheren Bestimmungsgrad" (Iser 1994, S. 262). Versuchen die RezipientInnen des Filmes nun, im Rahmen dieser enttäuschenden Erfahrung die eigenen Bilder ihrer Vorstellungskraft aus dem Lesevorgang hervorzurufen, so wirken sie nur noch diffus. Insbesondere bei den ProtagonistInnen der Geschichte sind Vorstellungs- und Wahrnehmungsbild daher oft nicht kongruent, da die Romanfigur während der Lektüre nur als „Bedeutungsträger" in Erscheinung tritt.

Ein weiterer Unterschied zwischen der filmischen Rezeption und der Sinnkonstitution im Lektüreprozess liegt darin, dass den LeserInnen nur Facetten der Figur gegeben werden, die sie zu einem Bild komplettieren. Hierbei handelt es sich um eine ständige Modifikation der Ansicht der Romanfiguren, wobei jede beschriebene Facette immer schon Verweisungen auf andere enthält. Die Ansicht einer Romanfigur bekommt erst dadurch Bedeutung, dass die Facetten untereinander in Verbindung gesetzt werden, sich überlagern, einschränken und somit modifizieren. Folglich wird eine Romanfigur durch Nuancierungen fortlaufend umstrukturiert. Besonders deutlich wird dies an Textpassagen, in denen sie unerwartete Verhaltensmuster zeigt, woraufhin sich das bisherige Bild der LeserInnen modifiziert. Der Film hingegen gibt durch das Kamerabild ein vorgefertigtes Wahrnehmungsbild wieder und schließt die RezipientInnen dadurch aus dem Entstehungsprozess der Figur aus. Dieses Nichtbeteiligt- und Ausgeschlossensein am Zustandekommen der Bilder nährt demnach eher die Enttäuschung der Leser-Erwartung als die Produktion einer anderen „Vorstellung" (vgl. Iser 1994, S. 262f.). Die aktive Leistung der RezipientInnen basiert auf der Narration des Filmes. Hierin besteht für Gast – im Gegensatz zu Isers Annahme von Vorstellungs- versus Wahrnehmungsbild – der Hauptunterschied bei der Filmrezeption. Der Film erzählt z.B. in Form von Montagen zweier Einstellungen oder der Komposition von Sequenzen, die die ZuschauerInnen mit Sinn versehen und entschlüsseln müssen (vgl. Gast 1999, S. 11), denn bei einer Transformation eines Stoffes in ein anderes Medium muss dieser mit den Möglichkeiten des neuen Mediums neu formuliert werden. Die RezipientInnen sehen mit dem „Kamera-Auge" und verfolgen die Handlung des Films somit aus einem stets wechselnden Blickpunkt (vgl. Peters 1984, S. 65).

Zusammenfassend bestätigen die hier ausgeführten Aspekte im Grundsatz die mediale Differenz von Text und Film. Beide Zeichensysteme folgen ihren eigenen Gesetzmäßigkeiten und sprechen folglich andere Sinne der RezipientInnen an (vgl. Gast, Hickethier, Vollmers 1999, S. 20).

Unterschiedlich ist indes nicht nur die Rezeption eines Werkes als Film oder als Roman – unterschiedlich ist sie auch hinsichtlich des Geschlechts der rezipierenden Person.

2 Medien und Geschlechterpräferenzen

Medien wirken an der Konstruktion der Geschlechterrollen mit. Sie sind zugleich Ausdruck und treibende Kraft der Geschlechterverhältnisse (vgl. Neverla 1998, S. 298). Garbe bezeichnet die Variable Geschlecht als einen „der zentralen Einflussfaktoren des Leseverhaltens bzw. der Mediennutzung bei Kindern und Erwachsenen" (Garbe 2000, S. 157). Aber nicht nur bei der Mediennutzung, sondern auch seitens der Medienproduzenten und in den Medienprodukten selbst ist die Kategorie Geschlecht präsent.[2] Im Ergebnis der Umfrage zu *Harry Potter und die Kammer des Schreckens* zeigte sich, dass das weibliche Geschlecht größtenteils andere Präferenzen als das männliche Geschlecht aufweist, eine theoretische Fundierung ist daher nötig.

Die Geschlechterforschung hat sich verstärkt mit den Nutzungspräferenzen der beiden Geschlechter auseinander gesetzt. Welche Medieninhalte letzen Endes von den RezipientInnen genutzt werden, hängt dabei von unterschiedlichen Faktoren ab, die hier beispielhaft vorgestellt werden: Die Nutzungspräferenzen sind von der geschlechterspezifischen Sozialisation abhängig, da kein Kind geschlechtsneutral sozialisiert wird (vgl. Bischof, Heidtmann 2002, S. 31). So werden Mädchen und Frauen schon frühzeitig Interesse und Verantwortung für Kommunikation und das Gelingen zwischenmenschlicher Beziehungen abverlangt. Sie werden auf sich und ihre Emotionswelt ausgerichtet, wohingegen an Jungen und Männer die Erwartung herangetragen wird, sich

---

[2] Die sozialwissenschaftliche Frauen- und Geschlechterforschung versteht unter dem „Geschlecht" v.a. die soziale und kulturelle Kategorie, die als „gender" bezeichnet wird, wohingegen „sex" das biologisch-anatomische Geschlecht meint (vgl. Angerer, Dorer 1994, S. 8).

nach außen zu orientieren, sich abzugrenzen und hervorzuheben. Derartige grundlegende Tendenzen finden sich folglich auch bei den Filmpräferenzen wieder (vgl. Götz 2002, S. 5). Im Rahmen der geschlechtsspezifischen Sozialisation kristallisiert sich auch ein geschlechtsgebundener Kommunikationsstil[3] heraus, der den Hintergrund für die Genrepräferenzen bildet und an den die Medienangebote anknüpfen. Der Kommunikationsstil der Frauen betont hierbei die Beziehungsebene und die Verbundenheit, wohingegen die Kommunikation der Männer eher auf der Sachebene und auf Getrenntheit basiert (vgl. Klaus, Röser 1996, S. 44f.). Neben dem geschlechtsspezifischen Kommunikationsstil sind Themen, die die RezipientInnen aktuell beschäftigen, für die Nutzung und Interpretation der Medieninhalte relevant (vgl. Hipfl 2002, S. 206f.). Nach Blothner ist v.a. „die mit einem Film gegebene Erlebniserfahrung" dafür verantwortlich, ob ein Film eher von Männern oder von Frauen rezipiert wird (Blothner 2004, S. 8). Für ihn stellen Filme komplexe Erlebniswelten dar, auf die RezipientInnen unterschiedlich bereit sind sich einzulassen. Sie haben hierbei unterschiedliche Wünsche: Die einen wollen z.B. in einer relativen Distanz Aktion und Witz erleben, die anderen erwarten von einem Film emotional berührt und gefesselt zu werden. So ist die Publikumszusammensetzung letzten Endes abhängig von den gewünschten Qualitäten der Erlebniswelt (vgl. ebd., S. 8f.). Es lässt sich zusammenfassen, dass die geschlechtsspezifische Auswahl der Medieninhalte individuell von der Biographie, die Alltagserfahrungen, Lebenswünschen, kulturell verankerte Erwartungen, den Rezipierenden aktuell beschäftigende Thematiken und der jeweiligen Rezeptionssituation abhängig ist (vgl. Klaus, Röser 1996, S. 39).

Hinsichtlich der Filmrezeption sind Geschlechterpräferenzen empirisch eindeutig belegt. So hat z.B. die deutsche Filmförderungsanstalt (FFA) – basierend auf den Daten des GfK-Panels von 1998 bis 2002 – Wirkungszusammenhänge von Filminhalten und Zielgruppen im Kino untersuchen lassen. „Welche Filmarten bevorzugen Männer und welche Frauen?", „Wie sind Filme beschaffen, die von beiden Geschlechtern präferiert werden?" gehören zu den Ausgangsfragen der aktuellsten veröffentlichten Studie. Ihr Autor geht von einer „Aufweichung stereotyper Geschlechterrollen im Kino" (Blothner 2004, S. 11) aus, da sich immer mehr Frauen für Filme z.B. mit Gladiatoren, Kämpfern und Abenteurern begeistern können und auch Männer sich z.B. emotional auf romantische Komödien einlassen. Betrachtet man allerdings die Filme, die in den Jahren 1998-2002 von Männern und Frauen am meisten rezipiert wurden, werden durchaus unterschiedliche Interessen am Filminhalt sichtbar. Der Blick auf die Genres zeigt, dass die Vorliebe der Männer in erster Linie den Actionfilmen und die der Frauen den Liebeskomödien gilt, was der Auffassung entspricht, dass das Interesse der männlichen Kinobesucher dem Kampf, der Eroberung und der Technik gilt, während

---

[3] Klaus und Röser (1996) verstehen unter *Kommunikationsstil* die geschlechtsspezifische Ausprägung der menschlichen Kommunikation mit unterschiedlichen kommunikativen Handlungen bei beiden Geschlechtern.

Frauen sich am liebsten Kindern und Liebesbeziehungen widmen[4] (vgl. Blothner 2004, S. 11). Genauer betrachtet zeichnen sich hierbei nach Blothner drei „männliche Erlebniskategorien" ab: die „unfassbare Zerstörung und Bedrohung", die „Wiederherstellung bedrohter Ordnungen" und „verdrehte Männergeschichten" (ebd., S. 14f.).[5] Das weibliche Kinopublikum präferierte im Zeitraum 1998-2002 am häufigsten Liebesfilme, darunter sowohl Liebeskomödien als auch -dramen. Auch hier konstatiert Blothner drei Erlebniskategorien: den „Sieg der wahren Liebe", „aus Fesseln befreien" und das „Spiel mit dem Feuer" (ebd., S. 16f.).[6]

Für ein übergenerationales Publikum produzierte Filme sind Animationsfilme; sie zeigen vorwiegend soziale Themen wie Gemeinschaft, Solidarität, Freundschaft und Anerkennung (vgl. Blothner 2004, S. 18ff.). Auch Komödien mit dieser Thematik werden gleichermaßen von beiden Geschlechtern rezipiert, wobei Liebeskomödien häufig die Romantik begrenzen und den männlichen Protagonisten charakteristische männliche Züge zuweisen. Zusammenfassend ist festzuhalten, dass es v.a. die unterschiedlichen Themen der Filme sind, die darüber entscheiden, von welchem Geschlecht der Film favorisiert wird.

Kutschera unterscheidet neben den allgemeinen Themenpräferenzen der Jungen wie Körperkraft, Mut, Tapferkeit, Wille und Überlegenheit erlebnisorientierte Darstellungsformen, in denen die Handlungsentwicklung zugunsten von Action zurücktritt (vgl. Kutschera 2001, S. 425ff.). Diese Präferenzen führen auch Klaus und Röser aus. Sie betonen die von Frauen bevorzugten Genres in ihrer Analogie zu einem weiblich definierten Kommunikationskonzept von „Interaktion/Beziehung/Gemeinschaft" und die (Wieder-)Herstellung von Gemeinschaft, das Verbindende. Solche Filme stellen die zwischenmenschlichen Beziehungen und Gefühle in den Vordergrund und knüpfen an die Alltagsprobleme der Rezipientinnen an. Die von Männern präferierten Genres verweisen eher auf ein männlich definiertes Konzept von „Aktion/Besonderung[7]/Sieg".

---

[4] Aus den Top 50-Filmen der letzten fünf Jahre wurden jeweils sechs Filme mit den höchsten Frauen- und Männeranteilen im Kinopublikum ausgewählt.

[5] Im Fokus von Filmen der ersten Kategorie stehen demnach die kaum zu beeinflussende Macht des zerstörerischen Antagonisten und das damit verbundene Erlebnis des Durchhaltens, des „Irgendwie-Hindurchkommens". Bei der zweiten Erlebniskategorie besteht eine reelle Chance, dass der Protagonist die aus den Fugen geratene Ausgangsordnung wieder herstellen kann. Die dritte Kategorie persifliert Filme der ersten beiden Filmarten und führt Blothner zu der Annahme, dass die männlichen Zuschauer ihre eigenen „Heldenträume" nicht immer ernst nehmen und bereit sind, sich auf diese „humorvolle Demontage des herkömmlichen Männerbildes" (Blothner 2004, S. 15) einzulassen.

[6] Bei der ersten Kategorie steht die Sehnsucht nach Authentizität in der Beziehung zwischen den Geschlechtern im Mittelpunkt. Filme der zweiten Kategorie fragen nach frauenspezifischen persönlichen oder gesellschaftlichen Begrenzungen. Zu der dritten Kategorie zählen Filme, die sich mit dem Themenkomplex Leidenschaft und Verzicht beschäftigen (vgl. Blothner 2004, S. 16f.).

[7] *Besonderung* meint die Betonung der eigenen, besonderen Fähigkeiten im Verhältnis zu anderen. Dadurch findet eine Abgrenzung von anderen Individuen statt, was die eigene Überlegenheit verdeutlicht (vgl. Klaus, Röser 1996, S. 50).

Dieses Konzept akzentuiert aktionsreiche Auseinandersetzungen zwischen „Gut und Böse", Konkurrenzsituationen sowie den Sieg des Individuums und die Überlegenheit z.b. durch Technik, Waffen, Körpereinsatz. Hier spiegeln sich die Geschlechterdualismen: Sach- versus Beziehungsorientierung, Abgrenzung versus Zuwendung, Wettstreit versus Kooperation (vgl. Klaus, Röser 1996, S. 50). Cornelißen hebt überdies hervor, dass auch die FilmrezipientInnen sich eher in Filmfiguren des gleichen Geschlechts hineinversetzen können (vgl. Cornelißen 1994, S. 182ff.).

Die in den Studien zur geschlechtsspezifischen Film- und Fernsehforschung gewonnenen Ergebnisse bezuglich der Nutzungspräferenzen finden sich gleichermaßen in den Studien der Leseforschung wieder: Auch hier sind die Interessen der Jungen actionorientiert, ihre Lektürevorlieben lassen sich meist auf reine Spannungsgenres minimieren (vgl. Bischof, Heidtmann 2002, S. 28). Während männliche Jugendliche eher „einfache" Unterhaltungsliteratur (z.B. Abenteuerbücher inklusive Krimis, Fantasy und Science Fiction) präferieren, lesen weibliche Jugendliche eher „anspruchsvolle" Literatur (z.B. Problembücher, Romane, Kinder- und Jugendbücher; vgl. Eggert, Garbe 1995, S. 78f.). Auch im Leseverhalten zeigt sich eine größere emotionale Anteilnahme der Mädchen und Frauen als bei den Jungen und Männern (vgl. ebd., S. 80).

Es lässt sich also resümieren, dass nach dem derzeitigen Forschungsstand die geschlechtsgebundenen Genrevorlieben bisher weitgehend die gängigen Rollenmuster bestätigen.

3 Die Publikumsbefragung zu *Harry Potter und die Kammer des Schreckens*

Anlass für die Fragebogenerhebung zu *Harry Potter und die Kammer des Schreckens* waren die Ergebnisse einer ersten Umfrage[8] sowie die Ergebnisse der Film/Buch-Analyse der

---

[8] Eine erste Befragung fand im Rahmen des erwähnten Forschungsseminars an der Universität Lüneburg am 22. November 2001, dem Premierentag von *Harry Potter und der Stein der Weisen*, im CineStar Lüneburg statt. Die Publikumsbefragung ging der Frage nach, ob und welchen Einfluss die Kategorien LeserInnen/NichtleserInnen einerseits, die Differenzen zwischen Kindern und Erwachsenen sowie zwischen den Geschlechtern andererseits auch bei der Filmrezeption haben.
Die Umfrage wurde mittels eines Fragebogens durchgeführt, die Rücklaufquote betrug dabei 130 von 500 Fragebögen. Unter den befragten RezipientInnen im Alter von 6 bis 49 Jahren befanden sich mit 57,7 % mehr Kinder und Jugendliche als Erwachsene. Während das Geschlechterverhältnis bei den Kindern fast ausgeglichen war, dominierten bei den Erwachsenen die Frauen mit 59,2 %. Folgende geschlechtsspezifische Präferenzen zeigten sich: Mädchen begeisterten sich vorwiegend für die positiv konnotierten Figuren Harry, Hagrid, Hermine, Dumbledore, Fang, Hedwig sowie für die Hogwarts Schule für Hexerei und Zauberei und das Gleis 9 ¾. Jungen waren in erster Linie von den negativ konnotierten Charakteren wie Fluffy, dem Drachen Norbert, Malfoy, Lord Voldemort und dem Troll begeistert.
83,1 % der befragten RezipientInnen hatten zumindest einen *Harry Potter*-Roman gelesen. Die LeserInnen bewerteten den Film kritischer als NichtleserInnen. Sie achteten eher darauf, wie die Inhalte umgesetzt wurden und ob die filmische Gestaltung ihrer eigenen Imagination entsprach. Die genannten und hier nur kurz referierten Ergebnisse gingen in die Überlegungen zu den Forschungsfragen für die zweite Befragung ein.

Figuren.[9] In der ersten Umfrage zeigte sich neben geschlechtsspezifischen Figurenpräferenzen eine unterschiedliche Gesamtbewertung des Films von LeserInnen und NichtleserInnen. Obwohl bei der ersten *Harry Potter*-Umfrage seitens der LeserInnen eine sehr positive Resonanz zu verzeichnen war, bewerteten sie den Film insgesamt negativer als die NichtleserInnen. Dieses Ergebnis entspricht der weit verbreiteten Meinung, dass LeserInnen häufig aufgrund der Kenntnis der Romanvorlage von der Adaption enttäuscht sind und ihr kritischer gegenüber stehen, weil die durch den Lektüreprozess in ihrer Imagination entwickelten Bilder nicht den filmisch manifestierten Bildern entsprechen. Daher stellten sich folgende weiterführende Fragen: Wie haben die RezipientInnen von *Harry Potter und die Kammer des Schreckens* die Verfilmung beurteilt? Welche Unterschiede gibt es in der Bewertung der Adaption zwischen LeserInnen und NichtleserInnen? Angesichts der im Rahmen der ersten Umfrage festgestellten geschlechtsspezifischen Präferenzen stellte sich ebenso die Frage nach geschlechtsspezifischen Unterschieden bei der Beurteilung des Films. Welche geschlechtsspezifischen Präferenzen und Abneigungen lassen sich konstatieren? Der Schwerpunkt der Umfrage liegt demnach auf den Rezeptionsdifferenzen der LeserInnen/NichtleserInnen und der Erarbeitung eventueller Geschlechterpräferenzen.

3.1 Das Forschungsdesign

Bei dieser Publikumsbefragung handelt es sich, wie auch schon bei der ersten *Harry Potter*-Umfrage, um eine quantitative Befragung. Ingesamt wurden Einstellungs- und Bewertungsmuster von 336 RezipientInnen von *Harry Potter und die Kammer des Schreckens* im CineStar Lüneburg untersucht. Die Publikumsbefragung erfolgte schriftlich und vollstandardisiert. Um das unterschiedliche Sprachvermögen von Kindern und Erwachsenen zu berücksichtigen, wurden zwei sprachlich modifizierte Varianten entwickelt: beispielsweise „Du kannst mehrere Antworten ankreuzen!" statt „Mehrfachantworten möglich" und „lustiger" anstelle von „humorvoller".

Aufgrund der nächtlichen Befragungssituationen im Anschluss an die Filmrezeption war es sinnvoll, das Erhebungsinstrument inhaltlich knapp zu gestalten: Der Fragebogen wurde durch einen kurzen „Einleitungstext" eröffnet. Hier wurde den TeilnehmerInnen Thema, Anlass und die Initiatorin der Umfrage vorgestellt. Insgesamt gliederte sich der doppelseitige Fragebogen in vier thematische Blöcke, die zusammen 15 Fragen umfassten: Der erste Frageblock bezog sich auf *Harry Potter und die Kammer des Schreckens* und forderte von den Befragten eine Bewertung des Films. Der zweite Themenblock konzentrierte sich wiederum auf *Harry Potter und der Stein der Weisen*. Gefragt wurde nach der Bewertung des Films und nach einem Vergleich mit dem zweiten Film. Der Schwerpunkt des dritten Themenbereichs lag auf der Beurteilung der Adaption der Romanvorlagen durch die LeserInnen.[10] Die demographischen Fragen bildeten den

---

[9] Vgl. den Beitrag von Hundeshagen und Philipp in diesem Band, S. 129ff.

[10] Als *LeserInnen* werden alle Befragten bezeichnet, die ein oder mehrere *Harry Potter*-Bücher, als *NichtleserInnen* diejenigen, die keinen der Romane gelesen haben.

vierten Themenblock. Am Ende stand die Frage nach der Bereitschaft für ein eventuelles Interview zu einem späteren Zeitpunkt. In einer kurzen und prägnanten Schlussformel wurde den Befragten für ihre Unterstützung gedankt.

Zur Prüfung der Frageformulierung im Hinblick auf Verständlichkeit, Eindeutigkeit und Vollständigkeit und zur Prüfung der Bearbeitungsdauer (vgl. Jacob, Eirmbter 2000, S. 239) wurde mit zehn Befragten, davon sechs Kinder und vier Erwachsene, ein Pretest durchgeführt. Er erwies sich v.a. bezüglich der Kinderfragebögen als sinnvoll, im Ergebnis wurden einige Formulierungen des Fragebogens für Kinder modifiziert. Weiterhin bestätigte der Pretest die kalkulierte Bearbeitungszeit von durchschnittlich fünf Minuten.

Die zweite Fragebogenerhebung fand wie auch schon die erste Umfrage im CineStar Lüneburg statt. Am 14. November 2002 hatte *Harry Potter und die Kammer des Schreckens* Premiere. Insgesamt gab es wochentags täglich vier Filmvorführungen, freitags und samstags zusätzlich eine Spätvorstellung sowie sonntags eine Vormittagsvorstellung. Um genaue Antworten zu erhalten, wurden die RezipientInnen direkt im Anschluss an die Vorstellung befragt, um eine entsprechende Rücklaufquote zu erhalten, wurde die Befragung zu mehreren Vorstellungen drei Tage lang durchgeführt.

3.2 Ergebnisse der Befragung

3.2.1 Demografische Daten

Mit 336 Fragebögen ist die Stichprobe zweieinhalbmal so groß wie die der ersten Befragung (130 Bögen). Das Verhältnis von Kindern/Jugendlichen und Erwachsenen ist nahezu ausgeglichen. Das Alter der Befragten[11] zeigt eine große Spannbreite (vgl. Abb. 1).

Die Gruppe der 10-13-Jährigen (31,5 %) ist am größten. Die zweitgrößte Gruppe bilden ältere RezipientInnen, die 18-29-Jährigen (23,5 %). Über die Hälfte der Befragten sind SchülerInnen (52,4 %), gefolgt von Angestellten (22 %) und Studierenden (9,8 %). Es folgen: Beamte (3,9 %), Selbstständige (2,7 %), Azubis (1,5 %), Hausfrauen (1,2 %) und leitende Angestellte (0,6 %). Keine Angabe zum Beruf machten 6 Prozent.

---

[11] Im Folgenden wird für die TeilnehmerInnen an der Umfrage der Begriff Befragte, KinobesucherInnen, RezipientInnen, Kinopublikum und ZuschauerInnen synonym verwendet.

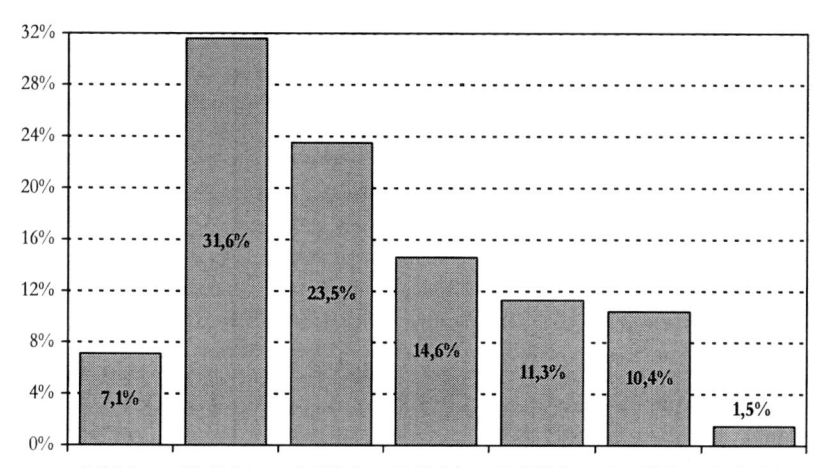

Alterskategorien der Befragten

Abb. 1: Alterskategorien der befragten RezipientInnen

Unter den SchülerInnen mit einer Angabe der Schulform sind überwiegend GymnasiastInnen zu verzeichnen (20,2 %):

Schulformen der Befragten

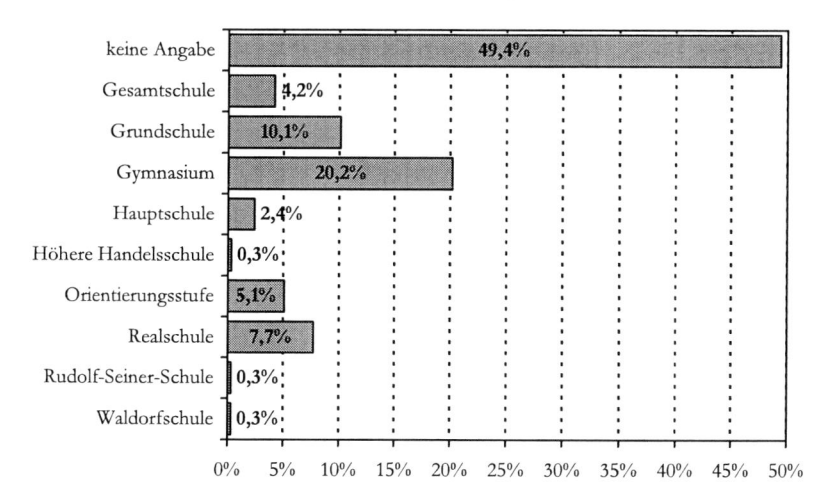

Abb. 2: Schulformen der befragten KinobesucherInnen

Auf die Frage nach dem Schulabschluss gaben viele Befragte leider keine Antwort, sodass es schwierig war, den Bildungsstand zu ermitteln. Dass relativ viele der Befragten „keine Antwort" gegeben haben (49,4 %), ist darauf zurückzuführen, dass es sich zum Großteil um Erwachsene handelt, die nicht mehr zur Schule gehen und der Erwachsenenfragebogen hierzu keine Frage beinhaltete. Insgesamt lässt sich ein hoher Bildungsgrad vermuten, denn zum einen befinden sich unter den SchülerInnen überwiegend GymnasiastInnen (vgl. Abb. 2), zum anderen sind unter denen, die ihren Schulabschluss angegeben haben, Befragte mit Hochschulreife (rund ein Fünftel) am häufigsten vertreten.

3.2.2 Bewertung des Films *Harry Potter und die Kammer des Schreckens*

Sowohl *Harry Potter und der Stein der Weisen* als auch sein Nachfolger erhielten Höchstbewertungen vom befragten Kinopublikum, wie Abbildung 3 zeigt.[12]

Bewertung der beiden *Harry Potter*-Filme (n=336)

	keine Angabe	schlecht	nicht so gut	mittel	gut	sehr gut
Harry Potter und der Stein der Weisen	3,6%	0,6%	1,8%	6,8%	31,2%	56,0%
Harry Potter und die Kammer des Schreckens	2,4%	0,0%	2,1%	3,6%	21,4%	70,5%

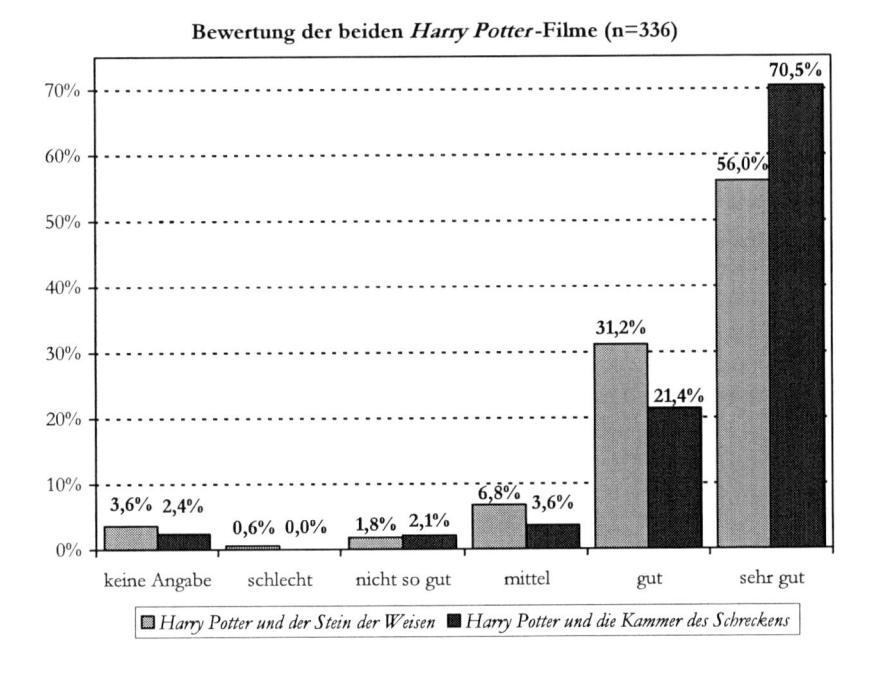

Abb. 3: Bewertung der beiden *Harry Potter*-Filme im Vergleich[13]

---

[12] Auch Marcus Zoll hat in seiner Studie basierend auf den GfK-Panel-Daten festgestellt, dass *Harry Potter und die Kammer des Schreckens* als besucherstärkster Film des Jahres 2002 (8,8 Mio.) auch die Bestbewertungen aller Top 50-Filme des Jahres erhielt (vgl. Zoll 2002, S. 51).

Die Bewertung der beiden Filme im Vergleich zeigt, dass *Harry Potter und die Kammer des Schreckens* erfolgreicher war: 70,5 % der Befragten vergaben beim zweiten Film ein „sehr gut", der Erstling wurde nur von 56 % der Befragten mit „sehr gut" benotet.[14] Vergleicht man die Durchschnittsnoten, lässt sich ebenfalls eine leicht bessere Bewertung von *Harry Potter und die Kammer des Schreckens* feststellen: Während *Harry Potter und der Stein der Weisen* durchschnittlich eine 1,5 erhielt, wurde der zweite Film mit einer durchschnittlichen Note von 1,3 beurteilt. Auch die Tatsache, dass keine/r der befragten RezipientInnen den zweiten Film als „schlecht" bewertet hat, spricht für eine insgesamt positivere Resonanz. Beim ersten Film herrscht bei der Bewertung allerdings ein breiteres Mittelfeld. Dieses positive Urteil spiegelt sich auch darin wider, dass für über die Hälfte der Befragten der zweite Film „spannender" (56,5 %) war und darüber hinaus mit einem „größeren technischen Aufwand" (51,5 %) als *Harry Potter und der Stein der Weisen* produziert wurde. Über ein Viertel der befragten KinobesucherInnen (27,7 %) empfand *Harry Potter und die Kammer des Schreckens* außerdem als „lustiger". Allerdings waren 44,9 % der Befragten der Meinung, dass er im Vergleich „grausamer" sei.

Die Bewertung der Adaption des zweiten *Harry Potter*-Romans durch die LeserInnen fiel ebenfalls positiv aus, wie die folgende Abbildung zeigt:

Bewertung der filmischen Umsetzung (n = 336)

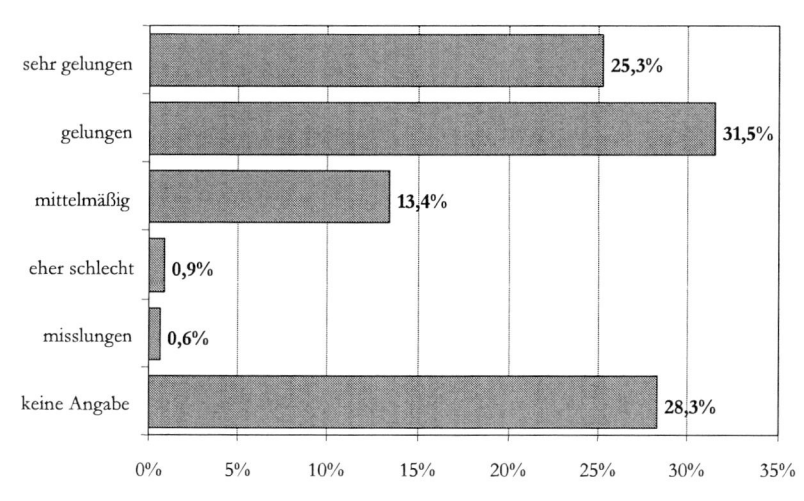

Bewertung	Prozent
sehr gelungen	25,3%
gelungen	31,5%
mittelmäßig	13,4%
eher schlecht	0,9%
misslungen	0,6%
keine Angabe	28,3%

---

[13] Bei dem Vergleich der beiden Filme handelt es sich nicht um einen Vergleich zur ersten Umfrage, sondern um einen Vergleich der Bewertung beider Filme innerhalb der zweiten Umfrage.
[14] Die Bewertung erfolgte über Schulnoten (1 = sehr gut; 2 = gut; 3 = befriedigend; 4 = ausreichend; 5 = schlecht).

Abb. 4: Bewertung der filmischen Adaption[15]

Die LeserInnen empfanden die Adaption der Romanvorlage insgesamt als „größtenteils gelungen", was der zweitbesten Bewertung entspricht. Negative Resonanz war nur sehr vereinzelt zu verzeichnen: 0,6% der Befragten sahen die filmische Umsetzung als „misslungen" an.

3.2.3 Figurenpräferenzen

Unter dem Begriff Figuren werden hier nicht nur menschliche Wesen verstanden, sondern alle Handlungsträger mit menschlichen Zügen, beispielsweise Pflanzen wie die Alraunen oder die Peitschende Weide, sowie Dinge wie das Fliegende Auto. *Harry Potter und die Kammer des Schreckens* weist eine Vielzahl unterschiedlicher Figuren auf. Welche Figur dabei von den befragten ZuschauerInnen sich welcher Beliebtheit erfreute, zeigt die folgende Übersicht:

1.	Dobby	48,8 %	15.	Hund von Hagrid	3,3 %
2.	Harry	25,0 %	16.	Peitschende Weide	2,4 %
3.	Baselisk	21,1 %	17.	Sprechender Hut	2,1 %
4.	Ron	19,6 %	18.	McGonogall/	
5.	Hermine	17,9 %		Maulende Myrte	1,8 %
6.	Phönix	15,5 %	19.	Snape/Wichtel	1,5 %
7.	Spinnen	9,2 %	20.	Tom Riddle/Haupt-	
8.	Hagrid/Dumbledore	8,3 %		darsteller/Hauptcharaktere	0,9 %
9.	Alraunen	6,3 %	21.	Die „guten" Charaktere/	
10.	Fliegendes Auto	6,0 %		Oliver Wood/Geister	0,6 %
11.	Aragog	5,4 %	22.	Voldemort/Crabbe &	
12.	Lockhardt/Eule	4,8 %		Goyle/Mrs. Sprout/	
13.	Lucius Malfoy	4,5 %		Zauberer/die Familie/	
14.	Draco Malfoy	4,2 %		Schlange/Kröte/Ratte	0,3 %

Tab. 1: Rangliste der beliebtesten Figuren in *Harry Potter und die Kammer des Schreckens*

Die neu eingeführte Figur des Hauselfen Dobby ist die mit Abstand beliebteste Figur im Film. Auch Harry konnte viele Sympathien auf sich ziehen. So fand jede/r vierte Befragte Gefallen an dem Protagonisten, ganz im Gegensatz zur ersten Umfrage, bei der seine Präsentation fast durchweg kritisiert wurde.[16] Auf der Beliebtheitsliste rangiert dicht hinter Harry der Baselisk. Hierbei handelt es sich ebenfalls um eine neue Fi-

---

[15] Da nur Leser bei dieser Frage eine Bewertung abgeben konnten, beinhaltet der verhältnismäßig große Anteil von „k. A." u.a. die 16,1% Nichtleser.

[16] Möglichen Gründen für die Sympathie der Zuschauer für die Figuren Dobby, Harry und Hagrid, dessen Beliebtheit im Vergleich zur ersten Umfrage sank, geht der Beitrag von Hundeshagen und Philipp in diesem Band nach (vgl. S. 129ff.)

gur, eine monströse Schlange, die gegen Ende des Films für Action, Spannung und besonderen Nervenkitzel sorgt. Harrys beste Freunde, Ron und Hermine, wurden von den befragten ZuschauerInnen am viert- und fünfthäufigsten aufgeführt, wobei Ron knapp vor Hermine rangiert. Fawkes, der Phönix und Retter von Harry, ist wie Dobby und der Baselisk eine neue Figur und folgt dicht hinter Hermine. Die zahlreichen Spinnen fanden zu 9,2 % Zuspruch. Der Wildhüter von Hogwarts, Rubeus Hagrid, zog wie der Schulleiter Albus Dumbledore nur 8,3 % der Sympathien auf sich. Statt auf Platz eins wie bei der ersten Umfrage rangiert Hagrid nun nur noch auf dem achten Platz. Die spektakulären Alraunen und das Fliegende Auto haben ebenfalls Teile der befragten ZuschauerInnen begeistern können. Die dunkle Macht in Gestalt von Tom Riddle oder des bösen Lord Voldemorts selbst wurde nur von Einzelnen genannt, ebenso wie die LehrerInnen der Zauberschule wie z.B. Prof. McGonogall, Prof. Snape oder Prof. Sprout. Die meisten Nennungen erhielt hier noch Prof. Lockhardt. Es lässt sich festhalten, dass neben den identifikationsträchtigen Protagonisten und den engen Nebenfiguren v.a. neue Figuren oder solche, die Action, Spannung und „Grusel" implizieren, von dem befragten Kinopublikum präferiert wurden.

Die Rangliste der unbeliebtesten Figuren ist hingegen viel kürzer, da nur wenige der Befragten Figuren aufführten, die ihnen nicht gefallen haben:

1.	Spinnen	6,5 %	7.	Arthur Weasley/Tom Riddle/Lockhardt/Aragog	0,9 %
2.	Dobby	3,6 %	8.	Lucius Malfoy	0,6 %
3.	Baselisk	3,3 %	9.	Peitschende Weide/ fliegendes Auto	0,3 %
4.	Maulende Myrte	1,8 %			
5.	Harry/Ron	1,5 %			
6.	Phönix	1,2 %			

Tab. 2: Rangliste der unbeliebtesten Figuren des Films *Harry Potter und die Kammer des Schreckens*

Am wenigsten beliebt sind eindeutig die Spinnen. Während sich 9,2 % der befragten KinobesucherInnen für sie begeistern konnten, riefen sie bei 6,5 % hingegen eine Antipathie hervor, die sich auch in einzelnen Antworten widerspiegelt, in denen sie als „ekelig" bezeichnet wurden. Auch wenn Dobby hier auf Platz zwei rangiert, darf nicht übersehen werden, dass er sich nur um 3,6 % der Nennungen der ZuschauerInnen handelt. Auch Harry taucht hier auf, allerdings lediglich mit 1,5 %. Die geringe Antipathie gegenüber Dobby und Harry stellt somit kein ernst zu nehmendes Gegengewicht zu den starken Sympathien dar.

3.2.4 Geschlechterpräferenzen

Das Geschlechterverhältnis der Befragten ähnelt dem der ersten Umfrage. Auch hier haben mehr weibliche (57,7 %) als männliche (42,3 %)[17] Personen an der Umfrage teilgenommen.[18] Während unter den Erwachsenen eindeutig das weibliche Geschlecht dominiert, ist bei den Kindern und Jugendlichen das Geschlechterverhältnis ausgeglichen. Bei der Auswertung des Fragebogens ließen sich einige geschlechtsspezifische Präferenzen, insbesondere bezogen auf die Figuren, feststellen. Tabelle 3 gibt einen kurzen Überblick über einige ausgewählte Figuren, die sich bei weiblichen und männlichen Befragten unterschiedlicher Beliebtheit erfreuen.

Figur	Weibliche Befragte	Männliche Befragte
Dobby	54,1 %	41,5 %
Harry	23,7 %	26,8 %
Baselisk	16,5 %	27,5 %
Ron	22,7 %	15,5 %
Hermine	20,1 %	4,8 %
Spinnen	5,7 %	14,1 %
Hagrid	8,0 %	6,3 %
Alraunen	7,7 %	4,2 %
Eule	5,2 %	4,2 %
Hagrids Hund	4,6 %	1,4 %

Tab. 3: Beliebtheit ausgewählter Figuren nach Geschlecht

Hinsichtlich der Gesamtbewertung von *Harry Potter und die Kammer des Schreckens* lässt sich nur eine geringe Differenz zwischen den Geschlechtern feststellen: Rezipientinnen beurteilten den Film tendenziell besser, zum einen stimmten mehr weibliche Befragte häufiger mit „sehr gut" (74 % der weiblichen und 65 % der männlichen Befragten), zum anderen bewerteten sie den Film insgesamt mit einer leicht höheren Durchschnittsnote von 1,3 (Männer: 1,4).

Bei den Figuren fielen in erster Linie folgende Präferenzen auf: Mit 54,1 % der weiblichen und 41,5 % der männlichen Befragten überwog das weibliche Geschlecht bei denen, die die Figur Dobby favorisierten. Die Figur Ron wurde ebenfalls mehr von weiblichen Kinobesuchern als männlichen präferiert (22,7 % der weiblichen und

---

[17] Marcus Zoll hat in seiner Studie ein ähnliches Ergebnis erzielt: Hier lag die Geschlechterverteilung der ZuschauerInnen von *Harry Potter und die Kammer des Schreckens* bei 56% weibliche und 44% männliche Kinobesucher (vgl. Zoll 2002, S. 14).

[18] Laut der Studie von Zoll lässt sich für das Jahr 2002 allgemein ein Besucherrückgang – bezogen auf das Kinopublikum – bei der männlichen Bevölkerung feststellen (vgl. Zoll 2002, S. 13).

15,5 % der männlichen Befragten). Auffällig ist die hohe Anzahl der weiblichen Befragten, die von der Figur Hermine angetan waren: 20,1 % der weiblichen gegenüber 4,8 % der männlichen Befragten. Wie schon in der ersten Umfrage ging auch hier die Begeisterung für die Figur Hagrid vorzugsweise vom weiblichen Kinopublikum aus. So benannten 8 % der weiblichen Befragten und 6,3 % der männlichen Befragten den Wildhüter von Hogwarts als ihre Lieblingsfigur. Die Alraunen wurden eindeutig eher von weiblichen (7,7 % der weiblichen Befragten) als von männlichen (4,2 % der männlichen Befragten) Befragten favorisiert. Unter den Tierfiguren erhielt die Eule die meisten Nennungen. Es dominieren auch hierbei die weiblichen RezipientInnen (5,2 % der weiblichen Befragten) leicht gegenüber den männlichen (4,2 % der männlichen Befragten). Hagrids Hund, Fang, war ebenfalls vorzugsweise beim weiblichen Kinopublikum beliebt (4,6 % der weiblichen und 1,4 % der männlichen Befragten).

Neben den weiblichen Vorlieben sind ebenso Abneigungen zu verzeichnen: Selbst wenn der Protagonist Harry nur wenig Antipathien auf sich gezogen hat, missfiel er vermehrt dem weiblichen Publikum (2,1 % der weiblichen und 0,7 % der männlichen Befragten). In der Kategorie „nicht gefallen" wurde eine Aversion gegen die Spinnen deutlich (9,3 % der weiblichen und 2,8 % der männlichen Befragten), die den befragten ZuschauerInnen insgesamt gesehen auch am meisten missfallen haben. Bei der riesigen Spinne Aragog (gesamt 0,9 %) lässt sich gleichermaßen eine, wenn auch nur knappe, weibliche Mehrheit konstatieren (1 % der weiblichen und 0,7 % der männlichen Befragten). Auch Nennungen bezüglich der Orte und Räumlichkeiten zeigten geschlechtsspezifische Vorlieben. So präferierten weibliche Kinobesucher z.B. die Große Halle (11,9 % der weiblichen und 4,2 % der männlichen Befragten; gesamt 8,6 %) oder den Fuchsbau, das urige Haus der Familie Weasley (5,7 % der weiblichen und 0,7 % der männlichen Befragten; gesamt 3,6 %).

Auffällig ist, dass das im ersten Film so beliebte Quidditch insgesamt von den Befragten nur selten präferiert wurde. Wenn überhaupt, dann handelte es sich um weibliche Nennungen, da es für die männlichen Befragten vermutlich spannendere Szenen im Film gab, was unten genauer ausgeführt wird. Möglicherweise hat es im Vergleich zum ersten Teil, dem noch der Neuheitswert der erstmals auf der Leinwand visualisierten Zaubersportart zu Gute kam, nicht mehr genug Spannung induziert. Ganz im Sinne des weiblichen Kommunikationskonzeptes von „Interaktion/Beziehung/Gemeinschaft" (vgl. Klaus, Röser 1996, S. 50) betonten einige weibliche Kinobesucher weiterhin die psychischen Themen des Films wie Zusammenhalt und Freundschaft der Figuren untereinander (vgl. Blothner 2004, S. 18ff.).

Neben den genannten Präferenzen sind die weiblichen Abneigungen und die Kritik bemerkenswert. Bezüglich der Spinnen lässt sich eine „typisch weibliche", klischeehafte Aversion gegenüber diesen Tieren verzeichnen.[19] Somit überrascht es nicht, dass

---

[19] Laut Patrick Pössl vom Psychologischen Institut in Tübingen haben bisherige Studien (Stand: Januar 2002) gezeigt, dass v.a. das weibliche Geschlecht unter Phobien wie u.a. der Spinnenphobie leidet: 80 % seiner Angstpatienten sind Frauen (vgl. Bachmann 2002).

auch der Riesenspinne Aragog die Abneigungen des weiblichen Kinopublikums galten. Ferner haben doppelt so viele weibliche wie männliche Befragte im Rahmen der Umfrage Kritik an der Altersfreigabe ab 6 Jahren geäußert.[20] Denkbar ist, dass v.a. Mütter die dramatischen Action- und Kampfszenen am Ende des Films (s. Seq. 47, 53 und 54) unter einem pädagogischen Blickwinkel betracht haben und somit teilweise zu dem Schluss gekommen sind, dass der Film für jüngere Kinder ungeeignet sei. Ebenso kritisch wurden ausschließlich von weiblichen Erwachsenen die „Selbstbestrafungs-Attacken" des Hauselfen Dobby gesehen. Offenbar erschien es ihnen fraglich, inwieweit jüngere Kinder derartige Verhaltensweisen einer gegen sich selbst gerichteten Aggressionshandlung nachvollziehen können.

Die Präferenzen der männlichen Befragten konzentrieren sich auf den Protagonisten Harry, den Basilisken in der Kammer des Schreckens und die Riesenspinnen im Verbotenen Wald. Die männliche Vorliebe für den Helden Harry lässt sich vermutlich darauf zurückführen, dass die vom männlichen Geschlecht favorisierten Themen wie Körperkraft, Mut, Tapferkeit, Wille und Überlegenheit in diesem Film vor allem von Harry repräsentiert werden (vgl. Kutschera 2001, S. 425). Evident ist dies v.a. im Verbotenen Wald (s. Seq. 47) und in der Kammer des Schreckens (s. Seq. 53 und 54): Selbst gegenüber der monströsen Spinne Aragog – umgeben von unzähligen Riesenspinnen – gibt er sich mutig und tapfer und ist damit dem ängstlichen Ron überlegen. In der Kammer des Schreckens leiten ihn sein starker Wille, sein Durchhaltevermögen und seine Tapferkeit, sodass er letzen Endes das Böse (den Basilisk und Lord Voldemort) besiegt, was eines der männlich präferierten wertorientierten Themen (Sieg des Guten über das Böse) darstellt (vgl. Kutschera 2001, S. 427). Gleichzeitig rettet er sogar Rons Schwester Ginny. Die im Laufe der Handlung aus den Fugen geratene Ausgangsordnung wird von ihm wiederhergestellt. Diese Restauration bedrohter Ordnungen entspricht nach Blothner der von männlichen Zuschauern bevorzugten Erlebniskategorie (vgl. Blothner 2004, S. 14f.). Darüber hinaus ist durchaus eine Identifikation der männlichen Zuschauer mit dem Helden wahrscheinlich, die sich u.a. auf die gezielt eingesetzten filmischen Gestaltungsmittel zurückführen lässt.[21] Dass sehr viel mehr männliche Befragte Gefallen an der Riesenschlange, dem Basilisken, fanden, ist insofern nicht überraschend, da das männliche Geschlecht wie auch schon bei der ersten Umfrage eher dazu neigte, actionreiche eindimensionale Figuren, die für Spannung und „Nervenkitzel" sorgen, zu bevorzugen (vgl. Blothner 2004, S. 11). So ist es nachvollziehbar, dass die männlichen Befragten eher den bösen Basilisken favorisierten als etwa den unterwürfigen Dobby. Die extreme Begeisterung des männlichen Geschlechts für die Spinnen ist ein weiteres Indiz dafür, dass es männlichen Kinobesucher hauptsächlich um Action und Spannung geht. Auch der Verbotene Wald, der Lebensraum der Spinnen, impliziert mit seinem gruseligen, geheimnisvollen Ambiente Spannung –

---

[20] Insgesamt gesehen wurde von allen Befragten am häufigsten Kritik an der Altersfreigabe geäußert.
[21] Vgl. dazu auch den Beitrag von Hundeshagen und Philipp in diesem Band, S. 136ff.

ebenso wie die Kammer des Schreckens. Insofern ist die Aussage der männlichen Kinobesucher nicht verwunderlich, dass der Film sogar noch mehr Spannung und Action enthalten könnte.

Die Abneigungen des männlichen Kinopublikums bezogen sich hauptsächlich auf eine Figur: Ron. Anscheinend entspricht der manchmal unbeholfene und oftmals ängstliche sowie emotionale Junge nicht dem männlich definierten und präferierten Konzept von „Aktion/Besonderung/Sieg" (vgl. Klaus, Röser 1996, S. 50) und verkörpert im Gegensatz zum Helden Harry nicht die als „männlich" idealisierten Eigenschaften wie Mut, Tapferkeit, Wille und Überlegenheit. Es überrascht nicht, dass diese Figur vom weiblichen Geschlecht favorisiert und vom männlichen eher abgelehnt wird.

Indem *Harry Potter und die Kammer des Schreckens* den RezipientInnen eine Bandbreite unterschiedlichster Figuren offeriert, werden folglich die Ansprüche beider Geschlechter befriedigt: Während männliche Rezipienten eher die negativ konnotierten Tiere wie die Spinnen, den Basilisken oder actionreiche, selbstbewusste, starke Helden-Figuren wie Harry favorisierten, bevorzugten die Kinobesucherinnen eher die mit positiven Eigenschaften besetzten Figuren wie Hermine, Hagrid, Dobby, Tiere wie die Eule oder Hagrids Hund und Pflanzen wie die Alraunen. Die unterschiedlichen Präferenzen werden deutlich: Männer lieben starke, zum Teil auch negative Charaktere, die Action, Spannung und Nervenkitzel mit sich bringen, Frauen hingegen die positiven, freundlichen und Mitleid erregenden Figuren, die Mitgefühl und Empathie ansprechen. Die von den weiblichen Befragten favorisierten Figuren stehen im Zusammenhang mit Themen wie Gemeinschaft, Vertrauen und Freundschaft, wohingegen die männlichen Kinobesucher eine Vorliebe für Action und Spannung aufwiesen. Der Film bietet den Geschlechtern demnach eine ausgewogene Mischung aus psychischen und physischen Filminhalten und ist somit ein Film für Männer und Frauen gleichermaßen. Über die klassischen Themenbereiche wie Gefühl versus Action hinaus trifft der Film auch manchen Nerv der Zeit, indem er sich am Rande auch mit aktuellen, geschlechtsneutralen und generationsübergreifenden Themen wie Rassismus[22] auseinander setzt oder durch das Vorhandensein zweier neben und ineinander existierender Welten unabhängig vom Geschlecht den Wunsch nach einer Flucht in eine alltagsferne Welt weckt.

3.2.5 Präferenzen der LeserInnen und NichtleserInnen

Mit 83,9 % sind bei der zweiten Umfrage beinahe so viele LeserInnen unter den Film-RezipientInnen wie bei der ersten Umfrage,[23] auch diesmal befinden sich mehr Kinder und Jugendliche als Erwachsene darunter (88 % gegenüber 80 %). In der Frage der Geschlechtszugehörigkeit der LeserInnen und NichtleserInnen herrscht ein fast ausgeglichenes Verhältnis: Zu den LeserInnen zählen 84 % der weiblichen und 83,8 % der

---

[22] Der Basilisk versteinert im Auftrag von Tom Riddle nicht-„reinblütige" Schüler.
[23] 83,1% der Befragten zählten im Rahmen der ersten Umfrage zu den Lesern.

männlichen Befragten, analog als NichtleserInnen 16,2 % der männlichen und 16 % der weiblichen Zuschauer. Die Lektüre des ersten Bandes (gesamt 75,9 %) wurde am häufigsten genannt, gefolgt von dem zweiten mit 74,1 %. Während beide Bücher zusammen stattlichen 71,7 % der befragten RezipientInnen bekannt waren, waren es bei allen vier Bänden immerhin noch 61,6 %. Dies unterstreicht die enorme Präsenz der LeserInnen und den Umfang ihrer Textkenntnis, worauf im Folgenden genauer eingegangen wird.

Wie schon ausgeführt, fiel die Bewertung des Films im Rahmen der Umfrage äußerst positiv aus, wobei die Meinungen zwischen LeserInnen und NichtleserInnen in signifikanten Aspekten differierten. So war bei den LeserInnen im Gegensatz zum Ergebnis der ersten Umfrage eine bessere Bewertung als bei den NichtleserInnen zu konstatieren: 72 % der LeserInnen und 62 % der NichtleserInnen beurteilten *Harry Potter und die Kammer des Schreckens* mit „sehr gut", und auch die Durchschnittsnote der LeserInnen (1,3) erscheint geringfügig besser als die der NichtleserInnen (1,4). Bei der nachträglichen Beurteilung von *Harry Potter und der Stein der Weisen* innerhalb dieser Umfrage waren es ebenso mehr LeserInnen, die eine Höchstbewertung vergaben (57,8 % im Vergleich zu 46,3 %). Zwar wurden beide Verfilmungen von LeserInnen insgesamt positiver als von NichtleserInnen bewertet, jedoch war der zweite Film bei den LeserInnen erfolgreicher als der erste. In den Einzelkategorien „Figuren", „Orte/Räumlichkeiten", „Magische Dinge/Ereignisse" dominierten meist die NichtleserInnen. Tabelle 4 zeigt die unterschiedlichen Figur-Präferenzen bei LeserInnen und NichtleserInnen.

Figur	LeserInnen	NichtleserInnen
Dobby	47,5 %	55,5 %
Harry	23,8 %	31,5 %
Ron	20,6 %	24,8 %
Hermine	16,7 %	24,1 %
Phönix	16,0 %	13,0 %
Hagrid	11,1 %	7,8 %
Dumbledore	8,5 %	7,4 %
Alraunen	7,1 %	1,9 %
Hagrids Hund	3,5 %	1,9 %

Tab. 4: Beliebtheit ausgewählter Figuren nach LeserInnen und NichtleserInnen

Nur bei einigen insgesamt wenig genannten Figuren lässt sich eine Dominanz der LeserInnen feststellen: Vermehrt LeserInnen (16 %) konnten sich für Fawkes, den Phönix, begeistern, im Gegensatz zu den NichtleserInnen (13 %), die ihre Aufmerksamkeit offensichtlich eher auf prägnantere Filmfiguren richteten, wie noch deutlich wird. Mit einem geringen Vorsprung präferierten mehr LeserInnen als NichtleserInnen den Schulleiter Dumbledore (8,5 % gegenüber 7,4 %). Vorzugsweise LeserInnen favorisierten die Alraunen. Sie wurden von 7,1 % der LeserInnen aber nur von 1,9 % der NichtleserInnen aufgeführt. Ausschließlich LeserInnen nannten den Antagonisten Lucius Malfoy, den Sympathisanten Lord Voldemorts. Fang, Hagrids Hund, fand mehr Anklang bei den LeserInnen (3,5 %) als bei den NichtleserInnen (1,9 %). Prof. McGonagall, die Hauslehrerin von Gryffindor,[24] wurde ausschließlich von erwachsenen LeserInnen präferiert. Auch Snape, der Lehrer für Zaubertränke, erhielt seine vereinzelten Nennungen ausschließlich von LeserInnen, ebenso wie der junge Lord Voldemort.

Fast die Hälfte der Befragten (47,9 %) hatte keine Kritikpunkte bezüglich des Films. Hierzu gehörten auffällig mehr kindliche LeserInnen (50 % gegenüber 37 % der NichtleserInnen). Die eher verhaltene Kritik an der Umsetzung der Romanvorlage, den Kürzungen und auch dem Filmende äußerten ausschließlich LeserInnen, auch die Empfindung, dass der Film trotz der beachtlichen Länge von 143 Minuten „zu kurz" sei. Fast ausgeglichen war das Verhältnis von LeserInnen und NichtleserInnen bei der Kritik an der Altersfreigabe des Films ab 6 Jahren (7,8 % gegenüber 7,4 %).

Hinsichtlich der beliebtesten Figuren der Umfrage dominieren die NichtleserInnen: Die Figur Dobby wurde von 55,5 % der NichtleserInnen und 47,5 % der LeserInnen favorisiert, Harry von 31,5 % bzw. 23,8 %. Bei der Figur Ron zeigte sich ebenfalls eine leicht verstärkte Präferenz der NichtleserInnen (24,8 % gegenüber 20,6 % der LeserInnen). Auch die Figur der cleveren Hermine zog verstärkt Nennungen der NichtleserInnen auf sich (24,1 % gegenüber 16,7 % der LeserInnen), ebenso wie die Spinnenfiguren mit 13 % gegenüber 8,5 % der LeserInnen.

Allgemein lässt sich festhalten, dass LeserInnen den Film insgesamt besser bewerteten, allerdings waren sie auch in Bezug auf die Figuren und auf die Umsetzung des Romans kritischer. Überdies nahmen sie Details und Randfiguren der Handlungen eher wahr. NichtleserInnen lobten und kritisierten stärker als LeserInnen Filmfiguren, insbesondere die handlungstragenden.

Das Ergebnis, dass die LeserInnen unter den Befragten eine bessere Bewertung des ersten und zweiten Films abgegeben haben, steht im Widerspruch zur Bewertung von *Harry Potter und der Stein der Weisen* im Rahmen der ersten Umfrage seitens der LeserInnen, bei denen eine schlechtere Resonanz als bei den NichtleserInnen zu verzeichnen gewesen war. Es ist denkbar, dass aufgrund der Tatsache, dass beide Filme innerhalb der zweiten Umfrage bewertet werden sollten, die Meinung der LeserInnen und NichtleserInnen über den zweiten Film die Meinung bezüglich des ersten beeinflusst hat und es zu einem so genannten Ausstrahlungseffekt gekommen ist.

Auf den ersten Blick erscheint die insgesamt positive Resonanz seitens der LeserInnen auf *Harry Potter und die Kammer des Schreckens* ungewöhnlich, da die Kritik sonst meist auf Seiten derer artikuliert wird, die durch Kenntnis der Romanvorlage eine Ver-

---

[24] In Hogwarts gibt es vier Schulhäuser: Gryffindor (u.a. Haus der ProtagonistInnen Harry, Ron und Hermine), Ravenclaw, Hufflepuff und Slytherin (u.a. Haus von Draco Malfoy und ehemals Voldemort).

gleichsmöglichkeit haben. Wegen der medialen Diskrepanz von literarischem Werk und Film stellt die Adaption für die LeserInnen aber nur eine mögliche Interpretation von vielen dar (vgl. Gast, Hickethier, Vollmers 1999, S. 20). Den befragten LeserInnen schien es somit nicht so sehr darum zu gehen, ihre eigene individuelle Interpretation in dieser Verfilmung wiederzufinden, sondern den Film in erster Linie als eine Kino-Unterhaltung zu genießen und sich mit diesem audiovisuellen Medium in die zauberhafte Welt von *Harry Potter* entführen zu lassen. Denn beim Kino handelt es sich nach Blothner um „ungewöhnlich beeindruckende Erlebniswelten" (Blothner 2003, S. 5). LeserInnen hatten den Vorteil, sich in beiden Welten, der Muggel- wie auch der Zauberwelt, auszukennen, sodass sie trotz Abweichungen von ihrer Phantasievorstellung durch reale Bebilderung die Reise in die vertraute Zauberwelt genießen konnten, während NichtleserInnen vieles fremd erschienen sein musste, was vom hohen Erzähltempo des Films noch begünstigt wurde. Obwohl die Neugier der LeserInnen auf die filmischen Wahrnehmungsbilder schon im ersten Film befriedigt worden war, spielt sie möglicherweise latent nach wie vor eine Rolle, da der zweite Roman neue Figuren, Orte und magische Ereignisse aufweist. Es kann festgestellt werden, dass die Inkongruenz von Phantasiebildern und Filmbildern keine Auswirkungen auf die Resonanz des Films seitens der LeserInnen hatte, sondern sich eher in einzelnen Bewertungen der Figuren widerspiegelt, was im Folgenden verdeutlicht werden soll.

Die stark handlungsrelevanten Figuren Harry, Ron, Hermine, Dobby und Hagrid wurden vermehrt von den NichtleserInnen genannt. Hingegen ließ sich eine vermehrte oder ausschließliche Präferenz seitens der LeserInnen bei den Nebenfiguren wie dem Phönix, Dumbledore, den Alraunen, Lucius und Draco Malfoy, dem Hund von Hagrid, Prof. McGonagall und Snape, sowie Tom Riddle verzeichnen.

Am Beispiel der Figur Harry sollen nun mögliche Erklärungsmuster für diese Verteilung der Figurenpräferenzen herangezogen werden: Denkbar ist, dass den LeserInnen die beliebten Figuren der Umfrage bei der Filmrezeption im Gegensatz zu den Bildern während der Buchrezeption eher „arm" vorkamen, was nach Iser auf die Unterschiedlichkeit der beiden Bildtypen der Vorstellung beim Lesen und der Wahrnehmung beim Zuschauen zurückzuführen ist (vgl. Iser 1994, S. 262). Das im Lektüreprozess individuell produzierte imaginäre Vorstellungsbild der LeserInnen widersprach demnach dem vorgefertigten, präzisen Wahrnehmungsbild des Films. Die LeserInnen bekamen vom Film einen optisch wahrnehmbaren Harry Potter vorgesetzt; der alte, in der Vorstellung individuell kreierte wirkte daneben nur noch diffus, da das Vorstellungs- und das Wahrnehmungsbild dieser Figur nicht deckungsgleich waren. Darüber hinaus stellte die Figur beim Lesen des Romans v.a. einen Bedeutungsträger für bestimmte Werte und Emotionen dar. Die Filmfigur verkörperte nun aber ihre eigene Bedeutung, die sie durch das Drehbuch zugewiesen bekommen hatte, sodass es auch hier zu Diskrepanzen kommen konnte.[25] Aufgrund der Kenntnis der Romanvorlage haben die LeserInnen einen Wissensvorsprung, was vermutlich dazu führte, dass sie sich verstärkt auf

---

[25] Vgl. den Beitrag von Hundeshagen und Philipp in diesem Band, S. 133ff.

einzelne Details und ihre filmische Umsetzung konzentrieren konnten. Wegen der Gewaltigkeit an Bildern und Impressionen und weil sie erstmals mit der Handlung inklusive der Figuren, magischen Dinge, Orte/Räumlichkeiten usw. konfrontiert wurden, erinnerten sich NichtleserInnen dagegen eher an prägnante Figuren und Orte des Films. Ihr Rezeptionsprozess ist nach Iser vom Versuch gekennzeichnet, aus den flüchtigen Bildern, die sie wahrgenommen haben, eine zusammenhängende Geschichte zusammenzusetzen, ohne auf bereits in der Phantasie konstituierte Bilder zurückgreifen zu können (vgl. Iser 1994, S. 253). Damit ist es vorstellbar, dass NichtleserInnen die im Film dargestellte Welt im Gegensatz zu den LeserInnen zu Beginn der Filmrezeption noch größtenteils fremd vorgekommen ist und sie sich aufgrund dessen v.a. auch an die prägnanten, einprägsamen Dinge positiv erinnerten. Denkbar ist ebenso, dass sich ihre fehlende Nähe zur Romanwelt auch in der im Vergleich zu den LeserInnen schlechteren Bewertung widerspiegelte.

Wegen fehlender Vergleichsmöglichkeiten mit der Romanvorlage zogen NichtleserInnen statt inhaltlicher andere Kriterien der Filmrezeption für ihre Kritik heran, beispielsweise die Rezeptionsbedingungen während des Films im Kinosaal (etwa die Pause und die Lautstärke). NichtleserInnen, die zum ersten Mal mit dem skurrilen Hauselfen und v.a. seinen grotesken „Selbstbestrafungs-Attacken" in Berührung kamen, sahen diese womöglich kritischer als die mit dieser Figur vertrauten LeserInnen. Dies spiegelt sich ebenso in dem Großteil der Anmerkungen der NichtleserInnen wider, so unter anderem in der negativen Resonanz bezüglich des „bösen" Basilisken oder der „gruseligen" Riesenspinnen.

Es lässt sich zusammenfassen, dass bei den LeserInnen aufgrund der Kenntnis der Romanvorlage ein Vergleich der vorgesetzten Wahrnehmungsbilder des Films mit den während der Buchlektüre konstituierten Vorstellungsbildern der Phantasie stattfand. Auch wenn die LeserInnen über andere individuelle Bilder verfügten und sich mit Lob an den Figuren, Tieren, Orten usw. eher bedeckt hielten, widerspricht dies keineswegs einer positiven Gesamtbeurteilung des Films. NichtleserInnen hingegen fehlte die Vergleichsgrundlage, sodass sie dem Film noch ein wenig distanzierter gegenüberstanden, eher allgemeine oder gruselige Dinge kritisierten und häufig präsente, einprägsame Figuren und Orte favorisierten.

4 Fazit

Im Licht des Filmprojektors wurde die Geschichte Harry ganz unterschiedlich gesehen. Abhängig vom Geschlecht und von der Kenntnis der Literaturvorlage zeigten sich unterschiedliche Wahrnehmungen und Präferenzen.

Die positive Resonanz des weiblichen Geschlechts auf *Harry Potter und die Kammer des Schreckens* lässt sich auf die emotional besetzten, psychologischen Themen (und das emotionale „Happy-End") zurückführen. Die Präferenzen der Mädchen und Frauen galten einerseits den Tieren, andererseits den emotionalen, fürsorglichen und liebenswerten Figuren mit nachvollziehbaren Schwächen, die Sym- und Empathie hervorrufen. Darüber hinaus ließ sich eine Vorliebe für Themen feststellen, die dem weiblichen

Kommunikationskonzept von „Interaktion/Beziehung/Gemeinschaft" oder dem klassischen Rollenklischee entsprechen.

Jungen und Männer bevorzugten hingegen physische Filminhalte. Sie favorisierten actionreiche, starke, eindimensionale und teilweise negativ konnotierte Figuren und Orte. Ihre Affinität zu Körperkraft, Mut, Tapferkeit, Willensstärke und Überlegenheit wurde dabei vom Helden Harry mit seinen Identifikationsmöglichkeiten befriedigt. Ihre Ablehnung galt den „unmännlichen" Eigenschaften wie Unbeholfenheit, Ängstlichkeit und Emotionalität (Ron), die offenbar nicht ihrem männlich definierten Konzept von „Aktion/Besonderung/Sieg" entsprachen.

Die bei Literaturverfilmungen auftretende Inkongruenz von Phantasiebildern und Filmbildern zeigte keine Auswirkungen auf die positive Resonanz des Films seitens der LeserInnen, sondern spiegelte sich eher in einzelnen Bewertungen wider. Das Wiederfinden der eigenen individuellen Interpretation in dieser Verfilmung trat zu Gunsten des „*Harry Potter*-Erlebnisses", der „Reise" in die vertraute Zauberwelt, in den Hintergrund. Die LeserInnen favorisierten meist weniger frequentierte Orte, eher Nebenfiguren, darunter auch teilweise mit negativen Eigenschaften besetzte Figuren und magische Details. Durch den Wissensvorsprung der Lektüre konnten sie sich verstärkt auf einzelne Details und ihre filmische Umsetzung konzentrieren. Bei den beliebten Figuren der Umfrage widersprach vermutlich das imaginäre Vorstellungsbild dem vorgefertigten, präzisen Wahrnehmungsbild des Films.

Die NichtleserInnen haben versucht, aus den flüchtigen Wahrnehmungsbildern eine Geschichte zusammenzusetzen. Nicht zuletzt auch aufgrund des hohen Erzähltempos könnte ihnen vieles fremd vorgekommen sein, was dazu führte, dass sie sich v.a. an die einprägsamen Figuren und Dinge positiv erinnerten. Hierzu zählen die handlungsrelevanten Figuren, darunter fast ausschließlich Hauptfiguren, die u.a. durch ein markantes, außergewöhnliches Äußeres bestechen. Da keine Möglichkeit der Inkongruenz von Vorstellungs- und Wahrnehmungsbild bestand, konnten sie auch unvoreingenommene positive Einzelbewertungen abgeben. Ihre Kritik richtete sich statt auf inhaltliche, eher auf situative Kriterien der Filmrezeption.

Inzwischen ist mit *Harry Potter und der Feuerkelch* der vierte Film in den Kinos angelaufen, bei dem Mike Newell Regie führte. Er ist bereits der dritte Regisseur, der sich am Zauberlehrling aus Hogwarts versucht. Zuvor war bei *Harry Potter und der Gefangene von Askaban* der Mexikaner Alfonso Cuarón Regisseur. Joanne K. Rowling selbst sagt zum Fortgang der Potter-Verfilmungen: „Wir wollen in Zukunft ein bisschen frecher sein" (Faber 2002, S. 11). Welche Auswirkungen der Regiewechsel und die progressiven Absichten auf die weiteren Filme und deren Rezeption haben werden, bietet genügend Stoff für weitere Forschungen.

5 Literaturverzeichnis

Albersmeier, Franz-Josef (1989): Einleitung: Von der Literatur zum Film. Zur Geschichte der Adaptionsproblematik. In: Ders.; Roloff, Volker (Hg.): Litera-turverfilmungen. Frankfurt am Main: Suhrkamp, S. 15-37

Angerer, Marie-Luise; Dorer, Johanna (1994): Auf dem Weg zu einer feministischen Kommunikations- und Medientheorie. In: Dies. (Hg.): Gender und Medien. Theoretische Ansätze, empirische Befunde und Praxis der Massenkommunikation. Ein Textbuch zur Einführung. Wien: Braumüller, S. 8-23

Bachmann, Angelika [2002]: Ur-Angst schlummert im Gehirn. Psychologen untersuchen die Spinnen-Angst und suchen noch Testpersonen. URL: http://www.tagblatt.de/tagblatt/archiv/2002/01/03/text4.phtml (Stand: 19. April 2004)

Bischof, Ulrike; Heidtmann, Horst (2002): Lesen Jungen ander(e)s als Mädchen? Untersuchungen zu Leseinteressen und Lektüregratifikationen. In: Medien praktisch, H. 3, S. 26-32

Blothner, Dirk [2003]: Filminhalte und Zielgruppen und die Wege zur Filmauswahl. Wirkungspsychologische Analyse der GFK-Paneldaten des Jahres 2001. URL: http://www.filmfoerderungsanstalt.de/downloads/publikationen/blothner_studie.pdf (Stand: 16. April 2004)

Blothner, Dirk [2004]: Filminhalte und Zielgruppen 4. Generalisierungen und Tendenzen zum Verständnis der Zielgruppenbildung im Kino. Wirkungspsychologische Analyse der GfK-Paneldaten der Jahre 1998-2002. URL: http://www.filmfoerderungsanstalt.de/downloads/publikationen/filminhalte_und_zielgruppen_4.pdf (Stand: 16. April 2004)

Cornelißen, Waltraud (1994): Die geschlechtsspezifische Rezeption von Männer- und Frauenbildern im deutschen Fernsehen. In: Angerer, Marie-Luise; Dorer, Johanna (Hg): Gender und Medien. Theoretische Ansätze, empirische Befunde und Praxis der Massenkommunikation. Ein Textbuch zur Einführung. Wien: Braumüller, S. 181-185

Eggert, Hartmut; Garbe, Christine (1995): Literarische Sozialisation. Stuttgart et al.: Metzler

Eicher, Thomas (1996): Aspekte der Erzähltextanalyse. In: Ders.; Wiemann, Volker (Hg.): Arbeitsbuch Literaturwissenschaft. Paderborn: Schöningh, S. 79-128

Faber, Karin von (2002): Harry, es wird ernst. In: Hörzu, H. 46, S. 8-11

Garbe, Christine (2000): „Männliche", „weibliche" oder „geschlechtsübergreifende" Medienpraxis? Geschlechterkonstruktion und Mediennutzung im Wandel. In: Eggert, Hartmut et al.: Literarische Intellektualität in der Mediengesellschaft. Empirische Vergewisserungen über Veränderungen kultureller Praktiken. Weinheim und München: Juventa, S. 157-185

Garbe, Christine (2003): Mädchen lesen ander(e)s. In: Julit 29, H. 2, S. 14-30

Gast, Wolfgang (1999): Lesen oder Zuschauen? Eine kleine Einführung in den Problemkreis „Literaturverfilmung". In: Ders.: Literaturverfilmung. Bamberg: Buchner, S. 7-11

Gast, Wolfgang; Hickethier, Knut; Vollmers, Bernd (1999): Literaturverfilmungen als ein Kulturphänomen. In: Gast, Wolfgang: Literaturverfilmung. Bamberg: Buchner, S. 12-20

Götz, Maya (2002): Geschlecht & Medienpädagogik. Genrereflektierende Medienpädagogik in Theorie und Praxis. In: Medien praktisch, H. 3, S. 4-10
Hipfl, Brigitte (2002): Cultural Sudies und feministische Filmwissenschaft. Neue Paradigmen in der Rezeptionsforschung. In: Dorer, Johanna; Geiger, Brigitte (Hg.): Feministische Kommunikations- und Medienwissenschaft. Ansätze, Befunde und Perspektiven der aktuellen Entwicklung. Wiesbaden: Westdeutscher Verlag, S. 192-216
Iser, Wolfgang (1994): Der Lesevorgang. In: Warning, Rainer (Hg.): Rezeptionsästhetik. 4. Aufl., München: Fink, S. 253-276
Jacob, Rüdiger; Eirmbter, Willy H. (2000): Allgemeine Bevölkerungsumfragen. Einführung in die Methoden der Umfrageforschung mit Hilfen zur Erstellung von Fragebögen. München: Oldenbourg
Klaus, Elisabeth; Röser, Jutta (1996): Fernsehen und Geschlecht. Geschlechtsgebundene Kommunikationsstile in der Medienrezeption und -produktion. In: Marci-Boehncke, Gudrun; Werner, Petra; Wischermann, Ulla (Hg.): BlickRichtung Frauen. Theorien und Methoden geschlechtsspezifischer Rezeptionsforschung. Weinheim: Deutscher Studien Verlag, S. 37-60
Kutschera: Norbert (2001): Fernsehen im Kontext jugendlicher Lebenswelten. Eine Studie zur Medienrezeption Jugendlicher auf der Grundlage des Ansatzes der kontextuellen Mediatisation. Erlangen: KoPäd
Monaco, James (1984): Das Verhältnis von Literatur und Film als Wechselbeziehung. In: Adam, Gerhard: Literaturverfilmungen. München: Oldenbourg, S. 28-31
Monaco, James (1990): Film verstehen. Kunst, Technik, Sprache, Geschichte und Theorie des Films. Reinbek bei Hamburg: Rowohlt
Neverla, Irene (1998): TeleVisionen. Zur Dekonstruktion von Geschlechterrollen. In: Hall, Peter Christian (Hg.): WeibsBilder und TeleVisionen. Frauen und Fernsehen. Mainz: ZDF, S. 297-312
Peters, Jan-Marie (1984): Komponenten einer „Filmsprache". In: Adam, Gerhard: Literaturverfilmungen. München: Oldenbourg, S. 62-69
Sturm, Susanne (2001): Der große Kino-Zauber. In: TV Spielfilm, H. 24, S. 13-15
Zoll, Markus [2002]: Die Kinobesucher 2002. Strukturen und Entwicklungen auf Basis des GfK-Panels. URL: http://www.filmfoerderungsanstalt.de/downloads/publikationen/kinobesucher_2002.pdf (Stand: 16. April 2004)

Andrea Frey, Friederike Wagner

Alles fauler Zauber? Theorien und Hintergründe zum *Harry Potter*-Merchandising

1 Einleitung

Anno 2000 schien weltweit ein neuer Virus zu grassieren: das *Harry Potter*-Fieber. Sehnsüchtig erwarteten Kinder damals das Erscheinen des vierten Bandes der Geschichte um den Zauberschüler. Auch Erwachsene fieberten der Veröffentlichung einer weiteren Fortsetzung der erfolgreichen Romanreihe entgegen. *Harry Potter* hatte zu diesem Zeitpunkt rund um den Erdball bereits Millionen Fans (fast) jeden Alters. Die Fieberkurve stieg 2001 noch einmal an: Der heiß begehrte Hogwarts-Schüler sollte auch die Kinoleinwände erobern und brach mit *Harry Potter und der Stein der Weisen* tatsächlich in Windeseile sämtliche Besucherrekorde. Soweit scheint die „Biografie" des Zauberlehrlings ein Exempel für einen bis dato nahezu beispiellosen Hype um ein Kinderbuch zu sein. *Harry Potter* ist insofern ein bemerkenswertes Medien- und Rezeptionsphänomen, dem sich dieser Aufsatz unter dem Aspekt des Marketings nähern will.

Dies lässt sich allerdings nicht nahtlos in die beinahe märchenhafte Erfolgsgeschichte der Figur einfügen. Denn während die Bücher und Filme unbestreitbar kommerzielle Erfolge waren, die sowohl der Autorin als auch den Verlagen und Filmproduzenten Millionengewinne bescherten, hat Harry Potters Magie beim vielfältigen „Zubehör" scheinbar versagt: Eigentlich hatten die Lizenzartikel rund um Harry und Hogwarts die außergewöhnlich hohen Gewinnmargen noch toppen sollen. Die Erwartungen der Lizenzgeber und -nehmer jedenfalls waren hoch gesteckt, witterte man doch einen Milliardendeal. Passend zum Start der Verfilmung von *Harry Potter und der Stein der Weisen* hat daher ab November 2001 eine Welle von Merchandising-Produkten die Geschäfte geradezu überrollt. Der „Vertriebszauber" (Kämpfe-Burghardt 2001, S. 44), der um den Nachwuchsmagier veranstaltet wurde, konnte jedoch nicht becircen: Zwar warteten weltweit unzählige Waren aller Art auf ihre Käufer, doch offenbar vielfach erfolglos.

Diese Vermutung hatten einige Zeitschriften- und Zeitungsartikel nahe gelegt, die bald bemerkten, Harry habe ausgezaubert (vgl. Nacken 2002): Bereits kurz nach dem Start der gigantischen Merchandising-Offensive hatten sich die Produkte aus dem Potter-Potpourri demzufolge zu regelrechten Ladenhütern entwickelt. Diese Feststellung gab letztlich den Anstoß zu einer Fallstudie unter Lüneburger Geschäftsleuten. Die Verfasserinnen stellten ihnen und sich die Frage: Wie erfolgreich war das *Harry Potter*-Merchandising? Hat sich der Marketing-Hokuspokus um den magischen Helden tatsächlich als fauler Zauber erwiesen?

Die der Untersuchung zugrunde liegende These vom Misserfolg der Merchandising-Kampagne wurde mittels eines teilstandardisierten Fragebogens in einem relativ kleinen Sample von 15 Händlern geprüft.[1] Dabei kristallisierten sich mehrere mögliche Ursachen heraus, die die *Harry Potter*-Lizenzware zum Flop gemacht haben könnten. Es zeigte sich zudem, dass die Kaufleute teils ganz eigene Gedanken entwickelt hatten, warum sie auf einem erheblichen Teil der Produkte geradezu sitzen geblieben waren. Weitere Hintergründe und Erklärungsmuster lieferte eine an der Universität Lüneburg verfasste Magisterarbeit, die die Kampagne im Vorfeld aus betriebswirtschaftlicher Perspektive analysiert und ein Scheitern prophezeit hatte. Dieser Ansatz ergänzt und erweitert hier die kulturwissenschaftliche Sichtweise, unter der die vorzustellende Umfrage durchgeführt wurde.

2 Das Merchandising in der (betriebswirtschaftlichen) Theorie

Im Jahr 2001, als die Waren aus der *Harry Potter*-Produktpalette Einzug in die Regale des Einzelhandels hielten, boomte der deutsche Markt für Merchandising gerade. Die Vermarktung populärer Personen und Objekte aus Film, Fernsehen, Sport, Musik und Kunst versprach damals enorme Gewinne. Die Erfolgsgeschichte der Pokémon-Figuren ist Sinnbild dafür geworden. Hierbei handelt es sich – ebenso wie im Fall des kleinen Zauberlehrlings – um eine Sonderform der angesprochenen Marketing-Strategie: Das so genannte *Character-Merchandising* befasst sich mit der Vermarktung fiktiver Figuren aus unterschiedlichen Medien sowie der Spielzeugindustrie und richtet sich vor allem an Kinder. Die bei der jungen Kundengruppe bereits bekannten und beliebten Helden werden dabei durch Lizenzvergabe vor Produkte gespannt, um deren Absatz anzukurbeln. Anhand von *Harry Potter* wird in diesem Beitrag ein Beispiel aus der Praxis solcher Marketing-Methoden genauer beleuchtet. Zuvor jedoch werden zum besseren Verständnis einige relevante theoretische Grundlagen des Merchandisings vorgestellt. Sie sollen einen Einblick in die betriebswirtschaftliche Denkweise, die Ziele, Ideen und Strategien der Macher solcher Kampagnen geben.

2.1 Merchandising – eine Definition

Das Merchandising ist Teil des betriebswirtschaftlichen Marketing-Mixes und soll hier verstanden werden als

> die umfassende, neben die jeweilige Primärverwertung tretende Sekundärvermarktung von populären Erscheinungen, insbesondere fiktiven Figuren, realen Persönlichkeiten, Namen, Titeln, Signets, Logos, Ausstattungselementen, Designs und Bildern, außerhalb ihres eigentlichen Betätigungs- und Erscheinungsfeldes durch den Berechtigten selbst oder durch Einräumung von Rechten und sonstigen Besitzständen an Dritte zur wirtschaftlichen Verwertung zum Zwecke des Absatzes von Waren und Dienstleistungen einschließlich der Verkaufsförderung und Werbung (Schertz 1997, S. 9).

Die oben genannten „Bezugsobjekte", die dem Merchandising zugrunde liegen, haben dieser Definition zufolge einen ursprünglichen Wirkungskreis, also einen primären

---

[1] Durchgeführt wurde die empirische Studie von Andrea Frey und Anika Nebe.

Nutzen, zu dem etwa Bildung, Unterhaltung oder Werbung zu zählen sind. Sämtliche Formen des Merchandisings finden jedoch außerhalb dieses Rahmens statt und stellen eine Form der Sekundärverwertung dar. Dabei bildet die Popularität, die die Merchandising-Objekte durch ihre originäre Nutzung bereits erlangt haben, den Grundstein für eine solche Zweitvermarktung. Sie wird zur Absatzförderung weiterer Produkte benutzt, die zwar in direktem Bezug zu der Figur, nicht aber zu deren ursprünglichem Wirkungskreis stehen.

Das Character-Merchandising, um das es hier im Speziellen geht, verwendet zum Zweck der Zweitvermarktung wesentliche Persönlichkeitsmerkmale fiktiver Figuren. Dazu zählen Name, Bildnis, Erscheinungsbild, Stimme oder andere Attribute, die ein Wiedererkennen ermöglichen. Die genutzten Characters stammen dabei ursprünglich aus Büchern, Kino- oder Fernsehfilmen, TV-Shows, Zeitschriften oder Theater- und Musicalaufführungen und erhalten, herausgelöst aus ihrem originären medialen Kontext, zusammen mit den unterschiedlichsten Merchandising-Produkten neue Einsatzmöglichkeiten, die Thema des nächsten Abschnittes sind.

2.2 Die Einsatzmöglichkeiten des Merchandisings

Innerhalb des Marketing-Mixes gibt es mehrere Möglichkeiten, die durch Lizenz erworbene, so genannte Property[2] einzusetzen:

Gegenstände oder Figuren, die durch einen Film, eine Fernsehserie oder sonst ein Medium eine entsprechende Bekanntheit erlangt haben, dienen beispielsweise als Vorlage bei der *Produktgestaltung*. Bestimmte populäre Requisiten oder Akteure werden dabei ihrem medialen Vorbild so naturgetreu wie möglich nachgebildet. Modelle des Raumschiffs Enterprise, das Star Wars-Laserschwert oder Harry Potters Besen, der Nimbus 2000, gehören zu dieser Kategorie.

Zum Zweck der Absatzförderung oder Markteinführung werden darüber hinaus auch No-Name-Artikel mit lizenzrechtlich geschützten Begriffen, Logos oder Emblemen versehen. In der Fachsprache heißt das *Promotional Licensing*. T-Shirts, Socken, Stifte und unzählige weitere Waren erhalten im Zuge dessen „Verzierungen", die sie aufwerten und von zahllosen ähnlichen Artikeln abheben sollen. Sie werden hauptsächlich wegen der Bekanntheit und Beliebtheit der Symbole, die sie schmücken, gekauft. Bedingt durch diese „Veredelung" steht folglich die Property, nicht der Hersteller im Vordergrund.

Um Aufmerksamkeit für ein Produkt zu gewinnen und an aktuelle Trends anzuknüpfen, kommen Lizenzfiguren auch in der *Mediawerbung* zum Einsatz. Sowohl fiktive Charaktere aus Kino und TV als auch reale Persönlichkeiten finden dafür Verwendung: So warben und werben etwa Tom und Jerry für Opel, Steffi Graf für Barilla und Thomas Gottschalk für Haribo.

---

[2] Lizenzfähige Objekte werden Property genannt. Zur Vertiefung: Braitmayer (1998), S. 35f.

Zugaben zu einem bestehenden Artikel in Form von Sammelbildern, Figuren, Geschichten oder Spielen nennt man *Consumer Promotions*. Sie stehen meistens in Verbindung mit einem aktuellen Trend oder Ereignis. So finden sich zu fast jeder Fußballeuropa- oder -weltmeisterschaft Sticker der deutschen Nationalspieler in den Ferrero-Produkten Duplo und Hanuta. Auch den Kelloggs-Frühstücksflocken und Happy-Meal-Tüten von McDonalds liegen regelmäßig Spielzeuge und andere Give-aways zu aktuellen Filmen bei.[3]

All diese Einsatzmöglichkeiten des Character-Merchandisings standen auch der *Harry Potter*-Property offen. Darauf, wo und wie sie tatsächlich verwendet worden ist, geht Kapitel 3.2 genauer ein.

2.3 Aktuelle Konsumtrends

Wer sich mit der Welt des Merchandisings beschäftigt und Ursachen für Erfolg oder Misserfolg verschiedener Kampagnen sucht, kommt nicht umhin, aktuelle Konsumtrends zu betrachten. Das soll im Folgenden geschehen.

Die reine Versorgung und Ausstattung mit Gütern, der ursprüngliche Kernnutzen und die eigentliche technische Funktion der Waren sind heutzutage bei der Kaufentscheidung immer weniger relevant. Der Zusatznutzen eines Produktes gewinnt dagegen zunehmend an Bedeutung. Trends wie Informationsüberlastung (vgl. Kroeber-Riehl, Weinberg 1999, S. 615), Austauschbarkeit der einzelnen Erzeugnisse sowie immer kürzer werdende Produktlebenszyklen haben zu dieser Veränderung der Konsumgewohnheiten beigetragen.[4] Das Verhalten der Verbraucher wird folglich nicht länger allein von rationalen Überlegungen geleitet, sondern verstärkt von subjektiven Vorstellungen bestimmt. Daher spielt neben der objektiven Produktleistung und dem Preis zunehmend auch die emotionale Komponente bei der Kaufentscheidung eine Rolle. Infolgedessen kommen den Waren in zunehmendem Maße sozialpsychologische Funktionen zu.

In einer Welt der immer schneller wechselnden Trends und einer in viele Gruppen ausdifferenzierten Gesellschaft wächst beispielsweise die Bedeutung des Dazugehörigkeitsgefühls. Vor diesem Hintergrund übernehmen Produkte durch ihre Markenzugehörigkeit immer häufiger Positionierungsfunktionen und werden zu mit Bedeutung aufgeladenen Stellvertretern, die dem Individuum Halt und Orientierung geben sollen. Ihr Besitz kann zudem ein Gemeinschaftsgefühl schaffen oder die Teilnahme an einem aktuellen Trend signalisieren (vgl. Wagner 2001, S. 35, 65f.). Gerade bei Kindern, der Hauptzielgruppe des Character-Merchandisings, ist die Anerkennung in der peer group von besonderer Bedeutung. Akzeptiert wird von Gleichaltrigen nur noch, wer „in" ist, wer sich also an den aktuellen Moden beteiligt. Diese Teilnahme äußert sich unter anderem durch den Besitz der „richtigen" Produkte. Die wiederum werden nicht selten

---

[3] Weiterführend zur Unterscheidung der Bereiche vgl. Böll (1996), S. 22f.
[4] Vgl. dazu die Ausführungen zur Emotion als einer psychischen Determinante des Konsumverhaltens bei Kroeber-Riel, Weinberg 1999, S. 113-132.

von aus den Medien bekannten Figuren geziert (vgl. Meffert 2000, S. 154). David Murray fasst diese Entwicklung in einem Satz zusammen: „We want the tribal sense of belonging, we got it through products we share" (zit. nach Allen 2000).

Auf die oben umrissene Entwicklung gründet sich der wachsende Einsatz von Merchandising-Produkten. Denn von der Vielfalt ähnlicher Artikel überfordert, sucht der Verbraucher nach Möglichkeiten, die ihm helfen, seinen Entscheidungsprozess zu vereinfachen. Ein Rückgriff auf bekannte Marken, Namen und Figuren erweist sich dabei scheinbar als hilfreich und kann somit einen Erklärungsansatz für den Erfolg des Character-Merchandisings liefern. Es bietet aber nicht nur für den Konsumenten Vorzüge, auch Unternehmer können von dieser Marketing-Strategie profitieren, wie nun ausgeführt werden soll.

2.4 Die Vorteile des (Character-)Merchandisings

Um sich aus der Fülle der Konkurrenten abzuheben und die Aufmerksamkeit der Kunden zu gewinnen, wird es für Firmen immer wichtiger, aufzufallen und das eigene Angebot in der Gefühls- und Erfahrungswelt der Käufer zu positionieren (vgl. Kroeber-Riehl, Weinberg 1999, S. 566-616). Der Einsatz des Character-Merchandisings bietet ihnen Möglichkeiten, diese Ziele zu erreichen, denn es ist als Instrument im Marketing-Mix vielseitig einsetzbar. Die Vorteile, die sich aus solchen Vermarktungstechniken ergeben, werden im Folgenden erläutert.

Auf gesättigten Märkten unterscheidet sich der sachlich-funktionale Nutzen der Erzeugnisse verschiedener Hersteller kaum noch. Unternehmer sind daher schon lange auf eine psychologische Produktdifferenzierung angewiesen. Die Ware muss durch Werbung oder die Bekanntheit eines Namens oder Zeichens, also mithilfe des Merchandisings, mit einem *Image* versehen werden, das die Einstellung, die ein Konsument dem Produkt entgegenbringt, positiv beeinflusst (vgl. Braitmayer 1998, S. 69ff.). Es wird also versucht, die Beliebtheit eines Markennamens, einer prominenten Persönlichkeit oder eines bekannten Characters für ein anderes bzw. neues Produkt zu nutzen. Ziel eines solchen *Imagetransfers* ist somit die Übertragung einer bereits vorhandenen und gefestigten Vorstellung auf Waren jedweder Art (vgl. Wagner 2001, S. 36). Nach Ansicht von Werbepsychologen transponiert ein Verbraucher die Sympathie, die er für eine Figur, eine Marke oder einen Star empfindet, tatsächlich auf die mit ihnen in Zusammenhang stehenden Waren und Konzerne. Im Fall des Character-Merchandisings zieht die Figur infolge ihrer Popularität also die Aufmerksamkeit des Kunden auf sich und kann seine Kaufentscheidung so günstig beeinflussen (vgl. Auer, Diederichs 1993, S. 165ff.). Das Merchandising nutzt diese Erkenntnis und versucht, das Image eines Characters für die jeweiligen Produkte einzusetzen.

Der Nutzen eines Erzeugnisses lässt sich, wie erwähnt, in Grund- und Zusatznutzen (das sogenannte *Consumer Benefit*) unterteilen. Je nach Zielgruppe und deren konsumspezifischer Motivstruktur soll durch das Consumer Benefit ein bestimmtes Bedürfnis beim Kunden angesprochen und befriedigt werden. Der Aufdruck eines Logos auf einen ansonsten alltäglichen Gebrauchsgegenstand stellt einen solchen Zusatznutzen dar und weckt bzw. stillt zum Beispiel das Bedürfnis nach Prestige und Dazugehörigkeit. Gerade das Consumer Benefit ist also verhaltenswirksam: Es beeinflusst die Kaufentscheidung maßgeblich. Aus diesem Grund ist die Gestaltung des zusätzlichen Zweckes einer Ware, zum Beispiel über die Auswahl der richtigen Property, besonders wichtig: Das eingesetzte Lizenzthema muss eine gewisse Anziehungskraft auf die anvisierte Kundschaft ausüben, damit es als Zusatznutzen überhaupt wirksam werden kann.

Imagetransfer und Consumer Benefit sind, wie gesehen, Faktoren, die eine emotionale Bindung zwischen Ware und Käufer erzeugen können. Eine gefühlmäßige Ansprache der Kunden, zum Beispiel über einen populären Character, ist – das deckt sich mit dem unter 2.3 Ausgeführten – die beste Basis für eine effiziente Vermarktung des eigenen Produktes, denn emotionale Bindungen können ein Kaufinteresse generieren. Aus diesem Grund sind die genaue Bestimmung der angepeilten Kundschaft und deren *gezielte Ansprache* im Vorfeld von Marketing-Feldzügen wichtig. Dafür entwickeln die Lizenzgeber so genannte Style Guides, in denen der Charakter und das Image einer möglichen Merchandising-Figur beschrieben und die anzusprechende Konsumentengruppe exakt umrissen wird. Der Lizenznehmer muss seine *Zielgruppe* ebenfalls genau definieren und dann nach der geeigneten Property suchen, die in der Lage ist, die potentielle Kundschaft auf emotionaler Ebene anzusprechen. Dabei lassen sich für jede erdenkliche Zielgruppe entsprechende Properties finden: Die Kernkäuferschaft für mit Characters geschmückte Lizenz-Artikel, also auch die der Potter-Produkte, sind beispielsweise in erster Linie Jungen und Mädchen bis zu einem Alter von neun Jahren. Danach sinkt die Begeisterung für fiktive Figuren deutlich und reale Personen wie Sport-, Musik- oder Filmstars avancieren zum Mittel der Identifikation oder Selbstinszenierung. Für ältere Zielgruppen kommt daher eher das Personality-Merchandising in Frage (vgl. Barlovic, Clausnitzer 2000, S. 160).

2.5 Zwischenfazit

Der positive Imagetransfer, das Consumer Benefit und die genaue Zielgruppenansprache haben alle ein gemeinsames Ziel: Sie sollen einen Kaufanreiz für das Produkt schaffen. Charaktere aus Comic-Heften, Zeichentrick-, aber auch Real-Serien machen Lesern und Zuschauern Identifikationsangebote. Sie fungieren als Auslöser von Emotionen und sind Träger von Bekanntheit. Daher sind sie bestens dazu geeignet, Konsumwünsche für die Ware zu wecken, mit der sie verbunden sind. Sie verleihen dem Produkt zusätzlich zu dem ihm eigenen Gebrauchswert einen Symbolwert, der wiederum für Kaufentscheidungen ausschlaggebend sein kann. Aus den genannten Vorteilen des Merchandisings ergeben sich bestimmte Anforderungen an einen Character, die er erfüllen muss, wenn sein Einsatz erfolgreich verlaufen soll:

Auswahl und Umsetzung eines Lizenzthemas sollten immer zielgruppengerichtet sein. Ob es um die Figur selbst, den Einsatzort oder das Timing geht: Der Bezug zum anvisierten Kundenkreis muss stets gewährleistet sein. Voraussetzung ist außerdem, dass der Character ein Erscheinungsbild und Eigenschaften aufweist, die für die Mitglieder der Zielgruppe attraktiv sind. Diese Identifikationsmerkmale sind Bedingung für den oben erwähnten Imagetransfer und das Consumer Benefit. Wichtig ist also vor allem, dass der „richtige" Character gefunden wird, er also die gewünschte Klientel nicht verfehlt. Das kann allerdings schnell geschehen: Die Teletubbies, die Kleinkinder ansprechen sollen, sind als Oberschalenmuster eines Handys genauso fehl am Platz wie in der Werbung für Kick-Boards – beides Produkte, die von älteren Kindern benutzt werden.

Auch das positive Image des magischen Helden Harry Potter sollte auf Artikel aller Art transferiert werden, um ihnen einen attraktiven Zusatznutzen zu geben. Voraussetzung für das Gelingen dieses Vorhabens war ein zuvor entsprechend deutlich bestimmter Käuferkreis. Definition und Ansprache der gewählten Zielgruppe sind demnach Kriterien, die auch für den Erfolg der untersuchten Kampagne ausschlaggebend waren. Dies wird bezogen auf das Praxisbeispiel besonders in Kapitel 5 noch einmal betrachtet. Zuvor wird der Blick jedoch von der Theorie auf die „Realität" des *Harry Potter*-Merchandisings gelenkt.

3 Der Fall *Harry Potter:* Das (Character-)Merchandising in der Praxis

Das aus theoretischer Perspektive bereits ausführlich beschriebene (Character-)Merchandising ist mittlerweile zum existentiellen Bestandteil der kommerziellen bzw. kommerzialisierten Kinderkultur geworden, in die auch der Zauberschüler Potter einzuordnen ist: Zu beinahe jedem an die Jüngsten gerichteten Angebot in Film und Fernsehen, den Buch- und Zeitschriftenregalen existiert inzwischen ein umfassender Medien- und Produktverbund, der in vielen Fällen stärker an den ökonomischen Interessen der Macher als am pädagogischen Nutzen für die kleinen Kunden ausgerichtet zu sein scheint und die potentiellen Konsumenten vor allem zu einem, nämlich zum Geld ausgeben, animieren soll.

Dass mit einer solchen Verbundstrategie und den zahlreichen Begleitartikeln immens verdient werden kann, haben Phänomene wie die Pokémons hinlänglich bewiesen. Doch manchmal floppen diese groß angelegten Merchandising-Kampagnen auch. Dafür wiederum scheint der ansonsten erfolgsverwöhnte Hogwarts-Lehrling unfreiwillig zum Beispiel geworden zu sein: Das Interesse der Menschen galt offenbar überwiegend dem Original-Produkt, also dem literarischen Harry Potter, nicht den Lizenzartikeln. Bevor in den folgenden Kapiteln das Warum ergründet wird, soll zunächst ein Überblick über die umfangreiche Produktpalette gegeben und die Frage beantwortet werden: Wer war wie am *Harry Potter*-Merchandising beteiligt?

3.1 Die Lizenzen

In der Praxis basiert das Merchandising auf der Vergabe von Lizenzen, also der gegen Gebühr gewährten Genehmigung zur Nutzung eines geistigen Werkes, wie es auch Rowlings Romane darstellt. Möglich ist dieses auch als Lizenzierung oder Licensing bezeichnete Verfahren aufgrund des (deutschen) Urheberrechts, das in unveräußerliche

Urheber- und veräußerliche Nutzungsrechte unterscheidet.[5] Lediglich Letztere spielen für das Merchandising eine Rolle: Der Schöpfer kann alles, was mit der weiteren Verwertung seines Werkes[6] zusammenhängt, entweder selbst in die Hand nehmen oder Dritten übertragen. Joanne K. Rowling entschied sich für die zweite Variante und verkaufte einen Teil ihrer Rechte an *Harry Potter*, die nämlich, die Verfilmung und Vermarktung betrafen. Wie sich nach den sensationellen Erfolgen der Bücher unschwer vorstellen lässt, waren diese seinerzeit heiß begehrt. Den Zuschlag bekam Warner Brothers (WB), ein Zweig des weltweit größten Medienkonzerns AOL Time Warner. Und der hatte mit dem magischen Helden Großes vor. Dazu ein paar Zahlenbeispiele:

Die Filmrechte von *Harry Potter* Band 1 und 2 kosteten WB 700.000 Dollar (vgl. Wilke 2001, S. 45), die für das Merchandising in etwa noch einmal so viel, sodass sich Warners Investition auf insgesamt ca. 1,4 Millionen Dollar belief (vgl. Falz 2001, S. 40). Diese Summe scheint jedoch ein Schnäppchen und gut investiert gewesen zu sein, denn mit Harry wollte (und konnte?) der Medienmulti Milliarden machen, galt bei WB doch die Devise: „Wir wollen das Maximale heraus holen – ohne zu übertreiben" (ebd.). Darunter waren für 2001 folgende Zahlen zu verstehen: Der Umsatz, der mit dem 150 Millionen Dollar teuren Potter-Blockbuster erzielt werden sollte, wurde schon vor dem Start auf 500 Millionen Dollar geschätzt (vgl. ebd., S. 43). Noch mehr Geld – etwa eine Milliarde – sollte mit dem Merchandising in die Kassen kommen (vgl. Falz 2001, S. 43f.; Geisler 2001; Jenny 2001, S. 200; Wilke 2001, S. 48).

Als Lizenzgeber hatte Warner sogar gute Chancen, dieses Ziel zu erreichen: Jeder, der auf seine Ware den *Harry Potter*-Schriftzug oder ein Bild des Zauberlehrlings platzieren wollte, durfte dies erst nach Rücksprache mit dem Rechteinhaber, in diesem Fall dem US-Filmkonzern, tun. Zuständig für die Vertragsverhandlungen war die Abteilung Warner Brothers Consumer Products (WBCP), die die Lizenzgebühr festlegte, sich eine Beteiligung an der Produktentwicklung vorbehielt, sie über die erwähnten Style Guides tatsächlich bis ins Detail regelte und somit alles in allem eng mit den diversen Geschäftspartnern kooperierte.[7] Unter WBs Regie produzierte und vermarktete also eine Reihe von Firmen als Lizenznehmer die Merchandising-Artikel rund um Rowlings Romanhelden. Damit sind letztlich verschiedene Hersteller für die „wunderbare Warenwelt" des *Harry Potter* verantwortlich. Einige werden nun kurz vorgestellt.

Insgesamt war die Zahl der nationalen und internationalen Vertragspartner von Warner im Fall Potter groß: Etwa 40 Firmen sollen es allein in Deutschland gewesen sein; 300 Unternehmen waren es international (vgl. Geisler 2001; o.V. 2001a, S. 41, 43; Wil-

---

[5] Geregelt ist dies in §§ 7, 11, 15ff. und 31ff. des Urheber- und Verlagsrechts.
[6] Die juristische Definition eines *Werkes* findet sich in § 2 des Urheber- und Verlagsrechts.
[7] Gespräch am 27. März 2002 mit Ulrich Tormin, Warner Brothers Consumer Products, Hamburg, Gedächtnisprotokoll von Andrea Frey.

ke 2001, S. 48).[8] Zu den wichtigsten gehörten die Konzerne Coca-Cola, Lego, Hasbro, Mattel und Electronic Arts sowie Achterbahn, eine Firma, die auf dem deutschen Markt zu Hause ist. Die genannten und alle weiteren Lizenznehmer trugen im Übrigen das eigentliche wirtschaftliche Risiko der Marketing-Offensive: Ob sich ihre Investition – die Kosten für die Produktion der Potter-Produkte sowie die an WB vorab zu zahlende Nutzungspauschale – rechnen würde, war umsatzabhängig. Im Gegensatz dazu hatte Warner über den Verkauf der Lizenzen seine Schäflein im Trockenen, noch bevor der Film zu sehen und die Merchandising-Artikel erhältlich waren. Das lässt sich an folgendem Rechenbeispiel ablesen.

Zur Erinnerung: WB hatte 1,4 Millionen Dollar in die Rechte, 150 Millionen Dollar in die Filmproduktion und eine unbestimmte Summe in die Werbung für *Harry Potter und der Stein der Weisen* gesteckt. Diesem Soll stehen auf der Haben-Seite folgende Einnahmen gegenüber: Der Softgetränke-Hersteller Coca-Cola trat als Sponsor des Films auf und ließ sich das 150 Millionen Dollar kosten. Lizenznehmer Mattel brachte eine bunte Palette an Spielwaren auf den Markt und zahlte dafür 50 Millionen Dollar an Warner. Hinzu kamen die nicht näher bezifferten Lizenzgebühren, die andere Unternehmen für die Potter-Properties an WB entrichteten. Der Verkauf der Senderechte an das US-TV war zusätzlich noch einmal 70 Millionen Dollar wert (vgl. Wilke 2001, S. 47f.). Macht summa summarum mindestens 270 Millionen Dollar. Bevor also überhaupt ein Kinobesucher ein Ticket gelöst hatte, befand sich Warner allein durch die Sponsoren sowie durch den Verkauf von Verwertungs- und Fernsehrechten bereits in der Gewinnzone. So glücklich gestaltete sich der Reibach mit Rowlings Romanhelden jedoch nicht für alle Beteiligten.

Ein Fiasko erlebte zum Beispiel die deutsche Firma Achterbahn. Der Kieler Geschenkartikel-Hersteller allein hatte mehrere hundert Produkte vom Bleistift bis zum Plüschtier in seinem Sortiment (vgl. Wilke 2001, S. 48ff.; o.V. 2001b, S. 246). 120 Einzellizenzen hat das schleswig-holsteinische Unternehmen erworben, 250 Produkte entwickelt (vgl. Falz 2001, S. 44; Wilke 2001, S. 50)[9] und dafür „einen ansehnlichen einstelligen Millionenbetrag" (Wilke 2001, S. 50) gezahlt, der sich durch den Harry-Hype schnell amortisieren sollte. Man hoffte auf große Gewinne: 30 Millionen Mark wollte Achterbahn einnehmen und damit den bisherigen Jahresumsatz verdoppeln (vgl. Falz 2001, S. 44; Geisler 2001; Lang, Stillich 2001, S. 68; Wilke 2001, S. 50). Doch die Firma hatte sich verkalkuliert: Zwischenzeitlich war sogar ein Insolvenzverfahren anhängig. Das Unternehmen agiert aber mittlerweile wieder am Markt, wenn auch künftig wohl ohne den Zauberlehrling.

---

[8] Die Angaben basieren auf einer Reihe von Zeitschriften- und Zeitungsartikeln. Warner selbst nannte dazu keine Zahlen, vgl. Gespräch am 27. März 2002 mit Ulrich Tormin, Warner Brothers Consumer Products, Hamburg, zit. n. dem Gedächtnisprotokoll von Andrea Frey.

[9] Die Angaben variieren im Übrigen: Geisler 2001 hat beispielsweise 260 Artikel gezählt. Lang und Stillich 2001 (S. 68) sprechen sogar von 500 Artikeln.

3.2 Die Produktpalette

Damit eine Lizenz wie *Harry Potter* erfolgreich ist, sind, wie erwähnt, die Faktoren Bekanntheit, Beliebtheit und Identifikation mit der genutzten Figur oder Marke unabdingbar (Rathsfeld 1995, S. 74f.). Denn, das wurde unter 2.3 bereits ausgeführt, der Lizenzartikel bietet in einer Zeit der starken Reizüberflutung eine Entscheidungshilfe für den Verbraucher, der sich beim Kauf an dem populären Character oder Logo orientieren soll (vgl. ebd., S. 82). Merchandising-Produkte senden zudem emotionale Reize als Zusatznutzen der Ware aus, um Kaufimpulse zu geben. Voraussetzung für den erfolgreichen Einsatz dieser Marketing-Strategie ist allerdings, dass sich „das Markenimage in dem Lizenzprodukt […] niederschlägt". Denn: „Es genügt nicht, ein Markenlogo auf irgendeinen Artikel zu pappen" (Fischer 2001).

Das scheint allerdings beim *Harry Potter*-Merchandising geschehen zu sein. Es gab quasi nichts, was es nicht gab. Die von den Verfasserinnen zusammengetragene Produktliste umfasste Armbanduhren, Bettwäsche, Geschenkartikel, interaktive Brett- und Computerspiele, Kinderbekleidung, Pflaster, Rucksäcke, Sammlerpuppen, Schreibwaren, Socken, Sticker, Tapeten und Zahnbürsten. Diese Aufzählung ließe sich problemlos fortführen. Ein Blick auf die genannten Lizenznehmer zeigt Genaueres. Sie steuerten Folgendes zum Potter-Potpourri bei:

Lego lockte die Kunden mit Konstruktionsspielzeug. Elf Artikel nahm der Konzern in sein Programm auf, darunter zum Beispiel das Hogwarts-Schloss (vgl. Abb. 1), in dem der magische Held sein Handwerk lernt.

Abb. 1: Das Zauberinternat Schloss Hogwarts in der Lego-Version. Quelle: www.lego.de (Stand: Juli 2005)

Hasbro hatte neben diversen Spielen auch Süßwaren, Lollies zum Beispiel, sowie Körperpflegeprodukte wie Badeschaum und Shampoo im Sortiment. Ein Harrys „Nimbus 2000" nachempfundener Zauberbesen aus Plastik und eine elektronische Zauberfibel rundeten das Angebot des Spielzeugherstellers ab. Mattel entwickelte action-orientierte Spielwaren wie die unheimliche Schleimkammer, bildete Szenen aus der Buchvorlage mit Miniaturkunststoffpuppen nach und entwickelte Ideen für Brett- und Kartenspiele. Dank der Potter-Mania gab es daher auch ein entsprechendes Uno-Karten-Set mit Harrys Konterfei.[10] Electronic Arts trug schlussendlich mit Spielen für Playstation, Gameboy und PC zum Merchandising-Angebot bei und ermöglichte es kleinen und größeren *Harry Potter*-Fans, die Welt des Zauberschülers virtuell zu erleben.

Viele der genannten Produkt-Beispiele gehören in den Bereich des Promotional Licensing: Bis dato mehr oder minder gesichtslose Waren wie unscheinbare T-Shirts oder „normale" Bleistifte wurden mit *Harry Potter*-Aufdrucken jedweder Art gleichsam „veredelt" und damit gezielt aufgewertet. Sie hoben sich auf diese Weise aus dem Angebot gleichartiger Artikel ab und konnten daher vom Kunden (anders) wahrgenommen werden (vgl. Fischer 2001). Dies hätte, das haben die Kapitel 2.3 und 2.4 gezeigt, ihre

---

[10] Die ohnehin umfangreiche Produktpalette ist mit Anlaufen des zweiten Films Ende 2002 noch einmal erweitert worden. Ergänzt wurde sie zum Beispiel um das fliegende Auto der Weasleys, ein Erweiterungsset für das Lego-Hogwarts, neue Süßigkeiten etc.

Chancen am Markt theoretisch erhöhen können. Darüber hinaus kam eine zweite Einsatzmöglichkeit des Character-Merchandisings zum Zuge: Einige Waren des Potter-Produktpotpourris wurden eigens für diese Gelegenheit neu entwickelt. Dazu zählten nicht nur der schon angesprochene Zauberbesen, sondern auch weitere Requisiten aus der Welt des magischen Internates wie Schokoladenfrösche mit Sammelkarten und Bertie Bott's Beans, Gummidrops in etwas ausgefalleneren Geschmacksrichtungen. Auf andere unter 2.2 beschriebene Einsatzmöglichkeiten des Merchandisings, Mediawerbung und Consumer Promotions nämlich, wurde unserer Kenntnis nach im untersuchten Beispielfall verzichtet.

Ein Weiteres wird anhand der vorgestellten Produktpalette deutlich: Das hier grob umrissene Sortiment an *Harry Potter*-Lizenzwaren orientierte sich an dem für Merchandising-Kampagnen üblichen Standard: Nach Möglichkeit sollen durch die „multimediale Verwertung von Figuren, Geschichten, Requisiten [...] im Idealfall alle Sinnesempfindungen" (Heidtmann 1992, S. 176) angesprochen werden. Dazu zählen Sehen, Hören, Tasten, Schmecken und Riechen, aber auch das Denken. Ein näherer Blick auf das vorgestellte Angebot zeigt, dass versucht wurde, diesen Grundsatz umzusetzen: Den Sehsinn der kleinen und großen Fans des Zauberlehrlings spricht der *Harry Potter*-Film an. Kassetten und Hörbücher zielen auf ihren Hörsinn. Spielzeug ist zum Ertasten und Süßigkeiten zum Erschmecken der magischen Welt rund um Hogwarts auf den Markt gebracht worden. PC-Spiele und der Original-Harry Potter aus den Romanen stimulieren das Gedächtnis. Den Geruchssinn regen schließlich Shampoos und Duschgels an. So betrachtet haben die Macher eine wichtige Grundregel des Merchandisings befolgt. Und doch ging etwas gründlich schief. Denn der erwartete Verkaufsboom blieb weitestgehend aus.

3.3 Zwischenfazit: Erste Thesen zum Fehlschlagen der Merchandising-Offensive

Allein nach dem Blick auf das schier unüberblickbar große Spektrum der Lizenzware lassen sich Thesen für das Scheitern des *Harry Potter*-Merchandisings formulieren: Eine Ursache für das Floppen des kommerzialisierten Zauberschülers liegt möglicherweise in der beschriebenen Bandbreite der Produkte, nicht zuletzt, weil die aberwitzigsten Artikel mit *Harry Potter* geschmückt wurden, ohne dass ein (sinnvoller) Bezug zur Vorlage bestanden hätte. Einige Produkte passten schlichtweg nicht zum Image des Helden aus Hogwarts. Als Beispiel seien die Hansaplast-Heftpflaster genannt: Sie hat Harry selbst nicht nötig, denn Blessuren werden bei den Magiern einfach weggezaubert. Die Verkaufsprobleme könnten zudem aus der Missachtung einer der WB-Richtlinien resultieren, die besagt, weniger sei mehr (vgl. Wagner 2001, S. 55f.). Die vorgestellte, umfassende Produktpalette hat bereits bewiesen, dass diese Regel offenkundig ignoriert worden ist. Das oben zitierte Ziel, maximalen Profit aus Rowlings Werken zu ziehen, ohne zu übertreiben, ist sowohl bei Warner als auch bei den Lizenznehmern offenbar aus den Augen verloren worden. Es scheinen also Fehler in der Umsetzung der Merchandising-Kampagne gemacht worden zu sein.

Grundsätzlich jedoch hatte Harry gute Voraussetzungen, sich auch als Lizenz erfolgreich zu behaupten: An Bekanntheit und Beliebtheit, zwei der erwähnten Erfolgsfaktoren, hat es der Marke Potter jedenfalls nicht gefehlt. Die Romane haben den Zauberlehrling weltweit bei Alt und Jung berühmt gemacht, erschienen die Bücher doch in 200 Ländern, wurden in 47 Sprachen übersetzt und verkauften sich bis 2001 insgesamt 116 Millionen Mal (vgl. Falz 2001, S. 42f.). Möglicherweise ergaben sich jedoch hinsichtlich der Identifikation Probleme mit den Potter-Produkten: Der Merchandising-Harry stimmte optisch nicht mit dem (deutschen) Buchcover überein, sondern glich (zu) sehr dem Hauptdarsteller des Films, Daniel Radcliffe. Dieser stieß beim Publikum aber auf wenig Akzeptanz (vgl. Garbe et al. 2002, S. 134f.).[11] Das hatte wahrscheinlich zur Folge, dass die Waren nicht den nötigen Kaufanreiz boten: Der erhoffte Zusatznutzen, die emotionale Aufwertung der Artikel nämlich, fehlte. Insgesamt steht dahin, wie attraktiv die Produkte für die große, überaus heterogene Fangemeinde waren. Darauf wird in Kapitel 5 genauer eingegangen.

Um das vermutete Fehlschlagen des Vertriebszaubers mit dem magischen Helden möglichst anhand von Fakten belegen zu können und weitere Details über den Merchandising-Hokuspokus, der mit *Harry Potter* veranstaltet wurde, zu erfahren, wurde von den Verfasserinnen eine Untersuchung durchgeführt, die nun näher vorgestellt werden soll.

4 *Harry Potter* in den Warenhausregalen: die Fallstudie

Die Medien berichteten im Zuge des Starts von *Harry Potter und der Stein der Weisen* sowie der Merchandising-Offensive intensiv über den Helden von Hogwarts. Unter anderem verbreiteten einige Zeitungsartikel die Kunde vom enttäuschenden Umsatz mit den Potter-Produkten (vgl. Nacken 2002). Im Rahmen des erwähnten Forschungsseminars entstand daraufhin die Idee, die These vom Fehlschlagen der Marketing-Maßnahmen durch eine Fallstudie zu überprüfen.

4.1 Methodisches Vorgehen

Das Ziel dieser im Februar und März 2002 durchgeführten Befragung war es herauszufinden, ob sich die allgemeinen Aussagen in den Medien mit den Erfahrungen von Einzelhändlern vor Ort decken würden. Die Daten sollten mithilfe eines teilstandardisierten Fragebogens erhoben werden. Interesse bestand nicht nur an der Erwartungs-

---

[11] In verschiedenen, im Rahmen des Forschungsseminars der Universität Lüneburg durchgeführten Fallstudien bei Lesern, dem Kinopublikum und Internetnutzern hat sich zudem herausgestellt, dass der Titelheld ohnehin nicht die Identifikationsfigur Nummer Eins war. Vielmehr boten auch andere Charaktere, zum Beispiel Hermine, Ron, Hedwig oder Dumbledore, Wiedererkennungswerte. Hagrid entpuppte sich außerdem als „heimlicher Held" des Filmes. Die Faszination, die von *Harry Potter* ausgeht, hat ihre Ursache also scheinbar nicht nur in einer einzigen fiktiven Gestalt, sondern rührt aus der Komplexität der fiktionalen Welt, die Joanne K. Rowling entworfen hat. Das legt auch die Studie zur Anschlusskommunikation von Potter-Fans im World Wide Web nahe (vgl. Garbe et al. 2002, S. 128ff., 132ff., 136ff.).

haltung der Geschäftsleute selbst, gefragt wurde vor allem nach Fakten zum Umfang des jeweils vorhandenen Sortiments, dem Preisspektrum der Potter-Produkte sowie der Nachfrage seitens der Kundschaft. Ziel war es, auf diese Weise zu konkretisieren, welche Artikel sich gut und welche sich weniger gut verkauften. Bezüglich absoluter Zahlen zu diesem Themenkomplex ergaben sich jedoch Schwierigkeiten: Die befragten Händler waren häufig nicht willens oder in der Lage, Auskunft über Umsatzzahlen (weder die allgemeinen noch die speziell auf einzelne Artikel bezogenen) zu geben. Daher war die Umfrage an diesem Punkt nicht so ergiebig wie gewünscht. Die Interviews hatten dagegen einen unerwarteten Informationsgehalt: In den Gesprächen äußerten die Befragten subjektive Theorien über den mangelnden Erfolg der Lizenzprodukte, die unserer theoretischen Sicht interessante Aspekte aus der Perspektive der Praktiker hinzufügten.

Aufgrund der zeitlich und finanziell eingeschränkten Möglichkeiten der Durchführenden wurde nur eine relativ kleine Grundgesamtheit von insgesamt 15 Geschäften in einem lokal eng begrenzten Raum, dem Stadtgebiet von Lüneburg, gewählt. Die Läden, die in dieses Sample Eingang fanden, stammten aus unterschiedlichen Bereichen, hatten aber selbstredend alle eines gemeinsam: Sie führten *Harry Potter*-Artikel im Sortiment. Bei der Auswahl der zu Befragenden haben die Verfasserinnen darauf geachtet, eine breite Palette unterschiedlicher Geschäftsarten auszuwählen, sodass der Verkaufserfolg oder -misserfolg möglichst vieler verschiedener Merchandising-Produkte erfasst werden und trotz des eingeschränkten Panels eine gewisse Aussagekraft erzielt werden konnte.

Zu den untersuchten Geschäften gehörten: Buchhandlung Perl, C&A, Das Buch, Fielmann, Karstadt, Kerber, Magnet, Media Markt, Mythos (Spielwaren), Neukauf, Papiton (Schreibwaren), Spar am Sande, Uni Buch, Wegener (Schreibwaren) und Woolworth. Bei der Befragung sind demzufolge die Bereiche Buch, Schreib- und Spielwaren, Elektronik, Textilien, Lebensmittel und Drogerieartikel berücksichtigt worden. Interviewt wurden Mitglieder der Geschäftsführung, Inhaber oder Angestellte sowohl spezialisierter Fachgeschäfte als auch von Supermärkten und Warenhäusern. Dabei handelte es sich teils um Mitglieder ganzer Ladenketten, teils um Lüneburger Einzelunternehmen, sodass in der Fallstudie insgesamt ein breites Spektrum an Einzelhandelsfirmen abgedeckt wurde.

Zunächst sollen allgemeine Tendenzen, die sich aus der Auswertung ergaben, erörtert werden, um anschließend konkrete Zahlen und eine Auswahl prägnanter, individueller Aussagen der befragten Personen vorzustellen.

4.2 Allgemeine Tendenzen

Beinahe alle befragten Geschäftsleute hatten die Waren aus der Potter-Produktpalette im Herbst 2001 in ihr Sortiment aufgenommen. Teilweise führten sie sie bereits seit April. In einem Fall waren ausgewählte Lizenzartikel sogar schon im Jahr 2000 erhältlich. Die Ware wurde gestaffelt geliefert, wobei das Angebot vor allem im Oktober und November, passend zum Filmstart, jeweils erheblich erweitert worden ist. Für einen großen Teil der Befragten (40 Prozent) war also das Anlaufen von *Harry Potter und der Stein der Weisen* konkreter Anlass, die entsprechenden Lizenzprodukte in den Verkauf zu nehmen. Für mehr als die Hälfte der Interviewten (knapp 53 Prozent) war dagegen der allgemeine Trend, der sich damals in einer Art Harry-Hysterie bemerkbar machte, der Grund, sich an der Merchandising-Kampagne zu beteiligen.

Durch den guten Umsatz mit den Büchern, den (erwarteten) erfolgreichen Filmstart und die starke mediale Präsenz des magischen Helden bestärkt, erhofften sich die meisten Händler von den Lizenzartikeln eine Steigerung ihres Umsatzes. Es hat allerdings auch skeptische Einschätzungen gegeben: So haben sich 20 Prozent der befragten Geschäftsleute nur durch die Überredungskünste von Vertretern, in einem Fall sogar durch gezielte Kundennachfrage, überzeugen lassen, sich der Harry-Manie nicht zu verweigern.

Die Vielfalt der in Lüneburg angebotenen Lizenzartikel aus der Potter-Palette war so hoch, dass sie kaum überschaubar schien. Sie deckt sich im Wesentlichen mit dem unter 3.2 vorgestellten Warenuniversum: In Lüneburger Läden wurden schwerpunktmäßig die Erzeugnisse der in 3.1 erwähnten Firmen angeboten. Erhältlich waren folglich Textilien, Spiele und Spielzeuge, Schreibwaren, Drogerieartikel und vieles mehr. Auch die Preisspanne der durch die Umfrage erfassten Merchandising-Waren erwies sich als nicht minder groß: Dem günstigsten Produkt – Sticker für 51 Cent – standen am anderen Ende der Preisskala Sammelpuppen im Wert von 150 € gegenüber. Ob ein Zusammenhang zwischen den tendenziell hohen Preisen der Potter-Produkte und ihrem Verkaufs(miss)erfolg besteht, soll an anderer Stelle erörtert werden. Der Verdacht liegt jedoch nahe: Rund 47 Prozent der Geschäftsleute lasteten ihnen die geringe Nachfrage seitens der Kundschaft an. Bevor das diskutiert wird, soll zunächst aufgeschlüsselt werden, welche Merchandising-Artikel zu Topsellern wurden und welche sich – zumindest in Lüneburg – als Ladenhüter entpuppten:

Nach Einschätzung der teilnehmenden Geschäftsleute haben sich Gameboy- und Playstation-Spiele, das Hogwarts Schloss und der Hogwarts Express von Lego, *Harry Potter*-Organizer, -Hörbücher, -Puzzle, -Tassen sowie Bertie Bott's Beans am besten verkauft. Insgesamt gingen die Lizenzwaren den Angaben unserer Interviewpartner zufolge jedoch eher schlecht. Zu den von ihnen benannten Flops gehörten Spardosen, Kalender, Leitz-Ordner, der Zauberbesen, Sammelfiguren, Regenschirme, Schlüsselanhänger, Tesa-Haken und das Sammelkarten-Spiel.

Wie bereits angedeutet, konnte die Mehrheit der interviewten Geschäftsleute eine allgemeine Enttäuschung über den Verlauf der Merchandising-Aktion nicht verhehlen. Die insgesamt geringe Nachfrage nach Lizenzartikeln rund um das Zauberinternat spiegelt sich auch in der Tatsache wider, dass ca. 67 Prozent der Einzelhändler ihr *Harry Potter*-Sortiment zum Zeitpunkt der Befragung bereits durch Reduzierungen und Retournierungen erheblich verändert hatten: Sie verkauften die Waren entweder zum Schleuderpreis ab oder schickten sie an ihre Lieferanten zurück. In einem Fall geschah Letzteres sogar mit der gesamten Potter-Produktpalette. Je nach Langmut der Händler blieb Harry bei einigen Kaufleuten über Monate, bei anderen nur wenige Wochen im Ladenlokal.

4.3 Ausgewählte Verkaufszahlen

Nur in wenigen Fällen war es möglich, konkrete Verkaufszahlen einzelner *Potter*-Produkte zu erhalten. Wie bereits geschildert, waren die befragten Kaufleute häufig nicht willens, Informationen über ihren Umsatz preiszugeben. Ferner war es in vielen Firmen technisch unmöglich, den Absatz einzelner Erzeugnisse in der Vergangenheit nachzuvollziehen, selbst wenn die Gesprächspartner gerne darüber Auskunft erteilt hätten. Daher können die Verfasserinnen an dieser Stelle nur mit einer relativ geringen Datenmenge aufwarten, die aber nichts desto trotz aussagekräftig erscheint.

4.3.1 Der Absatz von *Harry Potter*-Produkten im Media Markt

Die Angaben der Lüneburger Filiale der Elektrofachhandelskette Media Markt geben Aufschluss über die verkaufte Stückzahl ausgewählter *Harry Potter*-Artikel innerhalb eines Zeitraumes von vier Monaten, nämlich von November 2001 bis Februar 2002. Die Daten lassen die generelle Aussage zu, dass sich die hochpreisigen Produkte hier besser verkauften als die weniger teuren. Außerdem wurden im Media Markt vor allem Waren abgesetzt, die zum klassischen Sortiment eines Elektronik-Geschäftes gehören, Artikel also, die der Kunde dort auch erwartet. Ein Blick in die Tabelle verrät Näheres:

Artikel	November 2001	Dezember 2001	Januar 2002	Februar 2002
PC-Spiel für 50,62 €	70	182	14	13
Playstation-Spiel für 49,99 €	28	108	12	6
Gameboy-Spiel für 45,50 €	30	108	3	5
Elektronische Zauberfibel für 33,78 €	1	2	–	–
Schlüsselanhänger für 9,99 €	–	1	–	–

Tab. 1: Ausgewählte Verkaufszahlen des Media Marktes von November 2001 bis Februar 2002. Quelle: eigene Erhebung

Signifikant ist weiterhin, dass es bei allen Artikeln einen enormen Anstieg des Absatzes im Dezember gegeben hat: Der Verkauf des PC-Spiels zum Beispiel steigerte sich im Vergleich zu November um über das Doppelte von 70 auf 182 Stück. Der Absatz der Gameboy-Version vervierfachte sich sogar nahezu von 30 auf 108. Ähnlich verhielt es sich auch beim Playstation-Spiel, das 28 bzw. 108 Mal über die Ladentheke ging. Bei diesen drei Artikeln handelt es sich jeweils um hochpreisige Produkte, die zwischen

45,50 und 50,62 € kosteten. Der Verkauf der elektronischen Zauberfibel und des Leuchtschlüsselanhängers, die der Media Markt in Lüneburg ebenfalls in sein Sortiment aufgenommen hatte, zog zum Jahresende zwar ebenfalls an, die Nachfrage der Kunden nach diesen beiden weniger teuren Artikeln (33,78 und 9,99 €) blieb aber selbst im Dezember deutlich geringer.

Die oben geschilderte Entwicklung lässt sich aus unserer Sicht vor allem auf das Weihnachtsgeschäft zurückführen. Gerade im Spielwarenbereich wird um diese Zeit traditionell der größte Umsatz gemacht. Diese Einschätzung scheint vor allem deshalb plausibel, weil bei allen aufgeführten Artikeln im Januar ein drastischer Rückgang bemerkbar ist. Der Faktor Weihnachtsgeschäft spielt bei der Untersuchung des Verkaufserfolgs der Merchandising-Artikel also offenbar eine entscheidende Rolle.

4.3.2 Der Absatz von *Harry Potter*-Produkten bei Uni Buch

Die von der Buchhandlung Uni Buch zur Verfügung gestellten Verkaufszahlen gelten für einen sehr langen Zeitraum von fast einem Jahr (April 2001 bis Februar 2002). Leider liegen keine Angaben über die Verteilung der umgesetzten Artikel in den einzelnen Monaten vor, daher kann – anders als beim eben vorgestellten Beispiel des Media Marktes – kein saisonbedingter Trend ausgemacht werden. Doch auch hier verrät der Blick auf die tabellarisch aufgeführten Absatzzahlen Einiges:

Artikel	Anzahl	Artikel	Anzahl	Artikel	Anzahl
Postkarte für 0,99 €	38	Becher für 8,95 €	5	Federmäppchen für 9,95 €	2
A6-Block für 1,80 €	22	Portemonnaie für 9,95 €	5	Socken für 7,95 €	2
Schnellhefter für 2,00 €	19	A4-Sammelbox für 9,00 €	4	Keramik-Teller für 12,95 €	1
A5-Block für 2,50 €	18	Riesenbecher für 13,95 €	4	Mousepad für 9,95 €	1
Bleistift mit Topper für 3,95 €	17	Basecap für 14,95 €	3	Rucksack für Mädchen für 29,95 €	1
A4-Ringmappe für 7,00 €	14	T-Shirt für 15,95 €	3	Rucksack mit Wappen für 29,95 €	1

Tab. 2: Ausgewählte Verkaufszahlen der Buchhandlung Uni Buch von April 2001 bis Februar 2002. Quelle: eigene Erhebung

Insgesamt wurden in der auf dem Uni-Campus angesiedelten Buchhandlung vor allem auch in Anbetracht des langen Verkaufszeitraums nur sehr wenige Potter-Produkte verkauft. Hier entpuppten sich vor allem die teuren Artikel, die sich in diesem Falle zwischen 10 und 30 € bewegten, als absatzschwach. Die Waren im Wert zwischen 90 Cent und 7 € gingen im Vergleich dazu wesentlich besser. Hier besteht also ein eklatanter Unterschied zu den Erfahrungen, die man im Media Markt mit dem *Harry Potter*-Merchandising machte: Dort liefen gerade die hochpreisigen Produkte besonders gut. Bei Uni-Buch haben sich dagegen preiswerte Mitnahme-Artikel stärker beim Kunden durchgesetzt. Ein Grund dafür mag sein, dass der Verbraucher Produkte wie Rucksäcke oder Portemonnaies nicht in einer Buchhandlung erwartet und daher dort auch nicht kauft, schon gar nicht für einen relativ hohen Preis. Vielmehr wurden hier überwiegend klassische Non-Book-Waren wie Bleistifte, Blöcke, Mappen und Postkarten verkauft, die auch in anderer Form in Buchläden erhältlich sind.

4.4 Subjektive Theorien: Erklärungsversuche aus Sicht der Einzelhändler

In den Gesprächen mit den Lüneburger Kaufleuten wurde schnell deutlich, dass die *Harry Potter*-Merchandisingaktion überwiegend als Enttäuschung empfunden wurde, selbst wenn vereinzelt positive Stimmen zu vernehmen waren. So zeigte sich der Leiter der Spielwarenabteilung des Kaufhauses Kerber, Herr Zimmermann, verglichen mit den übrigen Händlern überraschend euphorisch und berichtete von einer großen Kundennachfrage. Er war allerdings auch der einzige, der fast gänzlich auf Merchandising-Produkte abseits der großen Hersteller Lego, Mattel und Electronic Arts, deren Ware zu den Verkaufsschlagern zu zählen ist, verzichtete. Für den Erfolg seiner durchweg hochpreisigen Produkte machte er hauptsächlich das Weihnachtsgeschäft verantwortlich: „Durch das Weihnachtsgeschäft haben sich die teuren Artikel sehr gut verkauft. Über das Jahr gesehen werden solche Preislagen eigentlich wenig verkauft" (TS Kerber, Z. 83ff.).[12]

Über die Ursachen des Verkaufserfolges bzw. -misserfolges entwickelte man nicht nur im Kaufhaus Kerber, sondern auch in beinahe allen übrigen erfassten Geschäften eigene Theorien, von denen einige hier vorgestellt werden sollen. Es kristallisierten sich dabei Problemkomplexe wie Preis, Qualität und Quantität der Produkte, Identifikation und Zielgruppe heraus.

Hinsichtlich der Auswirkung des Preises auf den Verkaufserfolg existierten bei den Befragten zwei konträre Einstellungen: Eine Gruppe lastete den schwachen Umsatz den allgemein hohen Preisen der Potter-Lizenzprodukte an:

> Das ist auch eine Frage des Preises. Die Merchandising-Artikel [...] sind auch wahnsinnig teuer gewesen, durch die Lizenzgebühr. [...] Ein Kind gibt nicht mal eben so viel Geld für ein kleines Teilchen aus [...] Aber das ist häufig so mit Lizenzartikeln. Gerade im Bereich Schreibwaren gibt es häufig Lizenzartikel [...], wo die Artikel immer sehr teuer sind. Da kann man davon ausgehen, dass nichts verkauft wird (TS Karstadt, Z. 35f, 47f. 107ff.).

---

[12] Die folgenden, mit TS gekennzeichneten Zitate sind den Transkriptionen der im Zuge der Fallstudie geführten Interviews entnommen. Sie sind Teil der unveröffentlichten Seminararbeit zum *Harry Potter*-Marketing, die der Herausgeberin dieses Buches vorliegt.

Andere vertraten die These, der Preis spiele keine große Rolle, solange das Produkt für den Käufer reizvoll sei. Diese Einschätzung teilte beispielsweise Frau Läer, Inhaberin des Schreibwarengeschäftes Papiton:

> Der Preis hat, glaube ich, keine Rolle gespielt. [...] Wer was will, der will es. Das sieht man doch bei manchen Diddl-Sachen: Wenn sie [die Kunden, Anm. d. Verf.] die nicht bekommen können, wenn da nicht genug da ist, dann gehen sie zu *Ebay* und ersteigern es da für hohe Summen (TS Papiton, Z. 267, 276ff.).

Auch bei Karstadt in Lüneburg glaubte man:

> Es kommt nicht darauf an, ob ein Artikel 5 oder 50 € kostet, sondern ob der Artikel für den Kunden interessant ist. Das ist der einzige Grund, das hat mit dem Preis nichts zu tun. [...] Es kommt darauf an, ob es bei den Kindern Trend ist oder nicht (TS Karstadt, Z. 124ff.).

Diese Theorie würde eine sinnvolle Erklärung dafür liefern, warum teure Artikel wie PC-, Gameboy- und Playstation-Spiele oder das Konstruktionsspielzeug von Lego zum Beispiel im Kaufhaus Kerber reißenden Absatz gefunden haben: „Ich war so gut wie leer gebombt [...] weil ich zu wenig Ware hatte. Ich hätte mehr [Umsatz, Anm. d. Verf.] machen können" (TS Kerber, Z. 121, 132f.).

Im Supermarkt Neukauf liefen vor allem die an die Naschereien der Nachwuchsmagier angelehnten Süßwaren gut. Sogenannte Non-Food-Artikel, Schreibwaren zum Beispiel, hatten dort dagegen schlechte Karten. Den Erfolg oder Nicht-Erfolg der Produkte empfand der Marktleiter Herr Brinkmann ebenfalls nicht als preis-, sondern als warenabhängig. Denn es sei mit Sicherheit auch von hoher Bedeutung, ob ein Produkt in ein Geschäft „passe": „Es ist bei uns ja nun auch so, dass wir ein Supermarkt sind, der hauptsächlich Lebensmittel verkauft. Vielleicht ist das etwas Anderes, wenn man ein Schreibwarengeschäft fragt" (TS Neukauf, Z. 32ff.).

Diese Erfahrung deckt sich im Übrigen mit dem unter 4.3 vorgestellten Zahlenmaterial: In beiden Fällen liefen diejenigen Artikel am besten, die zum festen Sortiment der jeweiligen Einzelhandelssparte gehörten. Anderes hatte dort dagegen kaum eine Chance, seine Käufer zu finden.

An der Aussagenfülle zum Faktor Preis zeigt sich, dass er für beinahe jeden der Befragten ein Thema war, jedoch durchaus unterschiedlich gewertet wurde. Teilweise decken sich die Ausführungen mit dem unter 2.3 zu aktuellen Konsumtrends Gesagten: Weder der Gebrauchswert noch die Kosten sind bei Kaufentscheidungen heutzutage entscheidend. Was zählt, ist offenbar der Zusatznutzen, ob das Produkt also ein für den Kunden attraktives Consumer Benefit besitzt, das ihn auf emotionaler Ebene erreicht, und ihn darüber an die Ladenkasse locken kann. Allein am Preis wurde das Scheitern der Lizenzware folgerichtig nicht festgemacht. Die Lüneburger gingen durchaus differenziert mit *Harry Potter* ins Gericht. Weitere Ursachen wurden diskutiert:

Die mangelnde Qualität der Ware wurde ebenfalls als ein wichtiger Grund für den Verkaufsmisserfolg der Potter-Produkte erachtet. Dies ist der Aussage einer Buchhändlerin zu entnehmen, die die Ware und deren Gestaltung als „kitschig" (TS Uni

Buch, Z. 131) bezeichnete. Herr Tschorn jr. vom Supermarkt Spar am Sande machte seine Kritik am Beispiel der Bertie Bott's Beans fest, die sich zwar gut verkauften, aber:

> Es gibt original Jelly Bellys, die geschmacklich wesentlich besser sind, und es gibt diese billigen Kopien, die sehr süß sind. Und hätte man da bessere Produkte genommen, dann wäre das schon wesentlich besser gewesen (TS Spar am Sande, Z. 55ff.).

Auch bei Neukauf urteilte man negativ über die qualitativen Eigenschaften dieses Produktes: „Die sind eigentlich ziemlich ekelig" (TS Neukauf, Z. 63).

Nicht nur die Qualität, auch die Quantität der Merchandising-Artikel galt unseren Interviewpartnern als mögliche Ursache für den schleppenden Umsatz: Die Fülle der Produkte und die Omnipräsenz von *Harry Potter* wurden als „Marketing-Overkill" (TS Spar am Sande, Z. 36) bezeichnet: „Aber wie gesagt, ich denke mal, wenn Sie in jeder Apotheke, bei jedem Buchhändler, jedem Einzelhändler Merchandising-Produkte finden, das ist Overkill" (TS Spar am Sande, Z. 40ff.).

Diese Ansicht teilte auch der Inhaber eines auf Fantasy-Spielzeug spezialisierten Fachgeschäftes: „Warner hat jeden Lizenznehmer genommen. Das war ein Fehler, auf Quantität statt auf Qualität zu setzen" (TS Mythos, Z. 33ff.).

Buchhändler Harbor glaubte ebenfalls, der Markt für Geschenkartikel sei von Warner und Co. verfehlt worden. Nicht bei jedem Produkt sei es sinnvoll, es mit einem Potter-Aufdruck zu versehen, so seine Meinung (vgl. TS Perl, Z. 195f.). Diese Einschätzung deckt sich mit dem unter 3.3 Ausgeführten und den positiven Erfahrungen des Kaufhauses Kerber, denn dort wurde, wie oben erläutert, auf solch sinnlose Massenware verzichtet. Im Gegensatz zu vielen seiner Lüneburger Kollegen war Herr Zimmermann daher nicht auf Ladenhütern wie Schlüsselanhängern oder Bleistiften sitzen geblieben.

Für zwei weitere Befragte verfehlte ein großer Teil der Merchandising-Produkte noch aus einem anderen Grund seine Kunden. Ihre These ließe sich in der Formel zusammenfassen: Wer liest, steht intellektuell auf einem höheren Niveau und ist an „so einem Spielkram" (TS Papiton, Z. 251f.) per se nicht interessiert: „Denn derjenige, der liest, der hat ja schon mal ein ganz klein bisschen mehr im Kopf" (TS Papiton, Z. 227f.).

Das legt die unter 3.3 angedachte Vermutung nahe, dass die Masse der Artikel von einigen, löblichen Ausnahmen abgesehen für die Anhängerschaft des Hogwarts-Eleven offenbar uninteressant war. Scheinbar bestanden Probleme, die Zielgruppe der Fans zu erreichen und für *Harry Potter* auch in seiner beinahe bis zur Unkenntlichkeit kommerzialisierten Form zu begeistern.

Auch der im Abschnitt 3.3 angesprochene Themenkomplex „Identifikation" fand sich unter den vielfältigen Interpretationsansätzen der Lüneburger Geschäftsleute wieder: Eine Angestellte des Buchladens Uni Buch kritisierte zum Beispiel, dass sich die Gestaltung der Merchandising-Ware am Film-Harry und nicht an der (deutschen) Illustration der Romane orientierte. Der Wiedererkennungswert sei aus diesem Grunde zu niedrig gewesen: „Das ist nicht der Harry Potter, den die von den Büchern kennen. Das war einfach unglücklich" (TS Uni Buch, Z. 132ff.).

Die Lüneburger Geschäftsleute begaben sich – das wird aus den vorgestellten Thesen deutlich – auf Ursachensuche und machten in ihren recht differenzierten Überlegungen verschiedene Problemfelder aus, die partiell bereits angeklungen sind und im letzten Kapitel zum Teil noch einmal vertieft werden. Das macht auch deutlich, dass sich die Befunde aus Theorie und Praxis durchaus decken könn(t)en.

4.5 Zwischenfazit

Speziell aus Kapitel 4.4 ergibt sich, dass nicht nur *ein* Grund existierte, aus dem sich die *Harry Potter*-Produkte (von den erwähnten Ausnahmen einmal abgesehen) eher zu Ladenhütern als zu Topsellern entwickelten. Dennoch scheinen die wichtigsten Faktoren für den Misserfolg der Merchandising-Maßnahme der Preis, die Verfehlung des Kunden sowie die Produktqualität und -quantität zu sein. Abschließend kann das im Fallbeispiel Lüneburg natürlich nicht geklärt werden. Die Ergebnisse, die die Erfahrungen ausgewählter Einzelhändler widerspiegeln, decken sich jedoch mit den Aussagen in den Medien, die ursprünglich Anlass für die Untersuchung gewesen waren.

Betrachtet man den Verlauf der Merchandising-Kampagne, scheint es, als seien sämtliche Hersteller des Potter-Potpourris vorab überzeugt gewesen: „Harry wird ein absoluter Bestseller" (Falz 2001, S. 44). Darauf verließen sie sich denn auch. Doch inzwischen ist klar: „Es gab Highlights wie die Lego-Produkte, die teilweise wochenlang nicht nachlieferbar waren, und es gab Flops"[13] – und zwar massenweise, das legt die Auswertung der oben vorgestellten Fallstudie nahe. Daran konnte man sogar bei Warner nicht vorbei sehen. Für Ulrich Tormin von WBCP zählte vor allem das Achterbahn-Angebot zu den Ladenhütern unter den Lizenzartikeln. Es sei zu vielfältig gewesen, räumte er ein. „Zu kitschig, zu teuer und in vielen Fällen haarscharf an der Zielgruppe vorbei" (Nacken 2002) – das hatte auch das Hamburger Abendblatt nach zwei Monaten Harry-Hysterie herausgefunden. Die Nachfrage der Fans nach Merchandising-Produkten war demzufolge mau: „90 Prozent der angebotenen Potter-Lizenzprodukte liefen schlechter als erwartet" (Nacken 2002). Eine mehr als miese Bilanz, die sich auch in Lüneburg bestätigt zu haben scheint.

Veröffentlichungen, die ein Jahr nach dem großen Vertriebs-Hokuspokus erschienen, bewerteten in ihren Resümees das *Harry Potter*-Merchandising überraschenderweise aber positiv. Angesichts dessen, was hier geschildert wurde, kann eine solche Bewertung der Marketing-Strategie jedoch nur erstaunen. In zwei Zeitschriften-Artikeln vom Herbst 2002 (Häusler 2002, S. 20; von der Reith 2002, S. 202) klingt es allerdings, als sei die oben ausführlich analysierte Merchandising-Offensive eine geradezu zauberhafte Erfolgsgeschichte gewesen: Dort ist die Rede von einer perfekt laufenden „Marketing-Maschine" (Häusler 2002, S. 20), an der Joanne K. Rowling allein in der Bundes-

---

[13] Ulrich Tormin, Warner Brothers Consumer Products, Hamburg, Gespräch am 27. März 2002, zit. n. dem Gedächtnisprotokoll von Andrea Frey.

republik 2,6 Millionen € verdiente. Von der „magischen Geldvermehrung" (von der Reith 2002, S. 202) habe außerdem eine ganze Industrie ihren Nutzen gezogen, denn Potter sei Garant für „irrwitzige Umsätze" und ein „globales Milliardengeschäft" (ebd.). Das ist sicher eine Frage des Standpunktes: Warner hatte durch die Lizenzgebühren, wie unter 3.1 nachgerechnet, seine Schäflein schnell im Trockenen und mag tatsächlich, wie die Berichte anklingen lassen, eine Milliarde allein mit dem Merchandising verdient haben. Die Lizenznehmer, die weniger erfolgreich am Markt agierten, und auch die Händler, die auf den Waren sitzen geblieben sind, mögen das anders beurteilen.

5. Die Gründe für den Flop des *Harry Potter*-Merchandisings aus betriebswirtschaftlich-theoretischer Perspektive

Harry Potter ist auf den ersten Blick ein Lizenzthema, das viele Anforderungen an ein erfolgreiches Character-Merchandising erfüllt: Die in recht regelmäßigen, wenn auch großen Abständen erscheinenden Fortsetzungen der Romane und die Verfilmungen der bisher erschienen Bände sorgen für eine immer wieder aufkeimende Aktualität und eine andauernde Medienpräsenz des magischen Helden. Das beschert ihm einen überdurchschnittlich hohen Bekanntheitsgrad bei Jung und Alt. Der zauberhafte Nachwuchsmagier hat für eine erfolgreiche Vermarktung aber noch mehr zu bieten: Neben dem Protagonisten beinhalten die Geschichten um Harry und Hogwarts eine Fülle von Charakteren, die den Rezipienten eine Vielzahl von Identifikationsangeboten machen. Daraus resultiert zum Beispiel die generationen- und geschlechterübergreifende Leserschaft der Bücher. Darüber hinaus hat die komplexe und mit Liebe zum Detail entworfene Welt von *Harry Potter* mit ihren Regeln, Gesetzmäßigkeiten und der dazugehörigen „Fachsprache" unverwechselbare Merkmale, die den Fans als Insidern Abgrenzungsmöglichkeiten zu Nicht-Wissenden liefern.

Kurzum: Die zahlreichen Identifikationsoptionen, das positive Image, die große Bekanntheit und Beliebtheit der Romanreihe bei Kindern wie Erwachsenen und die langfristig gesicherte Aktualität machen *Harry Potter* im Grunde zu einem perfekten Objekt für das Character-Merchandising. Die im vorherigen Kapitel aufgeführten Ergebnisse der Untersuchung des *Harry Potter*-Marketings haben jedoch gezeigt, dass es trotz dieser optimalen Startvoraussetzungen zum Flop wurde. Angelehnt an die im zweiten Teil erwähnten Kriterien wird daher im Folgenden aus betriebswirtschaftlich-theoretischer Perspektive ergründet, welche Schwächen sich in der Umsetzung des Lizenzthemas finden lassen.

5.1 Problemfeld 1: Die Identifikation

Sowohl in Kapitel 3.3 als auch in Abschnitt 4.4 deutete sich an, dass eine Ursache für das Scheitern der Marketing-Maßnahmen rund um den Helden aus Hogwarts in der fehlenden Identifikation der Kunden mit den Merchandising-Produkten bestanden haben könnte. Darauf soll genauer eingegangen werden.

Anders als auf den Buchtiteln, auf denen Harry Potter in jedem Land ein anderes Aussehen hat, ist das Merchandising-Erscheinungsbild des Romanhelden und seiner Gefährten rund um den Globus das gleiche: Es wurde von WBCP vereinheitlicht, ist also auf einen weltweit gültigen Nenner gebracht worden (vgl. Abb. 2). Das sollte für eine möglichst breite Akzeptanz bei der großen Fangemeinde und für globale Vermarktungsmöglichkeiten sorgen. Eine solche Vorgehensweise ist in der Branche durchaus gang und gäbe und hat rein wirtschaftliche Gründe: Laut Mattel wäre ein unterschiedliches „nationales" Design allein aus Kostengründen nicht realisierbar gewesen (vgl. Gehrmann 2001, S. 4f.).

Kreiert wurde der Merchandising-Harry Potter von einem nicht genannten Künstler des WB-Konzerns. Wie bei Character-Lizenzen üblich, existiert auch für die Potter-Produkte ein Style-Guide. Die darin enthaltenen Richtlinien regeln alle denkbaren Details von der Farbgebung bis zum Erscheinungsbild des kommerzialisierten Kinderbuchhelden. Eben dies Design hat sich jedoch als größter Kritik- und Schwachpunkt des Marketing-Konzeptes erwiesen. Denn ein Blick auf den für die Vermarktung entworfenen Harry Potter offenbart, dass die Gestaltung seiner Warenwelt schlichtweg misslungen ist.

Abb. 2: „Platt, vulgär und gewöhnungsbedürftig": Harry Potter, wie ihn Mattel sah.
Quelle: Mattel-Spielzeugkatalog 2002.

Die Figur mutet einfältig, lieb- und leblos an. Sie hat zudem wenig Ähnlichkeit mit Rowlings Romanhelden: Zwar finden sich auch in der Warner-Version unverwechselbare Kennzeichen – Harrys Haare sind struppig, er trägt eine Brille und hat eine blitzförmige Narbe auf der Stirn –, doch abgesehen von diesen Äußerlichkeiten hat er wenig mit seinem Pendant aus den Büchern gemein. So stimmen weder Mimik noch Erscheinung der Merchandising-Figur mit dem literarischen Vorbild überein, das als hager, ein wenig unsicher, aber doch neugierig und schlau charakterisiert wird. Die überdimensional groß gezeichnete Brille erinnert zudem eher an einen Clown und lässt Harry Potter in seiner Merchandising-Variante leider beinahe dümmlich aussehen.

Die Umsetzung der literarischen Vorlage in eine vermarktbare Property ist, wie sich aus dem zuvor Gesagten ergibt, (nicht nur) unserer Auffassung nach fehlgeschlagen. Das Potential, sich auf Dauer als das Bild Harry Potters durchzusetzen, besaß die Warner-Version folglich nicht. Sie bot daher auch wenig Identifikationspotential. Tatsächlich traf die beschriebene Einheitsfigur bei den Fans nicht auf Begeisterung. Ein Indiz dafür: Anfang Juli 2001 fanden sich auf einigen *Harry Potter*-Pages vermehrt die Aufforderungen, die „lieblose" und „primitive" Vermarktung zu boykottieren: 6.000 Protest-Mails konnten gezählt werden (vgl. Falz 2001, S. 44). Auch Kritiker charakterisierten die WB-Bildwelt als „platt, vulgär und für deutsche und europäische Augen gewöhnungsbedürftig" (Gehrmann 2001, S. 4f.).

Der für Merchandising-Figuren notwendige Wiedererkennungseffekt, auf den sich der emotionale Kauf gründet, ging durch das misslungene Design also völlig verloren. Der WB-Harry hatte zudem Konkurrenz: Er trat nicht nur gegen die Vorstellungskraft der Leser, sondern auch gegen die Illustration der deutschen Buchcover von Sabine Wilharm an. Sie prägte das Bild vom kleinen Zauberlehrling zumindest hierzulande maßgeblich. Ihr Entwurf trägt denn auch deutlichere Züge des von Joanne K. Rowling beschriebenen magischen Helden und besitzt, das ist wenigstens anzunehmen, daher größeres Identifikationspotential – zumal die Zeichnungen auf den Betrachter eher liebevoll als pastellig-bunt verkitscht wirken (vgl. Abb. 3).

Abb. 3: Harry Potter, wie ihn das deutsche Publikum kennt und liebt: die Buchillustration aus der Feder von Sabine Wilharm.
Quelle und ©: Wilharm 2001, S. 21

Abb. 4: „Topffrisur" statt strubbeliger Haarpracht – Daniel Radcliffe als Film-Version von Harry Potter.
Quelle: Wilke (2001), S. 42

Im November 2001 gesellte sich die Filmfigur, eine reale Person (vgl. Abb. 4), als Identifikationsvorlage hinzu, die allerdings von vielen *Harry Potter*-Anhängern allein wegen der langweiligen „Topffrisur" abgelehnt wurde.[14]

Die oben ausgiebig beschriebene Lizenzgestalt ist also nur eines von insgesamt vier Bildnissen des Zauberschülers. Von Wiedererkennung kann bei einer solchen Figurenvielfalt kaum noch die Rede sein. Eine Identifikation der Fans mit dem Merchandising-Harry Potter wurde durch diesen Wirrwarr also erheblich erschwert. Auch im Handel wurde die unterschiedliche Erscheinung des Protagonisten als ein Stolperstein angesehen, wie sich aus Kapitel 4.4 ergibt.

An diesem Beispiel wird ein weiterer Gefahrenpunkt bei der Umsetzung einer beliebten Vorlage in vermarktbare Properties deutlich: Durch das Merchandising und die daraus resultierende gesteigerte Präsenz der Medienfigur kann sich der Character verändern. Dies trägt zu seiner Verflachung und Abnutzung bei. Das wiederum kann zur Folge haben, dass die Anhänger sich von ihrem einstigen Helden abwenden, weil er in seiner kommerzialisierten Form nicht mehr ihren Vorstellungen entspricht, das Einzigartige verliert und nicht mehr zur Abgrenzung von Nicht-Fans geeignet scheint. Wie oben beschrieben, fallen wesentliche Charakterzüge des Vorbildes außerdem oft der „marktkonformen" Vereinheitlichung zum Opfer, da es im Zuge einer Merchandising-Offensive ein breiteres Publikum ansprechen soll. Die Identifikationsoptionen, die die Figur ursprünglich zu etwas Besonderem gemacht haben, fehlen ihr dann. Übrig bleibt im schlimmsten Fall ein charakterarmes Stück Plastik, Stoff oder Papier.

5.2 Problemfeld 2: Die Zielgruppe

Auf die Bedeutung einer exakten Definition der Zielgruppe eines Lizenzthemas und deren gezielter Ansprache wurde unter 2.4 bereits hingewiesen. Dass es in diesem Bereich Schwierigkeiten gegeben haben könnte, legen die Ausführungen unter 3.2, 3.3 und 4.4 nahe. Warner und seine Lizenznehmer scheinen an dieser Stelle unsauber gearbeitet zu haben. Eine punktgenaue Adressierung der *Harry Potter*-Fans war aber möglicherweise ohnehin schwierig bis unmöglich. Dies kann seine Wurzeln in den Büchern selbst haben: Sie haben, wie erwähnt, Anhänger in allen Altersstufen. Ihre Leser sind zudem weiblich wie männlich. *Den* Roman-Rezipienten gibt es folglich nicht: *Harry Pot-*

---

[14] Nach einer Umfrage des *Harry Potter*-Fanclubs im Internet (www.hp-fc.de) mochte so gut wie kein Befragter die Filmfigur: „Harry Potter hat verstrubbelte Haare und keine Topffrisur. Außerdem sieht der so arrogant aus. Unser Harry Potter ist das nicht." Auch die Filmkritiker gaben den Fans Recht: „Wenn der Film einen Schwachpunkt hat, ist das Daniel Radcliffe. Er bleibt blass [...], verzaubern kann er nicht." Beide Zitate nach Lang, Stillich 2001, S. 68.

ter ist generationen- und geschlechtsübergreifend beliebt. Für eine gezielte Vermarktung ist die gesamte, äußerst heterogene Leserschaft als Zielgruppe jedoch zu groß. Das machte es WB nicht leicht, sich *dem* potentiellen Käufer, der für die Merchandising-Artikel am empfänglichsten schien, anzunähern. Das wiederum erschwerte die Auswahl der Artikel, die zum Thema *Harry Potter* hergestellt werden sollten.

Letztlich fiel bei WBCP folgende Entscheidung: Als primäre Zielgruppe wurden Kinder zwischen sechs und zwölf Jahren bestimmt. Zur sekundären Zielgruppe hat Warner Teenager und Erwachsene erkoren.[15] Homogen ist aber auch die junge Hauptzielgruppe nicht, gehen Einstellung, Verhalten und Vorlieben bei Sechs- bis Zwölfjährigen inzwischen doch weit auseinander. Erschwerend kommt hinzu, dass die meisten *Harry Potter*-Fans deutlich älter als zwölf Jahre sind. Die jedoch waren für WBCP nur „sekundär" interessant und spielten bei der Produktentwicklung demzufolge eine untergeordnete Rolle. Insofern ist es unwahrscheinlich, dass die Lizenzartikel Konsumwünsche in ihnen wecken konnten. So nimmt es kaum Wunder, dass ein großer Teil der Waren wie Blei in den Regalen lag. Überdies ist fraglich, wie sinnvoll die Entscheidung für die gewählte Altersklasse war. Diesbezüglich sei an Kapitel 2.4 erinnert: Für Character-Lizenzen sind Kinder bis neun Jahre am offensten. Die Schnittmenge der anvisierten und tatsächlichen Kundschaft für den Vertriebszauber um *Harry Potter* dürfte also gering gewesen sein.

Die Marketing-Offensive vom Herbst 2001, die in Kapitel 3 vorgestellt wurde, erweckt ob dieser Problematik denn auch den Eindruck einer gewissen Ratlosigkeit und Unentschlossenheit. Das spiegelt sich in der riesigen, aber streckenweise undurchdachten Produktpalette wider. Daher wurde unserer Ansicht nach zu Recht kritisiert, Warner sei zu orientierungslos und zu breit in den Markt gegangen. Schnell war auch von Überlizenzierung die Rede.[16] Diese erweist sich häufig als fataler Fehler, denn beim Merchandising besteht die Gefahr, dass eine überladene Vermarktung die komplette Kampagne zum Scheitern bringen kann.

Die Vielzahl an Lizenz-Artikeln, die den Markt überschwemmten, basiert also auf der Schwierigkeit, für *Harry Potter* eine Zielgruppe zu definieren. Das Scheitern der Marketing-Maßnahmen liegt demnach im literarischen Original begründet, das – im Gegensatz zum Character-Merchandising – die Gabe hat, Menschen jeden Alters und Geschlechts anzusprechen. Warner hätte daraus andere Konsequenzen ziehen müssen, als mit einem breiten Warensortiment auf den Markt zu gehen und sich darauf zu verlassen, irgendetwas werde schon beim Kunden ankommen. Etwas mehr Rücksicht auf die eigene Devise „Weniger ist mehr" und das ursprüngliche Ziel, nicht zu übertreiben, hätte der Merchandising-Strategie unserer Meinung nach gut getan. Es wäre außerdem ratsam gewesen, sich eingehend(er) mit der Frage nach der Faszination des Phänomens

---

[15] Diese Informationen stammen aus der E-Mail-Korrespondenz mit Karen Merta, Assistenz Warner Brothers Consumer Products, Hamburg, zwischen dem 18. September und 1. November 2001.

[16] Zur Stimmungslage im Handel vgl. Pütter 2001.

Harry Potter zu befassen. Aus diesen Erkenntnissen heraus nur wenige, dafür aber attraktive Merchandising-Artikel zu entwickeln, wäre vielleicht der erfolgversprechendere Weg gewesen. Denn, das bestätigt die Fallstudie, ein Bedarf an bestimmten, hochwertigen Spielwaren hat durchaus bestanden.

5.3 Problemfeld 3: Die allgemeine Situation am Markt

Als Ursache für das Scheitern des *Harry Potter*-Vertriebszaubers kommt auch die allgemeine Situation im Segment der Merchandising-Ware in Betracht: Die Produktpalette um die bezaubernde Romanfigur musste sich auf einem hart umkämpften Markt behaupten. Trotz der hohen Zuwachsraten der letzten Jahre und der kontinuierlich positiven Wachstumschancen, die Michael Lou, Vorstandsvorsitzender des Lizenzverbandes Elma, noch vor einiger Zeit für Deutschland prognostizierte (vgl. Otto 2001, S. 48), ließ die Euphorie der Branche 2001 langsam nach. Laut Roger Balser, dem deutschen Chef des Hasbro-Marketings, gelingt der langfristige Aufbau von Charactern im Lizenzgeschäft heute kaum noch (vgl. Campillo-Lundbeck 2001, S. 95). Die Gründe dafür sind vielfältig.

Einer liegt in der Übersättigung des Marktes: Es gibt zu viele ähnliche Produkte. Immer mehr Lizenznehmer drängen mit kaum zu unterscheidenden Angeboten in diesen Bereich. Pokémon, Harry Potter, Micky Mouse und Co. teilen sich also letztlich ein und dieselbe Käufergruppe. Es leuchtet unschwer ein, dass angesichts der großen Konkurrenz nicht jede Property ein Gewinner sein kann. Die Zahl der Konkurrenten für den kommerzialisierten Kinderbuchhelden war (und ist) also groß. Einige hatten zudem einen Wettbewerbsvorteil: Selbst wenn sie es in punkto Bekanntheit nicht mit dem Hogwarts-Eleven aufnehmen konnten, verfügten sie teilweise über einen sehr viel stärkeren medialen Hintergrund, der neben Merchandising-Angeboten und einem Hollywood-Blockbuster weitere wichtige Komponenten wie TV-Serie und Comic-Heft umfasste. Zudem war bei ihnen der erwähnte Wiedererkennungseffekt garantiert, da die Helden aus Animées und Cartoons anders als der Roman-Harry für Marketing-Zwecke nicht erst verfremdet werden mussten und die Identifikation gewährleistet blieb.

Die beschriebene Marktsituation hat außerdem Auswirkungen auf den einzelnen Character. Seine Lebenserwartung, sprich der Lizenzzyklus eines Themas, wird immer kürzer. Merchandising-Artikel sind also vorwiegend Trendprodukte. Solche Modewellen müssen aber ständig neu belebt werden, um länger als für die Dauer einer Saison aktuell bleiben und sich anderen gegenüber durchsetzen zu können. Der Einsatz eines umfassenden Medienverbundes wird in diesem Kontext zunehmend wichtiger. Ohne die Unterstützung einer Fernsehserie, eines Kinofilms, einer Zeitschrift oder eines Hör- oder Computerspiels hat eine Figur heute kaum noch Überlebenschancen. Die daraus resultierende Omnipräsenz kann aber, das ist die Kehrseite der Medaille, schnell zu Abnutzungs- und Verschleißerscheinungen führen. So gelingt es nur wenigen Charakteren wie den Disney-Figuren oder den Puppen aus der Muppetshow, sich zu so genannten Longsellern zu entwickeln. In der Regel bietet der heutige Markt nicht den

Raum für einen langwierigen und kontinuierlichen Aufbau eines Medienhelden. Auch das war ein Problem, vor das sich die Verantwortlichen des *Harry Potter*-Marketing-Hokuspokus gestellt sahen.

6 Zusammenfassung und abschließendes Fazit

Harry Potter sollte als populärer Held aus einer Reihe von mittlerweile sechs Büchern auch als Merchandising-Objekt bezaubern. Dazu wurde eine unter 3.2 umrissene, über die Maßen große Warenwelt entwickelt. Die Verantwortlichen der Vermarktungsmaschinerie, die vor allem im Zuge der Verfilmung des ersten Bandes der Romanreihe in Gang kam, berücksichtigten zwar aktuelle Konsumtrends und die grundlegenden und im 2. Kapitel vorgestellten Regeln eines solchen Vertriebszaubers. Alles in allem erweckt die praktische Umsetzung des *Harry Potter*-Merchandisings aber den Anschein, als hätten sich der Medienmulti Warner und seine Lizenznehmer von dem allgemeinen Hype um Harry anstecken lassen und blind darauf vertraut, dass eine solche Euphorie für eine erfolgreiche Vermarktung ausreicht.

Das verwundert, bedenkt man, dass in einem solch großen Konzern wie WB, der auf diesem Gebiet unbestritten Erfahrung besitzt, Profis am Werk sein sollten. Die lieblose Gestaltung der Merchandising-Figur und des dazugehörigen Warensortiments, die Überschwemmung des Marktes, kurz die gesamte Realisation der in diesem Beitrag vorgestellten und analysierten Marketing-Maßnahmen lässt allerdings die notwendige Sensibilität vermissen und wirft die Frage auf, ob man sich bei der Entwicklung des Konzeptes überhaupt Gedanken über das Phänomen *Harry Potter* und die Faszination, die von ihm ausgeht, gemacht hat.

Letztlich stellt sich angesichts des Misserfolges des gigantischen Vertriebszaubers auch die Frage, inwieweit sich eine Romanfigur, die hauptsächlich in der Fantasie der Leser existiert, generell für die Vermarktung durch das (Character-)Merchandising eignet: Lesen erfordert vom Rezipienten sehr viel mehr Imaginationskraft als das bloße Anschauen eines Films. Die Vorstellungen über das Gelesene können im Kopfkino folglich stärker divergieren als bei bewegten Bildern.[17] Die Fantasie der Leser, im Fall *Harry Potter* waren das Millionen, lässt sich daher kaum vereinheitlichen, was im Zuge von Merchandising-Aktionen jedoch unverzichtbar ist. Das muss beinahe zwangsweise zu Problemen bezüglich der Identifikation und Wiedererkennung führen. Dies hat sich, wie beschrieben, als einer der Knackpunkte für das Ge- bzw. Misslingen der Marketing-Maßnahmen erwiesen.

Diese Tatsachen lassen vermuten, dass die Umsetzung eines Merchandising-Themas, das sich auf einen Roman gründet, von den Verantwortlichen sehr viel mehr Fingerspitzengefühl verlangt als die einer Property aus anderen medialen Zusammenhängen.

---

[17] Die Gestaltung der Figuren wird, fehlt die literarische Vorlage oder ist sie dem Zuschauer nicht bekannt, bei filmischer Umsetzung eher akzeptiert. Der Wiedererkennungseffekt ist dann umso größer. Vgl. zur Buch- und Filmrezeption den Beitrag von Hundeshagen in diesem Band, S. 159ff.

Dass dies von Warner nicht berücksichtigt worden ist, lässt sich an den oben ausführlich beschriebenen Produkten und ihrer Gestaltung ablesen. Respekt und Verantwortung dem Lizenzobjekt gegenüber, die der Inhaber der Verwertungsrechte eigentlich haben sollte, hätten unserer Auffassung nach zu einer sensibleren und überlegteren Planung des Lizenzthemas *Harry Potter* führen müssen, um ihn zum Erfolg zu führen. Stattdessen wies die zwar durchaus einigermaßen sachkundige Umsetzung deutliche Schwächen im Bereich der Zielgruppenansprache und der Identifikationsoptionen auf. Das ist in den praxisorientierten Kapiteln und anhand der theoriegeleiteten Analyse deutlich geworden. So lässt sich zwar abschließend und unter Bezugnahme auf die Eingangsfrage nicht von faulem, aber aus einem komplexen Ursachenzusammenhang heraus weitgehend fehlgeschlagenem (Vertriebs-)Zauber sprechen.

7 Literaturverzeichnis

Allen, Jamie [2000]: Harry and hype. In: CNN books news. URL: www.cnn.com/2000/books/news/07/13/potter.hype/index.html (Stand: 13. Juli 2000)

Auer, Manfred; Diederichs, Frank A. (1993): Werbung – below the line: product placement, TV-Sponsoring, Licensing ... Landsberg/Lech: Verlag Moderne Industrie

Barlovic, Ingo; Clausnitzer, Christian (2000): Kids von heute. In: Marketing Journal, Nr. 3, S. 156-161

Böll, Karin (1996): Merchandising. Die neue Dimension der Verflechtung zwischen Medien und Industrie. München: Fischer

Braitmayer, Oliver (1998): Die Lizenzierung von Marken. Eine entscheidungs- und transaktionskostentheoretische Analyse. Frankfurt am Main: Lang

Campillo-Lundbeck, Santiago (2001): Märchen, Monster, Sensationen. In: Horizont, Nr. 11, 15. März, S. 95

Falz, Hans Jörg (2001): Potter und der liebe Schotter. In: Max, Nr. 24, 15. November, S. 40-44

Fischer, Oliver [2001]: Geliehener Ruhm. URL: www.manager-magazin.de (Stand: 22. November 2001)

Garbe, Christine et al. (2002): „(Nicht) Alles dreht sich um Harry..." oder: Was fasziniert Kinder, Jugendliche und Erwachsene an der Welt des Harry Potter? In: Steitz-Kallenbach, Jörg; Thiele, Jens (Hg.): Medienumbrüche. Wie Kinder und Jugendliche mit alten und neuen Medien kommunizieren. Bremen, Oldenburg: Universitätsverlag Aschenbeck & Isensee, S. 125-146

Gehrmann, Wolfgang (2001): Wem gehört Harry? In: Die Zeit, Nr. 11, 8. März, S. 4

Geisler, Bob (2001): Zauberhafte Geschäfte. In: Hamburger Abendblatt, Nr. 263, 10./11. November

Häusler, Martin (2002): Ein Kuschelhase erobert die Welt. In: Hörzu, Nr. 43, 18. Oktober, S. 20

Heidtmann, Horst (1992): Kindermedien. Stuttgart: Metzler

Jenny, Urs (2001): Crashkurs für Zauberlehrlinge. In: Der Spiegel, Nr. 47, 19. November, S. 198-200

Kämpfe-Burghardt, Klaus (2001): Vertriebszauber? Einblicke ins Potter-Marketing. In: Kutzmutz, Olaf (Hg.): Harry Potter oder Warum wir Zauberer brauchen. Wolfenbüttel: Bundesakademie für Kulturelle Bildung, S. 44-59

Kroeber-Riehl, Werner; Weinberg, Peter (1999): Konsumentenverhalten. 7. Aufl., München: Vahlen

Lang, Bianca; Stillich, Sven (2001): Im Bann von Harry Potter. In: Stern, Nr. 46, 8. November, S. 46-68

Meffert, Heribert (2000): Trends im Konsumverhalten – Implikationen für Efficient Consumer Response. In: Ahlert, Dieter; Borchert, Stefan (Hg.): Prozessmanagement im vertikalen Marketing. Efficient Consumer Response (ECR) in Konsumgüternetzen. Berlin und Heidelberg: Springer, S. 151-154

Nacken, Kerstin (2002): Harry hat ausgezaubert. In: Hamburger Abendblatt, Nr. 21, 25. Januar

Otto, Katrin (2001): Wir haben noch einen weiten Weg nach oben. Interview mit Michael Lou. In: media & marketing, Nr. 3, 1. März, S. 48

O.V. (1998): Urheber- und Verlagsrecht. 7., neubearb. Aufl., München: Beck

O.V. (2001a): Harry, hol schon mal den Besen ... In: Max, Nr. 24, 15. November, S. 28-42

O.V. (2001b): Harry Potter Geheim-Lexikon. In: TV Movie, Nr. 24, 8. November, S. 244-246

Pütter, Christiane [2001]: Ende der Schonzeit. In: w&v online. Rubrik News. URL: www.wuv.de (Stand: 5. September 2001)

Rathsfeld, Gloria (1995): Lizenzen – Der neue Markenartikel. In: Bischof, Ulrike (Hg.): Konfliktfeld Fernsehen – Lesen. Kindermedien zwischen Kunstanspruch und Kommerz. Wien: Österreichischer Kunst- und Kulturverlag, S. 73-88

Schertz, Christian (1997): Merchandising. Rechtsgrundlagen und Rechtspraxis. München: Beck

Reith, Rolf von der (2002): Harry Potter und die Dollars. In: TV Today, Nr. 24, November, S. 202

Wagner, Friederike (2001): Möglichkeiten und Probleme des Character Merchandising – eine Darstellung der Situation am Beispiel Harry Potter. Magisterarbeit, Lüneburg: Universität Lüneburg

Wilharm, Sabine (2001): Die Bilder zum Buch Harry Potter. Bartleby, Schinken und Ei u. a. Illustrationen. 3., veränd. Aufl., Hannover und Oberhausen: Wilhelm-Busch-Museum Hannover, Deutsches Museum für Karikatur und kritische Grafik, Ludwig Galerie Schloss Oberhausen

Wilke, Stefanie (2001): Harry Schotter. In: Cinema, Nr. 11, November, S. 42-51

Caroline Stubenvoll

Was fasziniert LeserInnen an *Harry Potter*?
Fallstudien zur Roman-Rezeption von drei Leserinnen einer Familie

1 Einleitung

Harry Potter, ursprünglich als Kinder- und Jugendbuch geschrieben und vermarktet, gilt inzwischen als einzigartiges Rezeptionsphänomen in der Literaturgeschichte. Es lässt sich vermuten, dass die sechs bis heute erschienenen Romane mit Auflagenhöhen im dreistelligen Millionenbereich ihren Erfolg dabei vor allem einer Tatsache verdanken: Der Autorin Joanne K. Rowling ist es gelungen, einen Stoff zu schaffen, der für Leser und Leserinnen aller Generationen gleichermaßen interessant und anziehend ist. Dass die Romane auch die Bedürfnisse einer erwachsenen Leserschaft bedienen – Schätzungen gehen davon aus, dass „die Harry-Potter-Bücher zu über 40 Prozent (auch) von Erwachsenen gelesen werden" (Bürvenich 2001, S. 28) – ist längst bekannt. Schon kurze Zeit nach Erscheinen des ersten Bandes 1996 gaben die Verlage in England und Deutschland eine Ausgabe mit einem „seriösen" Einband für erwachsene Leser heraus.

Weniger weiß man dagegen über die Gründe für diese generationsübergreifende Faszination. Was ist die Ursache für die Begeisterung von Jung und Alt für *Harry Potter*? Wie unterscheidet sich die Rezeptionsweise des Romanstoffes je nach Generationszugehörigkeit? Und wie fließen Alter, persönliche Erfahrungen und individuelle Lebensthemen in den Rezeptionsprozess ein? Gibt es einen Unterschied der „erwachsenen" zur „kindlichen" Rezeption? Diesen Fragen ging ich in meiner Magisterarbeit nach, die im Sommer 2003 an der Universität Lüneburg entstand. Dabei wurden im Rahmen von Einzelfallstudien drei verwandte *Harry Potter*-Leserinnen befragt, eine 38-jährige Lehramtsstudentin, ihre 12-jährige Tochter sowie ihre Mutter, eine 62-jährige Grundschullehrerin. Die Fallstudien, die im Folgenden komprimiert wiedergegeben werden sollen, entstanden auf der Basis von teilstandardisierten Interviews, die mit Hilfe eines Leitfadens erhoben wurden. Im Zentrum stand dabei jeweils die individuelle Rezeption bzw. die subjektive Lesart des Romanzyklus, die dann in Beziehung zur Lebens- und Lesegeschichte der jeweiligen Leserin gesetzt wurde.

2 Datengewinnung und Methodik

Der Leitfaden umfasste zunächst einer offene, narrative Einstiegsfrage,[1] die Erzählungen zum Rezeptionsverlauf, zu den Erwartungen an die Bücher sowie zum subjektiven Verständnis der Romane auslösen sollte. Der Nachfrageteil bestand aus mehreren Fra-

---

[1] Diese Frage lautete bei den zwei erwachsenen Leserinnen: „Erzählen Sie doch einfach mal, wie sind Sie überhaupt mit *Harry Potter* in Berührung gekommen, welche Erwartungen hatten Sie und wie haben Sie das Buch gelesen?" Bei dem Kinderinterview wurden zusätzliche Fragen gestellt, um den ersten Erzählfluss aufrecht zu erhalten.

gedimensionen zur Lebensgeschichte, zu Lektürepraktiken und -präferenzen sowie zu inhaltlichen Aspekten der vier bis zu dem Zeitpunkt erschienenen Romane.

Anschließend wurde zunächst eine Transkription und Sequenzierung der Interviews vorgenommen, außerdem wurden alle wichtigen biographischen Daten tabellarisch aufgelistet. Auf der Grundlage dieser Daten konnte dann eine Auswertung des Materials vorgenommen werden, die sich an Rosenthals phänomenologisch-hermeneutische Analyse biographisch-narrativer Texte anlehnt. Rosenthals Methode, die eigentlich der Rekonstruktion von Biographien durch die Verhältnisbestimmung von erlebter und erzählter Lebensgeschichte dient (vgl. Rosenthal 1995), wurde entsprechend adaptiert, da es sich bei dem Ausgangsmaterial nicht um die durchgehende Erzählung der Lebensgeschichte handelt, sondern um Interviewtexte mit unterschiedlich langen Erzählpassagen zu bestimmten Themenkomplexen. Getrennt wurde zwar ebenfalls in die zwei Ebenen „Erlebtes" und „Erzähltes", es wurde aber nicht nur die Biographie der Leserin rekonstruiert, sondern auch die Lesesozialisation sowie die erlebte und erzählte *Harry Potter*-Rezeption.

Zunächst wurden deshalb alle „harten Daten" untersucht, als Quelle dienten hier auch mündliche Informationen sowie eine sehr umfangreiche Lektürebiographie, welche die Lehramtsstudentin Kerstin[2] in einem ihrer Kurse im Fach Deutsch verfasst hatte. Aus diesem Material ergab sich vorab eine Vorstellung des biographischen Hintergrunds und der Lebenssituation der jeweiligen Interviewpartnerin. Außerdem konnten Hypothesen zur Schwerpunktsetzung der Leserinnen bei der Rezeption von *Harry Potter* aufgestellt werden. Die leitende Frage, die sich hier stellte, war die nach den jeweiligen Lebensthemen, die mit der *Harry Potter*-Lektüre in Verbindung standen oder abgearbeitet werden sollten. Anschließend wurde als zweiter Schritt entsprechend der erzählten Lebensgeschichte bei Rosenthal die subjektive Perspektive der *Harry Potter*-Rezeption rekonstruiert. Es wurde untersucht, wie die jeweilige Leserin in den Interviews vom Leseprozess erzählt und sich dabei präsentiert hatte. Abschließend wurden dann in einem dritten Schritt die beiden Perspektiven aufeinander bezogen und die hypothetischen Aussagen, die sich anhand der Lebensdaten machen ließen, wurden an den subjektiven Aussagen überprüft. So ergaben sich die leitenden Strukturhypothesen bezüglich des Zugangs der drei Leserinnen zu den Romanen.

In den hier nur gekürzt wiedergegebenen Leserinnenportraits sollen der Rezeptionsprozess der *Harry Potter*-Lektüre sowie die Interpretationshypothesen an den Anfang gestellt werden, gefolgt von einem Überblick über die Biographie der jeweiligen Interviewpartnerin. Für den Leser werden sich so die zwei unterschiedlich rekonstruierten Perspektiven schneller zu einem Gesamtbild fügen. Zunächst soll jedoch der theoretische Bezugsrahmen vorgestellt werden, welcher der Auswertung der Fälle zu Grunde liegt.

---

[2] Alle Namen und Orte wurden von der Autorin geändert.

3 Rezeptionsmodi fiktionaler Lektüre

Bei der Auswertung meiner Fälle stütze ich mich vorwiegend auf die theoretischen Konzepte zur Rezeption fiktionaler Lektüre von Werner Graf und Erich Schön. Beide sollen, soweit es für das Verständnis der Fallstudien nötig ist, kurz vorgestellt und zueinander in Beziehung gesetzt werden. Außerdem soll ein kurzer Überblick über psychoanalytische Theorien des Lesens zur Phantasiebefriedigung bzw. Kompensation gegeben werden.

Graf rekonstruiert in seinen Arbeiten unterschiedliche „Lesertypen" im Bereich fiktionaler Lektüre auf der Basis der Auswertung von Lese-Autobiographien erwachsener LeserInnen. Die drei Lesertypen des „Gefühlslesers", „Konzeptlesers" und „Ästhetischen Lesers" (vgl. Graf 1995, S. 118ff.) entwickeln sich nach Graf aus dem kindlichen Gefühlslesen, das ausschließlich zum Lustgewinn praktiziert wird. Dem Ästhetischen Leser gelingt eine Transformation der kindlichen Leselust, die zu Kunstgenuss und Freude an literarischen Erkenntnissen führt. Die ästhetische Erfahrung steht bei diesem Lesemodus im Mittelpunkt, denn der Leser liest zweckfrei und findet Gefallen an der ästhetischen Gestaltung des Textes. Dabei wechselt er während des Rezeptionsvorgangs von einer identifikatorischen Lesehaltung zu einer distanzierten Betrachtung der Lektüre. Meist ist dies gekoppelt an das Bedürfnis, über die Texte zu kommunizieren und den Inhalt mit den eigenen Problemen in Beziehung zu setzen (vgl. Graf 1995, S. 121ff.).

Der Gefühlsleser dagegen führt die „lustbetonte Leseweise aus der Kindheit auch im Erwachsenenalter" fort (Graf 1995, S. 119). Oft steht dabei die „Suche nach unmittelbarer Bestätigung von schlichten Tagträumen" (Graf 1995, S. 120) im Mittelpunkt. Hier lässt sich auf der theoretischen Ebene eine Verbindung zur psychoanalytischen Literaturwissenschaft bzw. psychoanalytischen Konzepten der Phantasiebefriedigung sehen. Schon bei Freud finden sich „Wirkungstheorien", also „Hypothesen zur Erklärung der zeitlosen Faszination" einiger literarischer Werke (Schönau 1991, S. 42). Diese Faszination führt Freud auf den Wunsch des Lesers zurück, durch einen Romanstoff eigene Triebe und Bedürfnisse in der Phantasie zu befriedigen. Norman H. Holland entwickelte daraus eine psychoanalytische Rezeptionstheorie, in welcher er beschreibt, wie der Leser das Werk assimiliert und es „seinen eigenen Bedürfnissen" und seinem „eigenen Identitätsthema" in einer individuellen Rezeption anpasst (Schönau 1991, S. 45ff.). Meistens sucht der Leser in seinem privaten, intimen Lesen dabei „eher eine Gegenwelt zur Realität" (Messner, Rosebrock 1997, S. 56) auf, um seine weniger bewussten oder mit der Wirklichkeit unverträglichen Wünsche zu realisieren.

Phantasiebefriedigung durch Lesen kann auf zwei Arten ausgelebt werden, wie Silja Schoett anhand einer Leserinnenfallstudie aufzeigt, und muss durchaus ambivalent bewertet werden. Dient ein solches lustbetontes Lesen der Kompensation und hat die Phantasie mit dem Leben „draußen" nichts zu tun? Oder handelt es sich bei der intensiven Phantasieausübung um eine besondere Fähigkeit, mit Hilfe derer der Leser es schafft, sich in einen Text „fallen zu lassen" (Schoett 1993, S. 121)? Schoett stellt zwei Theorien von Sigmund Freud und Ernst Bloch als Beispiele für ein „positives" und ein

„negatives" Phantasiekonzept gegenüber. Nach Freud phantasiert nur der Unglückliche, da die Phantasie immer das Ziel habe, einen Mangel auszugleichen und Wünsche zu erfüllen, die in der Realität verwehrt bleiben. Die Phantasie wirke demnach nur im Inneren des Menschen und bleibe ohne Auswirkungen auf die äußere Realität, ihre einzige Wirkung sei die der Kompensation (vgl. ebd., S. 122). Für Bloch dagegen hat die Phantasie eine „die Realität verändernde Kraft" (ebd., S. 123). Tagträume sind ihm zufolge „Antizipationen", die sich in der Realität niederschlagen, und haben somit auch einen Außenbezug. Die utopische Kraft eines Tagtraums könne sein, „die Realität so umzugestalten, dass sie den Trauminhalten entspricht" (ebd.).

Der Zusammenhang von Wunscherfüllung und der Praxis des intimen, kompensatorischen Lesens wurde bereits in verschiedenen Fallstudien nachgewiesen.[3] Rosebrock und Feglerski-Waltenberg widerlegen durch ihre Forschung den Vorwurf, Lesen zur Kompensation würde einer und nur dem „imaginären Ausgleich realer Defizite" dienen (Rosebrock, Feglerski-Waltenberg 1991, S. 9). Stattdessen zeichnete sich eine Verwobenheit mit der Lebensgeschichte der von ihnen befragten Jugendlichen ab, und die Lektüre eines Lesers mit einer evasionistischen oder kompensatorischen Lesepraxis war nicht mehr nur als reine Ersatzbefriedigung zu deuten. Die Fiktion werde eher als „zweite, symbolisch strukturierte Wirklichkeit" (ebd., S. 36) erlebt und habe somit Auswirkungen auf die Lebenswelt der Leser. Die Autoren beziehen sich hierin wiederum auf Freud, demzufolge alle Wünsche auf die Befriedigungen zielen, die der Mensch als Säugling erfahren habe. Wünsche und ihre Inszenierungen zielten also generell nicht auf die Realität, sie sind allerdings auch keine „wirkungslosen Luftschlösser; gerade ihre Realitätsabgewandtheit [...] machen sie zur Produktionsstätte vom anderen Leben, die den faktischen Lebensverlauf mitbestimmen" (ebd., S. 36). Der Begriff der Kompensation, so wird klar, ist also durchaus vielschichtig und erschöpft sich nicht in der Flucht in fiktive Welten mit dem Ziel der reinen Ersatzbefriedigung.

Um aber auf Grafs Lesestrategien zurück zu kommen: Untersucht man die lustbetonte Leseweise eines Gefühlslesers, so mag es hilfreich sein, die erwähnten Konzepte der Phantasiebefriedigung heranzuziehen. Der dritte Lesemodus Werner Grafs schließlich, der des Konzeptlesers, ist für die Interpretation der vorliegenden Fallstudien nebensächlich und soll deshalb hier vernachlässigt werden. In einem späteren Aufsatz von 2001 entwickelt Graf seine Dreiteilung weiter, indem er die literarische Rezeptionskompetenz in sechs Lesemodi zerlegt, die von den Lesern unterschiedlich eingesetzt werden können (vgl. Graf 2001, S. 206). Von diesen sechs Modi ist an dieser Stelle vor allem die literarische Partizipation zu erwähnen. Das Lesen zur Partizipation zeichnet sich durch den Wunsch der „sozialen und kommunikativen Teilhabe" sowie durch einen „Transfer in den Alltag" aus (ebd.). Der Transfer kann dabei von einem Hobby oder einer konkreten Lebenskrise motiviert sein, für ein Problem soll „lesend eine Lösung gefunden" werden (ebd., S. 210). Das partizipatorische Lesen kann zugleich als ein Modus des Sachbuch-Lesens angesehen werden.

---

[3] Zum so genannten „Nischen-Lesen" siehe auch Messner und Rosebrock 1997.

Im Folgenden sollen die Lesemodi Grafs mit der literarischen Rezeptionskompetenz nach Schön verknüpft werden. Schön unterscheidet drei Rezeptionsmodi der Identifikation: Substitution, Projektion und Empathie (vgl. Pette 2001, S. 48). Bei der Substitution, die vom Leser die geringste Rezeptionskompetenz verlangt, die aber die meiste Lust beim Lesen verspricht, findet „keine Veränderung des Selbst oder seiner Grenzen zur Umwelt statt" (Schön zit. nach Pette 2001, S. 48). Der Leser nimmt als er selbst am „Geschehen in der Phantasie" (ebd.) teil. Diese Art der Identifikation findet sich oft beim kindlichen Lesen. Jugendliche dagegen nehmen oft in Form einer Projektion den Platz eines Protagonisten im Geschehen ein, um auf diese Weise altersspezifische Wünsche zu bearbeiten sowie Hilfe bei der Identitätsfindung zu erfahren. Der Figur werden dabei eigene Eigenschaften, Wünsche oder Einstellungen zugeschrieben (vgl. ebd., S. 34-36). Sowohl Substitution als auch Projektion können als lustversprechende Rezeptionsformen mit dem Gefühlslesen nach Graf verknüpft werden, bei welchem der Leser in einen Text abtaucht und sich einer Phantasiebefriedigung hingibt. Die nach Schön reifste Form der Identifikation, die Empathie, findet sich dagegen eher beim ästhetischen Lesen. Dieser Lesemodus setzt die Kompetenz zur Fremderfahrung voraus, denn der Leser verfügt hier „über einen flexiblen Umgang mit den Grenzen eigener und fremder Identität. Er übernimmt Emotionen eines Protagonisten der Geschichte, in den er sich einfühlt, ohne sich mit ihm gleichzusetzen" (Schön, zit. nach Pette 2001, S. 48).

4 Fallstudie 1: Der Wunsch, die Welt zu retten (Kerstin, 38 Jahre)

Bei der Schilderung ihres ersten Kontakts mit den *Harry Potter*-Romanen fällt auf, dass die 38-jährige Kerstin, eine Lehramtsstudentin im Grundstudium, diesen als durchweg negativ beschreibt. Kerstin fühlte sich, noch bevor sie einen Blick in den ersten Band geworfen hatte, von dem unheimlichen „Run" auf das Buch und der „Massenhysterie" um *Harry Potter* abgestoßen. Zwar hatten die Medienberichte ihre Neugier erweckt, sodass sie „irgendwann in 'ner Buchhandlung mal danach gegriffen" hatte, der erste Band machte dann aber einen so uninteressanten Eindruck auf Kerstin, dass sie ihn wieder weglegte. Er schien ihr „zu bizarr, zu skurril, mehr so in Richtung *Alice im Wunderland*", ein Buch, welches Kerstin schon in ihrer Lektürebiographie als zu bizarr und grotesk beschrieben hatte, um sich beim Lesen in diese absurde Welt versetzen zu können. Da Kerstin in der Buchhandlung nur die ersten Seiten des Buches gelesen hatte, auf denen Harrys Situation bei den Dursleys beschrieben wird, bekam sie den Eindruck, dass das gesamte Buch in der Art karikierend geschrieben sei und fand es „zu überzogen". Sie empfand „Grenzen dessen, wo sie mitgehen kann" und konnte sich nicht vorstellen, dass sie sich „in diese Welt hineinversetzen" könnte.

Gerade dieses „Hineinversetzen-Können", so wird noch deutlich werden, ist für Kerstin aber seit der Kindheit ein wichtiges Kriterium für die Auswahl ihrer Lektüre. Für sie ist die lustbetonte Leseweise charakteristisch, es ist ihr wichtig, ein Buch „konsumieren" zu können und in die ihr dargebotene Welt abzutauchen. Ihre Lektüre soll für Kerstin vor allem die seit der Kindheit gewohnten, angenehmen Gefühle hervorrufen. Dabei ist der Inhalt des Lesestoffes abhängig von ihrer jeweiligen Stimmung. Bücher sollen ihre „unmittelbaren Bedürfnisse jetzt und sofort erfüllen" und „ihre gegenwärtige Gemütslage widerspiegeln". Kerstin sagt von sich, dass „Lesen bei ihr echtes Suchtverhalten sei":

> [...] so wie der Raucher, der braucht jetzt seine Zigarette, und äh – ich muss dann aber immer mal die Marken wechseln, und das eine Mal muss ich unbedingt jetzt in dieser Situation 'nen Krimi haben und das andere Mal musste ich unbedingt einen Emanzipationsroman haben und das nächste Mal muss das dann eben unbedingt wieder was mit Hobbits oder Zauberern oder sonst irgendwas sein – ich hab da – ich analysier mich da in dem Moment auch irgendwie nicht, das ist dann halt wie ein Bedürfnis, das ist – ja so wie man ja einen Moment halt Appetit auf Kuchen hat und im nächsten Moment möchte man dann doch lieber 'ne ordentlich salzige Suppe, da frag ich mich ja auch nicht, wieso will ich jetzt ausgerechnet 'ne Suppe und nicht gerade Kuchen, sondern das – nach Appetit!

Es ist interessant, dass Kerstin an dieser Stelle den Vergleich des Lesens mit dem Essen herstellt, denn in der psychoanalytischen Literaturwissenschaft wird das selbstvergessene Lesen zur Phantasiebefriedigung ebenfalls als das „psychische Äquivalent der oralen Einverleibung" (Schönau 1991, S. 65) beschrieben und der Leseakt mit der Nahrungsaufnahme verglichen. Begriffe wie „sich ein Buch einverleiben" oder „verschlingen" zeugen von dieser Dimension. Kerstin kauft deshalb gerne Bücher von ihr bereits bekannten Autoren, weil sie weiß, dass ihr der Stil gefällt und sie sich nicht erst „reinlesen muss". Sie kann sich darauf verlassen, dass diese Bücher ihr „erst mal wieder 15 Stunden Genuss" verschaffen werden, und das sei ein „schönes Gefühl". Kerstin liest in dieser Hinsicht also sehr stark lustbetont und verschafft sich mit ihrer Lektüre Gefühle der Befriedigung, wie sie Kinder typischerweise während der pubertären Lesesuchtphase erfahren (vgl. Graf 1995, S. 107ff.).

Auch wenn Kerstin bei *Harry Potter* nicht sofort das Gefühl hatte, dieser Roman könnte sie ansprechen und ihr den gewohnten Genuss verschaffen – seit ihrer Jugend liest sie durchaus von Zeit zu Zeit Fantasy-Romane –, so konnte sie sich doch vorstellen, dass das Buch vielleicht stattdessen etwas für ihre Kinder sei und kaufte es für ihre älteste Tochter Anna zum zehnten Geburtstag. Nachdem sie dann aber aus Neugier an einem Vormittag, als die Töchter in der Schule waren, doch nach dem Buch gegriffen hatte, war sie sofort „ganz begeistert und fasziniert". Kerstin war sogar so gefesselt von der Geschichte, dass sie immer noch am Küchentisch saß und las, als ihre drei Mädchen aus der Schule nach Hause kamen. Zu diesem Zeitpunkt, im November 2000, waren die ersten vier Bände des Romanzyklus bereits erschienen und Anna, die von dem Buch ebenfalls begeistert war, bekam die fehlenden drei Bände zum Nikolaus bzw. zu Weihnachten geschenkt, sodass Mutter und Tochter sie bis zum Jahresende durchgelesen hatten. Im Jahr darauf begann Kerstin, den beiden jüngeren Mädchen die ersten zwei Romane vorzulesen, denn dies hielt sie vor dem Erscheinen der jeweiligen Kinofilme für sinnvoll. Die beiden waren zu dem Zeitpunkt noch zu jung, um die Romane selber lesen zu können, und Kerstin war es sehr wichtig, dass sie die *Harry Potter*-Welt zunächst durch die Bücher kennen lernen würden.

Kerstin hebt als ersten Punkt, der ihr vor allem an den Romanen gefallen hat, die besondere Sprache der Autorin hervor. Deren Wortwitz habe ihr sehr imponiert sowie die vielen „Kleinigkeiten" und neuen Ideen, welche die *Harry Potter*-Welt ausmachen. Sie beschreibt die Bücher als eine „Verquickung von *Kalle Blomquist* und *Hanni und Nanni*". Neben den Schul- und Abenteuerelementen habe *Harry Potter* dann aber noch phantastische Elemente. Außerdem habe es ihr wahnsinnigen Spaß gemacht, die Bücher zu lesen, und auch der Inhalt sei durchaus für Erwachsene geeignet:

> Es ist sehr leicht geschrieben, man muss sich kein bisschen anstrengen, um das zu lesen. Es ist sehr rasant geschrieben, man muss sich nicht durch diese unglaublichen Längen arbeiten [...], es geht richtig ordentlich zur Sache. Es ist also nicht so, dass sie sich nun, weil sie für Kinder schreibt, da auf diesem süßlichen Eia-Popeia-Niveau auch aufhält [...] sondern es geht richtig zur Sache, es sind ganz handfeste Gefahren und Sorgen und Nöte, die die Kinder da auszustehen haben – da gibt's keine Schonfrist. Und deshalb denke ich, kann man es auch als Erwachsener gut lesen.

An anderer Stelle widerspricht Kerstin dieser Aussage und distanziert sich von einer völligen Einnahme durch die Bücher: „[...] ich les' – dafür ist es dann doch insofern ein Kinderbuch – ich les' es mit so 'ner ganz leichten inneren Distanz, ich geh da nicht mehr so völlig drin auf. Wenn es jetzt nur um die reine Handlung ginge, könnte ich es wahrscheinlich auch nicht mehr lesen."

Auch reagiert sie in den Interviews oft mit Ironie, wenn es um die Handlung der Bücher geht. Diese ironische Darstellungsweise ihres eigenen Rezeptionsvorgangs soll vermutlich eine Distanzierung bewirken. Kerstin will so den Vermutungen entgegenwirken, sie würde sich innerlich in die Handlung eines Kinderbuches involvieren. Sie erwähnt mehrfach, dass die Bücher sie nicht im „tiefsten Inneren" ansprächen, und aus ihren Aussagen wird auch indirekt klar, dass sie sich mit keinem der Protagonisten identifizieren kann. Dass Kerstin die *Harry Potter*-Romane nicht identifikatorisch lesen würde, konnte man bereits im Hinblick auf ihre Lektürebiographie vermuten. Betrachtet man Kerstins Lesesozialisation, so zeigt sich, dass sie in ihrem Lesestoff nie eine Identifikation mit den Figuren suchte. Sie fand dagegen schon immer Gefallen an dem Abtauchen in fremden Welten und nutzt *Harry Potter*, so meine These, zur Befriedigung einer Retterphantasie.

Kerstin ist seit ihrer Kindheit eine sehr intensive Leserin, was auch von den beiden Eltern gefördert wurde, die als Lehrer an einer Volksschule in einem kleinen, relativ abseits gelegenen Dorf im Wendland lebten und arbeiteten. Als Lesevorbild diente Kerstin eher der Vater als die Mutter Hilde, denn diese fand durch die Doppelbelastung als Lehrerin und Mutter nur selten Zeit zum Lesen. Mit ihrem Vater teilte Kerstin die Vorliebe für historische Romane; neben Pferden ist seitdem die Geschichte ihre große Leidenschaft. Ein Ritual, welches dagegen durch die Mutter gepflegt wurde, war das abendliche Vorlesen vor dem Einschlafen. Nachdem Kerstin schließlich selber das Lesen gelernt hatte, nahmen Bücher einen hohen Wert in ihrem Leben ein und standen oftmals auch in einem engen Zusammenhang mit ihrer jeweiligen Lebenssituation. Sie fängt an, fast suchthaft Romane zu lesen. Dies ist eine typische Phase kindlichen Lesens, in der sich Kerstin bis heute zu befinden scheint.

Aus der Lektürewahl ihrer Kinder- und Jugendzeit lässt sich ersehen, dass Kerstin ein eher maskulin identifiziertes Mädchen war, das sich sehr stark am Vater orientiert hat. Das erste Buch, welches Kerstin motiviert hatte, es selbst zu lesen, war *Die Indianergeschichte* von Gerhart Drabsch. Außerdem bevorzugte sie Pferdebücher sowie Abenteuer- und Tiergeschichten, die, wenn sie überhaupt eine weibliche Protagonistin aufwiesen, immer von sehr burschikosen Heldinnen handelten. In den folgenden Jahren der Pubertät las Kerstin viele Klassiker der Abenteuerliteratur wie *Der Seeteufel* von Graf Luckner oder *Der Graf von Monte Christo* von Alexandre Dumas. Am liebsten hatte sie es, „wenn nur recht viel Blut floss und keine widerlichen Knutschereien vorkamen", für ein Mädchen eine recht pubertätsuntypische Themenwahl. Auch Heftchenromane mit Wildwest-, Grusel- oder Science-Fiction-Geschichten las sie mit großem Vergnügen.

Kerstin hat sich in ihrer Pubertät nicht nur in Bezug auf ihre Lektüre stark männlich orientiert. Auch in ihren Tagträumen, in die sie gerne entrückte, wenn sie „grad keine Lust hatte, sich mit der Realität auseinander zu setzen", waren die Helden, die sie erschuf und mit kompletten Biografien versah, immer Jungen oder Männer. Mädchen kamen nur als burschikose Knabenverschnitte darin vor, und Frauen waren gar nicht unter den Protagonisten dieser Träume, denn „die hatten keine Abenteuer zu erleben, sondern die Helden mit Butterbroten zu versorgen". Im Nachhinein bezeichnet Kerstin diese Tagträume als Realitätsflucht.

Im Alter von zehn Jahren wurde Kerstin in einer nahen Realschule eingeschult, da der Weg zum nächsten Gymnasium zu weit für sie war. Die Vielleserin wurde dort schnell zur Außenseiterin, denn ihre Interessen unterschieden sich stark von denen der frühreifen Realschüler, die laut Kerstin nie „über ihren BRAVO-Rand hinwegblicken" konnten. Auch in diesen Jahren der Pubertät lebte Kerstin eine eher männliche Identifikation aus. Zum Beispiel war sie sehr fasziniert von den Balladen, die im Unterricht durchgenommen wurden: „Da flossen Blut und Tränen, die Leute starben in einem fort, das entsprach meiner morbiden pubertären Stimmung."

Kerstins schulische Leistungen litten sehr unter der Unterforderung durch die Realschule und ihren Integrationsproblemen. In der zehnten Klasse wechselte sie dennoch in die elfte Klasse eines Gymnasiums. Dort war sie zumindest mit ihrem Literaturinteresse keine Außenseiterin mehr, auch wenn ihr die Idee missfiel, den gelesenen Stoff zu analysieren und auseinander zu nehmen.

Nach dem Abitur studierte Kerstin zunächst Ur- und Frühgeschichte sowie Ethnologie und Anthropologie. Während des ersten Studienjahres lernte sie ihren späteren Ehemann kennen, der ähnliche Leseinteressen hatte wie sie selbst. Bereits im folgenden Jahr brachen beide jedoch das Studium ab. Kerstin besuchte eine Berufsschule um Biologielaborantin zu werden, ihr zukünftiger Mann machte eine Ausbildung zum Bankkaufmann. In dieser Zeit las Kerstin überwiegend Fantasy-Literatur, wiederum ein eher männlich besetztes Genre.

Anfang der neunziger Jahre bekam Kerstin im Abstand von wenigen Jahren ihre drei Töchter. Die anstrengende Zeit als Mutter dreier kleiner Kinder ohne Ablenkung vom „Windelmief" hat Kerstin in eher negativer Erinnerung. Die Funktion des Lesens in dieser Zeit bestand für sie wiederum vor allem in einer Realitätsflucht und der Ablenkung vom eintönigen Alltag. Allerdings wandelten sich ihre Lesevorlieben stark. Mit den Kindern kam für Kerstin eine Wendung zur Weiblichkeit, und mit der Schwangerschaft fand sie zum ersten Mal Zugang zu femininerer Literatur. Sie begann in dieser Zeit vorwiegend romantische Liebesromane mit dem Grundmotiv „Die Schöne und das Biest" zu lesen. Laut eigener Aussage war dies eine Weiterführung des von ihr in der Kindheit bevorzugten Themas „Mädchen rettet verwahrlostes Pferd". Kerstin gibt an, in diesen Jahren eine reine Gefühlsleserin gewesen zu sein, die auf sehr niedrigem Niveau und ausschließlich zur Entspannung las.

Es fällt auf, dass sich bei Kerstin mit dem Übergang zur erwachsenen Leserin keineswegs differenziertere Lesemuster herausgebildet haben, sondern dass es seit der Kindheit diese Art der „Rettungsphantasie" ist, die Kerstins Lektürepräferenzen prägt und bei der sie sich immer in die Position der Retterin hinein imaginiert. Ein zweiter wichtiger Aspekt ist das seit der Kindheit durchgängige Motiv des „Abtauchens in andere Welten". Die abenteuerlichen Welten der Kinderlektüre wurden dabei in der Adoleszenz zunächst von Fantasy- und Science-Fiction-Universen und später von romantisch ausgerichteten Phantasiewelten ersetzt, in denen „potente Recken und betörende Maiden zum obligatorischen Happy End finden". In dieser Zuwendung zu romantischen Liebesgeschichten drückte sich vielleicht auch schon ein Begehren aus, welches in der Realität nicht mehr erfüllt wurde, denn Kerstins Mann verließ sie und die Kinder Ende der neunziger Jahre. Für Kerstin begann eine schwierige Zeit, denn auch ihr Vater starb kurze Zeit darauf. In diesem Zeitraum bekam Kerstin von ihrer Krankenkasse eine Mutter-Kind-Kur finanziert, in der sie zum ersten Mal einen Rosamunde Pilcher-Roman las:

> Eintausend Seiten, in denen es um die Planung eines Festes geht. Um die wichtige Frage, wer eingeladen wird und welche Personen man auf keinen Fall nebeneinander platzieren darf [...]. Niemand wird ermordet, trotz massenhafter Anhäufungen schottischer Schlösser gibt es keine Gespenster, nicht einmal feindliche Agenten bedrohen die Idylle. Niemals las ich etwas Beruhigenderes.

Auch während dieser Lebenskrise las Kerstin folglich wieder evasionistisch, um in der Fiktion Bedürfnisse des realen Lebens zu erfüllen, die ihr dort vielleicht teilweise verwehrt blieben. Die Tatsache, dass sie in der schwierigen Zeit der Trennung zu einem Rosamunde Pilcher-Roman griff und nicht zur Ratgeberlektüre oder vielleicht zu einem eher emanzipatorischen Roman, beispielsweise von Hera Lind, lässt darauf schließen, dass der Zusammenhang zwischen Lebenssituation und Lektüre nicht darauf beruht, dass Kerstin sich Hilfe oder Rat erhofft. Sie wählt keinen Lesestoff, der ihre eigene Situation widerspiegelt, sondern sucht in der Literatur, die sie auswählt, die Erfüllung ihrer Wunschphantasien. Die Romane haben keinerlei Bezug zum eigenen Leben, sondern befriedigen dieselben realitätsfernen Bedürfnisse wie die Tagtraumwelten, in die Kerstin sich als Kind versetzt hatte. Kerstins evasionistische Lesestrategie entspricht darin dem Lesemodus einer Gefühlsleserin nach Werner Graf. Im Sinne von Freuds Theorie der Phantasiebefriedigung flieht sie in die Bücher und erfüllt sich dort Wünsche, die ihr in der Realität verwehrt bleiben.

Kerstins Lektürepraxis ist bis heute von dieser Kontinuität geprägt. Nach Überwinden der Trennungsphase ist das Bedürfnis, typische Frauenromane zu lesen, zunächst verschwunden, dennoch ist ihre Lektürewahl von den zwei Grundmotiven „Rettungsphantasie" und „Abtauchen in fremde Welten" gezeichnet. Auch die Rezeption der vier *Harry Potter*-Romane lässt sich in diese Lesestrategie einordnen. Wie bereits erwähnt, ist Kerstin fasziniert von den vielen „Kleinigkeiten", welche der Autorin einfallen, beispielsweise der Unterricht über die Verwandlung einer Maus in eine Schnupftabaksdose, die bei einigen Schülern noch Schnurr- und Schwanzhaare aufweist. Dieses Detail erwähnt sie mehrfach, an handlungstragende Personen dagegen kann sie sich nicht besonders differenziert erinnern. Vieles spricht deshalb dafür, dass Kerstin völlig in der ihr durch die Romane dargebotenen Welt abtauchen kann; allerdings ist dieses Abtauchen eher durch eine thematische Affinität gekennzeichnet als durch eine Identifikation mit den Figuren. Kerstin begibt sich beim Lesen vollkommen in die *Harry Potter*-Welt hinein, dies verdeutlichen Aussagen wie ihre Frage, wie wohl Butterbier schmecken möge:

> K: [...] Das ist wohl eine der echten Fragen, die sich mir in diesem Buch stellt: – „Wie schmeckt wohl Butterbier"?
> Interviewer: Also findest Du es gut, dass es auch sehr so – ja – „sinnlich" geschrieben ist?
> K: Nee, das war einfach ne wirklich echte Frage, das war etwas, was sich so richtig in mich reingebohrt hat, beim ersten Lesen des Wortes Butterbier hatte ich schon fast so eine Art Geschmack auf der Zunge, aber wie schmeckt es nun tatsächlich?

Kerstin kann sich die Phantasiewelt mit allen Sinnen vorstellen, sodass sie beim Lesen sogar Geschmack empfindet. Ein weiteres Beispiel wären die Dementoren, die für sie eine „absolut bösartig-depressive" und „finstere Ausstrahlung" beim Lesen haben. Einen personalen Anker für die Projektion ihrer Gefühle sucht sie sich dagegen nicht, sie identifiziert sich nicht mit Dumbledore oder Harry, wie man hätte vermuten können, um ihre seit der Kindheit auftauchende „Rettungsphantasie" auszuleben. Diese scheint sie aber auf der thematischen Ebene in den Romanen wiederzufinden, denn grundsätzlich geht es in *Harry Potter* (auch) darum, dass der Protagonist die Welt rettet. So antwortet sie auf die Frage, ob eine Figur aus den Romanen sich durch Ziele auszeichnen würde, die sie nachvollziehen könnte: „die handeln doch alle relativ plausibel – die wollen das Böse besiegen, verdammt noch mal, das ist – das ist ein gutes Ziel, mit dem kann ich mich auf meinem Sofa sitzend sehr gut identifizieren" (etwas ironisch).

Kerstin hebt hervor, dass sich aus ihrer Sicht *Harry Potter* inhaltlich und vom Handlungsrahmen her nicht von anderen phantastischen Romanen unterscheide. Es gebe immer den „absoluten Ultra-Bösewicht", der die Welt unterjochen und vernichten will, sowie den „tapferen Helden, der aus seiner David-Perspektive eigentlich theoretisch gar keine Chance haben kann [...] und es trotzdem schafft." Dieses Schema findet sich in allen von Kerstin favorisierten Büchern wieder. Die Aussage von Kerstin stützt deshalb meine These, dass sie vor allem aus einem Grund von den *Harry Potter*-Romane begeistert ist: Sie ermöglichen es ihr, beim Lesen genau diese Retter-Phantasie auszuleben.

Deshalb ist es Kerstin im Hinblick auf die Figuren nur wichtig, dass diese Ziele verfolgen, mit denen sie sich identifizieren kann. Kerstin nutzt den Ausdruck „Identifikation" allerdings nicht im herkömmlichen Sinne personenbezogen, sondern als Kriterium für das, was einen Roman in ihren Augen interessant macht. Die Figuren müssen etwas repräsentieren, was sie „bejahen kann", und sich so verhalten, dass Kerstin die Handlungen nicht für „abwegig" hält – und dies ist in ihren Augen trotz des Fantasy-Genres bei *Harry Potter* der Fall. Vielleicht ist diese Plausibilität beim Handeln der Figuren ähnlich wie die historische Genauigkeit, die sie von ihrem Vater übernommen hat, ein Faktor, der es für Kerstin einfacher macht, in ihren Romanwelten abzutauchen. Ein identifikatorisches Lesen bewirkt die personale Authentizität der Figuren bei Kerstin jedoch nicht. Keine der drei Formen personaler Identifikation nach Schön lässt sich bei Kerstin feststellen, denn sie interessiert sich eher für Szenarien als für die Protagonisten. Dies scheint die These zu bestätigen, dass sich bei den Lesern nicht alles um Harry Potter dreht, wie schon viele Fallstudien des Forschungsseminars zur Rezeption von *Harry Potter* an der Universität Lüneburg aufgezeigt haben (vgl. Garbe et al. 2002, S. 132ff.).

Zusammenfassend lässt sich also sagen, dass es zwei Punke sind, die Kerstin an den *Harry Potter*-Romanen faszinieren. Auf der Handlungsebene lässt sich die Rettungsphantasie herausarbeiten, die sich als roter Faden durch Kerstins gesamte Lektürebiographie zieht, die aber im Sinne einer Phantasiebefriedigung nach Freud ohne Bezug zu ihrem eigenen Leben bleibt. Außerdem spielt das „Abtauchen in eine fremde Welt" als zweite Kontinuität auch bei *Harry Potter* eine große Rolle. Kerstin war ihr Leben lang sehr mit der Heimat verwurzelt, sie ist in einem Dorf in Niedersachsen aufgewachsen, hat sich während des Studiums nicht weit von dort entfernt und lebt heute wiederum relativ abgelegen in einem kleinen Dorf. Diese Bodenständigkeit und Verwurzelung mit der Heimat steht in einem starken Kontrast zur Faszination für ganz andere, fremde Welten, sie ist vielleicht sogar ein Grund dafür. Die detailreiche und komplexe Schilderung der Zaubererwelt wird von Kerstin jedenfalls als viel interessanter empfunden als die psychologischen Aspekte der Bücher. *Harry Potter* reiht sich so in die Auswahl ihrer Lektüre seit der Kindheit ein, bei der möglichst keine Verbindung der Romanwelt zur realen und alltäglichen Lebenswelt vorhanden sein soll.

5 Fallstudie 2: „Expecto patronum!" – der Wunsch, gerettet zu werden (Anna, 12 Jahre).

Für Kerstins Tochter Anna, die zum Zeitpunkt der Interviews zwölf Jahre alt ist, waren die *Harry Potter*-Romane ein wichtiger Auslöser für die Entwicklung zu einer Leserin. Der erste Band, den Anna im November 2000 zum Geburtstag geschenkt bekommen hatte, fesselte sie gleich so, dass sie begann, selbstständig zu lesen, anstatt sich weiterhin vorlesen zu lassen. Alle vier Bände las Anna dann innerhalb weniger Wochen durch, um anschließend von vorne zu beginnen, sodass sie bis zum Interviewzeitpunkt die vier ersten Romane mindestens fünf Mal gelesen hatte. Anna befindet sich noch in einer Phase suchthafter Kinderlektüre. In ihrer Freizeit liest sie sehr viel, besonders Romane des Science-Fiction- und Fantasy-Genres, wobei sie als aktuelle Leidenschaft die Bücher von Tolkien und Hohlbein sowie die Fernsehsendung „Star Trek – The next Generation" erwähnt. Ein weiteres großes Interessengebiet des Mädchens sind Tiere, besonders Pferde, denn sie besitzt zusammen mit ihren Schwestern ein eigenes Pony.

Für das Verständnis von Annas Zugang zu den *Harry Potter*-Romanen sind zwei einschneidende biographische Erlebnisse besonders hervorzuheben. Zunächst die Trennung der Eltern, als sie sieben Jahre alt ist, und somit in gewissem Sinne der „Verlust" des Vaters. Ein zweiter prägender Faktor ist Annas Außenseiterposition in ihrer Schule, wo sie oft von ihren Klassenkameraden gehänselt wird. Ihre Mutter Kerstin bezeichnet Anna als „ernstes, fast schwermütiges und oft unsicheres Kind", das sich gerne mit seinen Büchern zurückzieht.

In Bezug auf *Harry Potter* nennt Anna vor allem die Faktoren „Spannung" und „Abenteuer", die ihr an den Büchern sehr gut gefallen haben. Außerdem erinnert sie sich besonders detailliert an das Ende des dritten Bandes, wo sich herausstellt, dass der Animagus Sirius Black nicht derjenige war, der Harrys Eltern getötet hat, und Harry zum Schutz gegen die Dementoren seinen Patronus hervorzaubert. Auf diesen Patronus geht sie noch einmal genauer ein und äußert den Wunsch, selber gerne solch einen starken Schutzpatron zu haben (vgl. den Beitrag von Berloge in diesem Band, S. 101ff.). Dieser Wunsch verdeutlicht zunächst einmal Annas Begeisterung für alles, was mit Pferden zusammenhängt, denn der Patronus wird im Buch als ein wunderschönes und anmutiges Tier beschrieben, das Harry zunächst für ein Einhorn oder Pferd hält und erst später als Hirsch erkennt. Auch an die Rettung von Seidenschnabel, dem Hippogreif, erinnert sich Anna in diesem Zusammenhang detailliert, und auf die Frage, ob sie irgendwelche Eigenschaften oder Dinge aus der Zaubererwelt gerne besitzen würde, antwortet sie: „Die Einhörner [...]. Oder eben Zentauren. Oder Hippogreife." Der Wunsch nach einem Patronus kann aber auch auf einer tieferen Ebene mit Annas Lebenssituation in Verbindung gebracht werden. Auf die Frage hin, ob sich Anna schon einmal so gefühlt hätte wie Harry, antwortet sie: „Also die Sache mit den Dursleys, so fühl ich mich manchmal in der Schule, da werd ich auch so oft – geärgert."

Anna wünscht sich dann in einer solchen Situation, ebenfalls „etwas zu können" oder Fähigkeiten zu haben, welche die Mitschüler bei ihr nicht vermuten. Aufgrund dieser Aussage ist anzunehmen, dass Anna in ihrer Situation unglücklich ist und sich deshalb vielleicht einen eigenen Patronus wünscht. Wie dieser aussehen würde, kann sie aber nicht näher definieren.

Als Außenseiterin bekommt für Anna der Wunsch, „jemand anderer zu sein, als man scheint", besondere Bedeutung. Dies wurde schon von Kaspar H. Spinner als einer der zentralen Punkte für die Faszination der Geschichte herausgearbeitet (vgl. Spinner

2001, S. 11 ff.). Deshalb kann sich Anna mit Harry, der von den Dursleys unterdrückt wird, in einer parallelen Welt aber ein Held und „Superstar" ist, identifizieren. Ihre Identifikation ist allerdings nicht empathisch im Sinne Schöns, auch wenn dies gemäß der Aussage, sie fühle sich manchmal so wie Harry, zu vermuten wäre. Bei Anna findet sich stattdessen eine Form der Projektion, bei der sie ihre eigenen Wünsche auf den Zauberschüler überträgt. Dabei idealisiert sie den Protagonisten Harry in ihrer eigenen Vorstellung, denn ihr gefällt es nicht, wie dieser von der Autorin dargestellt wird. Sie würde Harry lieber als einen starken Helden sehen, nicht als den kleinen Jungen mit teilweise sehr menschlichen Eigenschaften und Fehlern. In ihren Tagtraumwelten, in die Anna sich, ähnlich wie ihre Mutter Kerstin, von Zeit zu Zeit zurückzieht und ihre eigene *Harry Potter*-Welt aufbaut, besitzt Harry diese Fehler nicht. Dort passieren ihm „keine Missgeschicke" und Harry spielt als starke, übermenschliche Heldenfigur die Hauptrolle.

Anna denkt sich gerne „abends […] manchmal ein paar Sachen dazu" und baut die *Harry Potter*-Welt weiter aus. Beispielsweise stellt sie sich vor, dass sich alle Gryffindors in Pferde verwandeln können, dass es im Verbotenen Wald noch einen See gibt, in welchem die Gryffindors schwimmen gehen oder dass Harry ein Animagus wie sein Vater ist. Es fällt dabei auf, dass Anna sich in ihrer Phantasie keine ganz eigene, neue Welt schafft, in der sie selbst auch eine neue Identität annimmt, sondern dass sie sich selbst eher als die Autorin ihrer Träume sieht: „Ich bin da vielleicht so ne Art Erzähler in meinen Träumen."

Die komplexe *Harry Potter*-Welt mit der abenteuerlichen Umgebung sowie die zwischenmenschlichen Beziehungen der Internatsschüler, die in den ersten vier Romanen schon angedeutet werden, bieten Anna genügend Ansatzpunkte zum Fortführen ihrer eigenen Ideen. So greift sie besonders auf Hinweise zurück, welche die Autorin zur erwachenden Sexualität und Pubertät der Figuren gibt, denn vermutlich werden diese Themen auch in Annas realem Leben zunehmend interessanter. Sie stellt sich beispielsweise vor, dass Hermine Viktor Krum heiratet und Harry die Sucherin Cho von Ravenclaw. Auf der anderen Seite weiß Anna, dass ihre Vorstellungen „von der Vorstellung eben der Schreiberin […] ziemlich abweichen". Sie selbst denkt sich gerne ein romantisches Ende inklusive Hochzeit der Protagonisten aus, vermutet aber auf der anderen Seite, dass Harry zwar Voldemort besiegen wird und der böse Zauberer stirbt, Harry dann aber ebenfalls sterben müsse, weil beide durch die Narbe verbunden seien. Anna interpretiert hier die von der Autorin gegebenen Hinweise und nimmt an, dass ein „Happy End" nach den Regeln des *Harry Potter*-Universums unrealistisch sei.

Neben Harry ist Sirius Black, der sich als Animagus in einen Hund verwandeln kann, eine wichtige Figur für Anna. Auch er spielt eine tragende Rolle am Ende von Band drei, welches Anna wiederholt anspricht. Auch in Sirius spiegelt sich der Wunsch, „jemand anderer zu sein, als man scheint" wider, denn am Ende von Band drei stellt sich heraus, dass Sirius den ganzen Roman über Harrys Beschützer war. Anna wünscht sich ebenfalls, ein Animagus zu sein, und würde sich dann natürlich in ein Pferd verwandeln. Auf der anderen Seite scheint Sirius Black auch vor dem Hintergrund von Annas

„Vaterverlust" für das Mädchen interessant zu sein. Sirius stellt für Harry eine Art Vaterersatz und männlichen Beschützer dar. Anna, die selber ohne Vater aufwächst, empfindet ein ähnliches Bedürfnis nach einer männlichen Bezugsperson. Sirius Black weist außerdem die heldenhaften Züge auf, die sich, wie bereits erwähnt, für Anna in Harry nicht zeigen.

Zusammenfassend lässt sich sagen, dass Anna ähnlich wie ihre Mutter bei der *Harry Potter*-Lektüre einen evasionistischen bzw. kompensatorischen und lustgeprägten Lesemodus verfolgt. Sie liest generell gerne Bücher, in denen fremde Welten, Magisches und Phantastisches vorkommen, die *Harry Potter*-Bände können ihr also die gewohnten angenehmen Gefühle der Gratifikation verschaffen. Die Bevorzugung dieser Thematik lässt sich auf Annas Lebenssituation zurückführen. Fremde Welten, die sie sich zum Teil in ihrer Phantasie weiter ausbaut, haben für Anna die Funktion eines Rückzugsraumes. Ähnlich wie für Kerstin eignet sich dabei für Anna die von der Autorin detailliert ausgeschmückte Zaubererwelt in *Harry Potter* besonders gut zum versenkenden Lesen. Während Kerstin allerdings nur konsumiert und ihre „Retterphantasie" auslebt, nutzt Anna Details auch als Ansatzpunkte für eigene Phantasien. Im Mittelpunkt steht dabei ganz klar der Wunsch, „gerettet zu werden". Ein wichtiger Grund für diese Rezeptionspraxis ist Annas soziale Position unter Gleichaltrigen. Denn neben dem Wunsch, gerettet zu werden, spielt die Vorstellung, „jemand anderer zu sein, als man scheint", bei ihrer Rezeptionspraxis eine große Rolle. Die Idee, in Wirklichkeit doch etwas Besonderes zu haben und von anderen anerkannt zu sein, lassen sich besonders in der Figur Harrys wiederfinden. Anna liest deshalb im gewissen Sinne projektiv und überträgt Gefühle, die sie aus ihrem eigenen Leben kennt, auf den Protagonisten. Der Charakter Harrys entspricht allerdings nicht der Vorstellung des Mädchens von einem Helden. Der Harry in Annas Tagträumen ist deshalb eine idealisierte Figur: Er ist stärker als im Buch und ohne menschliche Fehler. Sirius Black dagegen ist als Helden- und Projektionsfigur eher für das Mädchen geeignet. Durch die Faszination Annas für den Animagus zeigt sich wiederum ihr Wunsch nach einer männlichen Bezugsperson und ihr Bedürfnis nach einem „Beschützer" oder „Retter", wie ihn Sirius als Pate für Harry abgibt. Der biographische Bezug dieses Wunsches lässt sich hier klar zum Verlust des eigenen Vaters herstellen, ein Beweis für die Vermutung, dass Annas *Harry Potter*-Lektüre stark von der Bearbeitung ihres eigenen Lebensthemas beeinflusst ist.

Annas Lektüremodus kann noch als kindliches Gefühlslesen mit dem ausschließlichen Ziel des Lustgewinns gedeutet werden. Kinder in dieser Phase können sich laut Werner Graf in Stimmungen versetzen, „in denen sie dem alltäglichen Kontext zu entschweben scheinen" (Graf 1995, S. 107). Der angenehme emotionale Zustand, in den sich ein Kind durch die Lektüre versetzen kann, ist dabei wichtiger als der Inhalt des Textes, an den sich sehr junge Leser meist nicht erinnern können. Auf Anna trifft dies allerdings nur zum Teil zu. Zwar zeigt die mehrfache Lektüre der *Harry Potter*-Romane, dass sich das Mädchen durch wiederholtes Lesen erneut in den schon bekannten, angenehmen Zustand versetzen möchte, denn die Bücher helfen ihr, das persönliche Lebensthema zu verarbeiten. Auf der anderen Seite schient Anna die Romane aber auch sehr reflektiert gelesen zu haben, denn es lässt sich ein identifikatorisches Lesen in Form von Projektion bei ihr finden, weshalb man sie bereits als Gefühlsleserin nach Grafs Schema bezeichnen kann.

6 Fallstudie 3: *Harry Potter* als pädagogisches Lehrbuch (Hilde, 62 Jahre)

Der Zugang, den die 62-jährige Grundschullehrerin Hilde zu den *Harry Potter*-Romanen gefunden hat, unterscheidet sich sehr von dem ihrer Tochter Kerstin und ihrer Enkelin Anna. Hildes Rezeptionsanstoß und auch ihre Lesestrategie können grundsätzlich mit dem Stichwort „partizipatorisches Lesen" nach Graf beschrieben werden. Der Rezeptionsanstoß im Sommer 2001 erfolgte ebenfalls vor dem Hintergrund der literarischen Partizipation. Schon drei Jahre zuvor hatte Hilde im Kulturreport auf NDR 3 einen Bericht über den Erfolg des Romanzyklus' gehört und seitdem ihre Schüler immer wieder von den Büchern sprechen hören. Nachdem sie dann auf einer Bahnfahrt im Regionalexpress einige Kinder beobachtet hatte, die völlig in ihre *Harry Potter*-Ausgaben vertieft waren anstatt zu spielen, war ihr Interesse geweckt. Sie lieh sich für die Sommerferien von ihrer Enkelin die vier bis dahin erschienenen Bände und las sie an einem Stück durch. Hilde wollte zunächst nur die Faszination ihrer Schüler verstehen, war dann aber auch selber sofort von der Geschichte eingenommen.

Hildes Lektüremodus ist stark geprägt von ihrer über 40-jährigen Berufstätigkeit als Grundschullehrerin. So nimmt sie abwechselnd eine Perspektive als Lehrerin oder Schülerin ein, wenn sie die *Harry Potter*-Romane rezipiert. Dennoch muss es auch etwas in oder an den Büchern geben, was Hilde als Person anspricht und fesselt, denn sie selber bezeichnet sich eher als „Bewegungsmensch", der sich normalerweise nicht hinsetzt und mehrere Bücher am Stück liest. Hilde hatte Zeit ihres Lebens neben Beruf und Kindern wenig Zeit, Bücher zu lesen, und kann sich nach eigenen Angaben nur konzentrieren, wenn Ruhe um sie ist, sodass sich das Lesen bei ihr größtenteils auf die Ferien beschränkt. Hat sie jedoch einmal die nötige Muße, so genießt sie die Lektüre eines guten Buches. *Harry Potter* unterscheidet sich allerdings sehr von ihren eigentlichen Lektürepräferenzen. Normalerweise liebt Hilde Bücher mit einem langsameren Zeitablauf und „weniger Tempo", die nicht so „hektisch" wie Rowlings Romane sind und in denen nicht „Abenteuer auf Abenteuer folgt". Dieses Bedürfnis an Abenteuern schreibt sie eher dem kindlichen Leser zu. Hilde sagt von sich selber, sie entnehme ihre „kleinen persönlichen Abenteuer" dem eigenen Alltag. Auch im Alter von 62 Jahren ist sie immer noch sehr aktiv, sowohl in ihrem Beruf als auch in ihrer Freizeit, in der sie eine Voltigiergruppe leitet und sich in mehreren Vereinen, z.B. einem Kinderchor, engagiert.

Hilde wuchs in einer Akademikerfamilie im saarländischen Neuenkirchen auf, der Vater besaß dort ein eigenes Architekturbüro. Während des zweiten Weltkriegs und danach kam es zu mehreren Umzügen, die Familie wurde Anfang der vierziger Jahre zunächst in das heutige Tschechien evakuiert und zog anschließend in die Nähe von Braunschweig, bis der Vater aus der Kriegsgefangenschaft entlassen wurde. 1947 ging Hilde mit ihren Eltern in die Pfalz, ihr Vater entschied sich aber einige Jahre später, das dort neu eröffnete Architekturbüro aufzugeben und zurück ins Angestelltenverhältnis nach Niedersachsen zu gehen. Der ständige Ortswechsel war der Grund für das völlige Fehlen von Büchern in Hildes Elternhaus bis zu ihrer späten Kindheit, auch wenn die Eltern viel lasen, sofern sie die Möglichkeit dazu hatten. Hilde saß deshalb oft im Wald oder am Bach und dachte sich eigene Geschichten aus oder ließ sich von ihrer Großmutter welche erzählen. Nachdem sie später das Lesen gelernt hatte, war sie „ganz versessen darauf", diese Fähigkeit auch zu nutzen und las die wenigen Bücher, die ihr zur Verfügung standen, sehr langsam und genüsslich, um sie so gut wie möglich auszukosten.

Ende der fünfziger Jahre begann Hilde ihr Lehramtsstudium und lernte ihren Mann, ebenfalls einen Grundschullehrer, kennen, mit dem sie später eine kleine Dorfschule im Wendland leitete. Die erste Tochter Kerstin wurde 1964 geboren, und wenig später bekam Hilde eine zweite Tochter und einen Sohn, dennoch blieb sie weiterhin berufstätig. Die Familie zog einige Zeit darauf ein paar Orte weiter in die Nähe von Gifhorn in ein riesiges altes Schulhaus „mit großem Renovierungsbedarf", in welchem Hilde seit dem Tod ihres Mannes 1997 alleine lebt.

Hilde stellt bei der Schilderung ihrer Faszination von *Harry Potter* den Aufbau des Romans und das besondere Sprachbewusstsein der Autorin in den Mittelpunkt. Als Lehrerin, die unter anderem das Fach Deutsch unterrichtet, geht sie eher analytisch vor und beschreibt die kleinen „Tricks" der Autorin, die Geschichte so zu gestalten, „dass es keine Längen gibt". Insbesondere fällt ihr auch die Tatsache auf, dass das Alter sowohl von Harry als auch der Leser in jedem Band berücksichtigt wird und die Sprache der Bücher darauf ausgerichtet ist. Die Faszination für diese stilistischen Mittel, besonders der „geschickten" Szenewechsel, begründet sie mit ihrer Vorliebe für Theaterstücke, die sie mit den Schülern einstudiert. Dort müsse man sich auch sehr viel einfallen lassen und „selber mit reinbringen", genau wie die Autorin dies bei *Harry Potter* gemacht hätte. Die Handlung der Geschichte, das „Abenteuer", wie sie es nennt, sei dabei nebensächlich, interessant seien eher die Verschachtelung des Plots und die vielen phantastischen Einfälle der Autorin.

Hilde beschreibt außerdem, wie sie die Romane zum großen Teil aus der Perspektive der Pädagogin rezipiert habe. Sie habe viele „pädagogische Tricks" in den Romanen ausgemacht, die auch für sie als Lehrerin interessant seien. Außerdem nutzt sie die Bücher als Unterrichtshilfe für ihren eigenen Schulalltag. Hilde lässt sich zum Beispiel davon anregen, welche Elemente die Kinder besonders an der Geschichte mögen. Diese versucht sie dann in ihrem Unterricht einzusetzen, um ihn damit spannender und interessanter zu gestalten, denn für die Schüler würde so Phantasie mit Lernen verbunden:

> Das ist ja das Interessante, dass ich deswegen dieses Buch auch wirklich gut fand – Kinder mögen Abenteuer. Ob Sie nun vor der Klasse stehen oder ob Sie nun eine Freizeit machen, Sie können jede Stunde für Kinder zum Abenteuer machen. Und Kinder lieben Rollenspiele. Wenn Sie eine Klasse in eine Rolle hineinversetzen, arbeiten die ja ganz anders […].
> Das ist im Grunde bei mir jetzt der Hauptgrund, dass ich diesen *Harry Potter* gelesen hab: Aha. Sie mögen es, sie mögen es einfach mal, durch das Dickicht im

Wald zu gehen. Sie mögen es, sich vorzustellen, sie laufen durch die Wüste und kommen an eine Oase, und mit so wenigen Kunstgriffen können Sie dann auch in unserer Welt dem Kind das Abenteuer geben.

Hilde schildert, wie sie die Schüler in der Phantasie in eine mittelalterliche Klosterschule versetzt hat, wo sie besonders sorgfältig die Buchstaben malen mussten, um so ihre Schrift zu verbessern. Oder wie *Harry Potter* ihr deutlich gemacht hatte, wie gerne Kinder an einer langen Tafel zusammen essen und sie daraufhin ein Frühlingsfrühstück in der Schule veranstaltet hat. Ein solcher Lesemodus entspricht ebenfalls dem partizipatorischen Lesen im Sinne Werner Grafs, denn Hilde transferiert den Inhalt der Bücher auf den eigenen Alltag.

Eine zweite Rezeptionsperspektive, die Hilde bei der Lektüre einnimmt, ist die der Kinder. Dies ergibt sich automatisch aus ihrem Versuch, herauszufinden, was ihre Schüler an den Romanen fasziniert:

> Ich denk natürlich, wenn ich lese, auch aus den Augen des Kindes, das ist ja nun mal mein Beruf […]
> […] und diese extreme Größe, diese – dieser Hagrid und so weiter, das sind Dinge, die sind eben märchenhaft und Kinder brauchen das wohl – oder dieser unwahrscheinlich gefährliche Wald direkt am Schloss […]
> Dass plötzlich 'ne Karte auftaucht, wo – sämtliche Geheimgänge des Schlosses erkundet werden können, oder aber diese – dieser Tarnmantel, der Möglichkeiten, aber auch Risiken birgt […]. Oder auch nur diese dicke Dame, die da hängt, mit ihrem Codewort. Das sind Dinge, die Kinder eigentlich – auch jetzt brauchen.

Erwachsenen dagegen sei dieser Aspekt des „Abenteuers" nicht mehr wichtig, für sich selber dementiert Hilde ein Bedürfnis danach oder eine Faszination von solch märchenhaften oder phantastischen Elementen. An anderer Stelle widerspricht sie jedoch dieser Aussage, indem sie das „Kribbeln" beschreibt, welches sie beim Lesen von Büchern wie *Krabat* von Otfried Preußler empfindet:

> Also, wenn ich solche Bücher lese, dann sage ich mir: Ein Glück, dass du da nicht mit drin bist, du kannst es aus sicherer Entfernung lesen *(lacht)*. Das ist bei mir dann immer das Gefühl, nicht, da sitzt man hier wohlgeborgen im Wohnzimmer oder wenn ich im Fernsehen den Regenwald sehe, dann sage ich immer: Faszinierend. Interessant – aber ein Glück wirst du jetzt nicht zerstochen, du wirst jetzt nicht durch Atemnöte geplagt, du kannst das – aus sicherer Entfernung genießen. Genauso geht es mir bei diesen Büchern – *ich* bin ja nicht betroffen […].

Die Schilderung ihrer Empfindungen beim Lesen ähnelt sehr stark der so genannten Angstlust, die auch bei Kindern häufig zum Lesevergnügen beiträgt. Das Bewusstsein, von einem sicheren und gemütlichen Ort die Abenteuergeschichten rezipieren zu können, und das Vertrauen auf einen guten Ausgang machen bei der Angstlust das Lesevergnügen aus, genau wie es Hilde für sich beschreibt. Die Vermutung, Hilde würde nicht nur „professionell", sondern auch persönlich von den Romanen berührt, bestätigt die Beschreibung eines solchen „versenkenden" Lesemodus'.

Dass die von ihr beschriebene Pädagogen-Strategie nur als ein Distanzierungsmechanismus fungiert, zeigt auch Hildes Schilderung der Figuren. Sie beschreibt die Protagonisten der Geschichte wiederholt als „schwarz-weiß gezeichnet" und ohne psychologischen Tiefgang, weshalb sie sich nicht mit ihnen identifizieren könne. Eine Identifikation Hildes zum Beispiel mit den Lehrern der Schule lässt sich tatsächlich nicht finden, obwohl dies aus ihrer Lebenssituation heraus zunächst hätte vermutet werden können. Die Lehrer Hogwarts' und besonders das Verhalten Dumbledores entsprechen aber nicht Hildes eigenen pädagogischen Maßstäben. Sie kritisiert zum Beispiel, dass niemand versuche, negativ auffallende Schüler wie die Slytherins zu erziehen und in eine positivere Richtung zu lenken. Stattdessen würden Schüler wie Draco Malfoy so belassen, wie sie sind, und könnten „ihre Konflikte bis an die Grenze der Existenz" austragen.

Es lassen sich dennoch Hinweise herausarbeiten, dass es zumindest eine Figur gibt, in die Hilde sich beim Lesen hineinversetzen kann: Professor McGonagall. Hilde erzählt eine Szene nach, die ihr im ersten Band in besonderer Erinnerung geblieben ist. In dieser Szene geht es um eine gefährliche Situation, in die Harry sich während seines ersten Flugunterrichts begibt und die Professor McGonagall von ihrem Turmzimmer aus beobachtet. Harry wäre beinahe von seinem Besen gestürzt, um einem Freund zu helfen, und als die Lehrerin daraufhin aus dem Schloss stürzt und ihn tadeln will, duzt sie ihn in ihrer ersten Erregung. Hilde ist dieses eine „du" in der deutschen Übersetzung aufgefallen und sie deutet es als Besorgnis und persönliche Anteilnahme an Harrys Schicksal:

> In dem Moment, wo sie sagt „Sie hätten sich – äh, *du* hättest Dir das Genick brechen können" – und zwei drei Sätze lang duzt sie ihn und fällt danach gleich wieder in das „Sie", das finde ich von dem Übersetzer phantastisch, denn sie war in dem Moment persönlich – aufgeregt und hatte wirklich Sorgen, dass Harry aus 20 Metern Höhe – Schwerstes hätte passieren können, trotz Hexerei.

Hilde gibt nicht an, dass sie diese Reaktion vollkommen verstehen kann und ebenso gehandelt und gefühlt hätte, sondern sie findet es „vom Übersetzer ganz geschickt gemacht" und bleibt somit auf einer Meta-Ebene. McGonagall vergleicht sie mit einer typischen Studienrätin, die „fair", aber auch „sehr streng", „sehr gerecht" und „sehr fordernd" sei. Sie bestraft zwar Harry und weist ihn zurecht, ist aber mitfühlend und besorgt, selbst wenn sie dies verbergen will. Mit einem ähnlichen Grundcharakter präsentiert sich auch Hilde als Lehrerin, vermutlich machte die Flugstunden-Szene deshalb so einen Eindruck auf sie, da sie die Situation sehr gut nachvollziehen kann: Aus pädagogischen Gründen muss die Fassung bewahrt werden und das Kind getadelt werden, persönlich ist McGonagall indes berührt von der Angst um Harry. Es scheint deshalb auf einer latenten Ebene eine Identifikation Hildes mit Professor McGonagall zu geben, denn die Sorge um Harry überträgt sich beim Lesen auf Hilde. So sagt sie an anderer Stelle, dass man beim Lesen Mitleid mit Harry empfinden würde, der von seinen „Kopfstichen gepeinigt ist, oder grad wieder einen Sturz vollzieht", wobei der erwähnte Sturz ganz klar noch einmal eine Anspielung auf die Flugstunden-Szene ist.

Hilde bringt Harry Potter beim Lesen nicht nur Mitleid entgegen, sondern sie nimmt ihn ebenfalls aus ihrem Pädagogen-Blickwinkel wahr, was ihn für sie zu einer sehr faszinierenden und vor allem unrealistischen Persönlichkeit macht. Hilde bemerkt, dass Harry eigentlich keine persönliche Eitelkeit besitzt und Situationen meistert, die für einen normalen Menschen oder gar ein normales Kind nicht zu bewältigen wären.

> Und diese Hektik, die eigentlich diese vier Bände für den Harry durchzieht, ist für ein normales Kind – ist ja gar nicht machbar. Ein normales Kind hätte diese – diese schreckliche Übermüdung, unter der er ständig steht, diese – es war ja ein Dauerstress, unter dem er stand – und sobald bei ihm die Erfolgschance war, kam doch schon das Nächste, dass sein Erfolg relativiert wurde [...]. Das kann eigentlich ein normaler Mensch gar nicht allein durchziehen [...], das ist eigentlich sonst für ein Kind nicht machbar.

Harry präsentiert sich für Hilde fast als übermenschlich, mit sehr „noblen" Charakterzügen und einem phantastischen Sozialverhalten, zum Beispiel Ron gegenüber. Was Hilde an ihm aber am meisten bewundert, ist die Tatsache, dass er sein Schicksal „ganz wach mit sich trägt [...] und erträgt". Ein Mensch, gerade ein so junger, könne normalerweise diese körperlichen und psychischen Anstrengungen nicht aushalten. Für Hilde macht diese Kraft, sein Schicksal zu tragen, Harry zu einer Art Heldenfigur. Dieser Aspekt des Heroischen lässt die Unterschiede in der Rezeption einer erwachsenen Leserin wie Hilde und eines Kindes wie Anna sehr deutlich werden. Für Anna hat Harry Potter nicht die Eigenschaften eines Helden, zu einem solchen wird er erst in ihren Tagträumen. Für Hilde jedoch besitzt er heroische und übermenschliche Züge, da sie auch die psychischen Belastungen erkennt, die er ertragen muss.

Zusammenfassend lässt sich sagen, dass Hilde die Romane nicht ausschließlich instrumentell gelesen hat, wie während des Interviews von ihr behauptet. Das Pädagogen-Thema und die eigene Unterrichtsgestaltung sind zwar die herausragendsten und auffälligsten Lebensthemen, die Hilde an die *Harry Potter*-Romane heranträgt. Dass Hilde ihr eigenes Leseinteresse und ihren eigenen Rezeptionsvorgang aber nur aus ihrer Position als Lehrerin heraus begründet, scheint zum Teil nur eine Distanzierungsstrategie zu sein. Auf einer tieferen Ebene lässt sich durchaus eine Identifikation Hildes mit der Figur Professor McGonagalls sowie ein versenkender Lesemodus herausarbeiten. Es handelt sich dabei um eine empathische Identifikation im Sinne Schöns, denn Hilde empfindet beim Lesen Mitleid mit Harry und kann sich somit auch in fremde Gefühlswelten hineinversetzen. Charakteristisch für Hilde ist außerdem der Wunsch, durch das Lesen an ihrer Umwelt teilzuhaben. Dies entspricht einem partizipatorischen Lesemodus, denn sie überträgt dabei Aspekte der Literatur auf ihr eigenes Leben.

7 Resümee und Vergleich der drei Fallstudien

Abschließend möchte ich die drei Familienmitglieder in ihrer *Harry Potter*-Rezeption vergleichen und die Lektüremodi gegeneinander abgrenzen. Zwei verschiedene Interpretationsebenen sind dabei besonders hervorzuheben. Zunächst lassen sich die evasionistischen Lesestrategien von Kerstin und Anna kontrastieren und der partizipatorischen Lesestrategie Hildes gegenüberstellen.

Kerstin trennt in ihrer Lektüre Leben und Literatur, und zwar mit dem Ziel der Evasion oder Kompensation ohne erkennbaren Einfluss auf den eigenen Lebensentwurf.

Hervorzuheben ist hier die Imagination als „Retterin". Anna dagegen liest ebenfalls evasionistisch, bei ihr steht allerdings der Wunsch „gerettet zu werden" im Vordergrund. Hier gibt es also ebenfalls eine kompensatorische Lesepraxis, allerdings mit einer deutlichen Beziehung zum eigenen Leben. Der Evasion bzw. Kompensation von Kerstin und Anna steht eine Partizipation Hildes gegenüber. Auch bei Hilde gibt es einen starken Bezug der Romane zum eigenen Leben, die Lehrerin entspricht aber eher einer ästhetischen Leserin nach Graf. Sie interessiert sich nicht nur für die Machart des Textes, sondern es besteht bei Hilde eine offensichtliche Verbindung zum eigenen Leben als Pädagogin. Wie ich nachweisen konnte, bringt sie ihre eigene Lebenswelt mit der fiktionalen Welt des Textes zusammen und lässt eine produktive Beziehung zwischen fiktionaler und realer Ebene zu.

Auf einer zweiten Ebene kann man die identifikatorischen Lesemodi von Anna und Hilde gegenüber dem Interesse für Szenarien von Kerstin abgrenzen. Sowohl Hilde als auch Anna zeigen in ihrer *Harry Potter*-Rezeption eine erkennbare Auseinandersetzung mit den Figuren der Romane. Während Anna allerdings eher projektiv liest und einige Charaktere, wie an Harry erkennbar ist, sehr stark idealisiert, findet sich bei Hilde ein empathischer Lesemodus. Ihr Mitleid für Harry verdeutlicht Hildes Kompetenz zur Fremderfahrung. Bei Kerstin dagegen findet sich keine personale Identifikation. Sie interessiert sich eher für Szenarien und die fremde *Welt* der Bücher als für fremde Gefühle, was natürlich wiederum auch auf ihre evasionistische Lesestrategie und die Trennung von Literatur und Leben zurückgeführt werden kann. Hilde kann also als die reifste der drei Leserinnen bezeichnet werden, da sie sich in ihrer Rezeption auch für fremde Gefühlswelten interessiert und sich in die imaginären Charaktere hinein versetzen kann.

Die hier vorgestellten Fallstudien sollen verdeutlichen, wie verschieden drei Leserinnen einer Familie die *Harry Potter*-Romane rezipiert haben. Es zeigte sich außerdem, dass die persönlichen Lebensthemen von allen drei Frauen bei der Rezeption an die Romane herangetragen wurden und jede Leserin dabei durch unterschiedliche inhaltliche Aspekte angesprochen wurde. Es muss nun das Ziel weiter führender Forschung sein, durch ein größeres Sample von Interviewpartnern und -partnerinnen verschiedener Generationen die Punkte auszumachen, die sich vielleicht als gemeinsamer Nenner für die geschlechts- und generationsübergreifende Faszination der Romane abzeichnen. Und auch das Einbeziehen der Systemischen Familienanalyse zur weiteren Erforschung der Zusammenhänge zwischen Familienkonstellation und Lesepraxis könnte interessante Ergebnisse bringen. Es dürfte jedenfalls noch einiges Bemühen erforderlich sein, um die Befunde des Lüneburger Forschungsseminars, „nicht alles dreht sich um Harry", umfassend zu verifizieren.

8 Literaturverzeichnis

Bürvenich, Paul (2001): Der Zauber des Harry Potter. Analyse eines literarischen Welterfolgs. Frankfurt am Main et al.: Peter Lang

Garbe, Christine et al.: „(Nicht) Alles dreht sich um Harry ..." oder: Was fasziniert Kinder, Jugendliche und Erwachsene an der Welt des Harry Potter? In: Steitz-Kallenbach, Jörg; Thiele, Jens (Hg.): Medienumbrüche. Wie Kinder und Jugendliche mit alten und neuen Medien kommunizieren. Bremen und Oldenburg: Universitätsverlag Aschenbeck & Isensee, S. 125-146

Fischer-Rosenthal, Wolfram (1996): Strukturale Analyse biographischer Texte. In: Brähler, Elmar; Adler, Corinne (Hg.): Quantitative Einzelfallanalysen und qualitative Verfahren. Gießen: Psychosozial-Verlag, S. 147-208

Graf, Werner (1995): Fiktionales Lesen und Lebensgeschichte. Lektürebiographien der Fernsehgeneration. In: Rosebrock, Cornelia (Hg.): Lesen im Medienzeitalter. Biographische und historische Aspekte literarischer Sozialisation. Weinheim und München: Juventa, S. 97-125

Graf, Werner (2001): Lektüre zwischen Literaturgenuss und Lebenshilfe. Modi des Lesens – eine Systematisierung der qualitativen Befunde zur literarischen Rezeptionskompetenz. In: Stiftung Lesen (Hg.): Leseverhalten in Deutschland im neuen Jahrtausend. Hamburg: Spiegel Verlag, S. 99-125

Messner, Rudolf; Rosebrock, Cornelia (1997): Ein Refugium für das Unerledigte – Lesen und Lebensgeschichte Jugendlicher in kultureller Sicht. In: Behnken, Imbke et al.: Lesen und Schreiben aus Leidenschaft. Jugendkulturelle Inszenierungen von Schriftkultur. Weinheim und München: Juventa, S. 25-58.

Pette, Corinna (2001): Psychologie des Romanlesens. Weinheim und München: Juventa

Rager, Günther et al. (2000): Leitfadenanalyse und Inhaltsanalyse. In: SPIEL 18, H. 1, S. 35-55

Rosebrock, Cornelia; Feglerski-Waltenberg, Bernd (1991): „So eine Begierde zu lesen"– zur kompensatorischen Funktion der Privatlektüre Jugendlicher. Kassel: Gesamthochschulbibliothek

Rosenthal, Gabriele (1995): Erlebte und erzählte Lebensgeschichte. Gestalt und Struktur biographischer Selbstbeschreibungen. Frankfurt a. M.: Campus

Schoett, Silja (1993): Lektürebiographie Alexandra. In: Garbe, Christine (Hg.): Frauen Lesen. Untersuchungen und Fallgeschichten zur „weiblichen Lektürepraxis" und zur literarischen Sozialisation von Studentinnen. (= Literatur & Erfahrung 26/27). Berlin und Paderborn: ohne Verlag, S. 110-127

Schön, Erich (1989): Leseerfahrungen in Kindheit und Jugend. In: Lehren und Lernen 15, H. 6, S. 21-44

Schön, Erich (1990): Die Leser erzählen lassen. In: Internationales Archiv für Sozialgeschichte der deutschen Literatur 15, H. 2, S. 193-201

Schönau, Walter (1991) (Hg.): Einführung in die psychoanalytische Literaturwissenschaft. Stuttgart: Metzler

Spinner, Kaspar H. (2001): Im Bann des Zauberlehrlings. Tiefenpsychologische und lesepsychologische Gründe für die Faszination von Harry Potter. In: Ders. (Hg.): Im Bann des Zauberlehrlings? Zur Faszination von Harry Potter. Regensburg: Pustet, S. 11-20

Claudia Beinkinstadt Krumlauf

Harry Potter und das World Wide Web
Anschlusskommunikationen jugendlicher Harry Potter-Fans im Internet

1 Anschlusskommunikation

Ob in Unterhaltungen mit der besten Freundin am Telefon, in literarischen Diskussionsrunden im Fernsehen, in Pausengesprächen über das Gelesene auf dem Schulhof oder in Fanbriefen an Autoren – Kommunikation im Anschluss an das Lesen findet in vielen Bereichen des täglichen Lebens statt. Nach Sutter setzt der Rezipient im Anschluss an die Rezeption seine persönliche Lebenssituation in Bezug zu dem Text oder Medienangebot. Sutter verortet Anschlusskommunikation in Verarbeitungsprozessen nach der eigentlichen Rezeption, in denen sich der Vorgang des Inbezugsetzens von Text und eigener Situation fortsetzt. Dies kann mit anderen Personen oder allein geschehen. Anschlusskommunikation kann beschrieben werden als „eine kommunikative Verarbeitung bzw. ‚Aneignung' von Medienangeboten, die subjektive Rezeptionsprozesse begleitet und ergänzt" (Sutter 2002, S. 82). Sutter berücksichtigt auch, dass Anschlusskommunikation eine eigenständige Rolle in der Medienkommunikation und Medienrezeption einnehmen kann. Bei der Kommunikation über das rezipierte Medienangebot werden neue Bedeutungen und Zusammenhänge geschaffen. Ein Medienangebot wirkt in dem sozialen und kulturellen Umfeld, in dem es rezipiert wird und in dem über es kommuniziert wird, in einer speziellen Weise. Diese muss nicht im Text oder Medienangebot angelegt sein, sondern entsteht in der Rezeption und in der Anschlusskommunikation.

Liebhaber eines bestimmten Buches, Autors oder einer Romanreihe kommunizieren besonders gern über ihre favorisierte Lektüre. Dazu nutzen sie die Medien ihrer Zeit. Im Zeitalter des Briefes, dem 18. Jahrhundert, geschah dies besonders in Form von Briefen und, wie auch im 19. Jahrhundert, in Gesprächen in den literarischen Salons. Die intensive Anschlusskommunikation von Fans ist also keineswegs eine Erscheinung des Zeitalters der Massenmedien. Fanclubs, in denen die Fans durch Briefe miteinander in Kontakt stehen, gibt es bis heute. Das persönliche Gespräch in einer face-to-face-Kommunikation und das Medium Brief werden nach wie vor zum Austausch über das Gelesene genutzt. Hinzu kommen weitere Medien, meist elektronische, über die Anschlusskommunikation stattfindet. Da die Medien Computer und Internet in den letzten Jahren einen so großen Zulauf erfahren haben, ist es nicht verwunderlich, dass Anschlusskommunikation auch über diese Medien vollzogen wird. Jugendliche *Harry Potter*-Fans aus aller Welt kommunizieren mittlerweile über das relativ neue Medium der Website im World Wide Web. Hier findet Anschlusskommunikation auf eine Weise statt, wie es vor der Einführung dieses Mediums nicht möglich war. Sehr wohl gab es vor der Etablierung des World Wide Web Anschlusskommunikationen von Fans im Internet. Ein Beispiel für ausgedehnte Anschlusskommunikation im Internet ist die der so genannten Trekkies. Die Fans der Science Fiction-Serie *Star Trek* kommunizieren in Newsgroups miteinander. In dieser textbasierten Kommunikationsform wird

> neben dem Herstellen von sozialen Beziehungen [...] in den verschiedenen News-Gruppen über sämtliche Aspekte gesprochen, die die Serie betreffen. Inzwischen hat sich dazu ein eigenes unabhängiges Netzwerk (Trek-Net) gegründet, das ausschließlich dem Austausch der Fangemeinde dient (Wetzstein et al. 1995, S. 182).

Die Möglichkeiten, die das World Wide Web mit seinen grafischen Oberflächen bietet, gehen weit über das hinaus, was diese textbasierten Formen der Netzkommunikation gestatten. Obwohl das Internet „mit seiner in die sechziger Jahre zurückreichenden Entstehungsgeschichte" (Nickl 1998, S. 388) kein neues Medium mehr ist, ist diese Form der Anschlusskommunikation neu. Sie ist geknüpft an eine relativ große Verbreitung von Computern mit Zugang zum Internet. Erst durch das World Wide Web wurde das Internet für eine tägliche Nutzung interessant.

2 Das World Wide Web: Alltagsmedium für Kinder und Jugendliche

Die Nutzung des Computers und des Internets ist heute nicht mehr nur etwas für Computer-Freaks. Jungen wie Mädchen haben in der Regel einen selbstverständlichen Umgang mit diesen Medien. Studien zeigen, dass die Ausstattung mit elektronischen Medien in den Haushalten, in denen Kinder und Jugendliche aufwachsen, in den letzten Jahren in drei Bereichen weiter angestiegen ist. Einen deutlichen Zuwachs gab es seit der KIM[1]-Studie 2000 bei Handy, Computer und Internet (vgl. Medienpädagogischer Forschungsverbund 2002, S. 16). Die Versorgung der Kinder und Jugendlichen in Deutschland mit Computern und Internetzugang ist in nur einem Jahr enorm angestiegen. Verfügten im Jahr 2001 bereits 65 Prozent der befragten Haushalte der JIM-Studie 2002 über die Möglichkeit, das Internet zu nutzen, so waren es im Jahr 2002 schon 80 Prozent (Medienpädagogischer Forschungsverbund 2003, S. 43). Bei dem Medium Computer allein kann in Deutschland fast von einer Vollversorgung der Jugendlichen im Alter zwischen 12 und 19 Jahren ausgegangen werden. JIM 2002[2] attestiert den Haushalten, in denen Jugendliche leben, eine Versorgung mit Computern von 94 Prozent. Dabei verfügt jeder zweite Jugendliche über einen eigenen Computer, das sind 12 Prozent mehr als im Jahr davor. 28 Prozent der Jugendlichen gelangen über einen eigenen Zugang ins Internet. In Haushalten mit Kindern zwischen sechs und dreizehn Jahren waren es 2002 sogar 67 Prozent im Vergleich zu 57 Prozent im Jahr 2000, die mit einem Computer ausgestattet sind. Hohen Zuwachs verzeichneten die JIM-und KIM-Studien nicht nur bei der Ausstattung, sondern auch bei der Nutzung des Medi-

---

[1] Kinder, Information, (Multi)Media
[2] Medienpädagogischer Forschungsverbund, 2003: JIM 2002 ist seit 1998 die fünfte Studie zum Thema Medienverhalten 12-19-Jähriger in der Bundesrepublik Deutschland. Die Grundgesamtheit von JIM 2002 bildeten 6 Mio. Jugendliche im Alter von 12 bis 19 Jahren in Telefonhaushalten der Bundesrepublik Deutschland. Aus dieser Grundgesamtheit wurde eine repräsentative Stichprobe von 1.092 Jugendlichen befragt.

ums Computer. Hier zeigt sich bei den Jugendlichen besonders im Fünf-Jahres-Vergleich ein deutlicher Anstieg: seit 1998 um 22 Prozent, wobei allein im Jahr 2002 die Computernutzung um sechs Prozentpunkte anstieg. Bei den 6- bis 13-Jährigen beträgt der Anteil derjenigen, die den Computer nutzen, mittlerweile 63 Prozent (vgl. Medienpädagogischer Forschungsverbund 2003, S. 15ff.). Bei den Zehn- bis Elfjährigen sind es sogar 74 Prozent (vgl. Medienpädagogischer Forschungsverbund 2002, S. 25ff.). Jungen nutzen dabei den Computer häufiger als Mädchen, im Verhältnis 77 Prozent zu 62 Prozent, wobei bei den Mädchen ein deutlicher Zuwachs zu verzeichnen ist (vgl. Medienpädagogischer Forschungsverbund 2003, S. 27). Bei Mädchen und jungen Frauen hat das Surfen im Internet als häufigste am Computer ausgeführte Tätigkeit Priorität. Die Nutzungsmuster der Kinder und Jugendlichen veränderten sich besonders dahin gehend, dass das Internet an Beliebtheit gewonnen hat. Seit 1998 hat sich hier ein entscheidender Zuwachs herausgebildet: Gerade sieben Prozent gaben damals an, mehrmals pro Woche oder häufiger im Internet zu sein, im Jahr 2002 waren es achtmal so viele, nämlich 56 Prozent. Bei den Kindern zwischen sechs und dreizehn Jahren sind es fast ebenso viele, die Erfahrungen mit dem Internet gesammelt haben, nämlich etwas über die Hälfte (vgl. Medienpädagogischer Forschungsverbund 2002, S. 38). Bei den 12- bis 13-Jährigen allein sind es 66 Prozent, die das Internet nutzen (vgl. Medienpädagogischer Forschungsverbund 2002, S. 38). Die Gesamtzahl der Jugendlichen, die das Internet und Online-Dienste zumindest selten nutzen, liegt bei 83 Prozent. Im Vergleich zum Vorjahr ist dies schon ein Anstieg um 20 Prozent. Insgesamt kommt die JIM Studie 2002 zu dem Ergebnis, dass sich die Internetgemeinde der Jugendlichen innerhalb von fünf Jahren verfünffacht hat, von 18 Prozent im Jahre 1998 auf 83 Prozent im Jahr 2003. 1998 war es noch ein Viertel, heute sind es über zwei Drittel, die angeben täglich bzw. mehrmals pro Woche zu surfen. Die Onlinenutzung hat sich als fester Bestandteil im Leben der Jugendlichen zunehmend etabliert. Es kann davon ausgegangen werden, dass der Umgang mit Internet und Online-Kommunikation der heranwachsenden Generation wohl vertraut ist. Die Nutzung der Neuen Medien ist in den Alltag der Kinder und Jugendlichen bereits integriert. Die Kommunikation über das Internet und im World Wide Web wird immer beliebter und immer mehr Jugendlichen zugänglich. Die heranwachsende Generation geht mit den Medien Computer und Internet mit der gleichen Selbstverständlichkeit um wie die Generation zuvor mit dem Medium Fernseher. Die Daten zeigen, dass das Medium World Wide Web der Mehrheit der Kinder und Jugendlichen täglich zur Verfügung steht und auch dementsprechend von ihnen genutzt wird.

3 Spiel mit den Welten: *Harry Potter* im World Wide Web

Zur gleichen Zeit, in der Computer und Internet alltäglich werden, löst das alte Medium Buch mit den *Harry Potter*-Romanen bei Jugendlichen eine ausgeprägte Leselust aus. Dabei spielt die Welt, in der Harry Potter lebt, eine besondere Rolle. Der Romanheld Harry pendelt zwischen zwei Welten: der Welt der Zauberer und Hexen und der Welt der *Muggles*, der Nichtzauberer. Die Welt der *Muggles* ist dabei der Realität der jugendlichen Leser sehr ähnlich. Die Vorstellung, dass es in dieser Welt noch eine andere geben könnte, beflügelt die Fantasie. Die Identifikation mit der *Harry Potter*-Welt kann als ein herausragendes Merkmal der *Harry Potter*-Anschlusskommunikation definiert werden. Das Besondere an der doppelten *Harry Potter*-Welt der Romane ist in diesem Zusammenhang, dass die Alltagswelt der Nichtzauberer im Roman, die Welt außerhalb des Buches, also die Welt des Rezipienten, mit einschließt. Die Polarität zwischen zwei Welten ist bei Rowling schon angelegt und wird von den Fans im doppelten Sinne übertragen: aus der doppelten Welt im Roman auf die doppelte Welt zwischen realer und medialer Welt in der computervermittelten Anschlusskommunikation. Über das Internet wird mit anderen Fans nicht nur gechattet und diskutiert, sondern es werden auch eigene Welten geschaffen.

Jürgen Fritz bezeichnet mit dem Begriff „Lebenswelt" ein Netz von Welten, das dazu dient, einen Rahmen für die sinnvolle Ordnung von Wahrnehmungen und Handlungen zu bilden. Neben der realen Welt postuliert Fritz eine Traumwelt, eine mentale, eine mediale und eine virtuelle Welt sowie eine Spielwelt (vgl. Fritz 1997, S. 15ff.). Die Verbindungen zwischen realer, mentaler und medialer Welt spielen bei der Anschlusskommunikation im World Wide Web eine entscheidende Rolle. Die „reale Welt" ist nach Fritz eine Wahrnehmung, die der Mensch außerhalb seines Selbst verortet. Die „mentale Welt" hingegen ist etwas, das Menschen in ihrer Vorstellung entwickeln. „Wenn Menschen sich geistig etwas vorstellen, das nicht zur aktuellen Wahrnehmung gehört, befinden sie sich in der mentalen Welt" (Fritz 1997, S. 18). Die mentale Welt wird mit „Bewusstsein und Wollen betreten" (ebd., S. 19) und ist anderen kommunizierbar.

Das Austauschen über die inneren Vorstellungsbilder, die bei der Rezeption von *Harry Potter* entstanden, findet in den *Harry Potter*-Websites in unterschiedlichen kreativen Formen ihren Ausdruck: Bilder, Fotos, Geschichten, Diskussionen lassen andere an der eigenen mentalen Welt teilhaben. Zugleich erzeugt der Gebrauch der verschiedenen Medien eine mediale Welt, in der „deutliche Verwebungen mit der mentalen Welt stattfinden" (Fritz 1997, S. 23). „Das in der Vorstellungswelt Gewünschte wird aus den Angeboten der medialen Welt ausgewählt" (ebd.). Die Vorstellungsbilder des Rezeptionsprozesses werden in der Anschlusskommunikation im World Wide Web medialisiert.

In meiner Magisterarbeit bin ich der Frage nachgegangen, in welcher Weise Kinder und Jugendliche mittels nicht-kommerzieller Websites im Anschluss an die Rezeption von *Harry Potter* kommunizieren.[3] Was ist der Anlass für die Begeisterung und Faszina-

---

[3] Zu Beginn der Recherche zu diesem Thema ging ich davon aus, dass Fankultur im Internet ausschließlich jugendliche Fankultur sein würde. Dies hat sich nicht bestätigt. Neben einer Vielzahl von Websites, die von Kindern und Jugendlichen gestaltet und benutzt werden, gibt es nicht nur erwachsene Nutzer der jugendlichen Fan-Websites, sondern auch eigene Online-Fan-Gemeinschaften von Erwachsenen. Die *Harry-Potter*-auf-deutsch-Community ist zum Beispiel eine solche. Die Anschlusskommunikation im World Wide Web beschränkt sich, ebenso wie die Rezeption der *Harry Potter*- Romane, nicht ausschließlich auf Kinder und Jugendliche. Da eine

tion, die die jugendlichen Fans zu Anschlusskommunikation über das Internet motiviert? Womit identifizieren sich die Fans, die auf diesen Websites kommunizieren? Mit welchen Mitteln und mit welchem Ziel wird kommuniziert? Um hierauf Antworten zu finden, habe ich zunächst eine eher zufällige Auswahl der Tausenden von Websites, die es zu dem Thema gibt, besucht. Meine Recherche auf ca. 500 Websites zum Thema *Harry Potter* richtete sich zunächst auf die Erstellung einer deskriptiven Typologie.

Nach einem ersten Überblick ließen sich die *Harry Potter*-Websites in zwei große Gruppen unterteilen: kommerzielle Websites und nicht-kommerzielle Websites. Die kommerziellen sind zum einen die Sites der jeweiligen Verlage, die in verschiedenen Ländern die Romane Joanne K. Rowlings publizieren. Für Deutschland ist dies der Carlsen Verlag[4], für den englischsprachigen Raum die Verlage Scholastic[5] (U.S.) und Bloomsbury[6] (U.K.). Zum anderen gibt es kommerzielle *Harry Potter*-Websites von Firmen, die Merchandising-Produkte verkaufen oder die, wie die AOL Time Warner Brothers Gruppe,[7] die Rechte an dem Film und aller daraus resultierenden Figuren und Bilder halten. Zudem gibt es Websites, die Produkte anbieten, die in den Büchern eine Rolle spielen, etwa Zauberstäbe.[8]

Ich habe zwischen Januar und Oktober 2003 ausschließlich die nicht-kommerziellen deutschsprachigen Websites, die von *Harry Potter*-Fans ins World Wide Web gestellt wurden, untersucht. Sie bieten ein Forum zum Austausch und die Möglichkeit, die *Harry Potter*-Welt auch nach dem Zuklappen des Buchdeckels weiterleben zu lassen. Diese Websites werden von mir im Folgenden auch *Harry Potter*-Fan-Websites genannt. Aus der Vielfalt der nicht-kommerziellen Websites, die es zu *Harry Potter* im deutschsprachigen Netz gibt, habe ich drei Hauptgruppen gebildet. Die drei am häufigsten vorkommenden Arten von *Harry Potter*-Fan-Websites in deutscher Sprache habe ich als *Harry Potter-Lexika*, *Virtuelle Zauberinternate mit Harry Potter-Fanclub* und *Fanfiction-Websites* klassifiziert. Aus diesen drei Typen habe ich in meiner Magisterarbeit je eine Website inhaltlich und strukturell analysiert, um die verschiedenen Formen der Anschlusskommunikation auf diesen Websites zu untersuchen. Die analysierten Websites sind im Einzelnen: *Viola Owlfeathers Harry-Potter-Kiste* (Lexika), *Der Inoffizielle Harry Potter-Fanclub HP-FC* (Virtuelle Zauberinternate mit Fanclub) und *Steffi Silberstreifs Fanfiction Site* (Fanfiction). Diese werden nachfolgend in dieser Reihenfolge vorgestellt.

---

differenzierte Analyse von sowohl erwachsenen Fan-Sites als auch Fan-Websites von Kindern und Jugendlichen im Rahmen einer Magisterarbeit jedoch nicht geleistet werden konnte, habe ich mich auf *Harry Potter*-Fan-Websites, die hauptsächlich von jugendlichen Fans genutzt werden, konzentriert.

[4] http:/www.harrypotter.de und http://www.carlsen-harrypotter.de
[5] http://www.scholastic.com
[6] http://www.bloomsbury.com
[7] http://www.harrypotter.com, http://www.warnerbrothers.de
[8] Zum Beispiel: http://www.alivans.com

3.1 Lexika

Die Lexika zu *Harry Potter*, die Fans selbst zusammengestellt und im World Wide Web öffentlich zugänglich gemacht haben, befassen sich mit den verschiedenen Ausdrücken und Figuren der Bücher. Aufgrund der vielen von der Autorin kreierten Fantasiewörter der Welt der Zauberer und Hexen lässt sich eine ganze Liste von Wörtern in eine reale Sprache übersetzen. So entsteht ein Wörterbuch, in dem sich die Fantasiewörter wie *Muggle* oder *Quidditch* nachschlagen lassen.

Da Rowling vergleichsweise viele Charaktere in ihren Büchern auftreten lässt und diese zudem in den Fortsetzungen mit unterschiedlicher Wichtigkeit bedacht werden, ist es für viele Fans spannende Detektivarbeit, den Hinweisen, die von der Autorin gegeben werden, nachzuspüren und die Zusammenhänge aufzudecken, die bestimmte Gegenstände und Figuren miteinander eingehen. Diese lassen sich in einem *Harry Potter*-Lexikon unter einem Stichwort nachschlagen, sodass sich auch einem nicht so detektivischen Fan eine ganz neue Sicht auf die Zusammenhänge in den Büchern ergeben kann. Ein weiterer wichtiger Aspekt, der zur Faszination der *Harry Potter*-Romane beiträgt, ist der Wortwitz der Autorin. Auch die jungen deutschen Fans haben bemerkt, dass dieser zum Teil in der Übersetzung verloren geht. Aus diesem Grund finden sich auf den Lexikonseiten Gegenüberstellungen der verschiedenen Begriffe in den Übersetzungen mit den Begriffen des Originals.

Unter der Internetadresse www.eulenfeder.de findet sich die Website *Viola Owlfeathers Harry-Potter-Kiste* der Germanistin Cornelia Rémi. Seit dem 18. August 2000 ist diese Website online.

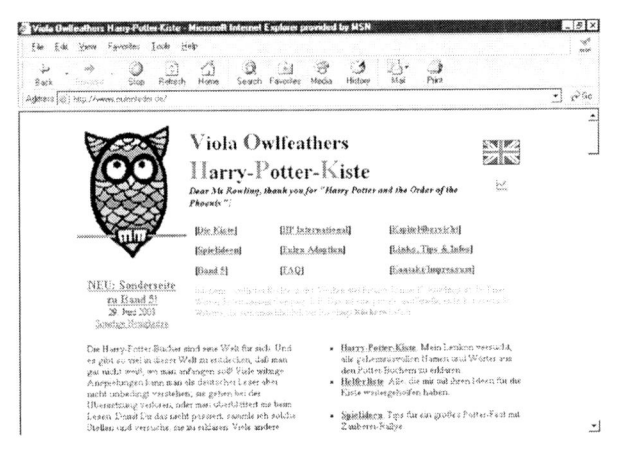

Abb. 1: Homepage von *Viola Owlfeathers Harry-Potter-Kiste*

Die *Harry-Potter-Kiste* ist ein gut recherchiertes Lexikon. Hier lassen sich so gut wie alle Unklarheiten über Herkunft und Bedeutung der Begriffe und Namen in den *Harry Potter*-Romanen beseitigen. Der besondere Wortwitz der Autorin Joanne K. Rowling wird hier auch dem nicht englischsprachigen *Harry Potter*-Fan vermittelt. Die *Harry-Potter-*

Kiste enthält ca. 300 Stichwörter zu *Harry Potter*. Es werden nur die englischen Originalbegriffe verwendet. Möchte der deutsche Leser also den Begriff Floh-Pulver nachschlagen, kann hier in einer Tabelle, in der die deutschen Begriffe den englischen gegenübergestellt werden, das englische Original, also Floo Powder[9], gefunden werden. In der Rubrik *Harry Potter International* findet sich eine mehrsprachige Tabelle, in der die Namen und Zauberwörter, die Joanne K. Rowling benutzt und erfindet, in den verschiedenen Übersetzungen angezeigt werden. Außerdem gibt es zum Beispiel eine Kapitelübersicht, in der alle Kapiteltitel aus den verschiedenen Sprachen gesammelt werden.

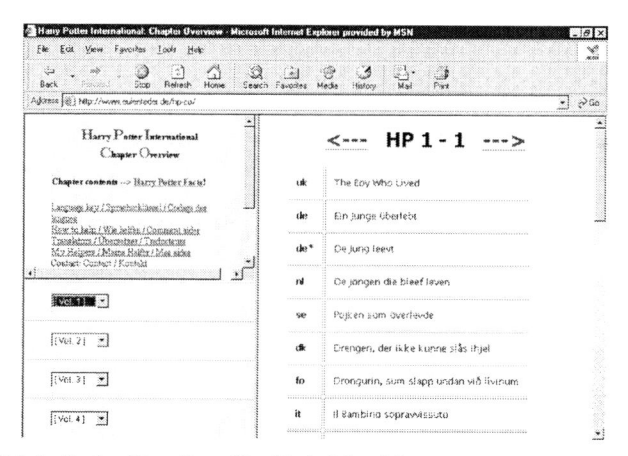

Abb. 2: *Viola Owlfeathers Harry-Potter-Kiste* Kapitelübersicht

Insgesamt ist diese schlicht gestaltete Website auf Information und Wissensvermittlung ausgerichtet. Auf grafische Gestaltung wurde fast völlig verzichtet, Animationen gibt es keine, also keine bunt schillernden Seiten und keine funkelnden und blinkenden Schriftzüge und Logos. Cornelia Rémi geht es um den Spaß an der Information, um die Faszination an den *Harry Potter*-Geschichten und um die Freude an den in der Sprache Rowlings versteckten Bedeutungen und Hinweisen auf mögliche zukünftige Entwicklungen.

---

[9] Dies ist einer der gravierenden Übersetzungsfehler des deutschen Übersetzers Klaus Fritz, denn das Wort *Floo* hat mit dem deutschen Wort *Floh* nichts gemein. Das englische Wort für *Floh* ist *flea*. Das Fantasiewort *Floo Powder* bezeichnet ein Pulver, mittels dessen Zauberer von Haus zu Haus reisen können, und zwar von Kamin zu Kamin. Die homophonen Ausdrücke flew (Vergangenheitsform von to fly = fliegen) und flue (deutsch Rauchfang oder Esse) geben Auskunft darüber, was mit *Floo Powder* tatsächlich gemeint ist. Die Assoziation „Floh" ist hier m. E. völlig falsch gewählt.

3.2 Virtuelle Zauberinternate

In einem virtuellen Zauberinternat mit *Harry Potter*-Fanclub hingegen soll alles bunt und fröhlich oder auch magisch und abenteuerlich sein. Demzufolge muss eine solche Website ganz anders aussehen und strukturiert sein als ein Lexikon. Viele *Harry Potter*-Fanclubs sind als virtuelle Zauberinternate gestaltet. Das bedeutet, dass sich ein Fanclub im World Wide Web mit seiner Website in einer Weise präsentiert, dass Fans nicht nur Mitglieder in einem Fanclub, sondern auch Mitschüler in einer virtuellen Zauberschule sind. Meist läuft die Aufnahme ähnlich wie die „Sorting Ceremony" (Rowling 2000, S. 128) in den *Harry Potter*-Romanen ab. Das neue Mitglied wird, analog zu den Schulhäusern von Hogwarts, einem virtuellen Schulhaus (Gryffindor, Slytherin, Ravenclaw, Hufflepuff) zugeteilt und ist fortan Schüler dieses Hauses. Durch verschiedene Aktivitäten auf der Website lassen sich Punkte sammeln, die dem eigenen Schulhaus zugute kommen. Manchmal wird am Ende eines Schuljahres oder eines bestimmten Zeitabschnitts ein Hauspokal vergeben oder Gewinner von Wettbewerben gekürt. Es handelt sich also um virtuelle Fanclubs, in denen die Fans interaktiv mitwirken können. Durch die Aufnahme in die virtuelle Zauberschule entsteht eine Gemeinschaft von Zauberschülern, und durch die Zuteilung zu einzelnen Schulhäusern wird zudem eine Gemeinschaft in einer Gemeinschaft gebildet. Aus dem Zugehörigkeitsgefühl für sein Haus geborener Ehrgeiz, für dieses viele Punkte zu verdienen, gehört ebenso zum virtuellen Schulalltag wie die Möglichkeit, mit Gleichgesinnten kommunizieren und gemeinsam die Website gestalten zu können. Eines dieser virtuellen Zauberinternate ist der *Inoffizielle Harry Potter-Fanclub,* zu finden unter der Adresse: www.hp-fc.de.

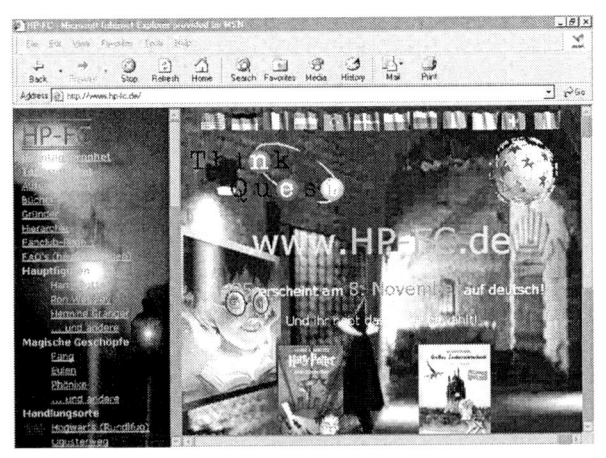

Abb. 3: Homepage des *Inoffiziellen Harry Potter-Fanclubs* HP-FC

Es handelt sich hierbei um „die wohl bekannteste *Harry Potter*-Fansite im deutschsprachigen Raum" (Kienitz, Grabis 2001, S. 21). Die Schwestern Saskia und Sarah Preissner haben die Site entwickelt und betreuen sie seither. Der *Harry Potter*-Fanclub ist seit dem 14. Januar 2000 online. Zu dem Zeitpunkt waren Saskia und Sarah 14 und 10 Jahre alt. Die Schwestern haben mit dieser Site mehrere Preise gewonnen und mittlerweile auch zwei Bücher verfasst: *Die Zauberschule* (Preissner, Preissner 2000) und *Das Zauberinternat* (Preissner, Preissner 2001). Der Fanclub hatte im September 2003 über 100.000 Mitglieder, also registrierte Nutzer, die sich unterschiedlich aktiv an dem Fanclub beteiligen.[10] Neben Zauberunterricht wie Muggelkunde oder Zaubermathematik kann man hier auch lernen, wie man eine Homepage erstellt. Je nach Klassenstufe gibt es verschiedene Unterrichtsfächer und -inhalte. Jedes neue Mitglied wird zunächst in die erste Klasse eingestuft. Um in eine höhere Klassenstufe zu gelangen, muss ein Versetzungstest bestanden werden. Sämtliche Hauptfiguren der Bücher werden auf www.hp-fc.de mit Steckbrief und selbstgemaltem Bild vorgestellt. Um für sein Schulhaus Punkte zu sammeln, können Bilder oder Fotos eingeschickt werden, die dann in einem Wettbewerb prämiert werden. Im Malwettbewerb und im Fotowettbewerb haben Kinder und Jugendliche die verschiedenen Figuren und Geschöpfe aus den Büchern dargestellt.

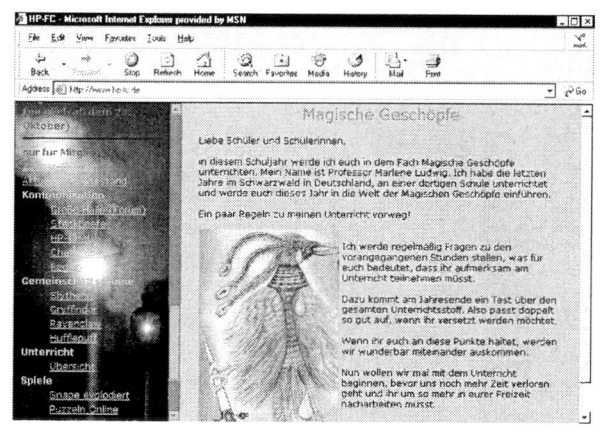

Abb.4: Der *Inoffizielle Harry Potter-Fanclub* HP-FC: Magische Geschöpfe

Die Handlungsorte der Bücher sind ebenfalls als Zeichnungen oder eigens kreierte 3D-Versionen gestaltet. Demoversionen von einem selbstentwickelten Computer-Spiel *Quitwitch*, einer Art digitales *Quidditch*, können von der HP-FC-Website auf den eigenen Computer heruntergeladen werden. Insgesamt ist diese Site weitgehend interaktiv gestaltet. Neben dem Unterricht trifft man sich in der *Großen Halle*, dem Forum, zum Austausch oder bewirbt sich auf eine Stelle, um selbst an der Website und im Fanclub mitzuarbeiten. Diese *Harry Potter*-Website bezeugt auf eindrucksvolle Weise die Kreativität der jugendlichen Fans. Einerseits in den selbstgemalten Bildern und selbst geschriebenen Texten, andererseits in der Art und Weise, wie die Website als virtuelles

---

[10] Vgl. O.V., http://www.hp-fc.de/chattitueden.htm, 4.September 2003

schriebenen Texten, andererseits in der Art und Weise, wie die Website als virtuelles Zauberinternat gestaltet ist. Die Site ist trotz ihrer Größe überschaubar und leicht zu navigieren. Hier zeigt sich die Medienkompetenz der jungen WebdesignerInnen.

Des Weiteren ist der interaktiven Kommunikation ein sehr großer Teil dieses Internetauftritts gewidmet, und die Freude an der Kommunikation der Kinder und Jugendlichen untereinander wird sehr deutlich. Der *Harry Potter*-Fan hat hier die Möglichkeit, sich mit Gleichgesinnten auszutauschen und die Welt der Romane, auch nach Beendigung der Lektüre, in den eigenen Alltag zu integrieren. Wie Harry Potter auf eine Zauberschule zu gehen, ein Zauberer zu sein, mit Zaubererfreunden zu kommunizieren und gemeinsam die Website zu gestalten, ist so auf virtuelle Weise möglich.

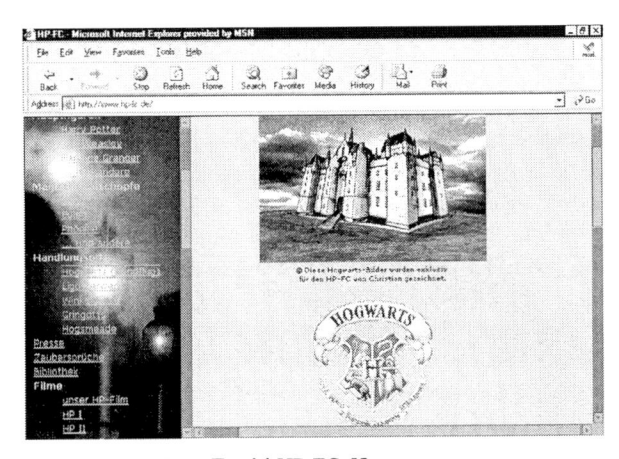

Abb. 5: Der *Inoffizielle Harry Potter-Fanclub* HP-FC: Hogwarts

Die Erschaffung einer eigenen Welt, in der die Regeln des Medienprodukts gelten, für das geschwärmt wird, ist typisch für einen Fanclub. Bei *Harry Potter* kommt hinzu, dass das Leben in zwei Welten schon im Roman angelegt ist. Auch auf dieser Website können Fans auf zwei Ebenen kommunizieren. Zum einen sind sie *Harry Potter*-Fans, die die Bücher gelesen haben und nun auf der Webpage des HP-FC Mitglied in einem Fanclub sind, Teil einer Welt, in der es keine *Muggles* oder Zauberer gibt, aber jede Menge *Harry Potter*-Fans. Diese Ebene ist die „reale Welt" (Fritz 1997, S. 15). Auf einer weiteren Ebene, einer Spielebene oder „Spielwelt" (Fritz 1997, S. 20 und 27), können die *Harry Potter*-Fans Zauberschüler sein. Als solche sind sie Teil einer Schulgemeinschaft aus Zauberschülern in einem Zauberinternat. Auf dieser Spielebene sind die *Harry Potter*-Fans quasi Teil der *Harry Potter*-Welt.

3.3 Fanfiction

Der englische Begriff *Fanfiction* bezeichnet Geschichten, die von Fans verfasst werden, indem sie Figuren aus Romanen oder auch Filmen und TV-Serien darin weiterleben lassen. Im Fall der *Harry Potter*-Fanfiction spielen diese Geschichten in der Welt der

Harry Potter-Romane. Dies bedeutet jedoch nicht, dass der Protagonist Harry Potter selbst ist. Die Fans nehmen häufig andere Figuren aus den Romanen als Protagonisten und erzählen die Geschichte aus deren Perspektive. Auffallend ist hierbei besonders, dass im Original negativ besetzte Figuren wie Draco Malfoy oder Severus Snape positiv beschrieben werden.

Das World Wide Web bietet für diese Art der Anschlusskommunikation ein geradezu ideales Forum. Ohne Aufwand von Papier, Druckertinte oder der Suche nach Veröffentlichungsmöglichkeiten in Zeitschriften oder eigenen kleinen Bänden können auf den Fanfiction-Websites eigene Ffs, wie diese Geschichten kurz heißen, ganz einfach veröffentlicht werden. Auch noch im Entstehen befindliche Arbeiten können auf diesen Websites veröffentlicht und dort, auch mit anderen zusammen, bearbeitet und diskutiert werden.

Viele Websites, die sich generell mit *Harry Potter* oder Fantasy befassen, haben eine Rubrik Fanfiction, auf der diverse Fanfictions in englischer und deutscher Sprache präsentiert werden. Es gibt aber auch Websites, die sich ausschließlich mit Fanfiction befassen. Einige dieser Websites übersetzen auch gleichzeitig englische Fanfiction, die die deutsche Fanfiction im World Wide Web um ein Vielfaches übersteigt.

Da sich meine Arbeit auf deutschsprachige Websites bezieht, habe ich folgendes Beispiel ausgewählt: *Steffi Silberstreifs Fanfiction Website*. Diese findet sich unter dem URL www.silberstreif.de.vu. Die Website beschränkt sich auf ein Thema: *Harry Potter*-Fanfiction, von Fans für Fans geschrieben und das in deutscher Sprache, nicht in deutscher Übersetzung, wie es auf anderen Fanfiction-Websites der Fall ist.[11]

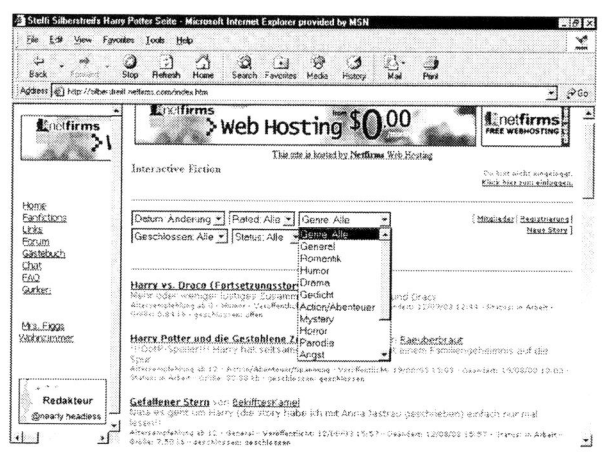

Abb. 6: *Steffi Silberstreifs* Interactive Fiction

---

[11] Vgl. http://www.harry-auf-deutsch.de, http://www.hpff.de.vu, http://mitglied.lycos.de/galenturiel/index.htm

Jede Geschichte wird mit folgenden Angaben aufgelistet: Titel, Name des Autors, Kurzbeschreibung, Altersempfehlung, Genre, Datum der Veröffentlichung, Änderungsdatum, Status (in Arbeit oder fertig gestellt), Größe des Dokuments und der Information, ob die Geschichte eine offene oder geschlossene ist, d.h. ob alle registrierten Autoren dieser Website an der Geschichte mitschreiben dürfen, oder ob die Geschichte nur von dem originalen Autor geändert werden darf.

Jeder kann sich auf dieser Site anmelden und Mitglied werden. Aber auch ohne Anmeldung sind die Fanfictions zugänglich. Fünf Pull Down Menüs erlauben eine Sortierung der Geschichten nach verschiedenen Kriterien: *Datum*, *Rated*, *Genre*, *Geschlossen* oder *Offen* und *Status*. Mit dem Button *Sortiere* lassen sich nach Auswahl der oben genannten Kriterien die Fanfictions nach einer selbst bestimmten Kombination sortieren. So lässt sich die Fülle der Fanfictions z.B. nach allen für Leser ab 12 Jahren geeigneten, romantischen Fanfictions, die noch in Arbeit und für andere offen und nicht älter als eine Woche sind, sortieren. Ist keine persönliche Sortierung getroffen, dann werden alle vorhandenen Fanfictions angezeigt. Diese sind auf neun Seiten verteilt. Der Titel der Geschichte ist als Textlink gestaltet, bei dessen Anklicken sich eine neue Seite mit der Geschichte öffnet, die der *Harry Potter*-Fan nun lesen oder ausdrucken kann. Ist diese Geschichte als *offen* deklariert, so kann mit Klick auf den Link *Bearbeiten* an der Geschichte weiter geschrieben werden. Dies geschieht in einem Formular. Hier muss der Name und das Passwort des Benutzers eingegeben werden. Dann kann in einem Schreibfeld der eigene Text der Fanfiction hinzugefügt werden. Ein Programm, das im Hintergrund läuft, schreibt den Text automatisch in HTML, sodass die Geschichte auf der Website lesbar wird, ohne dass die Autoren diese Programmiersprache beherrschen müssen. In ähnlicher Weise muss vorgegangen werden, wenn eine eigene Fanfiction veröffentlicht werden soll. In einem Textfeld kann die eigene Geschichte geschrieben werden. Danach braucht der Autor oder die Autorin nur noch auf den Button *Submit* zu klicken und die Geschichte erscheint auf der Website.

Es besteht auf dieser Site also nicht nur die Möglichkeit, passiv Fanfiction zu lesen, sondern auch aktiv *Harry Potter*-Fanfiction zu verfassen. Dies kann entweder als originaler Autor einer Geschichte geschehen oder in Zusammenarbeit mit anderen an einer schon bestehenden Fanfiction, die offen für die Mitarbeit deklariert wurde. Im Forum dieser Website lassen sich ebenfalls Beiträge verfassen, allerdings keine Fiktion, sondern Texte zu verschiedenen Themen rund um *Harry Potter*. Wer nur lesen möchte, worüber andere sich ausgetauscht haben, kann das ebenfalls im Forum tun. Hierfür gibt es auch eine spezielle Suchfunktion, mit der sich einem bestimmten Suchbegriff zugeordnete Beiträge oder Artikel aus bestimmten Zeiträumen schneller finden lassen.

Diese Website konzentriert sich sehr auf ihre Funktion als Fanfiction-Sammlung und Fanfiction-Schreibwerkstatt. Dadurch bleibt die Site übersichtlich. Die Autoren der auf dieser Website präsentierten Fanfiction sind, nach Auswertung der Profile, überwiegend zwischen 12 und 16 Jahre alt. Vier von 49 Autoren gaben an, 18 zu sein, einer gab als Alter 23 Jahre an. Dreizehn gaben kein Alter an, darunter auch die Betreiberin der Website. Die Mehrzahl dieser Autoren ist weiblich. Nur drei gaben an, männlichen

Geschlechts zu sein. Durch die Freiwilligkeit solcher Angaben im Internet ist ihre Richtigkeit allerdings nicht nachprüfbar. Aus der Kommunikation im Forum wird deutlich, dass sich die Teilnehmer zum Teil gut kennen, d. h. schon mehrfach miteinander in diesem Forum kommuniziert haben. Die Teilnehmer des Forums kennen Eigenheiten der anderen und beziehen sich auf gemeinsam Erlebtes.

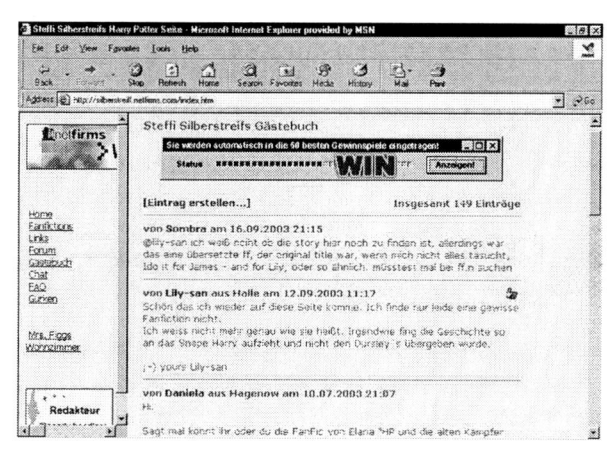

Abb. 7: *Steffi Silberstreif*. Gästebuch

Eine Besonderheit dieser Website ist, dass hier Anschlusskommunikation neue Anschlusskommunikationen initiiert. Durch die Produktion eigener Texte und die Möglichkeiten, die diese Website bietet, über diese neuen Texte, die an sich eine Anschlusskommunikation zu *Harry Potter* darstellen, zu sprechen, werden neue Anschlusskommunikationen möglich.

Letztlich hat diese Site ein klares Anliegen: Fanfiction zu produzieren und zu veröffentlichen und sich über den Prozess und die Produkte auszutauschen.

4 Medien der Anschlusskommunikation auf *Harry Potter*-Fan-Websites

Die Kommunikation auf diesen verschiedenen Formen von *Harry Potter*-Fan-Websites erfolgt nicht nur über das Medium Website selbst, sondern integriert gleichzeitig auch andere Medien. Im Einzelnen sind dies E-Mail, der Multi-User-Chat (auf den Websites nur „Chat" genannt, das Forum sowie Online-Spiele. Alle diese Medien sind eigenständige Medien innerhalb der Gruppe der digitalen oder auch Quartärmedien und können nicht einfach unter dem Begriff Internet zusammengefasst werden (vgl. Faulstich 2002, S. 25). Im Folgenden stelle ich dar, wie diese Medien auf den unterschiedlichen Websites genutzt werden.

4.1 E-Mail

Das Medium E-Mail steht auf allen untersuchten Websites zur Verfügung. In verschiedenen Rubriken besteht die Möglichkeit, einer bestimmten Person eine E-Mail zu senden. Zum Teil geschieht dies mittels eines Kontaktformulars auf der Website oder durch das eigene E-Mail-Programm, das durch das Anklicken eines Textlinks auf der Website geöffnet werden kann. Durch E-Mail besteht auch die Möglichkeit mit dem Betreiber der Website in direkten Kontakt zu treten. Bei *Viola Owlfeather* kann mit der Betreiberin der Website per E-Mail kommuniziert werden. Sie hat ihre E-Mail-Adresse unverlinkt und ohne das Zeichen @ angegeben, um sich vor unerwünschten Massensendungen zu schützen. Hier muss die Adresse unter Hinzufügen des Zeichens @ in das Adressfeld des eigenen E-Mail-Programms eingegeben werden. Die Kommunikation via E-Mail entzieht sich den anderen Nutzern der Website völlig. Anders als im Forum ist für andere Nutzer nicht ersichtlich, wer mit wem kommuniziert. Die Kommunikation via E-Mail ist somit bilateral und asynchron.

4.2 Chat

Durch Chat kann zeitnah mit einer Person, mit der z. B. ein gemeinsames Interesse wie *Harry Potter* geteilt wird, kommuniziert werden. Die Kommunikation lässt sich ähnlich schnell und flexibel gestalten wie Kommunikation am Telefon. Allerdings steht hier nicht, wie bei der Telefonkommunikation, die mündliche Rede im Vordergrund, sondern die schriftliche Kommunikation. Wetzstein u. a. definieren Chat als „die zeitgleiche Kommunikation mit einem (Gesprächs)Partner auf der Gegenseite (,chatten')" (Wetzstein et al. 1995, S. 59). Bei Wetzstein et al. wird zwischen Chat und Multi-User-Chat unterschieden. Der Multi-User-Chat ermöglicht die gleichzeitige Kommunikation von mehreren Gesprächspartnern. Chat und Multi-User-Chat sind also synchrone Kommunikationen, die im einen Fall bilateral, im anderen multilateral ablaufen.

Heute wird im Allgemeinen mit Chat der Multi-User-Chat gemeint. Ein Chat zwischen nur zwei Personen wird von den Kindern und Jugendlichen in der Kommunikation auf den Websites als ICQ (= „I seek you") bezeichnet, nach dem Namen des Programms, das diese Form der Kommunikation ermöglicht. Mittels dieser Programme lässt sich für den Nutzer erkennen, welche seiner bevorzugten Gesprächspartner (Buddies) gerade online sind. Direkt lässt sich dann eine Nachricht zu diesem senden, auf die der Empfänger sofort und exklusiv reagieren kann. Wenn im Folgenden von Chat die Rede ist, ist Multi-User-Chat gemeint. Bei einem Chat gibt es verschiedene so genannte Räume: Chat-Rooms. Alle Nutzer, die sich in so einem virtuellen Raum befinden, können miteinander kommunizieren. Dafür, dass die Kommunikation hier geregelt und auch gesittet abläuft, sorgen so genannte „Administratoren". Sie bewegen sich im Chat in den verschiedenen Räumen und können – im Gegensatz zum normalen Chatter – Beiträge anderer Chatter löschen oder einen anderen Nutzer für den Chat sperren. Dies geschieht auf den *Harry Potter*-Websites wie auch auf andern Websites für Kinder und Jugendliche, sobald Nachrichten mit sexuellem oder rechtsradikalem Inhalt geschrieben werden oder auch wenn ein Nutzer andere persönlich angreift oder beleidigt.

Websites aus der Kategorie *Virtuelle Zauberinternate mit Fanclub* haben in der Regel einen Chat oder sind mit einer externen Chatseite verlinkt. Die *Harry Potter-Lexika* sind weniger auf interpersonale Kommunikation als auf Information ausgerichtet und weisen meist keine Chatfunktion auf. Bei den *Fanfiction-Sites* gibt es sowohl Sites mit als auch ohne Chat, wobei die mit einem Chat nach meinem Eindruck überwiegen. Auf der Website von *Steffi Silberstreif* gibt es zwar eine Rubrik Chat, die aber nicht genutzt wird.

4.3 Forum

Im Forum kann zeitversetzt miteinander über vorgegebene Themen kommuniziert werden. Diese Kommunikation ähnelt stark der E-Mail-Kommunikation. Der entscheidende Unterschied im Forum ist, dass die Nachricht öffentlich, das heißt für alle Nutzer lesbar und themenbezogen ist. Forumskommunikation ist asynchron und multilateral. Die Kommunikation muss in einem der vorgegebenen Themenbereiche stattfinden und zu dem Thema passen. Nutzer können auch eigene Themen eröffnen. Es besteht die Möglichkeit, die schon veröffentlichten Beiträge nur zu lesen oder aber eigene Beiträge zu schreiben.

Forumskommunikation findet auf der Website von *Viola Owlfeather* nicht statt, ist aber sowohl auf der Fanfiction-Site als auch auf der Fanclub-Site ein wichtiger Bestandteil der Kommunikation zwischen den Mitgliedern bzw. Autoren der Fanfictions. Im Gegensatz zum Chat, bei dem die Kommunikation ausschließlich über Texteingabe erfolgt, wird im Forum auch nonverbal in Form von Bildern kommuniziert. Die jugendlichen Nutzer haben sich kleine Bildchen von anderen Websites heruntergeladen oder selbst kreiert, die zusammen mit ihrem Nutzernamen mit jedem Beitrag erscheinen. Diese Bilder können zum Beispiel kleine Logos oder Comicfiguren wie Bugs Bunny oder Tweety sein. Beliebt scheinen zurzeit auf den untersuchten Websites Manga[12]-Figuren zu sein. Aber auch Figuren aus dem Bereich Fantasy oder eigene Fotos kommen als so genannte Avatare[13] zum Einsatz.

---

[12] Hierbei handelt es sich um eine zur Zeit bei Jugendlichen und Kindern sehr beliebte Form des japanischen Comics, der von hinten nach vorn und von unten nach oben gelesen wird.
[13] Das Wort „Avatar" stammt aus dem Sanskrit und bezeichnet eigentlich die Inkarnation eines Gottes in einer menschlichen, superhumanen oder tierischen Form. Mittlerweile hat sich die Verwendung des Begriffes für diese kleinen persönlichen Logos etabliert.

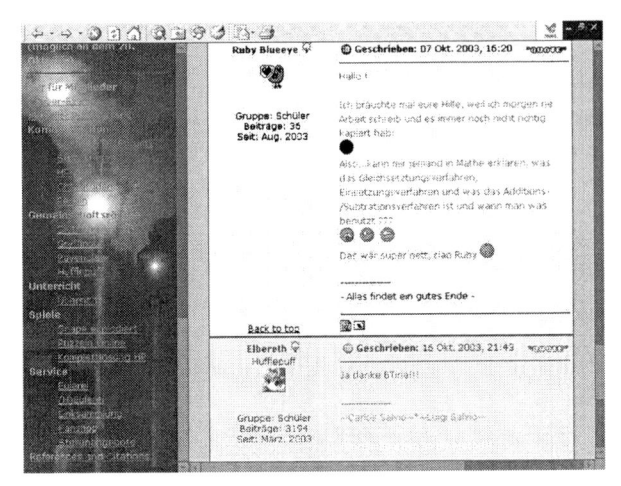

Abb. 8:   Der *Inoffizielle Harry Potter-Fanclub*: HP-FC Forum

In den Foren des HP-FC werden zudem neben jeder publizierten Nachricht Informationen über den Kommunikationsteilnehmer angegeben. Auf diese Weise wissen die Mitglieder, ob es sich um einen Hogwarts-Lehrer oder einen Hogwarts-Schüler handelt, zu welchem Schulhaus er gehört, seit wann die betreffende Person Mitglied ist und wie viele Beiträge sie seitdem im Forum geschrieben hat.

Eine weitere Besonderheit der Kommunikation im Forum sind die so genannten Signaturen. Wetzstein hat dies für Texte der Netzkommunikation folgendermaßen beschrieben: „Der Platz am Ende eines Textes wird oft dazu genutzt, dem Leser eine abschließende Sentenz zu vermitteln. Die Leitsprüche oder Slogans sind häufig witzige Anmerkungen oder Zitate von Persönlichkeiten des öffentlichen Lebens" (Wetzstein et al. 1995, S. 82).

Bei den *Harry Potter*-Fans bestehen diese Signaturen häufig aus Zitaten aus den *Harry Potter*-Romanen, stammen aber auch aus den Bereichen Pop-Musik, Fantasy oder Fernsehserien. Die Signaturen sind inhaltlich unabhängig vom Text des Forumbeitrags. Oft sind Signaturen auch Sinnsprüche wie *Carpe Diem* oder *Träume nicht dein Leben, sondern lebe deinen Traum*. Durch die Signaturen wird der eigentlichen Kommunikation, die im Text der Nachricht erfolgt, eine Aussage über die eigene Person oder Einstellung angefügt.

Auf der Website von *Steffi Silberstreif* findet sich eine Form der Website-Kommunikation, die als Mischform von E-Mail und Forum bezeichnet werden kann: das Gästebuch. Die einseitige Kommunikation erfolgt per E-Mail-Formular, in das eine beliebige Nachricht eingetragen und zur Website geschickt werden kann. Die Nachricht ist für die anderen Nutzer der Website öffentlich.

4.4 Online-Spiele

Online-Spiele sind digitale Spiele, die direkt im Internet auf der Website gespielt werden können. Dabei gibt es Spiele für einen oder mehrere Spieler. Auf den *Harry Potter*-Fan-Websites finden sich Online-Spiele eher selten. Online-Spiele für mehrere Spieler habe ich während meiner Recherche auf diesen Websites gar nicht gefunden.

Die Fanfiction-Site von *Steffi Silberstreif* bietet kein Spiel an, ebenso wenig die Lexikon-Site von *Viola Owlfeather*. Die Site des virtuellen Zauberinternats mit Fanclub hingegen hat gleich mehrere Spiele aufzuweisen. Zum einen kann online gepuzzelt werden, zum anderen kann die Figur des Hogwarts-Lehrers Snape zum Explodieren gebracht sowie eine digitale Version des Zauberersports *Quidditch* gespielt werden.

Abb. 9: HP-FC Online-Spiel *Snape explodiert*

All diese Spiele sind jedoch nur für einen Spieler gedacht und ermöglichen so keine soziale Interaktion mit einem anderen Spieler. Diese asynchrone Kommunikation erfolgt letztlich zwischen dem Spielenden und der Website, ist also eine Mensch-Computer-Interaktion.

Es zeigt sich also, dass die *Harry Potter*-Fans im Internet verschiedene Medien nutzen, um über *Harry Potter* zu kommunizieren und dass die direkte Kommunikation mit anderen Fans vor allem durch die Medien Forum und Chat gewährleistet wird. Der E-Mail-Kontakt wird dazu genutzt, um mit den Website-Betreibern oder Mitarbeitern der Website Kontakt aufzunehmen, z. B. um sich an der Gestaltung der Website zu beteiligen. Die verschiedenen Medien zeigen auch, dass die Kommunikation der Fans auf unterschiedliche Ziele ausgerichtet ist.

5 Ziele der Anschlusskommunikation im World Wide Web

Die Kommunikation auf den *Harry Potter*-Fan-Websites lässt sich nicht nur nach den verschiedenen Medien kategorisieren, in denen sie stattfindet, sondern auch nach dem

Ziel, das sie verfolgt. Anschlusskommunikationen auf den *Harry Potter*-Fan-Websites sind von verschiedenen Antrieben geprägt. Ich habe vier Kategorien von Anschlusskommunikation auf den von mir untersuchten Websites feststellen können. Diese sind im Einzelnen: produktionsorientierte, wissensorientierte und unterhaltungsorientierte Anschlusskommunikation sowie Anschlusskommunikation, die der Gruppenbindung dient.

In der produktionsorientierten Anschlusskommunikation wird in der Kommunikation zwischen Nichtanwesenden ein gemeinsames Produkt geschaffen. Die Verbreitung und das Erlangen fanspezifischen Wissens sind Ziele wissensorientierter Anschlusskommunikation. Unterhaltung ist Motivation für Anschlusskommunikation auf den Websites und ist zudem Ziel und Sinn vieler Anschlusskommunikationen. Der Unterhaltungsfaktor, den die Rezeption beinhaltet, wird in der Anschlusskommunikation fortgesetzt. Anschlusskommunikation, die der Festigung der Fangemeinschaft dient, muss sich nicht mit dem Thema *Harry Potter* befassen.

Die Website-Typen können schwerpunktmäßig einer dieser Kategorien zugeordnet werden. So ist die Anschlusskommunikation auf *Harry Potter-Lexika* zum größten Teil wissensorientiert, während der Website-Typus *Fanfiction* zum größten Teil produktionsorientierte Anschlusskommunikation aufweist. Wissensorientierte, unterhaltungsorientierte und produktionsorientierte Anschlusskommunikationen auf Websites des Typus' *Virtuelles Zauberinternat mit Fanclub* sind in nahezu gleichen Teilen vorhanden. Unterhaltung und Wissensaneignung, Spiel, Lernen und Gestaltung halten sich hier die Waage. Des Weiteren erzeugen die Mitgliedschaft im Fanclub und das Schülerdasein in einem medialen Hogwarts ein Gemeinschaftsgefühl, welches zu einer engeren Bindung an diese Fan-Gemeinde führen kann. Diese Ausgeglichenheit der verschiedenen Formen von Anschlusskommunikation macht die Website HP-FC zu einem Beispiel für eine nahezu ideale Form der web-basierten Anschlusskommunikation zu *Harry Potter*.

6 Ergebnisse

Bei der Untersuchung auf welche Art und Weise, mit welchen Medien und zu welchem Ziel Kinder und Jugendliche mittels nicht-kommerzieller Websites im Anschluss an die Rezeption von *Harry Potter* kommunizieren, ist deutlich geworden, dass sich ein weit verbreitetes Vorurteil für diese Fans nicht bestätigt. Kinder und Jugendliche büßen hier ihre Kreativität und Kommunikationsfreude nicht durch den Computer ein, sondern nutzen ihn dazu, sich über Websites im Anschluss an die Lektüre der *Harry Potter*-Romane auf vielfältige, und wie gezeigt wurde, sehr kreative Weise auszutauschen.

In Anlehnung an das oben erwähnte Modell der drei Welten von Fritz entfalten sich auf den untersuchten Websites und besonders auf denen der Kategorie *Virtuelle Zauberinternate mit Fanclub* reale Welt, mentale und mediale Welt in der Form, dass immer mindestens zwei der Welten gleichzeitig präsent sind. Zum einen die Alltagswelt als Teenager in Deutschland, die reale Welt, zum anderen die Welt des Zauberschülers oder Zauberlehrers im virtuellen Zauberinternat. Letztere ist sowohl Spielwelt als auch mediale Welt. Beide Ebenen liegen in der Anschlusskommunikation quasi ineinander verwoben vor.

Dabei zeigt sich auch, dass das *Medienereignis Harry Potter* nicht in der Figur Harry Potter begründet ist, sondern auf der Rekonstruktion der in einer Rezeptionssituation erlebten Welt basiert (vgl. Garbe et al. 2002, S. 125). Die gesamte *Harry Potter*-Welt, die aus einer Zaubererwelt und einer Welt der Nichtzauberer, der *Muggles* besteht, also den für den Leser bekannten Alltag mit einschließt, ist der Anlass für die Begeisterung und Faszination. Aus dieser Faszination heraus schaffen sich Kinder und Jugendliche zum Teil mit den Mitteln des Internets eine Fortsetzung der Romanwelt. Fotos der Filmdarsteller treten zwar mittlerweile auch auf von jugendlichen Fans gestalteten *Harry Potter*-Websites in Erscheinung, aber sie sind nicht das zentrale Identifikationsmerkmal, wie es bei anderen Fanclub-Sites, etwa zu Fernsehserien, der Fall ist. Viele *Harry Potter*-Websites gab es schon lange vor Erscheinen des ersten *Harry Potter*-Films. So sind weder die Filmschauspieler noch die Figur des Harry allein Mittelpunkt der Anschlusskommunikation auf den von jugendlichen Fans gestalteten *Harry Potter*-Websites.

Die Identifikation mit der *Harry Potter*-Welt ist das entscheidende Charakteristikum der *Harry Potter*-Anschlusskommunikation. Dies gilt nicht nur für die computervermittelte Kommunikation unter Nichtanwesenden, sondern auch in der Kommunikation unter Anwesenden. Die Fans treffen und verkleiden sich als Zauberer und Hexen, tragen Schals in den Farben von Gryffindor und integrieren Rowlings Fantasieworte in ihre Gespräche. Im Anschluss an solche face-to-face-Kommunikationen finden häufig wieder computervermittelte Anschlusskommunikationen im World Wide Web statt. Bilder und Artikel über die Treffen werden auf den Websites veröffentlicht. Reale Welt und mediale Welt gehen wiederum eine Verbindung ein. Zudem haben die Medienwissenschaftler Jürgen Barthelmes und Ekkehard Sander festgestellt, dass Medienerfahrungen für Jugendliche Alltagserfahrungen sind. Wie anhand der Darstellung der Internetnutzung von Kindern und Jugendlichen deutlich wurde, ist der Mediengebrauch fest in den Alltag integriert. Dies führt dazu, dass die mit dem Medium gemachten Erfahrungen als Realerfahrungen wahrgenommen werden (vgl. Barthelmes, Sander 2001, S. 289).

Die Untersuchung der *Harry Potter*-Fan-Websites zeigt, dass die neuen Medien des Internets eine neue Qualität der Anschlusskommunikation ermöglichen. Die Kommunikation über das Internet ist spontan und schnell. Sie gestattet durch die Vielfalt der Medien im Netz und durch die Möglichkeiten, die sich durch die grafische Gestaltung und HTML-Programmierung ergeben, die kreative Umsetzung vielfältiger Vorstellungswelten sowie die Kommunikation derselben. Sie ist konzentriert, denn sie findet in einem geschlossenen Rahmen statt. Eine Anschlusskommunikation auf nichtkommerziellen Websites von Fans bedeutet eine Kommunikation unter Kennern und Spezialisten. Sie ist zeitunabhängig, denn sie kann jederzeit abgerufen werden, und sie ist ortsunabhängig. Von jedem Zugang zum Netz aus lässt sich mit Teilnehmern an beliebig vielen und beliebig weit entfernten Orten im Anschluss an eine Rezeption kommunizieren. Wie gezeigt wurde, haben Kinder und Jugendliche diese neue Qualität der

Anschlusskommunikation für *Harry Potter* im deutschsprachigen Netz bereits verwirklicht. Wenn das World Wide Web weiterhin und zunehmend einen festen Platz im Alltag von Menschen erhält, so wird Anschlusskommunikation an Lektüre und an andere Medienangebote sich weiter in digitalen Formen manifestieren. Wir dürfen gespannt sein, welche Gestalt diese annehmen werden.

7 Literaturverzeichnis

Barthelmes, Jürgen; Sander, Ekkehard (2001): Erst die Freunde, dann die Medien – Medien als Begleiter in Pubertät und Adoleszenz. Medienerfahrungen von Jugendlichen. Band 2. Opladen: Leske und Budrich; München: DJI-Verlag
Faulstich, Werner (2002): Einführung in die Medienwissenschaft. München: Fink
Fritz, Jürgen (1997): Lebenswelt und Wirklichkeit. In: Ders.; Fehr, Wolfgang (Hg.): Handbuch Medien: Computerspiele. Bonn: Bundeszentrale für politische Bildung, S. 13-30
Garbe, Christine et al. (2002): (Nicht) alles dreht sich um Harry ... oder Was fasziniert Kinder, Jugendliche und Erwachsene an der Welt des Harry Potter? In: Steitz-Kallenbach, Jörg; Thiele, Jens (Hg.): Medienumbrüche. Wie Kinder und Jugendliche mit alten und neuen Medien kommunizieren. Bremen und Oldenburg: Universitätsverlag Aschenbeck & Isensee, S. 125-146
Kienitz, Günter W.; Grabis, Bettina (2001): Alles über Harry Potter. Internet Pocket Guide. Kempen: Moses
Medienpädagogischer Forschungsverbund Südwest (2002) (Hg.): KIM Studie 2002: Kinder und Medien Computer und Internet. Basisuntersuchung zum Medienumgang 6- bis 13-Jähriger. Baden Baden: ohne Verlag
Medienpädagogischer Forschungsverbund Südwest (2003) (Hg.): JIM Studie 2002 Jugend, Information, (Multi-)Media. Basisstudie zum Medienumgang 12-19-Jähriger in Deutschland. Baden Baden: ohne Verlag
Nickl, Markus (1998): Web Sites – Die Entstehung neuer Textstrukturen. In: Bollmann, Stefan; Heibach, Christine (Hg.): Kursbuch Internet. Anschlüsse an Wirtschaft und Politik, Wissenschaft und Kultur. Reinbek bei Hamburg: Rowohlt, S. 388-400
Preissner, Saskia, Preissner Sarah (2000): Der Inoffizielle HP-Fanclub präsentiert: Die Zauberschule. München: Econ Ullstein List
Preissner, Saskia, Preissner Sarah (2001): Der Inoffizielle HP-Fanclub präsentiert: Das Zauberinternat. Das Buch Für Kluge Magier. München: Econ Ullstein List
Rowling, Joanne K. (2000): Harry Potter and the Philosopher's Stone. London: Bloomsbury
Sandbothe, Mike (1997): Interaktivität, Hypertextualität, Transversalität. Eine medienphilosophische Analyse des Internet. In: Münker, Stefan; Roesler, Alexander (Hg.): Mythos Internet. Frankfurt am Main: Suhrkamp, S. 56-82
Sutter, Tilmann (2002): Anschlusskommunikation und die kommunikative Verarbeitung von Medienangeboten. Ein Aufriss im Rahmen einer konstruktivistischen Theorie der Mediensozialisation. In: Groeben, Norbert; Hurrelmann, Bettina (Hg.): Lesekompetenz. Bedingungen, Dimensionen, Funktionen. Weinheim und München: Juventa, S. 80-105
Wetzstein, Thomas et al. (1995): Datenreisende. Die Kultur der Computernetze. Opladen: Westdeutscher Verlag

Kathy Gabel

Was interessiert die Fans an *Harry Potter*? Konzeption, Durchführung und Ergebnisse einer Internet-Befragung

1 Harry Potter – Rezeptionsphänomen auch im Internet?

Die literarische Figur Harry Potter hat durch die Bestsellererfolge Joanne K. Rowlings unzählige junge und ältere Leser in der ganzen Welt begeistert. Neben der Buchform wurden die Erlebnisse des Zauberjünglings jedoch auch intensiv über andere Medien rezipiert. Die Verfilmungen der ersten drei *Harry Potter*-Romane haben knapp 30 Millionen Zuschauer in die Kinos gelockt (vgl. o. V. 2004), die Hörspiele wurden überdurchschnittlich häufig gehört, und zusätzlich begeisterte Harry die Fans in Zeitschriften und als Computerspielfigur.

Im Rahmen des Themas „*Harry Potter* – ein Rezeptionsphänomen" soll hier jedoch vor allem das Medium Internet interessieren. Die zahlreichen, zum größten Teil professionell gestalteten und intensiv genutzten Homepages kommerzieller Anbieter wie dem Carlsen Verlag oder den Warner Bros. sowie viele private Sites zeigen, dass auch hier das Interesse groß ist (vgl. Beitrag von Beinkinstadt Krumlauf in diesem Band, S. 235ff.). Ein besonderer Reiz entsteht im Internet durch die zahlreichen interaktiven Möglichkeiten wie beispielsweise virtuelle Rundflüge über das Schulschloss Hogwarts. Zusätzlich können die Fans in Chatrooms, Spielen und Spekulationen mit anderen Fans kommunizieren und ihrer Fantasie freien Lauf lassen.

2 Einführung in das Untersuchungsfeld

Im Hinblick auf Harry Potters Präsenz im Internet stellte sich das kulturwissenschaftliche Forschungsseminar an der Universität Lüneburg (vgl. Einleitung zu diesem Band von Garbe und Philipp, S. 11ff.) eine Reihe von Fragen zu den Nutzerinnen und Nutzern dieser Websites, ihre Zusammensetzung, die Art und Häufigkeit der Nutzung und weitere Aspekte betreffend. Um darauf Antworten zu erhalten, wurde auf der Homepage der Universität Lüneburg eine siebenmonatige Internetstudie durchgeführt, deren Entstehung, Konzeption und Ergebnisse im Folgenden vorgestellt werden. Für das Verständnis dieser Online-Umfrage werden zunächst einige grundlegende Aspekte zur Welt Harry Potters im Internet aufgezeigt. Unter Berücksichtigung der Besonderheiten des Mediums Internet wird die Untersuchungshypothese vorgestellt, der Prozess der Studie erläutert und betrachtet, inwiefern die Ergebnisse übergreifend Aufschluss über das Nutzungsverhalten im Internet und die Rezeption von *Harry Potter*-Themen durch die internetbegeisterten Fans in anderen Medien geben. Abschließend erfolgt ein Einblick in die Auswertungsmöglichkeiten und die umfangreichen erhaltenen Daten.

2.1 Eine wirkliche Zauberwelt – *Harry Potter*-Fans im Internet

Der Zauberlehrling Harry Potter und dessen Welt fördern über das Medium Internet eine ganz besondere Art der Rezeption, die durch die zeitgleichen und qualitativ hochwertigen Interaktionsmöglichkeiten mit anderen Fans bedingt wird. Den Nutzern wird im World Wide Web die Gelegenheit gegeben, sich an Situationen aus Harrys Leben zu beteiligen. Mit der Schaffung einer magischen Welt, die ihre Anknüpfung an bekannte Elemente der realen Welt besitzt, hält die Autorin Joanne K. Rowling die Möglichkeit offen, dass sich auch in unserem Alltag unentdeckte Wege zu Harrys Welt befinden. Online-Features wie der virtuelle Rundflug über das Schloss Hogwarts und den Verbotenen Wald stellen einen Verbindungspunkt dar und simulieren dem Internetnutzer ein Eintauchen in diese Umgebung. Das World Wide Web nährt so die Vorstellung der Nutzer, zeitweilig ein Teil der magischen Orte und Gemeinschaften zu sein. Diese fantasievolle Umsetzung zahlreicher Elemente der Zaubererkultur auf den *Harry Potter*-Fanseiten zeigt jedoch nicht nur die intensive Nutzung des World Wide Web, sondern lässt zudem eine gleichzeitige Rezeption weiterer Medien vermuten.

Neben den qualitativ hochwertigen und für das Internet spezifischen Kommunikationsmöglichkeiten lässt sich auch in der Häufigkeit eine besonders intensive Nutzung dokumentieren. Chatrooms und Mitgliedschaften in Fanclubs ermöglichen die Bildung einer parallelen Zauberwelt im Internet – gerade an den Zahlen der Chat-Teilnehmer sowie den automatischen Zählern der Startseiten lässt sich belegen, wie viele Besucher die Fanseiten des Harry Potter im World Wide Web erreichen. So wurde beispielsweise seit dem Beginn der Besucherzählung im Jahr 2000 die private Internetseite des HP-FC über 7 Mio. Mal aufgerufen (vgl. o. V. 2005).

Es zeigt sich, dass das Medium Internet eine vielversprechende Plattform für eine Befragung von *Harry Potter*-Fans darstellt. Sowohl inhaltlich als auch quantitativ findet sich hier eine ausgeprägte Kommunikation der Interessierten. Im Rahmen des Seminars „*Harry Potter* – ein Rezeptionsphänomen" entstanden diverse Themenbereiche als Grundlage einer Befragung. Basierend auf den wichtigsten Anknüpfungspunkten zu den Fans im Internet entwickelten die Lüneburger Studentinnen Sandra Bernin, Kathy Gabel, Jessica Schönfeld und Annika Teufel als Grundlage einer Online-Befragung zunächst jeweils Fragebogenentwürfe zu den Aspekten Gemeinschaft (peer groups), Hogwarts (reale und Zauberwelt) und zur Mediennutzung. Diese und die Entwicklung des finalen Fragenkatalogs werden im Punkt 3 näher vorgestellt.

2.2 Besondere Bedingungen durch die Erhebungsform Internet

Die Internetbefragung als Form der Datenerhebung bringt durch die Charakteristika des Mediums Besonderheiten mit sich, die eine Grundlage bei der Konzeption der Studie darstellten. So waren zusätzlich zu den grundsätzlichen Anforderungen an die Fragestellung für das World Wide Web der formale Aufbau und die Funktionen des Online-Formulars wichtig.

2.2.1 Charakteristika des Internets

Das Internet zeichnet sich durch Unabhängigkeit von Zeit und Ort aus. Gleichzeitig fördert die *Anonymität* den Abbau von Kommunikationshemmnissen. Dadurch ermöglicht eine Befragung im World Wide Web die Ansprache einer ganzen Zielgruppe, ohne dass konkrete Personen selektiert werden, wie dies in Brieffragebögen oder Interviews notwendig ist. Der Nachteil dieses Aspekts findet sich in der fehlenden Prüfbarkeit der Identität eines Teilnehmers.

Neben der *Asynchronität* und *Allokalität* fördert die weitgehende Anonymität der Befragten im Internet eine spontane, unverbindliche Teilnahme an Umfragen. Im Hinblick auf die starke Verknüpfung der *Harry Potter*-Fanseiten mit Chats, Spielen und virtuellen Ausflügen in die Zauberwelt bot sich in unserem Fall eine spielerische Akzentuierung der Umfrage durch grafische Gestaltung und die Platzierung der Links an. Für die spätere Auswertung stellten die *Automatisierbarkeit* sowie die *Dokumentierbarkeit* der Ergebnisse ohne zusätzliche Systeme und Materialien einen großen Vorteil der Internetumfrage als Erhebungsinstrument dar. Die *Flexibilität* der Gestaltung durch die Einsatzmöglichkeit verschiedener Medientypen ließ sich für den optischen Anreiz nutzen, um die *Harry Potter*-Fans zur Teilnahme zu motivieren.[1] Zusätzlich war es jedoch wichtig, in der Vorstellung der Studie Transparenz und eine Vertrauensbasis zu schaffen, da der Teilnehmer bei Online-Studien selbst keinen Eindruck der Forschenden gewinnen kann und nicht weiß, wofür seine Daten möglicherweise ohne sein Einverständnis verwendet werden.

Für den Online-Fragebogen ergaben sich Besonderheiten sowie Vor- und Nachteile, die bei der Erstellung der Umfrage und bei deren Auswertung berücksichtigt werden mussten. Da den *Harry Potter*-Fans kein Interviewer zur Seite stand, konnten die Befragten keinerlei Verständnisfragen stellen. Den gegebenen Antworten würde daher nicht explizit zu entnehmen sein, ob die Frage im Sinne der Forschenden verstanden wurde. Grundsätzlich besteht bei Internetumfragen die Gefahr, dass einzelne Fragen unsorgfältig und unvollständig oder sogar überhaupt nicht ausgefüllt werden.

Von Vorteil ist dagegen, dass die Testperson den Fragebogen beantworten kann, wann sie es möchte. Die Gefahr, wie bei einer Straßenbefragung möglicherweise zu stören und deshalb auf Widerstand zu treffen, bestand für die Internetbefragung nicht. Somit konnten sich die *Harry Potter*-Fans grundsätzlich mehr Zeit für die Antworten nehmen. Trotzdem sollte der zeitliche Anspruch einer Befragung über das Internet jedoch eingeschränkt werden, droht doch der Teilnehmer die Befragung aus Kostengründen abzubrechen, wenn ihre Dauer nicht überschaubar oder zu lang ist. Grundsätzlich kann der Befragte aber sein eigenes Tempo bestimmen, weil er sich nicht durch einen Beobachter unter Druck gesetzt fühlt. Mit der Ansprache einer sehr engagierten Fangemeinde waren für die *Harry Potter*-Umfrage brauchbare Ergebnisse zu erwarten, da die Fragebögen freiwillig ausgefüllt wurden und somit Interesse und Hilfsbereitschaft vorausgesetzt werden konnten. Ein Teilnahmeanreiz, zum Beispiel in Form eines Gewinns, war daher für unsere Befragung nicht nötig.

---

[1] Zu den Charakteristika des Internet vgl. Batinic, Bosnjak 2000, S. 311f.

2.2.1 Ergebnisse aus Internetbefragungen: Repräsentativität und Übertragbarkeit

Um von den Ergebnissen einer internetbasierten Datengewinnung auf allgemeinere Aussagen schließen zu können, müssen mehrere Faktoren der Umfragesituation berücksichtigt werden. Zunächst ist die Grundgesamtheit, in diesem Fall sämtliche Internetnutzer, in ihrem Umfang und ihrer Zusammensetzung nicht genau zu definieren. Lediglich messbar ist die Zahl der Hosts (am Internet angeschlossene Rechner), jedoch variiert die Personenzahl, die einen Zugang nutzt. Die Anzahl der Personen, die tatsächlich regelmäßig die Dienste in Anspruch nimmt, lässt sich daher nur überschlagen. Die Dynamik des Internets, die sich sowohl in der ständig steigenden Zahl sowie in der Zusammensetzung der Nutzer feststellen lässt, verstärkt diese Schwierigkeit.

Von besonderer Bedeutung bei der Datengewinnung über das Internet ist der Aspekt der Selbstselektion: Es entsteht keine repräsentative Zufallsstichprobe, stattdessen selektieren sich die Befragten durch ihre Teilnahme selbst. Bei der Stichprobe einer Internetstudie ist die Anwendung eines aktiven, zufälligen Auswahlverfahrens durch die Forschenden also nicht möglich. Die Zielgruppe kann zwar definiert, aber deren Teilnahme an der Umfrage nur indirekt über ansprechende Gestaltung und Platzieren der Hyperlinks beeinflusst werden. Für die *Harry Potter*-Umfrage gilt also, dass die sich ergebende Stichprobe kaum Repräsentativität für die Grundgesamtheit der Internetnutzer oder gar der Gesamtbevölkerung beanspruchen kann, jedoch gültige Aussagen über eine relativ präzis definierbare Gruppe zulässt. Durch die Hyperlinks auf Fanseiten, die auf unsere Studie verwiesen, konnte bereits vorab davon ausgegangen werden, dass die meisten Teilnehmer 10 bis 17 Jahre alt sein würden und sich durch eine regelmäßige Internetnutzung sowie ein starkes Interesse an Harry Potter und seiner Zauberwelt auszeichnen würden.

3 Der Internetfragebogen zur *Harry Potter*-Studie

3.1 Entwicklung der Umfragehypothese

Unsere Hypothese sollte einen Einblick in die Welt der *Harry Potter*-Fans geben und möglicherweise einige Aspekte aufzeigen, die zum außergewöhnlichen Erfolg des Zauberlehrlings beigetragen haben. Und dieser Erfolg lässt sich mit dem starken Interesse einer breiten Bevölkerungsschicht, der intensiven Medienrezeption und damit auch mit der großen Bedeutung der Geschichten und Figuren als Gesprächsthema aufzeigen.

Grundsätzlich sollten in einer Umfragehypothese die zu prüfenden Vermutungen und Fragen eindeutig zusammengefasst werden. Sie wird als Unterstellung formuliert, sodass sie durch die Ergebnisse der Studie verifiziert oder falsifiziert werden kann. In unserem Fall wurden Ideen aus der bereits zu *Harry Potter* existierenden Sekundärliteratur berücksichtigt, so ist die Bedeutung von peer groups in der Hypothese und dem Fragenkatalog der Studie enthalten (vgl. Spinner 2001, S. 11ff.). Zu diesem Thema entstand zunächst ein Fragebogen, der sich konkret mit dem Thema Internatsleben und die Bedeutung von Gruppen für Jugendliche befasste. Jedoch zeigte sich hier die Problematik zu sehr inhaltsbezogener Themen für Internetstudien. So lässt sich beispielsweise die Bedeutung des Internatslebens, von Freundschaften und Zugehörigkeit am besten über offene Fragen klären, das Themengebiet eignet sich somit eher für die qualitative Forschung. Eine Probeumfrage innerhalb des Lüneburger Seminars zeigte zudem die schwierige Dokumentierbarkeit der Antworten auf offene Fragen. Für eine quantitative Sortierung und Darstellung wäre eine nachträgliche (subjektive) Typologisierung der Angaben notwendig geworden. Ähnliche Hürden ergaben sich für einen zweiten Fragebogenentwurf, der sich mit der Bedeutung der realen und der Zauberwelt für die Beliebtheit der *Harry Potter*-Romane befasste. Auch hier waren viele offene, eher qualitative Fragen notwendig – für das Medium Internet und seine vorgestellten Charakteristika (Automatisierbarkeit der Datensammlung und Auswertung, Befragung ohne Moderator usf.) bieten sich jedoch gerade quantitative Studien an.

Für die Umfrage im World Wide Web schien es daher sinnvoll, besonders den Medienverbund und das systematische Merchandising als mögliche Einflussgrößen auf das starke Interesse an *Harry Potter* zu betrachten. Es zeigte sich vorab in der Beobachtung von Chatroom-Diskussionen über die Verfilmungen und detaillierte Buchinhalte, dass die World Wide Web-Nutzer zusätzlich andere Medien intensiv rezipieren. Anders als inhaltliche Faktoren, die viele offene Fragen erfordert hätten, lassen sich die Nutzung der Medien und das Interesse an den Merchandisingartikeln relativ eindeutig über das Internet feststellen. Folgende Hypothese wurde daher aufgestellt:

Der Erfolg *Harry Potters* liegt im systematisch geplanten Einsatz aller Aufführungs- und Nebenrechte, also in der medialen Verwertung und dem Merchandising, begründet.

So gibt es neben den Büchern nicht nur den Film, sondern auch Hörspiel-Kassetten, weitere „Fachbücher" (zum Beispiel über Quidditch), Berichte in Zeitungen und Zeitschriften sowie diverse Websites im Internet (besonders von privaten Fan-Clubs). Auch eine Verwertung von *Harry Potter* als Video, DVD und im Fernsehen ist erfolgt. Zusätzlich zur reinen Werbung ermöglicht der Medienverbund, bei (potenziellen) *Harry Potter*-Rezipienten auf unterschiedlichem Wege Aufmerksamkeit und Interesse zu wecken. Ihnen werden verschiedene Rezeptionsmöglichkeiten geboten, die alternativ oder additiv genutzt werden können. Hieraus resultiert eine hohe Gesamtreichweite.

Durch das Lizenzgeschäft werden die (potenziellen) *Harry Potter*-Rezipienten auch auf dem Konsumgütermarkt mit *Harry Potter* konfrontiert. Ihnen werden diverse Artikel rund um *Harry Potter* angeboten: Poster, Spielkarten, Süßigkeiten, Bettwäsche, Rucksäcke, Schreibwaren, Computer-Zubehör etc. Durch die erzielte Allgegenwart von *Harry Potter* gelingt es, die Nachfrage nach neuen Bänden und nach dem Film immens zu erhöhen. Die Fan-Artikel ermöglichen eine Übertragung einzelner Aspekte der Zauberwelt auf den eigenen Alltag und erzeugen eine treue Anhängerschaft. *Harry Potter* wird zum Trend schlechthin, den man mitmachen muss, um mitreden zu können.

Diese Hypothese bezieht sich auf medienökonomische Ansätze. Es sollten zum einen der Medienverbund (Wie wird *Harry Potter* rezipiert – mehrfach, multimedial, ...?) und zum anderen der Fan-Artikelmarkt (Wer kauft warum welche Fan-Artikel?) näher beleuchtet werden. Beide Aspekte – so wurde vorab vermutet – trugen zum Erfolg *Harry Potters* bei und spiegeln sich gleichzeitig in ihm wider. Für die Prüfung der Hypothese stellten besonders die 10- bis 17-jährigen *Harry Potter*-Fans und regelmäßigen Internetnutzer unsere Zielgruppe dar. Einerseits bilden sie das hauptsächliche Lesepublikum der Romane, andererseits sind sie die größte potenzielle Käufergruppe der Merchandising-Artikel.

3.2 Der Entstehungsprozess des Fragenkatalogs

Die Hauptanforderung an die Zusammenstellung des Fragenkatalogs bestand in der Berücksichtigung aller Rahmenbedingungen. Es musste sichergestellt werden, dass sich alle Aspekte der Hypothese in den Fragestellungen wiederfanden und somit Material für die Verifizierung/Falsifizierung zu erwarten war. Trotz der komplexen These sollten die Fragen zielgruppengerecht formuliert werden – in diesem Fall für Jugendliche.

Als besonders schwierig zeigte sich die Einschränkung der Fragenanzahl. Nicht alle Aspekte konnten umfangreich behandelt werden, damit die Bearbeitungsdauer das akzeptierte Ausmaß nicht überschritt. Denn grundsätzlich sind die meisten Teilnehmer (55,1 %) von Internetstudien bereit, 6 bis 15 Minuten ihrer Zeit für die Beantwortung zur Verfügung zu stellen (vgl. Batinic, Bosnjak 2000, S. 308).

Um Verständnisschwierigkeiten weitgehend auszuschließen und die Reaktionen der Teilnehmer einer Umfrage auf die Inhalte einschätzen zu können, wurde im Vorfeld der geplanten Studie ein Pretest durchgeführt. Dazu erhielten einige Personen, die der Zielgruppe entsprachen, den Fragebogen zur Simulation der Befragungssituation. Die Testpersonen füllten die Fragebögen selbstständig und ohne Rückfragen an die Forschenden aus und vermerkten auftauchende Schwierigkeiten konkret auf dem Fragebogen.

Für die *Harry Potter*-Umfrage wurde mit zehn Personen der Zielgruppe ein Pretest durchgeführt. Dabei sollte neben Verständnisschwierigkeiten auch die benötigte Zeit der Beantwortung notiert werden, um später eine zu hohe Abbruchquote zu vermeiden. Es stellte sich heraus, dass die vorab geschätzte Teilnahmedauer von 10-15 Minuten für fast alle Befragten ausreichte. Dagegen konnten einige Fragen inhaltlich optimiert werden. So fehlt die anfangs im Pretest noch aufgeführte Frage nach den Berufen der Eltern im letztlich verwendeten Fragenkatalog, weil sich herausstellte, dass zu viele Kinder und Jugendliche diese nicht genau beantworten konnten. In einem anschließenden Gespräch äußerten sich die Testpersonen zu den Antworten, sodass mittels des Pretests sichergestellt werden konnte, dass die Fragen im Sinne der Forschenden verstanden wurden. Einige Formulierungen wurden aufgrund der Gespräche optimiert und dem Sprachvermögen der Zielgruppe angepasst.

3.3 Der eingesetzte Fragebogen

Der folgende Fragebogen – hier nur die textliche Wiedergabe – wurde für die Dauer der Umfrage auf der Homepage der Universität Lüneburg platziert:

Lieber Harry Potter-Fan!

Vielen Dank, dass du diese Seite besuchst!

Wir (Kathy, Annika, Jessica und Sandra) sind Studentinnen der Angewandten Kulturwissenschaften in Lüneburg und führen eine Studie über den Erfolg von Harry Potter durch. Nähere Infos hier!

Dazu benötigen wir DEINE Hilfe! Bist du dabei? Super!

Dann vorab noch ein paar Infos für dich: Bitte beantworte ehrlich die folgenden Fragen per Mausklick anhand der vorgegebenen Antwortmöglichkeiten und schreibe auch deine Meinung bzw. nähere Angaben, wenn wir dir Gelegenheit dazu geben!

Du brauchst dir keine Sorgen machen, denn wir behalten alle deine Angaben für uns. Der Fragebogen umfasst 24 Fragen und dauert ca. 10 Minuten.

1. **Wer oder was hat dein Interesse für Harry Potter geweckt?**
   Kreuze bitte alle zutreffenden Antworten an!
   - [ ] die Empfehlung von meinen Freunden/ Mitschülern
   - [ ] die Empfehlung von meinen Eltern/meiner Familie
   - [ ] der Schulunterricht
   - [ ] Berichte im Fernsehen
   - [ ] Berichte in Zeitungen oder Zeitschriften
   - [ ] das Internet
   - [ ] Werbung (Plakate, Broschüren, Anzeigen, Werbesendungen, ...)
   - [ ] Sonstiges, und zwar: _____

Einige Fragen zu den Büchern ...

2. **Hast du einen oder mehrere Bände von Harry Potter gelesen oder vorgelesen bekommen? Kreuze bitte alle zutreffenden Antworten an!**
   - [ ] Ja, ich habe Band [ ] 1 [ ] 2 [ ] 3 [ ] 4 gelesen.
   - [ ] Ja, ich habe Band [ ] 1 [ ] 2 [ ] 3 [ ] 4 vorgelesen bekommen.
   - [ ] Nein, ich habe keinen Harry Potter-Band gelesen oder vorgelesen bekommen.

3. **Wenn du Harry Potter gelesen oder vorgelesen bekommen hast, woher hast du das bzw. die Bücher erhalten? (Mehrfachangaben möglich)**
   - [ ] Ich habe es/sie mir gewünscht und geschenkt bekommen.
   - [ ] Ich habe es/sie geschenkt bekommen, ohne es/ sie mir zu wünschen.
   - [ ] Ich habe es/sie mir selber gekauft.
   - [ ] Ich habe es/sie von Freunden/Bekannten ausgeliehen.
   - [ ] Ich habe es/sie mir in der Bücherei ausgeliehen.

Ein paar Fragen zum Film …

4. **Hast du den Harry Potter-Film im Kino gesehen?**
   ☐ Ja. → weiter mit Frage 5
   ☐ Nein, ich will ihn aber noch sehen. → weiter mit Frage 9
   ☐ Nein, ich will ihn auch nicht sehen, weil _____ → weiter mit Frage 9

5. **Mit wem hast du diesen Film gesehen? Kreuze bitte alle zutreffenden Antworten an!**
   ☐ mit meinen Eltern/ Verwandten
   ☐ mit meinen Geschwistern
   ☐ mit mehreren Freunden
   ☐ mit meinem besten Freund/meiner besten Freundin
   ☐ mit meiner Schulklasse
   ☐ allein
   ☐ mit sonstigen, und zwar. _____

6. **Wenn du Band 1 gelesen hast, hast du ihn**
   ☐ vor oder
   ☐ nach dem Film gelesen?
   Wenn du ihn nicht gelesen hast, bitte mit Frage 7 weiter machen.

7. **Wenn du Band 1 nicht gelesen hast, möchtest du ihn noch lesen?**
   ☐ Ja.
   ☐ Nein, möchte ich nicht, weil _____
   ☐ ‡Nein, ich möchte aber die anderen Bände lesen.

8. **Freust du dich auf die Verfilmung von Band 2?**
   ☐ ja, ich kann es kaum erwarten   ☐ etwas   ☐ nein   ☐ ist mir egal

Ein paar Fragen zu weiteren Medien …

9. **Hast du eine oder mehrere Hörspiel-Kassetten oder CDs von Harry Potter gehört?**
   ☐ ja   ☐ nein, möchte ich aber noch   ☐ nein, interessiert mich nicht

10. **Würdest du dir die Verfilmung von Harry Potter auf Video, DVD oder im Fernsehen anschauen?**
    ☐ ja   ☐ nein   ☐ vielleicht

11. **Liest du in Zeitungen und/oder Zeitschriften gezielt Artikel und Berichte über Harry Potter?**
    ☐ ja, regelmäßig, und zwar in _____
    ☐ ja, manchmal, und zwar in _____
    ☐ eher nicht
    ☐ nie

12. **Welche Angebote zu Harry Potter kennst du aus dem Internet?**
    Kreuze bitte alle zutreffenden Antworten an!
    ☐ Website vom Carlsen Verlag
    ☐ Website von Warner Brothers
    ☐ Chat-Rooms
    ☐ Harry Potter-Spiele
    ☐ Fan-Artikel-Seiten
    ☐ Fan-Club-Seiten allgemein
    ☐ sonstige, und zwar _____

13. **Wie oft nutzt du das Internet ungefähr?**
    ☐ (fast) täglich   ☐ 1-2 mal in der Woche   ☐ 2-3 mal im Monat   ☐ selten

14. **Besitzt du einige dieser Dinge oder hättest du sie gerne? Kreuze bitte an!**
    Wenn du etwas weder besitzt noch haben möchtest, lass das jeweilige Kästchen einfach frei!

Habe ich	Hätte ich gern	
☐	☐	spezielle Bücher/Hefte über Quidditch, magische Geschöpfe, …
☐	☐	Sammelalbum, Sticker
☐	☐	Poster
☐	☐	Kalender, Tagebuch, Schulheft, Briefpapier, …
☐	☐	Schulmappe, Bleistift, Radierer, Federtasche, andere Stifte oder Schreibwaren
☐	☐	Süßigkeiten (Schokofrösche, Bohnen jeder Geschmacksrichtung, …)
☐	☐	Rucksack, Tasche
☐	☐	T-Shirts, Pullover, Socken, Mützen, …
☐	☐	Bettwäsche, Tapete
☐	☐	Harry Potter-Kuscheltiere
☐	☐	Harry Potter-Kostüm (☐ gekauft ☐ selbstgemacht)
☐	☐	Handy-Zubehör, z.B. Klingelton, Logo, Handytasche, …
☐	☐	Computer-Zubehör, z.B. Mouse-Pad, Bildschirmschoner, …
☐	☐	sonstige, und zwar _____
☐	☐	sonstige, und zwar _____

15. **Besitzt du einige dieser Spiele oder hättest du sie gerne? Kreuze bitte an!** Wenn du etwas weder besitzt, noch haben möchtest, lass das jeweilige Kästchen einfach frei!

Habe ich	Hätte ich gern	
☐	☐	Spielkarten
☐	☐	Lego
☐	☐	Spielfiguren
☐	☐	Playstation
☐	☐	Gameboy
☐	☐	sonstige, und zwar _____
☐	☐	sonstige, und zwar _____

16. **Warum hast du oder möchtest du gerne Harry Potter-Artikel haben? Kreuze bitte alle zutreffenden Antworten an!**
    - ☐ Ich bin ein Fan von Harry Potter und sammele alles über ihn.
    - ☐ Meine Freunde besitzen auch Fan-Artikel/Spiele von ihm.
    - ☐ Ich spiele mit ihnen oder ich wünsche mir welche, um damit spielen zu können.
    - ☐ Ich habe mein Zimmer damit verschönert oder würde dies gerne machen.
    - ☐ Ich habe nur zufällig einen oder mehrere Artikel von Harry Potter geschenkt bekommen.
    - ☐ Sonstiges, und zwar _____

17. **Wenn du von den oben genannten Artikeln einige hast, wie bist du in ihren Besitz gekommen?**
    - ☐ Ich habe sie mir größtenteils selber gekauft.
    - ☐ Ich habe sie größtenteils geschenkt bekommen.

18. **Was sagst du zu den Preisen der Harry Potter Fan-Artikel?**
    Ich finde sie
    - ☐ sehr billig
    - ☐ billig
    - ☐ in Ordnung
    - ☐ teuer
    - ☐ zu teuer
    - ☐ Ich achte nicht auf die Preise.

19. **Was hältst du ganz allgemein davon, dass um Harry Potter herum so viel Wirbel gemacht wird (Fan-Artikel, Spiele, Werbung, Diskussionen im Rundfunk und in der Presse, Websites …)?**
    - ☐ Ich persönlich finde es klasse, weil _____
    - ☐ Ich finde es gerechtfertigt, weil _____
    - ☐ Es ist mir egal.
    - ☐ Ich finde es nicht gut, weil _____

Du hast es fast geschafft – nur noch ein paar allgemeine Fragen ...

20. **Bist du** ☐ weiblich ☐ männlich?
21. **Wie alt bist du?** _____ Jahre
22. **Hast du Geschwister?**
    ☐ Ja, ich habe _____ Brüder, _____ Schwestern.
    (bitte Anzahl angeben!)
    ☐ Nein.
23. **Besuchst du die/das ...**
    ☐ Grundschule/ Orientierungsstufe _____ Klasse
    ☐ Hauptschule _____ Klasse
    ☐ Realschule _____ Klasse
    ☐ Gesamtschule _____ Klasse
    ☐ Gymnasium _____ Klasse
    ☐ Fachgymnasium _____ Klasse
    ☐ _____ _____ Klasse
    ... oder bist du ...
    ☐ in der Ausbildung
    ☐ Student/in
    ☐ Angestellte/r
    ☐ Arbeiter/in
    ☐ selbstständig/ freiberuflich
24. **Wie viel Geld steht dir ungefähr monatlich zur Verfügung (Taschengeld und/ oder Einkommen)?**
    _____ € im Monat

Das war es auch schon! Vielen Dank für deine Hilfe!

Inhaltlich wird mit dem Erstkontakt mit den Romanen sowie der Nutzung anderer Medien begonnen, um den in der Hypothese enthaltenen Aspekt der Medienverwertung zu erforschen und zu belegen. Zum Wechselspiel von Kinofilm und Büchern gibt es eine konkrete Frage. Auch das Medium Internet berücksichtigt der Fragebogen explizit, um herauszufinden, welche Inhalte und wie intensiv diese genutzt wurden. Die zweite Hälfte des Fragebogens beschäftigt sich mit dem Merchandising zu *Harry Potter*. Auch hier sollte ermittelt werden, ob und in welchem Ausmaß die Fans Gefallen an der kommerziellen Verwertung des Zauberlehrlings finden, um diesen Teil der Hypothese zu be- oder widerlegen. Die Befragung endet mit soziodemografischen Aspekten.

4 Gestaltung und Funktionen einer Online-Studie

4.1 Grafische Rahmenbedingungen und die Präsenz im Internet

Die Erscheinungsform einer Internetumfrage ist wegen ihres Beitrages zum Teilnahmeanreiz ein wichtiger Erfolgsfaktor. Der Textteil der Seite sollte präzise aber gering sein, da Texte im World Wide Web häufig nur „quergelesen" werden. Für die *Harry Potter*-Umfrage wurde deshalb ein kurzer Einleitungsabschnitt formuliert, für Interessierte gab es die Möglichkeit, über einen Link an ausführlichere Informationen zum Seminarthema und der Verwendung der Daten zu gelangen. Die grafische Gestaltung der Umfrage sollte auf die gewünschte Zielgruppe zugeschnitten und dem Thema gemäß sein. Da rund um *Harry Potter* bereits eine große Anzahl sehr erfolgreicher privater und kommerzieller Homepages existierte, galt es, deren grafische Qualität als Maßstab zu nehmen. Jedoch durfte die Internetumfrage, auch wenn sie für ein junges Publikum gedacht war, grafisch nicht zu unruhig gestaltet werden. Einerseits besteht sonst grundsätzlich die Gefahr eines „Vampireffekts", die visuellen Eindrücke lassen dabei die inhaltlichen zu sehr in den Hintergrund treten. Zusätzlich verlangsamen zu viele grafische Elemente die Darstellung auf dem Bildschirm. Ein Test des fertigen Internet-Fragebogens auf allen gängigen Browsern sicherte die optimale Darstellung der Farben und der Formatierung.

Der Erfolg jeder Umfrage im World Wide Web hängt davon ab, wie viele potenzielle Teilnehmer den Weg auf die Seite finden. Um auf die Präsenz im Internet aufmerksam zu machen, gab es für die *Harry Potter*-Studie folgende Möglichkeiten:

- rechtzeitig Kontakte knüpfen zu Betreibern der bekanntesten *Harry Potter*-Internetseiten,
- die Umfrage bei World Wide Web-Suchdiensten anmelden, sodass die Seite aufgeführt wird, wenn ein Nutzer etwas zum Thema *Harry Potter* sucht,
- Werbebanner auf häufig besuchte Seiten platzieren (etwa bei E-Mail-Anbietern oder auf themenrelevanten Seiten),
- Inanspruchnahme professioneller Promotion-Agenturen, die zum Beispiel über Fach- und Jugend-Zeitschriften oder über Direct Mailings für die Umfrage werben.[2]

Auf die Umfrage wurde von den Betreibern verschiedener *Harry Potter*-Homepages durch gesetzte Links verwiesen. Dies stellte die günstigste und effektivste Möglichkeit dar, die ohne Zeitverzögerung Wirkung zeigte. Zusätzlich konnte so sichergestellt werden, ohne größere Streuverluste die Zielgruppe direkt zu erreichen.

Mit der anspruchsvollen grafischen Gestaltung wurde bereits eine Möglichkeit genannt, die Besucher der Umfrageseite zur Beantwortung der Fragen zu motivieren. Denn als wichtigster Faktor für die Teilnahme gilt die Neugier. Weitere Gründe sind das Gefühl, einen Beitrag zu Forschung zu leisten, die Erlangung von Selbsterkenntnis

---

[2] Für die Möglichkeiten der Kontaktaufnahme zu potenziellen Teilnehmern vgl. Bosnjak, Batinic 1999, S. 145f.

zu diesem Thema sowie materielle Anreize (vgl. Batinic, Bosnjak 2000, S. 308). Letzteres sollte allerdings nicht zu stark bewertet werden, besteht doch hierbei die Gefahr, dass die Teilnehmer ihren Beitrag allein aus diesem Grund leisten und die Antworten deshalb nicht sorgfältig gegeben werden. Für die *Harry Potter*-Befragung wurde daher auf materielle Anreize verzichtet. Eine weitere Motivation stellte jedoch die Möglichkeit dar, auf einer gesonderten Seite die E-Mail-Adresse für eine spätere Rückmeldung der Ergebnisse zu hinterlassen – etwa ein Drittel der Teilnehmer machte davon Gebrauch.

4.2 Vom Papier auf den Bildschirm – der Online-Fragebogen

Im Gegensatz zu anderen internetbasierten Datenerhebungsverfahren wie E-Mail-Umfragen, die wegen ihrer möglichst geringen Größe keine Formatierungsanweisungen enthalten sollten, ist eine Umfrage über das World Wide Web technisch und organisatorisch anspruchsvoll. Dieser Aspekt ist bei der Planung und Durchführung unserer Internetstudie vorab berücksichtigt worden.

Fragebögen im World Wide Web werden in der Seitenbeschreibungssprache HTML erstellt. Neben der rein grafischen Gestaltung einer Internetseite durch HTML wird durch Formular-Funktionen die Möglichkeit für den Nutzer geschaffen, Eingaben auf der Website vorzunehmen.

Für die *Harry Potter*-Umfrage wurden die Funktionen Radio Button, Checkbox und Textfeld eingesetzt. Beim Einsatz von *Checkboxes* können mehrere Antworten angeklickt werden. Diese Möglichkeit wurde z.B. für die Frage nach den bereits gelesenen Bänden gewählt, wobei fast alle Teilnehmer auch mehrere Felder aktiviert haben. *Radio Buttons* dagegen erlauben nur eine Antwort für die jeweilige Frage. Ein bereits angeklickter Button wird gelöscht, wenn man innerhalb der Frage einen weiteren aktiviert. Diese Möglichkeit wird beispielsweise für die Frage nach dem Geschlecht eingesetzt, sodass hier keine unsinnige Antworten aus versehentlich doppelt aktivierten Feldern entstehen konnten. Die Textfelder schließlich geben dem Teilnehmer eine freie Eingabemöglichkeit.

Diese ausgewählten Details geben einen ersten Eindruck der Bedeutung einer technisch korrekten Umsetzung der Online-Umfrage – gerade wenn mehrere Funktionen in einer Frage eingesetzt werden, beispielsweise als Filter. Die Aussagekraft und Richtigkeit der Antworten hängt neben der Auswahl und Formulierung der Fragen auch von der richtigen Codierung in der Seitenbeschreibungssprache HTML ab.

4.3 Dokumentieren der empfangenen Daten

Vor der Konstruktion der HTML-Seite für unsere *Harry Potter*-Befragung wurde über den Weg der von den Teilnehmern abgeschickten Datensätze entschieden. Es bot sich zunächst an, die Antworten als E-Mails zu sammeln. Aufgrund des hohen Fehlerpotenzials bei der späteren manuellen Übertragung in ein Computerprogramm zur Auswertung und wegen der zu erwartenden hohen Zahl der Teilnehmer wurde in unserem Fall die Möglichkeit einer direkten Datenbankeinbindung vorgezogen. Gleichzeitig ist diese Variante komfortabler für die Befragten, weil die Daten ohne das Öffnen eines E-Mail-Programms gesendet werden können. Die eintreffenden codierten Daten wurden automatisch in die Datenbank integriert, sodass später sowohl die Antworten einer einzelnen, aber anonymen Person als auch die gesammelte Antworten verschiedener Teilnehmer zu einer Frage sichtbar waren.

5 Ergebnisse der *Harry Potter*-Internetstudie

An der siebenmonatigen *Harry Potter*-Umfrage nahmen knapp 1.300 Fans teil, nach der Bereinigung von offensichtlich fehlerhaften oder leeren Datensätzen standen davon knapp 1.100 zur Auswertung zur Verfügung. In der Zeit der Umfrage gab es Hyperlinks auf einigen privaten *Harry Potter*-Websites[3], die Interessierte zu unserem Fragebogen führten. Das große Engagement und Interesse der Fans zeigte sich nicht nur in der hohen Anzahl der Ergebnisse, sondern auch im Umfang der geäußerten Meinungen – über 80 % der Teilnehmer nutzten das freie Eingabefeld, um zusätzlich Kommentare zur Studie, zu Harry selbst oder der Vermarktung der Lizenzen zu übermitteln.

Mittels der *Harry Potter*-Umfrage sollten explizit zwei Aspekte näher betrachtet werden:

- Wie nutzen *Harry Potter*-Fans die Medienangebote und
- welche Rolle spielte daneben das Merchandising für den Erfolg des Zauberlehrlings?

Zunächst jedoch ergab die Studie eine große Menge Daten, die allein in ihren deskriptiven Häufigkeiten Aufschluss über das Phänomen *Harry Potter* lieferten.

Die *Teilnehmer der Umfrage* waren zu ca. zwei Dritteln weiblich. Auch wenn die Entwicklung des Internets ebenfalls einen relativen Anstieg der weiblichen Nutzer aufzeigt (vgl. van Eimeren, Gerhard, Frees 2004, S. 352), deutet die Geschlechterverteilung der Umfrageteilnehmer auf ein intensiveres Interesse bei den Mädchen/Frauen hin. Die Altersverteilung der Befragten – über 70 % sind 10 bis 17 Jahre alt – zeigt, dass das Platzieren von Links zur Umfrage auf *Harry Potter*-Fanseiten zu einer guten Erreichung der Zielgruppe geführt hat. Jedoch reicht die Altersspanne, schenkt man den Angaben der Teilnehmer Glauben, von 6 bis 80 Jahren.

---

[3] Zur Umfrage wurde von den Seiten www.hp-fc.de, www.hp-info.de.vu, www.eulenfeder.de, www.phoenixfeder.de geführt.

Altersstruktur der Befragten

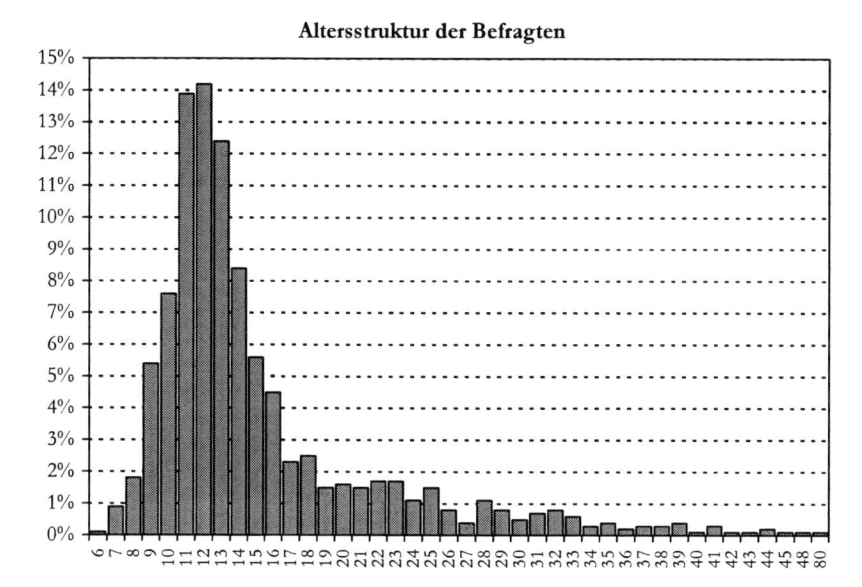

Abb. 1: Altersverteilung der Umfrageteilnehmer

Zwei Drittel der Umfrageteilnehmer besuchen demnach noch die Schule, fast die Hälfte der Schüler erhält eine gymnasiale Ausbildung.

5.1 Die Rezeption der Medienangebote

Die *Nutzung der Medien* (Zeitschriften, Hörspiel, Kino, Video/DVD und Internet) ist in allen Bereichen so intensiv, dass von einer stark additiven Mediennutzung ausgegangen werden kann. Besonders zeigt sich dies bei Büchern, Kinofilmen und Video/DVD. Fast alle Teilnehmer der Umfrage haben die ersten vier Bände selbst gelesen oder vorgelesen bekommen. Nur 1,6 % gaben an, kein *Harry Potter*-Buch zu kennen. Dabei sind die meisten durch Freunde und Familie auf Harry aufmerksam geworden (etwa die Hälfte der Teilnehmer). Die Werbung und der Film als erster Kontakt spielten mit jeweils fünf Prozent dagegen nur eine untergeordnete Rolle.

„Was hat dein Interesse an *Harry Potter* geweckt?"

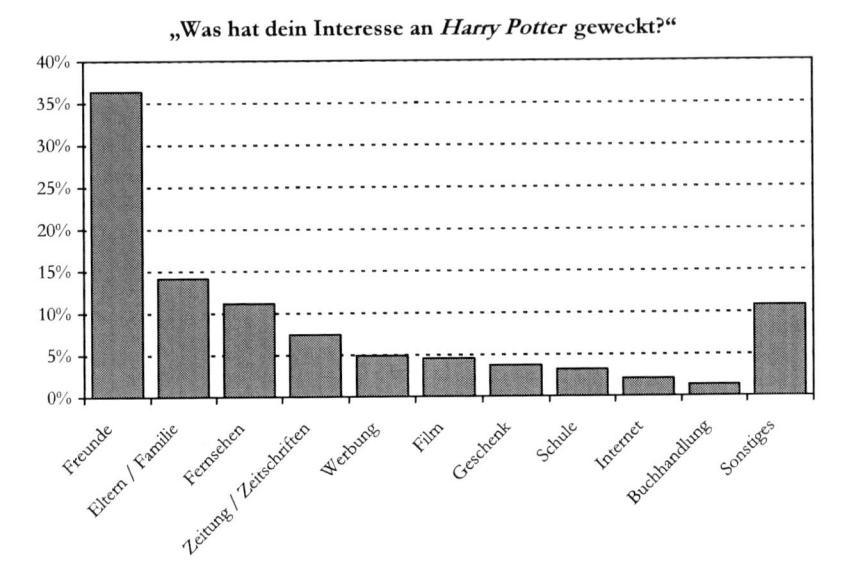

[Balkendiagramm mit Kategorien: Freunde (~36%), Eltern/Familie (~14%), Fernsehen (~11%), Zeitung/Zeitschriften (~7%), Werbung (~5%), Film (~5%), Geschenk (~4%), Schule (~4%), Internet (~3%), Buchhandlung (~2%), Sonstiges (~11%)]

Abb. 2: Antworten auf die Frage „Wer oder was hat dein Interesse an *Harry Potter* geweckt?"

Jedoch ist der Film den Fans ebenso bekannt wie die Bücher, nur wenige Befragte haben ihn nicht gesehen. Hier zeigt sich bereits eine gleichzeitige Nutzung der beiden Medienangebote. Die mehrfache Rezeption und die erzielte Resonanz werden durch die gestellte Frage nach der Vorfreude auf die Verfilmung des nächsten Romans gezeigt. Die bewusst gewählte Differenzierung zwischen den Antwortmöglichkeiten „Ja, sehr" und „Ja, etwas" verdeutlicht die positive Beurteilung des ersten Films, denn mehr als dreiviertel der Antworten geben eine sehr große Vorfreude wieder. Das Interesse der Teilnehmer an den Filmen geht damit über die reine Rezeption ihrer Inhalte hinaus. Die Eingaben in mehrere offene Antwortmöglichkeiten an anderen Stellen des Fragebogens zeigen, dass die Fans möglichst viele Wege nutzen, um mit Harry und seiner magischen Welt in Kontakt zu kommen.[4] Selbst die Wiederholung der visuellen Umsetzung auf DVD/Video bzw. im Fernsehen würden sich fast 90 % der Befragten noch einmal ansehen. Neben den Verfilmungen und den Büchern werden Beiträge zu *Harry Potter* auch sehr häufig in Form von Hörspielen rezipiert, über 60 % der Teilnehmer gab zudem an, gezielt Artikel in Zeitungen und (vor allem in Jugend-)Zeitschriften zu lesen.

---

[4] „Egal, Hauptsache, es ist über *Harry Potter*" und „Wo etwas über Harry drin steht, das kaufe ich mir" sind die typischen Antworten auf die Frage, in welchen Zeitschriften die Fans Artikel über den Zauberlehrling gelesen haben.

Da mit der Online-Umfrage v.a. Jugendliche erreicht wurden, die häufig oder regelmäßig das Medium Internet nutzen, ist es nicht verwunderlich, dass mehr als die Hälfte der Teilnehmer die Homepages verschiedener kommerzieller Anbieter wie dem Carlsen Verlag und Warner Bros. sowie privater Fan-Seiten kennen. In der Vielzahl der Medienangebote und der Intensität ihrer Nutzung von *Harry Potter*-Fans bestätigt sich die in der Hypothese vorgestellte Vermutung, dass eine systematische und umfassende Verwertung der Romane in den Medien stattgefunden hat. Jedoch zeigt die Umfrage auch, dass hauptsächlich persönliche Empfehlungen das Interesse an den Büchern bewirkt haben, wogegen die Aufmerksamkeit durch Werbung und Anzeigen eher in den Hintergrund gerät. Zusätzlich verdeutlicht eine konkrete Frage nach dem Zeitpunkt der Rezeption, dass auch die Verfilmung des ersten Buches den Erfolg *Harry Potters* nur unterstützt hat: 79 % der Teilnehmer hatten den ersten Band bereits vor seiner Verfilmung gelesen und 15 % danach (von 7 % wurde keine Angabe gemacht).

Die Verfilmung des ersten Romans spielt also für den ersten Kontakt mit *Harry Potter* und die Bekanntheit des Zauberers nur eine kleine Rolle.

5.2 Die Bedeutung des Merchandisings

Während die Medienangebote bei den Fans sehr präsent sind und auch bewusst genutzt werden, lässt sich bei den Teilnehmern hinsichtlich der Merchandisingartikel eine deutliche Zurückhaltung feststellen. Die Befragten wurden gebeten, den Wunsch nach oder den Besitz von verschiedenen Fanartikeln anzugeben. Besonders beliebt war dabei die zusätzliche Literatur zu *Harry Potter*, wie zum Beispiel ein Buch über das Zaubererspiel Quidditch. Zugehörige Bücher besitzen 32 % der Befragten, ebenso viele hätten sie gerne. Zusätzlich sind die Süßigkeiten der Zauberwelt wie die Schokofrösche und die Bohnen aller Geschmacksrichtungen beliebt, 38 % der Teilnehmer geben an, diese Süßigkeiten zu besitzen.

Für Artikel wie Kleidung, Bettwäsche, Kostüme oder Spielfiguren jedoch fehlte die Begeisterung, nur jeweils etwa 10 % der Fans hätten diese Dinge gerne, noch weniger besitzen sie bereits. Auch die Spiele rund um *Harry Potter* sind offensichtlich nur bei relativ wenigen Fans begehrt. Einzig die PC-Spiele wünschen sich knapp ein Drittel, gut ebenso viele besitzen sie bereits. Jedoch betont auch ein Viertel der Umfrageteilnehmer, keine *Harry Potter*-Fanartikel zu haben oder haben zu wollen. Eine anschließende Frage nach dem Grund des Wunsches zeigt, dass die Artikel vor allem genutzt oder gewünscht werden, um sich der Zauberwelt ein wenig näher zu fühlen – nur wenige möchten sie, weil ihre Freunde welche besitzen (2,5 %). Viele Fans sammeln einfach alles über *Harry Potter*.

Deutlich wurde hier aber auch die *Kritik am Merchandising*. Die schlechte Qualität der Artikel und „Geldmacherei" wurden hier am häufigsten angeführt. Auch die Frage an die Teilnehmer, wie sie den Wirbel um *Harry Potter* finden, zeigt deutlich die (auch skeptischen) Einstellungen der Fans auf. Es fällt besonders auf, dass die Befragten mit höherer Schulbildung (Realschule und Gymnasium) zunehmend kritischer mit der kommerziellen Verwertung umgehen.

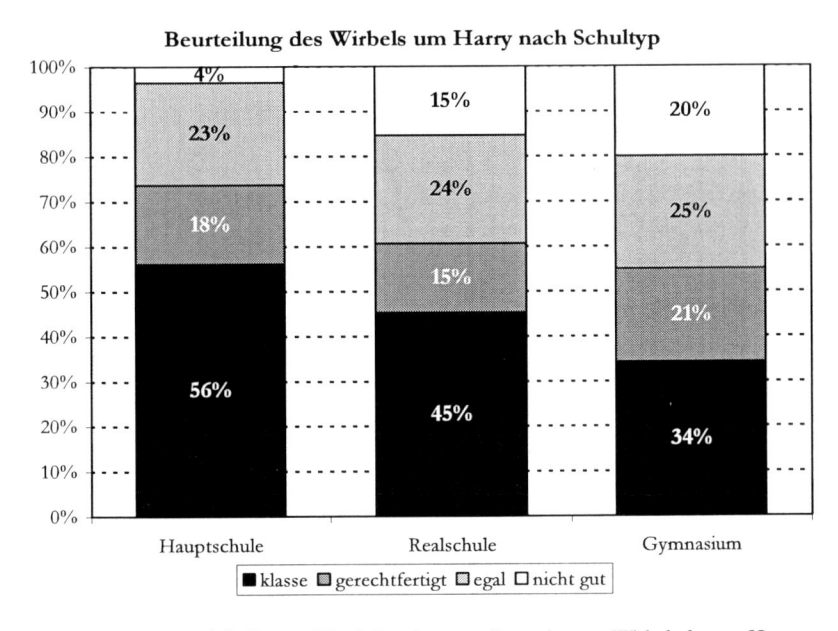

Beurteilung des Wirbels um Harry nach Schultyp

Schultyp	klasse	gerechtfertigt	egal	nicht gut
Hauptschule	56%	18%	23%	4%
Realschule	45%	15%	24%	15%
Gymnasium	34%	21%	25%	20%

Abb. 3: Antworten auf die Frage „Was hältst du ganz allgemein vom Wirbel, der um Harry Potter gemacht wird?"

Besonders deutlich wurde die kritische Einstellung selbst eingefleischter *Harry Potter*-Fans am Ende des Fragebogens. Das ohne zugehörige Frage platzierte Textfeld für mögliche Anregungen und Kommentare wurde von vielen Teilnehmern für das Anführen negativer Aspekte, die sich durch die kommerzielle Verwertung ergeben, genutzt. Hier kritisierten die Befragten das Ausnutzen der Kinder als Konsumenten und die mögliche Zerstörung der eigenen Vorstellungen. Die Anmerkung eines Teilnehmers „Fanartikel sind dazu da, um kommerzielle Erfolge zu erzielen und nicht, um der Anhängerschaft einen Gefallen zu tun. Sie rauben die Phantasie und weisen der Zaubererwelt Grenzen zu" spiegelt beispielhaft die Meinung vieler anderer wider (vgl. zum Merchandising auch den Beitrag von Frey und Wagner in diesem Band, S. 183ff.).

Neben den reinen Häufigkeiten bietet sich bei einem solch umfangreichen Datenmaterial wie dem Ergebnis der *Harry Potter*-Umfrage auch an, mögliche *Zusammenhänge* zwischen den Merkmalen statistisch aufzuzeigen. Für die Prüfung der vorgestellten Hypothese ist dies jedoch schwierig. Es wurde eine Auswirkung der Medienangebote auf den Erfolg *Harry Potters* vermutet, außerdem könnte das Merchandising einen Beitrag dazu geleistet haben. Mit den Ergebnissen der Studie lassen sich zwar die Mediennutzung und das Akzeptanzmaß der Lizenzverwertung bei der Stichprobe aufzeigen, jedoch lässt sich der Erfolg des Zauberlehrlings nicht messen und als Variable einsetzen, weil allein seine Definition komplex ist. Er lässt sich jedoch mit der umfangreichen Medienrezeption der begeisterten *Harry Potter*-Fans belegen.

6 Fazit

Die Umfrage zu dem Rezeptionsphänomen *Harry Potter* hat neben den erfreulich großen Datenmengen besonders durch den Prozess der Planung und Durchführung wichtige Informationen geliefert, die nötig sind, um eine Internetbefragung erfolgreich vorzunehmen und anschließend aussagekräftig auszuwerten.

Bei der Auswertung der *Harry Potter*-Umfrage hat sich gezeigt, dass eine Berücksichtigung aller Aspekte (und ihrer Zusammenhänge) für die Prüfung der Hypothese sehr schwer ist. Es lassen sich zahlreiche interessante Feststellungen machen und Beziehungen zwischen Merkmalen ermitteln, jedoch sind diese für die Verifizierung/Falsifizierung der eingangs formulierten Vermutungen nicht alle statistisch verwertbar. Eine weitere Reduzierung der Fragenanzahl wäre also möglich gewesen. Unter der Berücksichtigung einer statistischen Auswertung ist also auch die aufgestellte Hypothese vor dem Start der Datenerhebung nochmals zu prüfen, um vorab festzustellen, welche Berechnungen sich anbieten und ob sich der Fragebogen hinsichtlich der zu erwartenden Daten und deren Messniveaus noch optimieren lässt. So wird die größte Präzision in der Aussagekraft statistischer Zahlen erreicht.

Neben den dargestellten Erfahrungen, die die Internetstudie geliefert hat, kann die Hypothese anhand der eingegangenen Daten geprüft und teils verifiziert, teils falsifiziert werden. Der Zusammenhang zwischen dem Erfolg (als Ausmaß des Interesses der Jugendlichen an dem Phänomen *Harry Potter* aufgefasst) und der Mediennutzung lässt sich eindeutig aufzeigen. Die jeweils sehr hohen Zahlen positiver Zustimmung zu den einzelnen Medienangeboten verdeutlichen, dass die Fans nicht nur über ausgewählte Medien die Inhalte rezipieren, sondern nach Möglichkeit alle Angebote nutzen, um in Kontakt mit dem Zauberlehrling zu gelangen. Offene Antwortmöglichkeiten haben die Begeisterung über die magische Welt aufgezeigt und den Wunsch vieler Fans, sich durch die Medien in diese Welt zu begeben, wann immer sich die Möglichkeit dazu bietet. Selbst die wiederholte Rezeption identischer Inhalte, zum Beispiel der Film im Kino und auf Video/DVD, wird dafür ausgenutzt.

Dagegen konnte sich der zweite Teil der Hypothese, das Lizenzgeschäft als Erfolgsfaktor, nicht bewahrheiten. Selbst große *Harry Potter*-Fans – und als solche kann man einen Großteil der Teilnehmer bezeichnen – interessieren sich nur mäßig für die kommerzielle Seite und ihre Angebote. Lediglich ausgewählte Artikel finden Gefallen, und dabei handelt es sich besonders um Zusatzliteratur und niedrigpreisige Dinge wie Süßigkeiten. Zusätzlich sind die PC-Spiele begehrt, bei einem starken Interesse der Umfragezielgruppe für Computer und das Internet ist jedoch fraglich, ob dies tatsächlich als Erfolg des *Harry Potter*-Merchandisings zu bewerten ist. Konkret wird die kritische Einstellung in den Kommentaren der Teilnehmer deutlich, gehäuft sind negative Stimmen zur kommerziellen Seite des Phänomens *Harry Potter* festzustellen.

Als Ursache für die große Begeisterung muss demnach der Inhalt der Bücher und damit die magische Welt gewertet werden. Die Verwertung in den unterschiedlichen Medien hat dabei eine stärkere Präsenz gefördert. Sowohl auf medialer als auch auf kommerzieller Seite entsteht der Erfolg durch die fantasievollen Inhalte der *Harry Pot-*

ter-Abenteuer. Er lässt sich im Ausmaß der Mediennutzung feststellen – sie ist also untrennbar und in wechselseitigem Einfluss mit *Harry Potter* verbunden. Harrys magische Welt – dies ist die Motivation und das Ziel der vielen Fans. Schokofrösche und (virtuelle) Einblicke lassen sie greifbar werden.

7 Literaturverzeichnis

Batinic, Bernad; Bosnjak, Michael (2000): Fragebogenuntersuchung im Internet. In: Batinic, Bernad (Hg.): Internet für Psychologen. 2., überarb. und erw. Aufl., Göttingen et al.: Hogrefe, S. 287-317

Bosnjak, Michael; Batinic, Bernad (1999): Determinanten der Teilnahmebereitschaft an internetbasierten Fragebogenuntersuchungen am Beispiel E-Mail. In: Batinic, Bernad et al. (Hg.): Online Research. Methoden, Anwendungen und Ergebnisse. Göttingen et al.: Hogrefe, S. 145-158

O. V. [2004]: Harry Potter und der Stein der Weisen. URL: http://www.insidekino.com/J/JHarryPotter.htm (Stand: 13. Juli 2005)

O. V. [2005]: Statistik der Website-Besuche der Seite http://www.hp-fc.de/. URL: http://www.nedstatbasic.net/s?tab=1&link=1&id=98520 (Stand: 13. Juli 2005)

Spinner, Kaspar H. (2001): Im Bann des Zauberlehrlings. Tiefenpsychologische und lesepsychologische Gründe für die Faszination von Harry Potter. In: Ders. (Hg.): Im Bann des Zauberlehrlings? Zur Faszination von Harry Potter. Regensburg: Friedrich Pustet, S. 11-20

Van Eimeren, Birgit, Gerhard, Heinz; Frees, Beate (2004): ARD/ZDF-Onlinestudie 2004. Internetverbreitung in Deutschland: Potenzial vorerst ausgeschöpft? In: Media Perspektiven, H. 8, S. 350-370

Irmgard Nickel-Bacon

Harry Potter und der Stein der Weisen in der Schule: Überlegungen zu einer medienintegrativen Literaturdidaktik[1]

1 Vorüberlegungen

Harry Potter und der Stein der Weisen (Rowling 1998) wurde 1998 von Kindern in die Schulen getragen – ebenso beharrlich und unaufhaltsam wie die Eulenpost ins Haus der Dursleys: Nach jahrelangen Bemühungen, das Lesen zu fördern, war ein neuer Fall von Lesebegeisterung zu verzeichnen (vgl. Martin 2001, S. 121ff.), um den sich kein Pädagoge bemüht hatte. Kurze Zeit später erschienen dann Hörbuch und Spielfilm (2002), *Harry Potter* wurde und bleibt ein buchgestütztes Medienereignis. Wie kann die Literaturdidaktik auf zeitgemäße Weise mit diesem Kinderbuch umgehen, um die Chancen einer primären Lese- und Medienbegeisterung zu nutzen, ohne unkritisch zu sein?

1.1 Gründe für einen Fall von Lesebegeisterung

Vieles wurde nach dem Erscheinen von Rowlings *Harry Potter und der Stein der Weisen* über diesen „fulminanteste[n] Bucherfolg der Geschichte" (Maar 2002, S. 13) geschrieben. Zahlreiche Veröffentlichungen aus Literaturwissenschaft und -didaktik entkräften die kulturpessimistische Unterstellung, die massenhafte Begeisterung sei lediglich ein Effekt geschickter Vermarktungsstrategien, gebunden auch an neuere Medien wie Film, DVD und Computerspiel. Stattdessen sucht man Gründe in der Erzählkomposition (Maar 2002), in literarhistorisch neuen Akzentsetzungen (Meyer-Gosau 2001a, b) sowie in der Bearbeitung existenzieller Themen (Spinner 2001a).

Eben weil die massenhafte Begeisterung der Kinder eine unhintergehbare Tatsache ist, findet die *Harry Potter*-Serie unter Literaturdidaktikern eine grundsätzlich positive Resonanz. Paradigmatisch für didaktische Überlegungen steht etwa die Einschätzung Ulf Abrahams, der trotz gewisser Schwächen in „Rowlings narrativem Kalkül" (Abraham 2001, S. 89) die Ansicht vertritt, dieses Fest der Leseförderung sei zu feiern und nicht durch „Herumkritteln" (ebd.) zu stören. Insgesamt dient der didaktische Diskurs über *Harry Potter* vor allem der Legitimation manifester kindlicher Lesevorlieben: Sigrid Thielking etwa begründet die Faszination mit einer „immanente[n] Tiefenstruktur des Kampfes" (Thielking 2001, S. 73) und fordert „Akzeptanz" (ebd., S. 75) der dahinterliegenden Sehnsüchte. Kaspar Spinner führt die massenhafte Begeisterung der Kinder auf die Verarbeitung existenzieller Krisenerfahrungen der Adoleszenz zurück (vgl.

---

[1] Teile dieses Artikels wurden auf dem 14. Symposion Deutschdidaktik 2002 in Jena vorgetragen. Sie wurden erstmals veröffentlicht in Kepser, Matthis; Nickel-Bacon, Irmgard (Hg.) (2004): Medienkritik im Deutschunterricht. Baltmannsweiler: Schneider Hohengehren, S. 146-168 und 170-177. Abdruck mit freundlicher Genehmigung.

Spinner 2001a), die ideal auf die Bedürfnisstruktur heutiger Kinder und Jugendlicher in immer brüchiger werdenden Familien passen. Gründe, weshalb die manifeste *Harry Potter*-Begeisterung nicht der erwünschteste Fall von Lesefieber ist, werden allenfalls angedeutet, um sogleich entkräftet zu werden (vgl. Abraham 2001, S. 89).

Obwohl Kinder vor allem am Plot und an den skurrilen Details der Zauberwelt so viel Freude haben, setzen die didaktischen Erklärungsversuche für das *Harry Potter*-Fieber in der Tiefenpsychologie an, narrative Argumente werden kaum genannt. Diese finden sich bei einem Literaturkritiker, der die These vertritt, dass „Nabokov Harry Potter gemocht hätte", weil Rowling ein perfekt komponiertes Erzählwerk vorlegt (vgl. Maar 2002, S. 121). Hinter der Oberfläche von Krimi und Fantasy seien Strukturen des Bildungs- und Entwicklungsromans angelegt, sodass hinter dem postmodernen Spiel mit den Genres letztlich eine klassische humanistische Entwicklungsgeschichte Konturen gewinnt. Festhalten lässt sich also: Die *Harry Potter*-Serie zeichnet sich durch eine ebenso eingängige wie kunstvolle narrative Oberflächenstruktur aus, die mit einem psychologisch plausibel motivierten Subtext unterlegt ist, der den Kampf um das Gute auf differenzierte Weise thematisiert. Dieses Grundmotiv kinderliterarischer Phantastik scheint im Fall von *Harry Potter und der Stein der Weisen* so originell und einfühlsam ausgestaltet, dass sich eine Behandlung im Unterricht unbedingt empfiehlt.

1.2 Mediengenuss als Motivationsbasis für ein vertieftes Verstehen

Der unübersehbare Genuss, mit dem *Harry Potter* nicht nur als Buch, sondern auch als Hörbuch und als Spielfilm rezipiert wird, macht dieses Werk zum willkommenen Ausgangspunkt einer zeitgemäßen Literaturdidaktik, die von den Vorlieben der Schülerinnen und Schüler ausgeht, um diese konstruktiv zu nutzen. Welche Möglichkeiten bietet das Phänomen *Harry Potter* in diesem Rahmen?

Zu denken ist zunächst an einen Einsatz im Rahmen der Leseförderung durch Unterstützung des primären Lesegenusses, d.h. einer Befriedigung des (kindlichen) Bedürfnisses nach emotionaler Anteilnahme an fremden Welten und Abenteuern. Für die Erarbeitung der Inhalte und basaler Einsichten in die „Machart" des Romans gibt es brauchbare Unterrichtsvorschläge (Comfere 2002, Hermann et al. 2004). Trotz seines eingängigen Plots eignet sich Rowlings Roman aber auch für das literar-ästhetische Lernen (vgl. Hurrelmann, Nickel-Bacon 2003, S. 6). Differenzierte Textarbeit ist z.B. auch in der deutschen Übersetzung möglich an der spezifischen Symbolik, z.B. dem Symbol der Schlange, das die Anhänger der schwarzen Magie kennzeichnet (Snape < snake; Turban Quirrels, unter dem sich Voldemort verbirgt; Schlange als Symbol von Slytherin – aber auch Schlangensprache als besondere Fähigkeit seines Begründers sowie Voldemorts), aber auch eine unterschwellige Verbindung zu Harry schafft, sodass der Subtext – anders als die einfache Schwarz-Weiß-Zeichnung der guten bzw. bösen Figuren an der Textoberfläche – eine latente Verbindung des Protagonisten mit dem Bösen generiert.

Mit der Eingängigkeit eines phantastischen Kinderromans als Oberflächenstruktur (Abenteuer- und Krimielemente), seiner raffinierten narrativen Komposition und einem anspruchsvollen Subtext (Gefährdungen durch das Böse, fundamentale Bedeutung von Humanität und freiem Willen für die Entwicklung einer demokratisch-toleranten Persönlichkeits- und Sozialstruktur) ist *Harry Potter und der Stein der Weisen* gerade unter didaktischer Perspektive ein begrüßenswerter Fall: Der Roman bedient das Bedürfnis nach Identifikation ebenso wie er dessen kritische Reflexion nahe legt. Der primäre Genuss einer identifikatorischen Lektüre kann als Motivationsbasis dienen, um zu einem differenzierten Verstehen ästhetischer Strukturen und ihrer Wirkungen anzuleiten.

Da neben der Printfassung eine qualitativ hochwertige Hörbuchfassung vorliegt sowie eine Verfilmung, die leicht als DVD oder VHS-Video zugänglich ist, erscheint die Einbeziehung von Hörbuch und Spielfilm unverzichtbar: Ein Vergleich der Realisierung wichtiger Szenen in unterschiedlichen Medien liefert nicht nur wichtige Einsichten in spezifische Ausdrucksmöglichkeiten der Wort- bzw. Bildmedien, sie sensibilisiert auch für unterschiedliche inhaltliche Akzentsetzungen und Intentionen, z.B. bei der Inszenierung der Eingangsszene in Buch/Hörbuch und Spielfilm. Daran anknüpfen lassen sich Fragen der Perspektivgestaltung und der Sympathielenkung und deren kritische Reflexion. Ziel der folgenden Überlegungen ist es, am Beispiel von *Harry Potter und der Stein der Weisen* deutlich zu machen, dass Medienkritik und Mediengenuss keine gegensätzlichen, sondern einander sinnvoll ergänzende Verarbeitungsstrategien darstellen.

1.3 Medienkritik als kontraintentionale Rezeption

Medienrezeption ist allgemein verstehbar als Interaktion zwischen einem Subjekt mit spezifischen Kenntnissen (wie etwa Welt-, Sprach-, Medienwissen) und Nutzungsmotiven einerseits und einem Medienprodukt mit spezifischen Eigenschaften und Merkmalen andererseits. Bei der literaturdidaktischen Arbeit gilt es also, rezeptionsseitige wie auch produktseitige Eigenschaften in ihrer Wechselwirkung zu bedenken. Beeinflusst wird die Medienrezeption dabei nicht nur von individuellen, sondern auch von soziokulturellen Voraussetzungen, also etwa von Faktoren der Distribution oder der Anschlusskommunikation. Werbung, Berichte oder Kritiken in unterschiedlichen Medien, aber auch Einflüsse der Familie, der peer group und der Schule spielen eine wichtige Rolle. Je nach Anforderungen und Interessen kann Rezeption kointentional erfolgen (vgl. Landwehr 1975, S. 72), also im Sinne der dem Produkt eingeschriebenen Merkmale, oder auch kontraintentional, also sozusagen „gegen den Strich". Lese- und Mediengenuss ist in der Regel die Folge kointentionaler Rezeption, eine kritische Verarbeitung fällt eher in letzteren Bereich und setzt die Fähigkeit zur Distanzierung voraus.

Daraus ist zu folgern, dass bei der Medienrezeption zwei komplexe Systeme eine Rolle spielen, neben dem Medienprodukt, das traditionell die Beachtung der Literaturwissenschaften findet, ist das rezipierende Subjekt von Bedeutung.

```
┌─────────────────────────────────────┬──────────────────────────────────────┐
│ Soziale, historische, kulturelle Re-│ Soziale, historische, kulturelle     │
│ zeptionsbedingungen                 │ Produktionsbedingungen               │
└─────────────────────────────────────┴──────────────────────────────────────┘
```

RezipientIn	Medienprodukt
mit spezifischen Motiven und Kompetenzen ⇔	mit spezifischen pragmatischen, inhaltlichen, formalen Eigenschaften

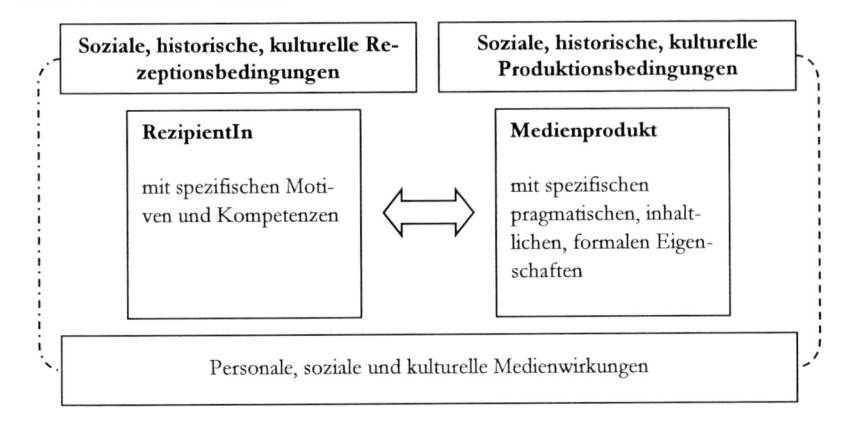

Personale, soziale und kulturelle Medienwirkungen

Abb. 1: Medienrezeption als Interaktion

In diesem Zusammenhang ist die Einsicht zentral, dass Schule und Unterricht mit den Einflüssen anderer Sozialisationsinstanzen, insbesondere auch der medienbasierten Kinder- und Jugendkultur zu rechnen haben. Schulische Anforderungen an distanzierende Reflexion treffen hier häufig auf konkurrierende Motive und Interessen.

2 Zu einer Neubegründung im Verhältnis von Medienkritik und Mediengenuss

2.1 Medienkritische Traditionen im Deutschunterricht

Die Faszination, die von den Geschichten über Harry Potter ausgeht, basiert offensichtlich auf einem hohen Maß an Identifikation der Kinder mit dem magischen Waisenkind. Aus seiner Sicht erleben sie die unglaublichsten Dinge – nicht nur die Abenteuer des Kampfes gegen das Böse, sondern auch die vielen skurrilen Aspekte der phantastischen Welt – von Spukerscheinungen mit Pförtnerfunktion bis hin zu „Bertie Bott's Bohnen" mit dem Geschmack von Ohrenschmalz. Das Nichtwissen Harrys über die Welt der Zauberer entspricht dem Nichtwissen der LeserInnen – sie sind ebenso überrascht wie er vom Eintritt in das magische Universum, das allerdings im schulischen Bereich viele ihrer eigenen Alltagserfahrungen widerspiegelt: die Last des Lernens, die Ungerechtigkeit einiger Lehrer, die unerbittliche, aber gerechte Strenge anderer, die Konkurrenzkämpfe unter Schülern und Lehrern. Rowlings allwissende Perspektivführung zeigt überwiegend das Erleben Harrys und seine Innensicht. Damit legt sie für den leichten Lesegenuss der kointentionalen Rezeption den Leserinnen und Lesern Harrys Wahrnehmung der Welt nahe. Der Film folgt dieser narrativen Strategie durch die Figurengestaltung und die Kameraführung: Harry Potter mit den großen freundlichen Augen ist Sympathieträger, während die gezielten Gemeinheiten des fetten Dudley oder des bleichen Malfoy die kindliche Solidarität mit Harry auf den Plan rufen – Buch und Film arbeiten mit dem Grundmuster der Polarisierung und der Parteilichkeit, wie es auch für Trivialliteratur kennzeichnend ist.

Die produktseitige Steuerung solcher Involviertheit (Zillman 1991) zu durchschauen ist zweifellos ein wichtiges Ziel medienpädagogischer Arbeit. Zugleich müssen aber mögliche Motivationsprobleme bedacht werden, die medienkritische Reflexion mit sich bringen kann, gerade wenn sie die persönliche Lieblingslektüre betrifft. So führte der literaturdidaktische Ansatz des kritischen Lesens (vgl. Paefgen 1999, S. 38ff.), der u.a. die manipulativen Strategien von Trivialliteratur nachwies, zur Demotivation, die in dem Vorwurf gipfelte, die Schule habe den Schülern das Lesen aberzogen (vgl. Graf 1998, S. 115f.). Offenbar leugnet ein abwertender Umgang mit Freizeitlektüre vorhandene Lesebedürfnisse.

So hat Jauss bereits in den siebziger Jahren nachgewiesen, dass Identifikation eine der wichtigsten Gratifikationen und Antriebsmomente für selbstständiges Lesen darstellt (Jauss 1972, 1975). Seitdem müssen emotional fundierte Rezeptionsprozesse als primäre Motivation für die „Leselust" (Anz 1998) gelten. Sie zu negieren, unreflektiert zu kritisieren oder gar zu tabuisieren, muss also für eine nachhaltige Lesemotivation als ausgesprochen kontraproduktiv gelten. In diesem Sinne lässt sich die Zustimmung der Deutschdidaktik zum *Harry Potter*-Fieber wissenschaftshistorisch als konsequente Folge der rezeptionsästhetischen Wende in der Didaktik (vgl. Paefgen 1999, S. 44f.) verstehen. Zeitgleich wird allerdings durch die PISA-Studie (Baumert et al. 2001) erneut die Bedeutung reflexiver und kritischer Rezeptionskompetenzen betont, sodass der Eindruck entsteht, das Pendel schlage einmal in eine mehr kritische, einmal in eine mehr affirmative Richtung aus – und umgekehrt.

Dies gilt nicht nur für die Bewertung populärer (Freizeit-)Lektüre, sondern auch hinsichtlich der audiovisuellen Medien: Bis in die achtziger Jahre hinein wurden Medienprodukte wie Filme und Werbespots ebenso wie die Rezeptionsgewohnheiten von Kindern und Jugendlichen überwiegend kritisch betrachtet. Von einem einseitig buchorientierten Standpunkt aus wies man lediglich die Defizite der audiovisuellen Genres nach, ohne deren spezifische Ausdrucksmöglichkeiten zu beachten. Gerade der populäre Kinofilm wurde in der Tradition der Kritischen Theorie (Horkheimer, Adorno 1969) im Vergleich zur ästhetisch wertvollen Hochkultur der Moderne unter generellen Ideologieverdacht gestellt.

Seit den neunziger Jahren ist die rezeptionsästhetische Wende auch bei der Behandlung von Film, Fernsehen, Computerspielen und Internet nachvollzogen. Dies führt teilweise zu einer affirmativen Bestätigung der durch Nutzung erworbenen Rezeptionskompetenzen der Jugendlichen. Um die Jahrtausendwende, besonders seit den enttäuschenden Ergebnissen der PISA-Studie zur Lesekompetenz, wird erneut Kritik laut an einem ganz und gar den Rezeptionsbedürfnissen der Schülerinnen und Schüler verpflichteten Unterricht. Pädagogische Ratgeber plädieren im Zeichen von PISA für den „Abschied von der Spaßpädagogik" (Wunsch 2003), es besteht die Gefahr, dass rein kognitive Lesetrainings an die Stelle umfassender Leseförderung gesetzt werden. Dabei betont gerade das PISA-Konsortium bei der Auswertung der Ergebnisse die große Bedeutung motivationaler Aspekte (vgl. Baumert et al. 2001, S. 113ff.).

Eine systematische Integration der emotional-genießenden wie der kritisch-reflektierenden Fähigkeiten scheint daher dringend geboten. Lesekompetenz ist in einer Mediengesellschaft als basale Teilkompetenz von Mediennutzung zu betrachten (vgl. Rosebrock, Zitzelsberger 2002, S. 158), das Konzept einer konstruktiv-kritischen Medien(nutzungs)kompetenz sollte emotional fundierte Lese- und Rezeptionsprozesse ebenso berücksichtigen wie reflexive. Mit anderen Worten: Es geht um den Versuch einer Integration von „Aneignungs- und Distanzierungsarbeit" (Wellershoff 1975, S. 551), von Mediengenuss und Medienkritik.

```
┌─────────────────┐
│  Mediengenuss   │         als Aneignungs-
├─────────────────┤
│        +        │              und
├─────────────────┤
│  Medienkritik   │         Distanzierungsarbeit
└─────────────────┘
```

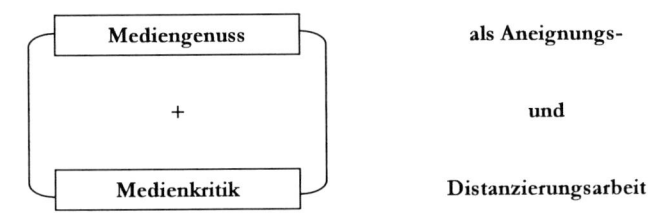

Abb. 2: Medienrezeption als Aneignung und Distanzierung

Zu bedenken ist dabei allerdings immer wieder die Motivationsfrage: Denn so notwendig medienkritische Arbeit ist, um unreflektierte Identifizierungen bewusst zu machen, so groß ist die Gefahr, dass hier genießende Rezeptionsformen tabuisiert und in den Freizeitbereich abgedrängt werden. Auf diese Weise entsteht eine immer größer werdende Kluft zwischen privaten Gewohnheiten der Medienrezeption und schulischer Verarbeitung. Um zum einen nicht bei evasorisch-hedonistischen Identifikationsprozessen stehen zu bleiben und zum anderen nicht durch kritische Verarbeitungsformen Motivationsprobleme zu verursachen, muss einerseits die rezeptionsästhetische Wende der Literaturdidaktik mit ihren methodischen Konsequenzen im Blick bleiben, andererseits sind Überlegungen aus der Medienpsychologie zur Integration von genießenden und kritischen Fähigkeiten zu berücksichtigen.

2.2 Emotionale und reflektierende Rezeptionsprozesse aus medienpsychologischer Perspektive

Während es in der Deutschdidaktik noch keine konzeptuellen Überlegungen zur Integration von Mediengenuss und Medienkritik gibt, beschäftigt sich die Medienpsychologie bereits seit längerem mit der Verschränkung von genießenden und distanziertkritischen Anteilen bei der Rezeption, wie sie sich gerade bei kompetenten erwachsenen Mediennutzern beobachten lassen. Gerade die Kritik der Konstanzer Rezeptionsästhetik an der Vorstellung, dass Medienprodukte, die als ästhetisch wertvoll gelten, prinzipiell anders zu rezipieren seien als solche, die in dieser Hinsicht als wertlos beurteilt werden, wird hier aufgegriffen und weiter geführt. Insbesondere das Postulat, der wahren Kunst sei mit (geistig-ästhetischer) Erkenntnis, dem Kitsch, also zum Beispiel der Trivialliteratur, aber nur mit (emotionalem) Genuss beizukommen, ist aus psychologischer Perspektive entgegenzuhalten, dass damit kognitive und emotionale Prozesse in psychologisch unzutreffender Weise getrennt und als Gegensatz konzipiert werden. Insbesondere die Annahme, „dass ein Mehr an emotionalem Beteiligtsein ein Weniger an kognitivem Engagement bedeutet" (Groeben, Vorderer 1988, S. 205), erweist sich empirisch als unhaltbar. Am Beispiel der Fernsehfilmrezeption entwickelt Peter Vorderer die motivationspsychologisch fundierte (Gegen-)These, dass gerade ein Medienprodukt, das emotionale Betroffenheit bewirkt, auch des Nachdenkens und der reflektierenden Auseinandersetzung für wert gehalten wird (vgl. Vorderer 1992, S. 238f.). Diese Einsicht, die sich zunächst auf erwachsene Mediennutzer bezieht, sollte unbedingt für den Deutschunterricht genutzt werden. Zu bedenken ist also, dass sich emotionales Engagement und kritische Reflexion nicht ausschließen, sondern im Idealfall Hand in Hand gehen. Um eine konzeptuelle Integration zu leisten, sind zunächst übergreifende Vorstellungen von Medienkompetenz zu bedenken.

Den umfassendsten Integrationsversuch einzelner Fähigkeiten und Fertigkeiten, die in Pädagogik und Psychologie als Teilaspekte der Medienkompetenz genannt wurden, legt derzeit Groeben als Ergebnis eines interdisziplinären Diskussionsprozesses zwischen Psychologen und Literaturdidaktikern vor.[2] Dabei unterscheidet er zwischen einer normativen Ebene dieser Kompetenz und den tatsächlichen „Ausprägungen" (Groeben 2002, S. 191) bei einzelnen Menschen. Schulischer Unterricht in einer Mediengesellschaft hat sozusagen die Brücke zu schlagen zwischen altersspezifisch individuellen Ausprägungen dieser Kompetenz einerseits und gesellschaftlich wünschenswerten andererseits. Rezeptionsformen, die sich gerade bei kompetenten erwachsenen Mediennutzern beobachten lassen, können u. a. als Modell für eine wünschenswerte schulische Rezeption herangezogen werden.

Als Zieldimensionen von Medienkompetenz lassen sich als Ergebnis eines interdisziplinären Forschungsprojektes folgende Teilaspekte nennen: Die Voraussetzung für adäquate Verarbeitungsformen sind sowohl Medienwissen als auch Medialitätsbewusstsein. Das Bewusstsein, sich in einer „medialen Konstruktion" und nicht in der „alltäglichen Lebensrealität" (Groeben 2002, S. 166) zu bewegen, ist die Voraussetzung für medien- und genrespezifische Rezeptionsmuster, die einerseits die Erwartungen, andererseits die kognitive Verarbeitung – z. B. eines Fantasyfilms – beeinflussen. Hier spielen Genrewissen und Genreerfahrung ebenso eine Rolle wie die Fähigkeit zur aufmerksamen Beobachtung von Details, also auch analytische Fertigkeiten.

Medienbezogene Genussfähigkeit beschränkt sich in diesem Modell nicht nur auf geistige Erkenntnis des Ästhetischen, sie bezieht sich auch auf Prozesse der Identifikation, des (bewussten) Eskapismus', der Unterhaltung, des emotionalen Engagements. Während die großen medienpädagogischen Entwürfe von Baacke und Tulodziecki den Mediengenuss nicht als eigene Unterkategorie vorsehen, hält Groeben ihn für den entscheidenden Motivationsfaktor der Medienrezeption (vgl. Groeben 2002, S. 170). Er betont allerdings auch, dass dieses Verständnis von Mediengenuss noch wenig ausgearbeitet

---

[2] Es handelt sich um den Forschungsschwerpunkt „Lesesozialisation in der Mediengesellschaft", dessen Ergebnisse u.a. dokumentiert sind in Groeben, Hurrelmann 2002 und 2004.

sei, da in der Medienpädagogik und -didaktik die Kritikfähigkeit „lange Zeit absolute Priorität" (ebd.) hatte. Im Bereich einer unterrichtsmethodischen Umsetzung ist allerdings an die Verteidigung der Genussdimension durch den handlungs- und produktionsorientierten Literaturunterricht zu denken.

Während im Anschluss an bestimmte handlungsorientierte Verfahren des Deutschunterrichts der Genuss auch und vor allem emotional fundiert ist, basiert die *medienbezogene Kritikfähigkeit* vornehmlich auf kognitiven Analyse- und Bewertungsfähigkeiten. Sie meint generell eine „analytisch-distanzierte Verarbeitungshaltung" (Groeben 2002, S. 173), die neben kulturhistorischen Zuordnungen auch genrespezifische Kompositionsprinzipien und ästhetische Wirkungszusammenhänge berücksichtigt. Da jede mediale Rezeption eine „aktive Konstruktion von Bedeutung" (ebd., S. 178) darstellt, sind vor allem für die schulische Medienverarbeitung sowohl Anschlusskommunikationen (mit kompetenten Anderen) als auch andere produktive Partizipationsmuster die Voraussetzung für eine nicht nur kritische, sondern auch konstruktive „Medienpartizipation" (ebd., S. 178). Zu berücksichtigen ist auch die Kombination von Mediennutzung, die eine Orientierungskompetenz im Rahmen unterschiedlicher Medienangebote und Medienverbünde vermittelt, wie gerade das Phänomen *Harry Potter* sie möglich macht und herausfordert.

Zusammenfassend lässt sich festhalten, dass Medienkompetenz als differenziertes Konzept von rezeptiven und produktiven, aber auch von emotional-genussorientierten und analytisch-reflexiven Prozessen entworfen wird. Medienwissen, Medialitätsbewusstsein, Selektion und medienspezifische Rezeptionsmuster lassen sich als Voraussetzungen des eigentlichen Rezeptionsvorganges verstehen. Die Kombination mehrerer Medien, produktive Partizipationsmuster sowie Anschlusskommunikationen sind Möglichkeiten einer vertiefenden Verarbeitung der Medienrezeption, wie sie vor allem im Deutschunterricht anzustreben sind. Im Zentrum stehen damit Mediengenuss und Medienkritik als eher polare Fertigkeiten, die beim gegenwärtigen Stand der Dinge einerseits vorwiegend emotionale und andererseits reflexiv-rationale Verarbeitungsprozesse bezeichnen. In diesem Bereich besteht die Möglichkeit einer sowohl konzeptuellen als auch methodischen Integration von Gefühl und Verstand, von Aneignung und Distanzierung. Anstatt Medienkritik als Gegensatz zu einem möglicherweise undistanzierten Genuss zu konzipieren, soll im Folgenden gezeigt werden, dass beide Rezeptionsverfahren sich sinnvoll ergänzen. Eine solche Ergänzung soll am Beispiel von *Harry Potter und der Stein der Weisen* im Medienverbund erläutert werden.

3 Mediengenuss und Medienkritik am Beispiel von *Harry Potter und der Stein der Weisen*

3.1 Zwei Zugangsweisen zum Rezeptionsgenuss

Nach Groeben (2002, S. 170f.) lässt sich eine genießende Rezeption von künstlerischen Produkten auf zwei Wegen erreichen: Zum einen durch eine ästhetisch fundierte Form der Wertschätzung, zum anderen durch Einfühlung und Identifikation.

```
          Mediengenuss
         /           \
emotional-        ästhetisch-kognitive
erlebnisorientiertes   Durchdringung
  Engagement
```

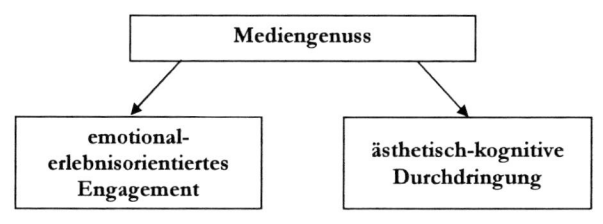

Abb. 3: Dimensionen von Mediengenuss

Eine reflektierende Durchdringung, wie sie in der bildungsbürgerlichen, aber auch der ideologiekritischen Denktradition der Frankfurter Schule favorisiert wurde, setzt eine hohe ästhetische Kompetenz voraus, also zum Beispiel ein breites kulturelles Wissen und eine genaue Beobachtungsgabe von Details, die ihrerseits zueinander in Beziehung zu setzen sind. Solche Verarbeitungsformen sind zwar prinzipiell Ziele schulischen Unterrichts, jedoch sind sie allenfalls in fortgeschrittenen Stufen erreichbar. Da diese Form des Rezeptionsgenusses ein hohes Maß an Sachkompetenz, Übung und auch Integrationsfähigkeit voraussetzt, überschreiten selbst in der Oberstufe längst nicht alle Schülerinnen und Schüler die Schwelle vom Lernen hin zum wirklichen Genießen komplexer Formen der Medienverarbeitung. Der zweite Zugang zum Mediengenuss liegt, und das wird häufig übersehen, im emotional-erlebnisorientierten Bereich. Da er in der Altersstufe, auf der *Harry Potter* rezipiert wird, die primäre Zugangsform bei der Rezeption ist, soll er im Folgenden besondere Beachtung finden.

3.1.1 Emotional-erlebnisorientierter Genuss bei Harry Potter

Wenn in Bezug auf Rowlings Werke von „Faszination" (Spinner 2001), von Manie und einer „*Harry Potter*-Sucht" (Meyer-Gosau 2001a) gesprochen wird, so wird mit diesen Begriffen eine Begeisterung umschrieben, die aus dem mehr oder weniger nachhaltigen Eintauchen in die fiktive Welt und der mehr oder weniger totalen Identifikation mit deren Protagonisten resultiert. *Harry Potter* lässt keinen kalt, in diesem Werk werden Emotionen aktiviert, Sympathien und Antipathien sind von Anfang an klar verteilt: Dem armen Waisenkind, das in Windeln (genauer gesagt: Leintüchern) gewickelt der bösen Verwandtschaft auf die Schwelle gelegt und nur der Form halber aufgenommen, tatsächlich aber misshandelt und schikaniert wird, gehört unser Mitgefühl, dem immer fetter und gieriger werdenden Wohlstandskind Dudley unser Abscheu. Und wer empfände nicht Schadenfreude, wenn dieser in das Bassin der Boa Constrictor purzelt oder für das heimliche Vernaschen von Harrys Geburtstagstorte ein Schweineschwänzchen angezaubert bekommt?

Ganz wunderbar lässt sich an *Harry Potter* zeigen, dass bei diesem emotionalen Engagement ein Kontinuum aufgemacht werden kann zwischen Identifikation, die mit vorübergehendem Verlust der Ich-Grenzen verbunden ist (wir gehen total mit Harry oder seinen Freunden mit), über die Empathie (bei der wir mit-fühlen, mit-denken, miterleben, uns aber der Differenz zu uns selbst bewusst bleiben, vgl. Zillmann 1991) hin zur ungezügelt ausgelebten Antipathie[3], wie sie im wirklichen Leben nur selten möglich ist. Hier können wir Schwächen, Niederlagen, Demütigungen offen genießen. Solche gefühlsmäßige Beteiligung versuchte Hans Robert Jauss mit seinem Begriff der Identifikation als Gratifikation des Lesens zu fassen (Jauss 1972). Um begriffliche Verwirrungen zu vermeiden, soll im Folgenden von Identifikation nur im engeren Sinne die Rede sein, also im Sine einer positiven Identifikation mit Verlust der Ich-Grenzen, während für negative Formen der emotionalen Anteilnahme der Begriff der Antipathie verwendet werden soll. Gefühlsmäßige Anteilnahme an einer Figur in Form der Einfühlung bei Aufrechterhaltung der Ich-Grenzen soll als Empathie bezeichnet werden.

Alle Formen von emotionalem Engagement (vgl. Wellershoff 1975), die Els Andringa auch in der Literaturdidaktik in die Diskussion brachte (Andringa 1984, 1989), führen bei der Medienrezeption zu Erfahrungen, die man vielleicht analog zum Begriff des Probehandelns als *Probeerleben* durch positive bzw. negative emotionale Beteiligung bezeichnen könnte. Narrationen aller Art geben Gelegenheit, Erfahrungen von Stellvertretern probeweise mitzu(er)leben, ohne die Folgen von deren Handlungen und Erfahrungen tragen zu müssen. Als Effekt solchen Quasi-Erlebens nennt die Medienpsychologie Involviertheit, Immersion und Präsenzerleben, die sich zumeist auf die Dauer der eigentlichen Rezeption z. B. eines Kinofilms beschränken (vgl. Schreier, Appel 2002, S. 245f.), während die gefühlsmäßige Anteilnahme selbst immer wieder abrufbar ist, z. B. auch in der späteren Reflexion einer Lektüre oder Filmrezeption.

```
                       Probeerleben
                   /        |        \
                            durch
                   /                  \
       positive emotionale         negative emotionale
            Beteiligung                Beteiligung

       Identifikation      Empathie        Antipathie
```

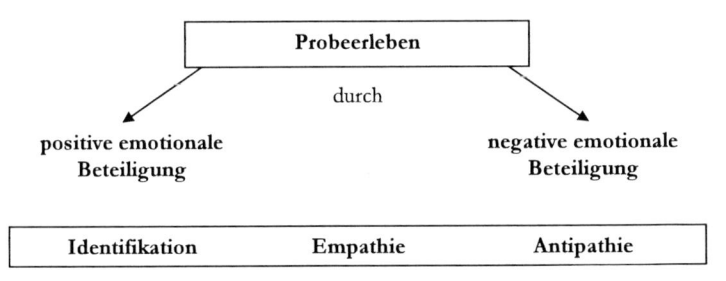

Abb. 4: Formen emotionaler Beteiligung

Um Möglichkeiten emotional fundierten Probeerlebens und seiner kritischen Reflexion am Beispiel von *Harry Potter* zu zeigen, sollen im Folgenden narrative Elemente des Plots betrachtet werden, die der Lebenswelt Schule zuzurechnen sind, zum Beispiel das Erleben von Freundschaften und Feindschaften im schulischen Raum. Jedes Schulkind kennt die Erfahrung, dass es sich manchmal schwach und unsicher, manchmal auch ungerecht behandelt fühlt und dass es wiederum manchmal überraschende Erfolgserlebnisse hat. Genau dies erlebt Harry Potter auch, nur stärker akzentuiert, profiliert,

---

[3] Die Rede ist auch von negativer Identifikation, vgl. Keppler 1996.

übertrieben. Kommt heutzutage fast jedes Kind gut ausgestattet und irgendwie vorbereitet zur Schule, so ist Harry von den stiefmütterlichen Pflegeeltern aschenputtelmäßig mit dem Minderwertigsten ausgestattet worden. Doch dann greift Hogwarts ein und macht das Erbe der wahren Eltern zugänglich. Ähnlich verhält es sich mit Harrys Schulerfahrungen. Ohne jegliche Ahnung von den Regeln und Gebräuchen des Zaubererinternats, ohne ein besonders fleißiger Schüler zu sein, hat er doch seine Erfolgserlebnisse. Diese liegen – im Unterschied zum gewöhnlichen Schulleben – oft gerade da, wo er Regeln überschreitet und seine tiefsten Überzeugungen lebt, zumeist in der Auseinandersetzung mit Malfoy. So wird etwa sein großes Quidditch-Talent entdeckt, als er das Verbot übertritt, den Zauberbesen zu besteigen (vgl. Rowling 1998, S. 163-167).

Die Welt um Harry Potter herum ist überschaubar gestaltet. Sie wird in der Buchvorlage von einer zumeist allwissenden Erzählinstanz dualistisch aufgeteilt, im Film durch optische Unterschiede kenntlich gemacht.

Hier die banale Konsumwelt der Muggles, dort die komplizierte, aber aufregende und im Kern gerechte Welt der Zauberer und Magier. Auch bei den Figuren sind Sympathie und Antipathie schon produktseitig klar verteilt: Die Familie Dursley ist ein Inbegriff an Kleingeistigkeit und Hässlichkeit. Diese Quelle der Antipathie wird in Hogwarts ergänzt werden von den monarchistisch-feudalistisch orientierten Zauberern und ihren Kindern: Draco Malfoy, seinen Getreuen und den Lehrern, die ihn fördern. Auf der anderen Seite findet sich der Freundeskreis um Harry, dessen Schwächen und Nöte auf sympathische Weise sichtbar gemacht werden: Hermine, die einsame Streberin, Ron, der pfiffige, aber ärmliche Junge, und Neville, der ewige Loser. Um diesen Kreis sind diejenigen Lehrer zu gruppieren, die ihnen mit Unterstützung durch Strenge begegnen und sich gleichermaßen gegenüber dem Lager der anderen verhalten. Die Identifikation wird wohl bis hin zur Aufhebung eines Differenzbewusstseins bei Harry liegen, also symbiotisch sein, ganz einfach weil seine Erlebensperspektive durchgängig gezeigt wird. Mitleid, Einfühlung, Sympathie liegen bei Ron, Hermine und Neville, Antipathie von Verachtung bis Schadenfreude bei den Dursleys, Malfoy, Crabbe und Goyle.

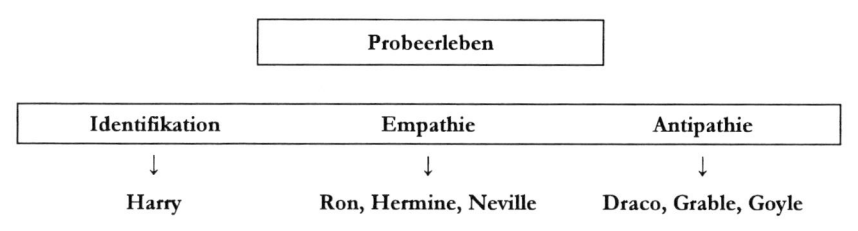

	Probeerleben	
Identifikation	Empathie	Antipathie
↓	↓	↓
Harry	Ron, Hermine, Neville	Draco, Grable, Goyle

Abb. 5: Emotionales Probeerleben – Verteilung auf bestimmte Figuren

Sigrid Thielking (2001) hat Recht: Wir finden trotz aller komplizierten magischen Attribute eine Welt vor, in der Gut und Böse klar getrennt sind. Diese Mächte sind überschaubarer als im Alltag – vor allem der Kinder, die im Zeitalter der Mediation gehalten sind, jeden Konflikt zu verhandeln und ihren eigenen Anteil zu sehen (vgl. Praxis Deutsch Nr. 174 (2002), S. 11.), auch wenn sie sich eigentlich völlig unschuldig fühlen. Im Buch wie im Film wird Harry als pures Opfer gezeigt, das zunehmend in den Genuss ererbter Talente und damit zu seinem Recht kommt, während die Übeltäter von Dudley bis Malfoy immer wieder auf der Strecke bleiben – dieser Aspekt ist im Film bei gleichzeitiger Reduktion anderer Handlungselemente deutlich mehr akzentuiert als im Erzähltext. Erinnert sei nur an die zweite Szene, in der Dudley noch einmal zurückgeht, um besonders laut über Harrys Wandschrank zu trampeln. Oder an die erste Begegnung mit Malfoy, die im Film weniger beiläufig inszeniert ist als im Buch.

3.1.2 Ästhetisch-analysierender Genuss

Dass es sich bei *Harry Potter* dennoch nicht einfach um trivialen Zaubererkitsch handelt, liegt vor allem an einem äußerst komplex geknüpften Netz von Motiven und Handlungselementen, die eine als postmodern zu bezeichnende „Lust am Fabulieren" (Eco 1984, S. 79) offenbaren. Neben einer Vielfalt von Verweisen auf spirituelle, mystische, teils auch alchimistische Traditionen (vgl. Savage 2003, S. 6-45) in einer durchaus interessanten New-Age-Mischung enthalten die *Harry Potter*-Romane Elemente des Abenteuer-, Internats- und Kriminalromans, aber auch von Kunstmärchen (Nickel-Bacon 2003) und Gothic Novel in ebenfalls postmodernen Amalgamierungen. Die tradierten Genres werden zum Spielmaterial der Autorin. So nutzt Rowling nach der Jahrtausendwende für die Kinderliteratur Erzählstrategien, wie sie die postmoderne Literatur – etwa mit Ecos *Der Name der Rose* oder Patrick Süskinds *Das Parfum* – bereits in den achtziger Jahren entwickelte: Hinter einem eingängigen, dem Lustlesen zugänglichen Plot entfalten diese Romane komplizierte Spiele mit abgesunkenem Kulturgut, Motiven und Genres. Im Unterschied zu anderen postmodernen Romanen ist aber die Roman-Reihe in ihrem Subtext nach dem Muster des Bildungs- und Entwicklungsromans komponiert und an einem humanistischen Menschenbild orientiert (vgl. auch Meyer-Gosau 2001b und Just in diesem Band, S. 49ff.).

Diese komplexen Kompositionsprinzipien zu durchschauen setzt ein hohes Maß an kulturellem Wissen voraus, wie es in den Klassen 5 bis 8, in denen *Harry Potter* Unterrichtsgegenstand sein könnte, nicht zu erwarten und auch ohne unzumutbaren Aufwand nicht zu vermitteln ist. Formal-stilistisch sind sowohl Buch als auch Film leicht zugänglich. Über den chronologischen Aufbau, die klassische Erzählweise des realistischen Romans mit allwissender Erzählinstanz bzw. die opulente und genau rekonstruierte, aber doch konventionelle Ausstattung des Films ist das Eintauchen in die Welt von *Harry Potter* eher angenehmes Vergnügen als schwere Aneignungsarbeit.

3.2 Medienkritik

3.2.1 Ästhetische Wertung

Medienkritisch ist *Harry Potter* als ein traditionell angelegtes Beispiel der Kinderliteratur anzusehen. Es folgt im Aufbau dem Muster des dualistischen Kunstmärchens (vgl.

Ewers 2002, S. 125), das den Einbruch des Phantastischen in eine banale Alltagswelt beschreibt – wie andere phantastische Kinderromane, beispielsweise Astrid Lindgrens *Mio, mein Mio*, Michael Endes *Momo* oder dessen *Unendliche Geschichte*. Diese Klassiker der Kinderliteratur bieten Gegenentwürfe zur grauen Zivilisation und beschwören die Nähe des (zumeist verwaisten) Kindes zum Wunderbaren, ganz im Sinne des romantischen Kinderbildes (vgl. Brunken, Hurrelmann, Pech 1998, S. 15ff.). So liegt die Ästhetik von *Harry Potter und der Stein der Weisen* eher in einer originellen Motivführung und vielen überraschenden Einfällen, mit denen die Anderswelt (other world) ausgestattet ist und zu immer neuen Abenteuern lockt, als in der Schreibweise. In der Übersetzung zeigt sich außerdem, dass mit heißer Nadel gestrickt wurde, da viele Redewendungen nicht angemessen in die deutsche Idiomatik übertragen sind.[4]

Formal-stilistisch sind sowohl Buch als auch Film eher traditionell denn innovativ. Der Spielfilm arbeitet zwar mit beeindruckenden Originalschauplätzen, einer erstaunlich textgetreuen Ausstattung und sehr guten Schauspielern, ansonsten aber mit einer recht konventionellen Simulations- und Kameratechnik (vgl. Strobel in diesem Band, S. 124ff.). Das Zwei-Welten-Prinzip ist durch optische Attribute wie Kleidung und Kulisse inszeniert. Im Gegensatz zum Buch steigt der Film bei Mondenschein über die gruselig anheimelnde Atmosphäre der Zauberer und Verwandlungskünstler ein. Eine notwendige Reduktion von Handlungselementen gelingt durch Pointierung und Überspitzung, die den dualistischen Aufbau in Gut und Böse noch stärker akzentuiert als die erzählte Fassung. Insgesamt besticht das offensichtliche Bemühen, möglichst viele Details ins Bild zu bringen. So haben etwa Verwandlungsvorgänge einen hohen ästhetischen Reiz, zum Beispiel wird die Silhouette einer Katze auf äußerst eindrucksvolle Weise in die Körperform von Professor McGonagall überführt. Eine auffällige Ausnahme des prinzipiellen Bemühens um Texttreue ist die Frisur Harry Potters: Alles Widerspenstige am Protagonisten wurde offensichtlich geglättet, in Großaufnahme sehen wir ein völlig unschuldiges Kind ohne Arg, bei dem die Schikanen der Dursleys nicht die geringsten Spuren hinterlassen haben. Was immer geschieht, das Wunderkind Harry blickt uns mit großen freundlichen Augen an.

3.2.2 Rekonstruktion und Kritik impliziter Botschaften

Hinter den beiden Welten und der dualistischen Figurenkonstellation lassen sich implizite Botschaften rekonstruieren. So zeichnet sich die Muggle-Welt nicht durch Wirklichkeitsentsprechung aus, sondern durch satirische Überzeichnung: Familie Dursley, die nichts sehnlicher wünscht, als normal zu sein, ist rein körperlich ein kleines Monsterkabinett: Er hat kaum Hals, sie dafür einen umso längeren (mit dessen Hilfe sie stets die Nachbarschaft im Auge hat), und bei Dudley führt die systematische Wohlstandsverwahrlosung zum Gewicht eines Babyelefanten. Umgekehrt zeigt Rowling in der

---

[4] So ist etwa das englische „expelled" unpassend mit „ausgestoßen" übersetzt, obwohl es im Kontext mit Hagrid bedeutet, dass er der Schule verwiesen wurde (vgl. Rowling 1998, S. 93). Vgl. dazu auch den Beitrag von O'Sullivan in diesem Band, S. 27ff.

Zauberer-Welt nicht das völlig Andere, sondern Elemente unserer Alltagswelt gespiegelt in einem verfremdeten Rahmen. Hier finden sich neben augenscheinlich irrealen Elementen (vom Quidditch über den sprechenden Hut bis zum Hippogreif) auch sehr reale Probleme von Schulkindern, wie z. B. Konkurrenzkämpfe in peer groups, Bevorzugung seitens einzelner Lehrer, Ablehnung durch andere. Dennoch gerät die schulische Sozialisation zu einem positiven Prozess der Persönlichkeitsbildung. Die im Bedarfsfall schützende, aber keineswegs überbehütende Vaterfigur Dumbledore kann ebenso wie das sich mehr und mehr bewährende Team von Harry, Ron und Hermine als positives, ja utopisches Moment betrachtet werden, da der Erfolg der drei gerade aus der Akzeptanz von Unterschieden, von Stärken und Schwächen, also letztlich aus einer von Freundschaft getragenen realistischen Selbsteinschätzung und Kooperationsfähigkeit erwächst.

In Kontrast zu diesen wirklichkeitsnahen Aspekten der Zauberwelt steht die auffallend messianische Funktion des Wunderkindes Harry Potter. Die Identifikationsfigur wird im Buch wie im Film zu einer Art Heilsbringer überhöht, sie wird zum kindlichen Erlöser, wie er mythisch-religiösen Traditionen entstammt (vgl. Baader 1996, S. 61). So ist die Idee der Erneuerung der Menschheit durch das göttliche Kind eine der Heilsbotschaften des christlichen Weltbildes,[5] die vor allem in der Romantik aufgegriffen wurde (vgl. Ewers 1989) und beispielsweise in Goethes Mignon oder Michael Endes *Momo* ihren literarischen Niederschlag findet. Mit kindlicher Realität hat sie wenig zu tun (vgl. Ewers 1989, S. 12; Baader 1996, S. 69), es handelt sich um eine heilsgeschichtliche Denkfigur, die im Mythos von der ursprünglichen Unschuld und Gottähnlichkeit des Kindes (vgl. Ewers 1989, S. 8 und 10) nach Erneuerung der Menschheit sucht. Sozialgeschichtlich ist sie als Folge der Trennung der Kindheit vom zivilisierten Erwachsenenleben in der bürgerlichen Gesellschaft zu verstehen (vgl. Richter 1987, S. 141ff.).

Wer diese soziokulturellen Bezüge nicht erkennt, sieht nur die individualpsychologisch-mimetische Bedeutungsdimension: Anschaulich zeigt etwa die Szene im Tropfenden Kessel, wie Harry, das bisher so vernachlässigte Kind, von allen Erwachsenen mit Ehrfurcht, ja Ehrerbietung begrüßt wird (vgl. Rowling 1998, S. 78f.) – ein Erlebnis, das zu Zeiten des Starkults sicher geheime Sehnsüchte und kindliche Größenphantasien anspricht. Immerhin wird die Symbolik des Kindes in Leintüchern (Windeln), das den Dursleys eines Nachts vor die Tür gelegt wird, um zunächst den Weg der Erniedrigung zu gehen, bevor es zu seiner wahren Berufung findet, im Film noch stärker augenfällig als im Buch. Hier besteht für die rezipierenden Kinder die Gefahr einer Evasion aus Alltagsproblemen durch geheime Größenphantasien – aber auch die Chance, mythisch-religiöse Einsprengsel und eigene emotionale Reaktionen zu verstehen.

Problematisiert werden sollte auch ein an der Oberfläche schematisierender Umgang mit dem Bösen, das zwar als ständige Gefährdung aller (und insofern realistisch) ge-

---

[5] „Wenn ihr nicht umkehret und werdet wie die Kinder, so werdet ihr nicht ins Himmelreich kommen. Wer nun sich selbst erniedrigt und wird wie dies Kind, der ist der größte im Himmelreich" (Matthäus 18, 2-5).

zeigt wird, dem Harry aber (auf Grund welcher Eigenschaften, wenn nicht seiner quasi messianischen Herkunft?) beharrlich widersteht, während andere Kinder wie Malfoy und Dudley ihm dauerhaft verfallen scheinen. In dieser Figurenkonstellation zeigen sich durchaus triviale Elemente, die einen realitätsgerechten Umgang mit eigenen Gefährdungen und Aggressionen eher erschweren. Hier gibt es in der zeitgenössischen Kinderliteratur innovativere Beispiele,[6] die die Verarbeitung „problematischer innerer Bestände" (Wellershoff 1975, S. 550) wie kindlicher Rachegelüste eher nahe legen als der von Neid, Wut und Eifersucht gänzlich unbelastete Harry Potter. Ein konstruktiveres Modell zeigt die Lösung des Konflikts zwischen Ron und Hermine.

3.3 Zwischenfazit

Insgesamt finden sich also im ersten Teil der *Harry Potter*-Serie durchaus begründbare und unterstützenswerte Werthaltungen in Bezug auf Toleranz sowie auf Einsichten in Gefährdungen durch das Böse, es finden sich aber auch Trivialisierungen und problematische Heilsversprechen, die von Kindern nicht ohne Anleitung auf eine realistische Dimension (wie etwa das Entdecken verborgener Talente) übertragen werden können. Hier sind Anregungen zu kritischer Reflexion notwendig. Diese darf jedoch das emotionale Engagement für *Harry Potter* nicht negieren, sie sollte es vielmehr im Sinne von Vorderer (1992, s. o. 2.2) als willkommenen Ausgangspunkt aufgreifen und reflektierend weiterentwickeln. Ziel solcher Lese- und Medienarbeit sind also nicht kalte, sondern warme Kognitionen (vgl. Scheele 1990), d.h. dass bei aller Kritik an Polarisierungen und Trivialisierungen die Freude an diesem originellen und ideenreichen Universum erhalten bleibt und von einer Freude an der kognitiven Durchdringung ergänzt wird, die ja auch darin bestehen kann, dass man die Ursachen der (eigenen) Begeisterung durchschaut.

4 Entwicklungspsychologische Perspektiven

Je größer Harry Potter wird, desto mehr verlässt er den grausam-banalen Alltag seiner Muggle-Verwandten, er erlebt aufregende Abenteuer, in denen wieder und wieder das Gute über das Böse siegt. Das imaginierende Miterleben solcher Auseinandersetzungen hat für die in ihre Lektüre versunkenen Leserinnen bzw. die gebannt auf die Leinwand blickenden Zuschauer den Effekt einer psychischen Stabilisierung (vgl. Pech 2002, S. 160), bedeutet es doch eine Simplifizierung und Polarisierung von Konflikten, da die Handlungsträger nahezu eindeutig mit Sympathie bzw. Antipathie belegt sind. Die entsprechende Parteilichkeit erhöht die affektive Anteilnahme am Fortgang der Handlung (vgl. Zillman 1991), der Wechsel von Spannung und Entspannung, von Problem und (erwartbarer) Lösung kompensiert eigene Frustrationserfahrungen und wird von den Kindern und Jugendlichen als Probehandeln erlebt. So bedeutet der klare Aufbau der *Harry Potter*-Welt in eine duale Gesellschaft von Muggeln und Magiern, die Inszenie-

---

[6] Als ein Beispiel sei genannt: Zoran Drvenkar (2000): Eddies erste Lügengeschichte. Hamburg: Oetinger. Vgl. auch die Rezension von Bettina Hurrelmann in: Lesebar 2002, S. 6.

rung einer komplizierten, aber ethisch unproblematischen Anderswelt für Menschen, die in einem schwer überschaubaren, fragmentierten sozialen Umfeld leben, in dem ständig Konflikte zu verhandeln sind, eine enorme emotionale Entlastung[7] durch Reduktion von Komplexität (Luhmann).

Diesen Gratifikationen der Medienrezeption steht allerdings aus didaktischer Perspektive die Einsicht gegenüber, dass sich gerade zwischen dem 6. und dem 8. Schuljahr die Fähigkeit entwickelt, das Verständnis fiktiver Figuren auf das Innenleben auszuweiten, von monoperspektivischen zu mehrperspektivischen Verstehensweisen zu kommen und zwischen Wirklichkeit und Fiktion zu unterscheiden (vgl. Spinner 1980, Andringa 1987). Insofern ist auch im Unterricht eine Differenzierung der Sichtweisen zu fördern. Dem Dilemma einer drohenden Erkaltung der Gefühle für Harry Potter und der nachfolgenden Demotivation für den Deutschunterricht lässt sich nur durch eine Quadratur des Kreises von Genuss- und Kritikdimension entgehen, also indem die Evasion in dualistische Welt- und Menschenbilder oder gar in Erlösungshoffnungen als probeweises Ausleben durchaus legitimer Sehnsüchte offengelegt wird: Zu zeigen wäre, dass Fiktionen ebenso funktionieren wie *Der Spiegel Nerhegeb* (vgl. Rowling 1998, S. 212) und keineswegs mit der Realität gleichzusetzen sind. Nur die Einsicht in die Differenz von imaginärem und realem Erleben erhält adäquate Handlungsspielräume – sowohl in der Phantasie wie in der Realität. Dazu zählt ebenso die Bereitschaft zum Fremderleben (vgl. Abraham 2003, S. 93-95) wie die immer wieder neu zu erarbeitende Unterscheidung von Fiktion und Realität (vgl. etwa Hermann et al. 2004, S. 47-56) als Versuch, das lustvolle Erleben von Fiktionen mit Hilfe einer konstruktiv-kritischen Haltung ebenso zu unterstützen wie reflexiv zu bearbeiten.

5 Überlegungen zu einer medienintegrativen Literaturdidaktik

Seit den 1990er Jahren wurde in der Deutschdidaktik die dezidiert medienkritische Tradition der siebziger Jahre abgelöst von einer erstaunlich affirmativen Haltung gegenüber allen medialen Innovationen (vgl. Kepser, 2004, S. 11f.). Die Öffnung des Faches hin zu den (neuen) Medien ist en vogue, die Position, Deutschlehrer sollten das lehren, was sie selbst wirklich gelernt hätten (vgl. Paefgen 1999, S. 156f.), findet seitdem kaum noch Widerhall. Verteilungswettkämpfe finden statt, der Deutschunterricht will im Innovationsdruck der Jahrtausendwende nicht an Terrain einbüßen. Diese Haltung lässt sich durchaus auch von der Sache her rechtfertigen: Durch den hohen Grad an Sprachbasiertheit sind die Grenzen zwischen Buch, Hörspiel und Film fließend, die klassischen audiovisuellen Genres bleiben dem Narrativen verbunden, das seit jeher eine wichtige Säule des muttersprachlichen Unterrichts darstellt.

---

[7] Diese Entlastungsfunktion hätte die Medienkritik der siebziger Jahre als Evasion aus der Realität und Affirmation der herrschenden gesellschaftlichen Zustände in Bausch und Bogen verworfen. Tatsächlich aber wird damit eine wesentliche Gratifikation für die Rezeption von geschriebenen oder verfilmten Narrationen negiert.

„Schuster bleib bei Deinem Leisten", kann also durchaus auch heißen, sprachlich-literarische Kompetenz zu vermitteln an neueren Medienprodukten als der klassischen Schullektüre. Daraus folgt jedoch nicht zwingend, dass alles, was neu ist, unbesehen befürwortet werden muss. Zugleich sollte ein zeitgemäßer Deutschunterricht nicht die Fehler des (ideologie-)kritischen Lesens wiederholen, das zu nachhaltiger Demotivation bei all jenen führte, die sich den Genuss einer identifikatorischen Lesehaltung nicht verderben lassen wollten (vgl. Graf 1998). Insofern ist eine prinzipielle Akzeptanz vorhandener Mediennutzung unabdingbare Voraussetzung, um die Motivationsbasis zum Überschreiten von Alltagswissen und alltäglichem Medienkonsum herzustellen und aufrecht zu erhalten. Zu bedenken ist in diesem Zusammenhang, dass die individuellen Bezugsnormen einen „motivationspsychologischen Primat" (Heckhausen 1989, S. 272) vor sozialen Normen haben. Daher sollte das Recht der jüngeren Generation auf eigene Vorlieben als unhintergehbar anerkannt werden, da diese in der Kinder- und Jugendkultur identitätsbildend wirken. Gerade weil von *Harry Potter und der Stein der Weisen* eine große Attraktivität ausgeht, darf diese nicht durch plumpe Besserwisserei der literarisch „Gebildeten" zunichte gemacht werden. Vielmehr geht es um die Vermittlung medienbezogener Kompetenzen, unter denen die Lesekompetenz nach wie vor eine zentrale Rolle spielt, wie die interdisziplinäre Forschung gezeigt hat (vgl. Groeben, Hurrelmann 2004, 440ff.).

Medienkritische Vorbehalte betreffen vor allem triviale Handlungs- und Erlebensmuster, die einsinnige Polarisierung von Extrempositionen und Personenkonfigurationen, die den phantastischen Kinderroman bzw. Kinderfilm ebenso kennzeichnen wie das Märchengenre.

Der Befürchtung, dass derart simple Wahrnehmungsmuster auch auf die Realität übertragen werden und die gesellschaftliche Handlungsfähigkeit nachhaltig gefährden, kann jedoch nicht mit Tabuisierung und Verurteilung des privaten Mediengebrauchs begegnet werden. Sinnvoll ist vielmehr eine Reflexion medialer Nutzungsbedürfnisse, z.B. des Bedürfnisses nach Unterhaltung, nach punktueller Suspendierung von Komplexität zur vorübergehenden Entlastung vom Alltagsdruck. Die Einübung von Fiktions- und Medialitätsbewusstsein, aber auch von Genrewissen kann dazu beitragen, dass diese vereinfachende Wahrnehmung in ihrem Spielcharakter bewusst bleibt.

Der Vorwurf der Trivialität trifft, wie das Beispiel von *Harry Potter* zeigt, keineswegs das gesamte Werk, das in seiner Komposition und seinen Handlungs- und Figurenschemata höchst kunstvoll gestaltet ist, sondern nur einzelne Aspekte des Plots, die für die Märchentradition typisch sind. Die Kompetenz der Deutschlehrerinnen und -lehrer kann bereichernd wirken, wenn sie neue Perspektiven auf einen Gegenstand eröffnet, anstatt alte verdrängen zu wollen. *Harry Potter und der Stein der Weisen* eignet sich besonders für eine differenzierende Verarbeitung, weil dabei neue Bedeutungsschichten zum Vorschein kommen können. Umso wichtiger scheint es, auch im Deutschunterricht über der Kritik des Trivialen das Lob des Gelungenen und Positiven nicht zu vergessen, um einen differenzierten Blick auf populäre Medienprodukte zu entwickeln.

Für die Literaturdidaktik geht es um einen Paradigmenwechsel von der tabuisierend distanzierten zu einer genussvoll differenzierten Medienkritik – etwa nach dem Muster gelungener literaturkritischer Debatten, in denen verschiedene Perspektiven und unterschiedliche Positionen berücksichtigt werden. Denn für das literarische Lernen in einer Medienkultur ist die Akzeptanz und Ausdifferenzierung der Genussperspektive unverzichtbar (vgl. Groeben 2002, S. 170). Gerade über das persönliche Interesse an einem bestimmten Medienprodukt lässt sich die Motivation zu beharrlicher Auseinandersetzung erreichen, die bei wachsender Expertise nahezu unweigerlich auch kritisch-reflexive Aspekte einbezieht. Auf diese Weise kann die normative Zielidee des „gesellschaftlich handlungsfähigen Subjekts" in seiner ursprünglichen Orientierung auf Rationalität ergänzt werden um Subjektivität, Emotionalität und Pluralität (vgl. Hurrelmann 2002) – und damit den spezifischen Rezeptionsbedingungen einer Medienkultur angeglichen werden.

Diese Zielidee hat allerdings auch methodische Konsequenzen: Während die aktivkonstruktiven Aspekte der genussorientierten Mediennutzung in erster Linie von produktionsorientierten Verfahren (vgl. Haas et al. 2000; Spinner 1987) unterstützt werden, sind für kritisch-reflexive Anschlusskommunikationen analytische Verfahren unverzichtbar. Insofern folgt aus der didaktischen Integration von Genuss und Kritik eine Kombination von eher subjektiv-erlebensorientierten und eher abstrahierend-analytischen Methoden. Dabei sollte zugleich der verfügbare Medienverbund (vgl. Josting 2001) Berücksichtigung finden, also *Harry Potter und der Stein der Weisen* als Buch, als Hörbuch und als Video bzw. DVD. Dadurch können sich Kinder und Jugendliche die Freude an der primären Quelle von Leselust bewahren und diese durch vertiefende Verarbeitungsformen erweitern, um auch auf der Ebene der Rezeption das simple Schema von gut oder schlecht zu überwinden und die nächsthöhere Stufe der Entwicklung anzustreben: eine differenzierte Einschätzung. So kann zum primären Mediengenuss die Freude an kognitiver Durchdringung hinzutreten – und den Genuss verstärken, anstatt ihn zu schwächen.

6 Literaturverzeichnis

Primärliteratur
Rowling, Joanne K. (1998): Harry Potter und der Stein der Weisen. Aus dem Englischen von Klaus Fritz. Hamburg: Carlsen

Hörbuch
Rowling, Joanne K. (1999/2001): Harry Potter und der Stein der Weisen. Gelesen von Rufus Beck. München: Der Hörverlag

Spielfilm
Harry Potter und die Kammer des Schreckens (2002). Regie: Chris Columbus, Buch: Steve Cloves. Warner Bros., USA. (Kinofilm, Video, DVD).

Sekundärliteratur
Abraham, Ulf (2001): Familienlektüren wie zum Beispiel Harry Potter. Fantastische Erfolgsromane mit Helden ohne Familienanschluss. In: Jahrbuch für Internationale Germanistik XXXIII, H. 1, S. 82-97
Abraham, Ulf (2003): Das fantastische Fremde. Joanne K. Rowling: „Harry Potter und der Stein der Weisen. In: Büker, Petra; Kammler, Clemens (Hg.): Das Fremde und das Andere. Interpretationen und didaktische Analysen zeitgenössischer Kinder- und Jugendbücher. Weinheim und München: Juventa, S. 87-99
Andringa, Els (1984): Wandel der literarischen Identifikation. In: SPIEL, H. 3, S. 27-65
Andringa, Els (1987): Wer sieht wen wie? Entwicklungen in der Wahrnehmung fremder Perspektiven. In: Willenberg, Heiner (Hg.): Psychologie des Literaturunterrichts. Frankfurt a. M.: Diesterweg, S. 87-108
Baumert, Jürgen et al. (Deutsches PISA-Konsortium) (Hg.) (2001): PISA 2000. Basiskompetenzen von Schülerinnen und Schülern im internationalen Vergleich. Opladen: Leske + Budrich
Blömeke, Sigrid (2000): Medienpädagogische Kompetenz. Theoretische und empirische Fundierung eines zentralen Elements der Lehrerausbildung. München: KoPäd
Brunken, Otto; Hurrelmann, Bettina; Pech, Klaus-Ulrich (Hg.) (1998): Handbuch zur Kinder- und Jugendliteratur. Von 1800 bis 1850. Stuttgart und Weimar: Metzler
Christmann, Ursula; Groeben, Norbert (1999): Psychologie des Lesens. In: Franzmann, Bodo et al. (Hg.): Handbuch Lesen. Im Auftrag der Stiftung Lesen und der Deutschen Literaturkonferenz. München: Saur, S. 145-223
Cofer, Charles N. (1975): Motivation und Emotion. München: Juventa.
Comfere, Karin (2002): Interpretation zu Band 1 des Jugendbuchs von Joanne K. Rowling. München: Oldenbourg
Cromme, Gabriele (2000): Na, dann handelt mal schön! In: Praxis Deutsch. Sonderheft, S. 54-55
Eco, Umberto (1984): Postmodernismus, Ironie und Vergnügen. In: Ders.: Nachschrift zum „Namen der Rose". München: Hanser, S. 76-82
Ewers, Hans-Heino: Romantik. In: Wild, Reiner (Hg.) (2002): Geschichte der Kinder- und Jugendliteratur. 2. Aufl., Stuttgart und Weimar: Metzler, S. 99-138
Gleich, Uli (1998): Funktionen von Soap operas für die Zuschauer. In: Media Perspektiven I, S. 46-50
Graf, Werner (1998): Das Schicksal der Leselust. Die Darstellung der Genese der Lesemotivation in Lektüreautobiographien. In: Garbe, Christine et al. (Hg.): Lesen im Wandel. Lüneburg: Universitätsverlag, S. 101-124
Grimm, Gunter (1977): Rezeptionsgeschichte. München: Fink
Groeben, Norbert (1982): Leserpsychologie: Textverständnis – Textverständlichkeit. Münster: Aschendorff
Groeben, Norbert (2002): Dimensionen der Medienkompetenz. Deskriptive und normative Aspekte. In: Ders.; Hurrelmann, Bettina (Hg.): Medienkompetenz. Voraussetzungen, Dimensionen, Funktionen. Weinheim und München: Juventa, S. 160-197
Groeben, Norbert; Hurrelmann, Bettina (Hg.) (2002): Medienkompetenz. Voraussetzungen, Dimensionen, Funktionen. Weinheim und München: Juventa
Groeben, Norbert; Hurrelmann, Bettina (Hg.) (2004): Lesesozialisation in der Mediengesellschaft. Weinheim und München: Juventa

Groeben, Norbert; Vorderer, Peter (1988): Leserpsychologie. Lesemotivation – Lektürewirkung. Münster: Aschendorff

Haas, Gerhard; Menzel, Wolfgang; Spinner, Kaspar (2000): Handlungs- und produktionsorientierter Literaturunterricht. In: Menzel, Wolfgang (Hg.): Handlungsorientierter Literaturunterricht. Praxis Deutsch. Sonderheft, S. 7-15

Heckhausen, Heinz: Motivation und Handeln. 2. überarb. Aufl., Berlin et al: Springer 1989

Hepp, Andreas (1995): Das ist spitze, ne, dann ist der Schildknecht tot! Die Rolle von Emotionen bei der Aneignung von Fernsehtexten. In: Jurga, Martin (Hg.): Lindenstraße. Produktion und Rezeption einer Erfolgsserie. Opladen: Westdeutscher Verlag, S. 211-230

Hermann, Thomas; Ammann, Daniel; Moser, Heinz (2004). Harry war hier. Lesen, Magie und Projekte im Klassenzimmer. Materialien zu Harry Potter und der Stein der Weisen. Mit einem englischen Übungsteil von Michael Prusse. Zürich: Pestalozzianum

Hildebrand, Jens (2001): Film. Ratgeber für Lehrer. Köln: Aulis

Horkheimer, Max; Adorno, Theodor W. (1969): Dialektik der Aufklärung. Philosophische Fragmente (1944). Frankfurt a. M.: Fischer

Hurrelmann, Bettina (2002): Zur historischen und kulturellen Relativität des „gesellschaftlich handlungsfähigen Subjekts" als normativer Rahmenidee für Medienkompetenz. In: Groeben, Norbert; Hurrelmann, Bettina (Hg.): Medienkompetenz. Voraussetzungen, Dimensionen, Funktionen. Weinheim und München: Juventa, S. 111-126

Hurrelmann, Bettina; Nickel-Bacon, Irmgard (2003): Kinder- und Jugendliteratur in Schule und Unterricht. Praxis Deutsch Sonderheft, S. 3-7

Jauss, Hans Robert (1972): Kleine Apologie der ästhetischen Erfahrung. Konstanz: Universitätsverlag

Jauss, Hans Robert (1982): Ästhetische Erfahrung und literarische Hermeneutik. Frankfurt a. M.: Suhrkamp

Josting, Petra (2001): Medienverbund, Deutschunterricht und Medienkompetenz. In: Beiträge Jugendliteratur und Medien, H. 3, S. 174-185

Kämpfe-Burghardt, Klaus (2001): Vertriebszauber? Einblicke ins Potter-Marketing. In: Kutzmutz, Olaf (Hg.): Harry Potter oder Warum wir Zauberer brauchen. Wolfenbüttel: Bundesakademie für Kulturelle Bildung, S. 44-59

Keppler, Angela (1996): Interaktion ohne reales Gegenüber. Zur Wahrnehmung medialer Akteure im Fernsehen. In: Vorderer, Peter (Hg.): Fernsehen als „Beziehungskiste". Parasoziale Beziehungen und Interaktionen mit TV-Personen. Opladen: Westdeutscher Verlag, S. 11-21

Kepser, Matthis (2004): Medienkritik als kultureller Selbstverständigungsprozess in Gesellschaft und Deutschunterricht. In: Ders.; Nickel-Bacon, Irmgard (Hg.): Medienkritik im Deutschunterricht. Baltmannsweiler: Schneider Hohengehren, S. 2-22

Kienitz, Günter W.; Grabis, Bettina (2001): Harry Potter online. Internet Pocket Guide. Kempen: Moses

Landwehr, Jürgen (1975): Text und Fiktion. Zu einigen literaturwissenschaftlichen und kommunikationstheoretischen Grundbegriffen. München: Fink

Lienert, Heidi (1974): Arbeit mit Comics in einer sechsten Hauptschulklasse. Ein Erfahrungsbericht. In: Pforte, Dietger (Hg.): Comics im ästhetischen Literaturunterricht. Frankfurt a. M.: Athenäum, S. 42-67
Maar, Michael (2002): Warum Nabokov Harry Potter gemocht hätte. Berlin: Berlin
Martin, Till (Hg.) (2001): Viel Zauber um Harry. Die Welt der Joanne K. Rowling. Hamburg: Carlsen
Mattenklott, Gundel (2001): Text aus Texten. Phantastische Traditionen bei Harry Potter. In: Kutzmutz, Olaf (Hg.): Harry Potter oder Warum wir Zauberer brauchen Wolfenbüttel: Bundesakademie für Kulturelle Bildung, S. 33-43
Meyer-Gosau, Frauke (2001a): Harrymania. Gute Gründe für die Harry Potter-Sucht. In: Neue Sammlung 41, H. 2, S. 287-298
Meyer-Gosau, Frauke (2001b): Potterismus. Was der deutschen Gegenwartsliteratur fehlt – und Harry hat's. In: Kutzmutz, Olaf (Hg.): Harry Potter oder Warum wir Zauberer brauchen Wolfenbüttel: Bundesakademie für Kulturelle Bildung, S. 7-19
Nell, Victor (1988): Lost in a Book. The Psychology of Reading for Pleasure. London-New Haven: Yale Univ. Press
Nickel-Bacon, Irmgard (2003): Vom Kunstmärchen zu Fantasy. Literarische Gattungstraditionen im zeitgenössischen Kinderfilm und genreadäquate Rezeptionsformen. In: Hurrelmann, Bettina; Becker, Susanne (Hg.): Kindermedien als Herausforderung für die Deutschdidaktik. Weinheim: Juventa, S. 146-161
Nickel-Bacon, Irmgard; Groeben, Norbert (2002): Deutschunterricht und kritisch-konstruktive Mediennutzungskompetenz. In: Hug, Michael; Richter, Sigrun (Hg.): Ergebnisse aus soziologischer und psychologischer Forschung. Impulse für den Deutschunterricht. Baltmannsweiler: Schneider Hohengehren, S. 28-43
Paefgen, Elisabeth K. (1999): Einführung in die Literaturdidaktik. Stuttgart: Metzler
Pech, Klaus-Ulrich (2002): Vom Biedermeier zum Realismus. In: Wild, Reiner (Hg.): Geschichte der Kinder- und Jugendliteratur. 2. Aufl., Stuttgart und Weimar: Metzler, S. 139-178
Richter, Dieter (1987): Das fremde Kind. Zur Entstehung der Kindheitsbilder des bürgerlichen Zeitalters. Frankfurt a. M.: S. Fischer
Rosebrock, Cornelia; Zitzelsberger, Olga (2002): Der Begriff Medienkompetenz als Zielperspektive im Diskurs der Pädagogik und Didaktik. In: Groeben, Norbert; Hurrelmann, Bettina (Hg.): Medienkompetenz. Voraussetzungen, Dimensionen, Funktionen. Weinheim und München: Juventa, S. 148-159
Savage, Candace (2003): Die Suche nach dem Stein der Weisen. Von der Zauberei zur Wissenschaft. München: dtv/Hanser
Scheele, Brigitte (1990): Emotionen als bedürfnisrelevante Bewertungszustände. Grundriss einer epistemologischen Emotionstheorie. Tübingen: Francke
Schell, Fred; Stolzenburg, Elke; Theunert, Helga (Hg.) (1999): Medienkompetenz. Grundlagen und pädagogisches Handeln. München: KoPäd
Schön, Erich (1999): Lesen zur Information, Lesen zur Lust – schon immer ein falscher Gegensatz. In: Roters, Gunnar; Klingler, Walter; Gerhards, Maria (Hg.): Information und Informationsrezeption. Baden-Baden: Nomos, S. 187-212
Schreier, Margrit; Appel, Markus (2002): Realitäts-Fiktions-Unterscheidungen als Aspekt einer kritisch-konstruktiven Mediennutzungskompetenz. In: Groeben, Norbert;

Hurrelmann, Bettina (Hg.): Medienkompetenz. Voraussetzungen, Dimensionen, Funktionen. Weinheim und München: Juventa, S. 231-254

Spinner, Kaspar (1980): Entwicklungsspezifische Unterschiede im Textverstehen. In: Ders. (Hg.): Identität und Deutschunterricht. Göttingen: Vandenhoeck & Ruprecht, S. 33-50

Spinner, Kaspar (1987): Wider den produktionsorientierten Literaturunterricht – für produktive Verfahren. In: Diskussion Deutsch 98, S. 601-611

Spinner, Kaspar (2001): Im Bann des Zauberlehrlings. Tiefenpsychologische und lesepsychologische Gründe für die Faszination von Harry Potter. In: Ders. (Hg.): Im Bann des Zauberlehrlings? Zur Faszination von Harry Potter. Regensburg: Pustet, S. 11-20

Thielking, Sigrid (2001): An der Seite Pikachus und Potters. Didaktische Überlegungen zu literarisch-medialen Kultfiguren der populären Kinderkultur. In: Literatur im Unterricht. Texte der Moderne und Postmoderne in der Schule, H. 2, S. 67-81

Vorderer, Peter (1992): Fernsehen als Handlung. Fernsehfilmrezeption aus motivationspsychologischer Perspektive. Berlin: Sigma

Vorderer, Peter (Hg.) (1996): Fernsehen als „Beziehungskiste". Parasoziale Beziehungen und Interaktionen mit TV-Personen. Opladen: Westdeutscher Verlag

Weiner, Bernard (1994): Motivationspsychologie. 3. Aufl., Weinheim: Beltz

Wellershoff, Dieter (1975): Identifikation und Distanz. In: Weinrich, Harald (Hg.): Positionen der Negativität. München: Fink, S. 549-551

Wermke, Jutta (1997): Integrierte Medienerziehung im Fachunterricht. Schwerpunkt: Deutsch. München: KoPäd

Wild, Reiner (Hg.) (2002): Geschichte der Kinder- und Jugendliteratur. 2. Aufl., Stuttgart und Weimar: Metzler.

Wolf, Christa (1980): Lesen und Schreiben. Neue Sammlung. Essays, Aufsätze, Reden. Darmstadt: Luchterhand

Wunsch, Albert (2003): Abschied von der Spaßpädagogik. Für einen Kurswechsel in der Erziehung. München: Kösel

Zillmann, Dolf (1991): Empathy: Affect from bearing witness to the emotions of others. In: Bryant, Jennings; Zillmann, Dolf (Hg.): Responding to the Screen: Reception and Reaction Processes. Hillsdale-NJ: Erlbaum, S. 135-168

Hans-Heino Ewers

Die Heldensagen der Gegenwart. Die Medienverbundangebote sind die großen Narrationen unserer Zeit

Wer seinen Blick nicht auf kulturelle und akademische Eliten einengt, sondern an den kulturellen Gepflogenheiten der großen Bevölkerungsgruppen wie auch der Gruppe der Kinder und Jugendlichen interessiert ist, kommt um eine Feststellung nicht herum: Die großen, bewegenden, Gesprächsstoff abgebenden Unterhaltungsangebote werden seit geraumer Zeit von den audiovisuellen Massenmedien dargeboten. Die Literatur hat als Lieferantin gesellschaftlich relevanter Schlüsselnarrationen anscheinend ausgedient. Die Fernsehforscherin Joan Kristin Bleicher spricht von einem „Rückzug der Literatur als Vermittlungsinstanz kollektiver Bedeutungen". Die Literatur habe auf den „Anspruch umfassender narrativer Welterklärung mit kollektivem Bezug" verzichtet. Mit ihrer „umfassenden Publikumsansprache" hätten die elektronischen Massenmedien, so Bleicher, „den Anspruch allgemeiner Welterklärung" übernommen. Mit ihrer „industriellen Produktion von Narrationen und ihrer massenhafte[n] Verbreitung" sei ihnen „bei der Konstruktion von Populärmythen eine zentrale Rolle" zugekommen. Bleicher spricht von einem „historischen Prozess der Übernahme mythischer Funktionen durch die audiovisuellen Massenmedien" (Bleicher 1999, S. 48f.).

Bei genauerem Hinsehen zeigt sich jedoch, dass große Unterhaltungsangebote der Gegenwart wie *Star Wars*, *The X-Files* oder *Buffy. The Vampire Slayer* keineswegs an ein einzelnes Medium gebunden sind. Für große Narrationen ist es im Gegenteil charakteristisch, dass sie zu einer mehr oder weniger gleichzeitigen Präsentation in möglichst vielen Medien tendieren. Wir haben es bei ihnen durchweg mit *medienübergreifenden Angeboten* zu tun, mit Angeboten, die parallel in mehreren medialen Versionen erscheinen. Dabei bleiben die Traditionsmedien keineswegs unbeteiligt: Große Unterhaltungsangebote sind heutzutage nicht bloß in Gestalt von Filmen und Fernsehserien präsent, sondern daneben auch in Dramatisierungen, Hörspielfassungen, als Comics und nicht zuletzt auch in Romanform greifbar. Die Traditionsmedien spielen, was die Verbreitung großer Narrationen angeht, also auch heutigentags noch eine Rolle, so weit entfernt sie von der von früher gewohnten Solopartie auch sein mag.

1 Charakteristika der Medienverbundangebote

Das bei der Realisierung großer Unterhaltungsangebote zu beobachtende Zusammenwirken verschiedener Medien ist bislang nicht als ein einheitlicher Vorgang begriffen, sondern als eine Kette nachträglich erfolgter separater medialer Adaptionen eines Ausgangsproduktes angesehen worden. Als Ausgangsprodukte solcher medialer Verwertungsketten galten lange Zeit ausschließlich Film- und Fernsehangebote, bis *Harry Potter* deutlich machte, dass im Zeitalter der neuen Medien auch ein Buchangebot noch diese Rolle spielen kann. Als Entstehungsgrund solcher nachträglichen Verwertungsketten wurden bislang mehr oder weniger ausschließlich geschäftliche Interessen der

Unterhaltungsindustrie genannt. So zutreffend diese Sicht in vieler Hinsicht sein mag, so erfasst sie doch nicht die hier erreichte neue Qualität des Zusammenwirkens verschiedener Medien bei der Realisierung einer Narration. Wir haben es in meinen Augen mit einer neuen Mediengattung zu tun, besser gesagt mit einem Hypermedia-Genre, bei dem die Umsetzbarkeit in verschiedenen Medien zu den Ausgangsbedingungen gehört, bei dem die plurimediale Realisierung von Anfang an intendiert ist. Die Produkte dieser neuen Mediengattung möchte ich vorläufig als *Medienverbundangebote* bezeichnen. Hier von einer neuen Mediengattung auszugehen, wird nicht zuletzt vom Rezeptionsverhalten von Kindern und Jugendlichen nahe gelegt. Unter diesen findet sich nämlich eine wachsende Zahl, die Angebote dieser Art eben nicht selektiv, sondern im Gesamtumfang als Medienverbundangebote realisiert, die im Rahmen eines zusammenhängenden Rezeptionsvorgangs zum Beispiel *Star Wars* als Film anschaut, als Buch liest, als Hörspiel auf CD hört und Folgeaktivitäten ausübt wie das Spielen von einschlägigen Computerspielen, das Wahrnehmen von entsprechenden Internetaktivitäten bis hin zur Mitgliedschaft in Fanclubs.

Ihre prägende Wirkung haben große Narrationen seit jeher durch wiederholte Rezeption erlangt. Auch die Medienverbundangebote unserer Tage sind in zentraler Weise auf eine wiederholte Rezeption hin angelegt. Zahlreiche kindliche und jugendliche Rezipienten dürften sich nichtsdestotrotz damit begnügen, allein die *Star Wars*-Filme zu sehen oder die *Harry Potter*-Bücher zu lesen – und dies durchaus auch mehrfach. Medienverbundangebote zielen in ihrem Kern jedoch auf Rezipienten, die *sämtliche* medialen Versionen rezipieren und sich nicht unter den verschiedenen medialen Versionen nur eine auswählen. Ich möchte diese als die produktkonformen Rezipienten von Medienverbundangeboten bezeichnen. Unter den *Harry Potter*-Fans dürfte diese Gruppe übrigens besonders stark vertreten sein: Viele der Fans haben nicht bloß die Romane mehrfach gelesen; sie lauschen darüber hinaus den Lesungen der Romanfolgen auf CD, wo es nur eben geht; sie können schließlich auch dem mehrfachen Besuch der *Harry Potter*-Filme nicht widerstehen. Dass die Geschichten ihnen eigentlich schon bekannt sind – und zwar bis in jedes Detail, wird dabei nicht als Einwand empfunden. Im Gegenteil: Man möchte das bislang nur Gelesene und Gehörte jetzt auch als Film sehen.

Kann man beim Wechsel von der Filmversion zur *novelization* oder von der Buchversion zum Film tatsächlich noch von einer Wiederholungsrezeption sprechen? Die Antwort der Konsumenten würde zweifelsohne „ja" lauten. Für sie handelt es sich um ein und dieselben Narrationen, die sie das eine Mal lesend einem Buch entnehmen, das andere Mal hören, das dritte Mal als Film geboten bekommen, das vierte Mal als Fernsehserie verfolgen und womöglich ein fünftes Mal als Comic-Roman rezipieren. Dass die Geschichten zuerst als Buch oder als Film oder als Fernsehserie auf den Markt gekommen sind, stellt für sie nicht mehr als ein äußerliches Faktum dar; es hätte genauso gut in anderer Reihenfolge geschehen können. Alle medialen Gestaltungen gelten ihnen als Wiedergaben *ein und desselben* Stoffs bzw. Inhalts, als Reproduktionen von Narrationen also, die an sich weder Bucherzählungen, noch Hörerzählungen, noch Film-

oder Comicgeschichten, sondern transmediale Geschichten sind, die allen ihren Wiedergaben in den diversen Medien gewissermaßen vorgelagert sind.

Die verbindenden, einheitsstiftenden Komponenten von Medienverbundangeboten liegen tatsächlich jenseits aller ihrer medialen Einzelangebote. Es handelt sich um bestimmte, für eine gestalterische Umsetzung in verschiedenen Medien geeignete Stoffe. Festgelegt sind im Einzelnen Ort und Zeit der Handlung, ein bestimmtes soziales Milieu, sodann Handlungsschemata und Figurenensembles. Von besonderer Bedeutung sind Protagonist und Antagonist, deren Eigenschaften oft minutiös ausgeklügelt sind. Entscheidungen müssen schließlich auch hinsichtlich bestimmter Stil- und Gattungskonventionen getroffen werden. Hier geht es um den Grad an zugelassener Spannung, Sentimentalität, Komik oder Ironie wie um die Festlegung etwa auf Grusel und Horror, Science fiction, Fantasy, Mystery, *teenager comedy* oder auf einen bestimmten Genremix. Schließlich bedarf es eines Erkennungs- und Identifikationsmerkmals, eines Markenzeichens. Als solche fungieren oft die Protagonisten, die zu so genannten *characters* aufgebaut werden: Harry Potter, Buffy, Malcom mittendrin, der kleine Eisbär...

Eine gewisse Schwierigkeit besteht darin, dass viele Medienverbundangebote nicht sogleich als solche in Erscheinung treten, sondern erst nachträglich aus Angeboten eines einzelnen Mediums hervorgehen. Bei solchen Vorläuferprodukten kann es sich um einen einzelnen Film, einen Filmzyklus, eine Fernsehserie, aber auch – wie im Fall von *Harry Potter* oder *Herr der Ringe* – um einen Romanzyklus handeln. Der Schritt zur Produktion anderer medialer Versionen erfolgt in solchen Fällen zumeist dann, wenn sich der Film, die Fernsehserie, der Comic oder das Buch als besonders erfolgreich erwiesen haben. Rückblickend könnte man hier von der Pilotversion eines Medienverbundangebots sprechen. Mit dem Schritt aber zur Ausweitung der medialen Versionen, zur Schaffung eines angebotsspezifischen Medienverbunds vollzieht sich ein qualitativer Sprung. Denn jetzt muss eine Entscheidung darüber fallen, wie der Kern des Angebots in stofflicher, stilistischer und gattungsmäßiger Hinsicht beschaffen sein soll. Dabei kann die Bindung an die Pilotversion unterschiedlich eng ausfallen. *Harry Potter* ist das Beispiel für eine äußerst enge Bindung an die Pilotversion, was sich für den Spielraum eines Medienverbundangebots durchaus auch hemmend auswirken kann.

2 Zur Werk- und Stofftreue

Wir sind gewohnt, nur Werke, nicht aber auch Stoffe als urheberrechtlich geschützt anzusehen. Das Urheberrecht ist jedoch längst auf die Ebene der Stoffe vorgedrungen. Urheberrechtlich geschützte Stoffe und mit ihnen verknüpfte Stil- und Gattungsfestlegungen schränken den Spielraum all derjenigen ein, welche den Auftrag haben, diese Vorgaben in einem Film, einer Fernsehserie, einem Hörspiel, einem Comicroman oder einer Bucherzählung umzusetzen. Für sie gilt das Gebot strikter Stoff-, Stil- und Genretreue. Die verschiedenen medialen Versionen stehen damit in einer engen Abhängigkeit von einander, die jeder einzelnen nur eine sehr begrenzte Eigenständigkeit erlaubt. Deshalb scheint es mir nicht angebracht zu sein, die Relation zum Beispiel zwischen der Buch- bzw. der literarischen Version eines Stoffes und seiner filmischen Umsetzung nach den Grundsätzen der Literaturverfilmung zu beurteilen, wie dies seitens des deutschen Feuilletons etwa im Fall der *Harry Potter*-Filme geschehen ist. Der Tenor der Kritik lautete, dass die Verfilmung zu eng an der literarischen Vorlage haften geblieben und deshalb weniger gelungen sei.

In eine entgegengesetzte Richtung ging die Kritik junger *Harry Potter*-Fans, die in fachmännischer Ausführlichkeit sämtliche Abweichungen von der literarischen Vorlage registrierten und auf ihre Vertretbarkeit hin prüften. Einzelne Abweichungen können dabei durchaus als Bereicherungen akzeptiert, andere dagegen als Unkorrektheiten, als fehlerhafte Wiedergaben des Stoffes verurteilt werden. Gegenüber einer Literaturverfilmung ist diese Einstellung unangemessen: Von Literaturverfilmungen wird eine gewisse Unabhängigkeit von der literarischen Vorlage verlangt, sollen sie doch den Rang eines eigenständigen filmischen Kunstwerks anstreben. Gelungene Literaturverfilmungen pflegen eine autonome, bedeutungsmäßig oft anders lautende Verarbeitung der literarischen Vorlage zu bieten. Im Rahmen von Medienverbundangeboten dagegen sind die einzelnen medialen Versionen nicht bloß auf äußerliche Stoff-, Stil- und Genretreue, sondern auch auf Sinntreue verpflichtet. Die Konsumenten erwarten nicht nur die Wiedergabe ein und derselben Narration, sondern auch die Vermittlung einer gleichlautenden Botschaft. Begreift man die *Harry Potter*-Filme als integrale Bestandteile eines Medienverbundangebots, dann muss man die Beurteilungspraxis der jungen Konsumenten als angemessen einstufen. – Ist der Medienwechsel vom Buch zum Film den meisten noch vertraut, so ist vielen der Medienwechsel in umgekehrter Richtung geradezu unvorstellbar. Die „Tie-in-Novelizations" von Filmen oder Fernsehserien, wie sie uns etwa von den *Star Wars*-Filmen oder Fernsehserien wie *Buffy. Im Bann der Dämonen* oder *Gute Zeiten, schlechte Zeiten* her geläufig sind, werden erst gar nicht als ernst zu nehmende Literatur angesehen.

Recht besehen betreffen die Schwierigkeiten der Kritik nicht bloß die literarischen, sondern alle medialen Versionen eines Medienverbundangebots: Alle widersprechen insofern einem hochkulturellen Schlüsselprinzip, als sie nicht den Status eines autonomen Kunstwerkes beanspruchen können und wollen. Die einzelnen medialen Versionen werden von den Konsumenten nicht als eigenständige Werke betrachtet, sondern an einer äußeren Vorgabe gemessen – an der einen Narration nämlich, die alle medialen Versionen gleichlautend wiederzugeben haben. In gewisser Weise verhalten sich die Konsumenten multimedialer Angebote fiktionsinadäquat: Sie beurteilen die einzelnen medialen Adaptionen mit den Kategorien „wahr/falsch". Der Bezugspunkt ist dabei jedoch nicht die Wirklichkeit, sondern eine Fiktionalität zweiten Grades, diejenige nämlich des Stoffes und der Geschichte „hinter" allen medialen Versionen. Die Konsumenten von Medienverbundangeboten verhalten sich im Grunde genommen nicht anders als ehedem die Zuhörer von Götter- und Heldenepen oder von Sagen; auch diese pflegen zu prüfen, ob die jeweils dargebotenen Geschichten etwa von Zeus, Wotan, Siegfried oder Rübezahl „richtig" oder „falsch" sind, d.h. mit ihrem Vorwissen bezüglich dieser Stoffe übereinstimmen.

3 Die Unabschließbarkeit in Medienverbundangeboten und ihr Einfluss auf Rezeptionspraxen

Mit dem zuletzt erwähnten Aspekt ist eine weitere Gemeinsamkeit von Sagen und Mythen auf der einen, Medienverbundangeboten auf der anderen Seite angesprochen. Die zugrunde liegenden Stoffe und Geschichten sind beide Mal prinzipiell unabgeschlossen, offen und auf Fortsetzung hin angelegt. Tatsächlich ist bei nahezu allen erfolgreicheren Medienverbundangeboten entweder eine Tendenz zur Mehrteiligkeit (*Star Wars – Episode I, II* etc., *Harry Potter*) oder zur seriellen Fortsetzung zu erkennen. Viele dieser Offerten sind von vornherein als wenn nicht beliebig fortsetzbare, dann doch wenigstens auf mehrere Staffeln ausdehnbare Serienerzählungen konzipiert. Selbst wenn wir es mit Trilogien, Tetralogien etc. oder im Fall von Serien mit abgeschlossenen Staffeln zu tun haben, so ist eine Fortschreibung nie ausgeschlossen. Die Fortführung kann ein und dieselbe Geschichte betreffen, aber auch an Seitensträngen ansetzen und Nebenfiguren ins Zentrum rücken; so ist etwa aus der Serie *Buffy. Im Bann der Dämonen* die Serie *Angel. Jäger in der Finsternis* hervorgegangen, die nun parallel läuft (so genannte *spin offs*).

Diese Offenheit hat eine erstaunliche Flexibilität zur Folge: Weil sie permanent fortgeschrieben werden, können Angebote dieser Art veränderte Zeitumstände verarbeiten, aber auch auf veränderte Publikumserwartungen reagieren. Sie bleiben auf diese Weise aktuell und nahe an den Bedürfnissen der Zuschauer, Zuhörer bzw. Leser. Ihre Fortschreibung erfolgt auf der Basis einer direkten Verständigung mit Rezipienten (zumeist via Internet). Eine weitere Folge dieser Offenheit ist ein stetes Anwachsen der Geschichten, welche dadurch immer reichhaltiger und komplexer werden. Recht schnell ist da der Punkt erreicht, an dem Fortsetzungsangebote dieser Art drohen, für den Rezipienten unüberschaubar und verwirrend zu werden.

Im Fall von Sagenzyklen à la *Rübezahl* tritt hier ein Mechanismus der Komplexitätsreduktion in Kraft, der mit den ursprünglichen Überlieferungsbedingungen von Sagen verknüpft ist: Der mit einer jeden mündlichen Überlieferung gleichzeitig einhergehende Verflüchtigungsprozess sorgt dafür, dass die Angebote die Speicherkapazität des Gedächtnisses der Rezipienten nicht übersteigen. Sagen und Sagenzyklen sind deshalb trotz ihrer Fortsetzbarkeit folkloristische Gebilde von relativer Knappheit und Gedrungenheit geblieben, was sie überlieferungsmäßig zu einer Angelegenheit von jedermann machte. Hierin unterschieden diese sich denn auch von den großen Epen, die bekanntlich (Herrscherfamilien-)Geschichten von immenser Komplexität darboten und deshalb auch nur von professionellen Epenerzählern (Rhapsoden) überliefert und vorgetragen werden konnten.

Bei den modernen Medienverbundangeboten kann demgegenüber von einem Verflüchtigungsprozess nicht die Rede sein. Jede einmal – in welchem Medium auch immer – dargebotene Episode erlangt dank ihrer schriftlichen, filmischen, akustischen oder zeichnerischen Aufzeichnung Dauer. Sie bleibt ein Faktum, das immer wieder aufgesucht werden kann und das folglich bei jeder Fortsetzung der Geschichte von den so genannten *story liners* in Rechnung gestellt werden muss. Die Folge ist, dass die auf Fortschreibung hin angelegten Medienverbundangebote einen Komplexitätsgrad (in erster Linie in stofflicher Hinsicht) erreichen können, der demjenigen der traditionellen Epen in nichts nachsteht. In den narrativen Zyklen wie in den Fernsehserienstaffeln kann grundsätzlich eine ganze Welt eingefangen werden. Die Medienverbundangebote erfüllen alle Voraussetzungen für die Anwendung einer altehrwürdigen Kategorie der Theorie sowohl des Epos wie des Romans: wir haben es — jedenfalls bei ihren herausragenden Realisationen von *Star Wars* über *Buffy. Im Bann der Dämonen, Herr der Ringe* bis hin zu *Harry Potter* — mit Dichtungen der extensiven Totalität zu tun. Man hat deshalb allen Grund, die großen und herausragenden Medienverbundangebote als die die Epen unserer Zeit anzusehen.

Das Epos war nicht nur hinsichtlich des Vortrags und der Überlieferung, sondern auch mit Blick auf die Zuhörer eine Angelegenheit von Spezialisten und Eliten. Die Medienverbundangebote heutiger Tage richten sich demgegenüber an ein Massenpublikum, und so fragt sich, wie letzteres mit der Komplexität dieser Offerten, mit deren immenser stofflicher Fülle fertig wird. Wirken die Weitverzweigtheit, Verworrenheit und Unübersichtlichkeit ihrer fiktionalen Welten auf die Rezipienten — allemal diejenigen jüngeren Alters — nicht eher abschreckend? Hier kommt der auf Wiederholungsrezeption angelegte Charakter der Medienverbundangebote zum Tragen: Er betrifft zunächst die in vielen Fällen zentrale Film- bzw. Fernsehadaption des Stoffes, deren Mitschnitte auf Videokassette bzw. DVD es den Rezipienten heutzutage erlauben, sich von Sendeterminen unabhängig zu machen und diese nach eigenem Gutdünken wiederholt zu konsumieren. In Alltagssituationen, in denen keine Möglichkeit der Fernsehnutzung gegeben ist, wird auf die Buch- oder Audioversion der Geschichte zurückgegriffen. Die multimediale Präsenz dieser Angebote ermöglicht eine (Wiederholungs-)Rezeption in Alltagssituationen, die zuvor als Rezeptionssituationen gar nicht in Frage kamen. Je vertrauter zudem das Angebot durch wiederholte Rezeption geworden ist, desto mehr kann dessen Konsum beiläufig erfolgen, d.h. gleichzeitig mit anderen Tätigkeiten geschehen, wodurch sich das für die Mediennutzung zur Verfügung stehende Zeitbudget noch einmal erhöht. Mittels vielgestaltiger Wiederholungsrezeption entwickelt hier ein kindliches und jugendliches Massenpublikum ein Expertentum, welches sich durch ein enormes Detailwissen auszeichnet.

Unterstützt wird dieses Expertentum von einer Begleitliteratur zweiten Grades, die nicht mehr aus *novelizations*, aus Verbuchungen der auch in anderen medialen Versionen vorliegenden Geschichten besteht, sondern durch einen eigenen Zugriff auf den Stoff gekennzeichnet ist. Wir haben es hier mit einer Sachliteratur zu tun, welche die Stoffwelten multimedialer Angebote ordnet und systematisiert sowie durch zusätzliche Erläuterungen und Erklärungen verständlich macht. Denkbar sind hier Lexika und Enzyklopädien, bebilderte Realienbücher, Figurengalerien mit Lebensgeschichten, (Bild-)Biographien der Protagonisten und Antagonisten bzw. der Hauptrollen oder (fingierte) Tagebücher oder Memoiren, die angeblich aus deren Feder stammen. Diese vielgestaltige Begleitliteratur zweiten Grades erinnert funktional durchaus an die mythologischen bzw. Sagenlexika und Götterlehren von ehedem. Heute geht es jedoch nicht nur um ein Überschaubarmachen der überreichen Stoffe, eine Sortierung des Figurenarsenals, eine chronologische Anordnung der Handlungsepisoden und dergleichen mehr. Die Fans einzelner Unterhaltungsangebote sind darüber hinaus auch an der technischen Seite der Herstellung interessiert — zumindest was die Film- bzw. Fernsehadaptionen angeht. Hier geht es um das so genannte *making of*, um Produktionsbedingungen, Drehorte und sonstige Begleitumstände wie um die technische Seite filmischer Spezialeffekte. Ein eigenes Genre von Begleitliteratur widmet sich schließlich den Filmschauspielern, mit welchen die Hauptrollen besetzt sind; man kann hier von film- bzw. fernsehserienbezogenen Filmstarbüchern sprechen.

Dank neuartiger multimedialer (Wiederholungs-)Rezeptionspraxen und gleichzeitig angebotener Stoffaufbereitungen und Begleitmaterialien aller Art ist es einem kindlichen und jugendlichen Massenpublikum also durchaus möglich, Angebote von der inhaltlichen Komplexität der alten Epen zu verarbeiten. Die Komplexität ist dabei nun überraschenderweise nicht nur kein Hindernisfaktor, sondern ganz im Gegenteil ein regelrechtes Attraktionselement dieser Offerten. Je mehr einschlägiges Wissen die Rezipienten akkumuliert haben, desto begieriger warten sie auf den Fortgang der diversen Handlungslinien. Die Aneignung und permanente Pflege eines teilweise hoch spezialisierten Wissensbestandes verschaffen den Konsumenten das Gefühl von Zugehörigkeit und Verbundenheit. Wie Experten ihrer Disziplin, so wahren die wissensmäßig eingeweihten Rezipienten dem jeweiligen Medienverbundangebot die Treue. Dabei fühlen sie sich all denen überlegen, die das Angebot nur gelegentlich nutzen und deshalb auch nicht über das Vorwissen verfügen, das für ein wirkliches Verständnis der Geschichten unerlässlich ist. Die stoffliche und teils auch formale Komplexität dieser Angebote provoziert geradezu die Bildung von Fangemeinden, die sich teilweise in regelrechten Clubs organisieren. Von den Außenstehenden, den bloßen „Touristen", grenzen sich die Fans immer wieder demonstrativ ab. In welchem Maße ein solches — mit einem höchst erstaunlichen Expertentum verknüpftes — Fanverhalten bereits unter Kindern des späten Grundschulalters verbreitet ist, belegt der in dieser Altersklasse weit verbreitete *Harry Potter*-Kult der letzten Jahre.

4 Stoffe und Themen in Medienverbundangeboten

Welche Stoffe können von Medienverbundangeboten aufgegriffen werden? Es gibt Stoffe und Themen, die nur in bestimmten Medien uneingeschränkt darstellbar sind. Die extensive Nachzeichnung von Innenwelten und Bewusstseinsströmen beispielsweise bleibt dem Roman und dem Hörspiel bzw. Hörbuch vorbehalten; andere Medien können hierauf nur indirekt und andeutungsweise eingehen. Für Medienverbundangebote sind solcherlei medienspezifische Stoffe und Themen ungeeignet; sie müssen sich an das halten, was in möglichst vielen Medien darstellbar ist. Zu den sowohl filmisch, zeichnerisch, akustisch wie auch literarisch darstellbaren Gegenständen gehören äußere Szenerien, äußere Ereignisse und Handlungen sowie Charaktere, die sich äußerlich, in ihrer physischen Erscheinung und in ihren Taten, offenbaren. Damit ergibt sich eine strukturelle Nähe zur traditionellen Erzählkunst, wie sie uns von den überlieferten Epen, Sagen und Volkserzählungen her geläufig ist.

Als problematisch erweist sich auch die Konzentration auf das Erleben und das Bewusstsein einer einzelnen Figur, wie sie im Entwicklungs- und Bildungsroman Usus ist. Die Totalität der Welt im Bewusstsein eines unvergleichlichen Individuums zu spiegeln, stellt eine Option dar, die Medienverbundangeboten versagt ist. Letztere benötigen einen großen Kreis von Figuren, je nach Genre eine ganze Gruppe, mehrere Generationen, viele Völker und Nationen, Diesseits- und Jenseitsgestalten aller Art etc., um die Mannigfaltigkeit von Geschichten entwickeln zu können, mittels derer sie allein Totalität, das Weltgeschehen zur Darstellung bringen können. Dass eine der Figuren oft herausragt und, wie bereits erwähnt, als Markenzeichen des gesamten Komplexes fungiert, steht dazu nicht im Widerspruch. Zentralfiguren multimedialer Angebote bilden − der zentralen Heldenfigur alter Epen darin nicht unähnlich − gewissermaßen den Leitfaden, um den sich eine Vielzahl von Handlungssträngen und Geschichten rankt. Sich auf ein (endliches) Individuum und dessen unvergleichliche Erfahrungen zu konzentrieren, schränkt nicht zuletzt die Fortsetzungsmöglichkeiten drastisch ein. Multimediale Angebote benötigen Stoffe, die in alle Richtungen hin fortsetzbar und erweiterbar sein müssen; sie können ihren Horizont deshalb nicht auf den eines einzelnen Subjekts einschränken. Auch von dieser Seite her darf man also von den Medienverbundangeboten als den Epen unserer Zeit sprechen.

Die Produktion von Medienverbundangeboten erfordert teilweise einen solchen Kapitalaufwand, dass sich hieraus Zwänge für die Art der Vermarktung ergeben. Eine Vermarktung im Horizont nur einer Nation, nur eines Sprachraums, ja, nur eines größeren Kulturraums kann sich ökonomisch als unrentabel erweisen. Die Anvisierung einer Vermarktung von Medienverbundangeboten im globalen Maßstab aber bedeutet eine weitere Einschränkung in Sachen Stoffwahl: Aufgrund ihrer Gebundenheit an eine bestimmte Kultur lassen sich realistische Stoffe schwerer global vermitteln als phantastische, eindeutig nationale bzw. kulturspezifische Mythenstoffe weniger erfolgreich als solche, die unspezifischer gehalten sind oder auf einer Mythenmixtur beruhen. Es können sich auch einzelne Genrekonventionen als kulturspezifisch erweisen; global vermarktete Medienverbundangebote tendieren deshalb zu einer Kombination mehrerer Gattungsmuster − etwa derjenigen von Science fiction und Fantasy −; man spricht hier von einer Gattungsmixtur bzw. einem Genremix. An den verschiedenen Episoden des *Star Wars*-Komplexes lässt sich wohl am deutlichsten beobachten, in welche Richtung sich die Stoffe und Genrekonventionen von Medienverbundangeboten unter dem Zwang zu globaler Vermarktung entwickeln.

5 Das prägende Leitmedium

Wir sprechen hier von Angeboten, die grundsätzlich für die Umsetzung in verschiedenen Medien gedacht sind. Damit kann keine der einzelnen medialen Umsetzungen beanspruchen, die Originalversion des jeweiligen Stoffes zu sein. Dennoch pflegen die einzelnen medialen Versionen nicht gleich gewichtet zu sein; sie spielen vielmehr unterschiedliche Rollen. Eine dieser Rollen ist oben bereits zur Sprache gelangt: Medienverbundangebote haben zur Ausgangsbasis oft einen erfolgreichen Film bzw. Filmzyklus, eine zuschauerstarke Fernsehserie oder einen Bucherfolg, welche sich dann im Nachhinein, d.h. nach erfolgter Ausweitung zu einem Medienverbundangebot, als dessen Pilotversion bezeichnen lassen. Innerhalb eines etablierten Medienverbundangebots kann nun eine der medialen Versionen eine führende Rolle spielen – anders gesprochen: eine gewisse Leitfunktion besitzen. Oft ist es die Pilotversion, die auch nach der Etablierung als Medienverbundangebot noch eine Sonderstellung im Sinne einer Leitfunktion besitzt, wofür *Harry Potter* ein Beispiel ist. Diese Sonderrolle sei hier als die Rolle der *medialen Leitversion* bezeichnet. Man könnte auch sagen: eine der medialen Versionen fungiert innerhalb des Medienverbundangebots als *Leitmedium*.

Eine Leitfunktion muss keineswegs umfassend sein; sie kann sich auch nur auf einzelne Seiten, auf bestimmte Aspekte des Gegenstands beziehen – so zum Beispiel auf seine Markteinführung und auf die Vermarktung seiner Fortsetzungen. Hinsichtlich der Vermarktungsstrategie wäre nun diejenige mediale Version als Leitversion bzw. als Leitmedium zu bezeichnen, welcher die erstmalige Präsentation der Geschichte und aller ihrer Fortsetzungen vorbehalten ist. Die leitmediale Version der Geschichte erlangt automatisch den Status einer verbindlichen Vorgabe für alle weiteren medialen Versionen. Bei *Harry Potter* wären in vermarktungsstrategischer Hinsicht die Buchversion als die mediale Leitversion anzusehen, bei *Buffy. Im Bann der Dämonen* oder *Dawson's Creek* die Fernsehserie. Oft wird der medialen Leitversion ein gewisser zeitlicher Vorsprung vor anderen medialen Umsetzungen gewährt, wenn dies von der Vermarktung her sinnvoll erscheint. Im Fall von *Harry Potter* ginge eine zu enge Kopplung des Erscheinungstermins des Buchs mit dem Start der Filmversion sicherlich zu Lasten des Bucherfolgs. Verbuchungen von Filmen und Fernsehserien pflegen demgegenüber zeitlich nahezu parallel zu erscheinen, weil die Nachfrage nach ihnen zum Zeitpunkt des Filmdebüts bzw. der Erstausstrahlung der Serie am höchsten ist.

Von einer Leitfunktion kann jedoch auch in rezeptiver Hinsicht gesprochen werden. Es macht durchaus Sinn zu fragen, welche der medialen Adaptionen für die Rezipienten bzw. für einzelne Rezipientengruppen eine herausragende Bedeutung besitzen. In rezeptiver Hinsicht spielt zunächst einmal diejenige mediale Adaption eine prägende Rolle, welche dem Rezipienten die erstmalige Begegnung mit dem jeweiligen Medienverbundangebot verschafft, welche ihm den Einstieg vermittelt hat. Man könnte hier von der *medialen Einstiegsversion* sprechen. Bei der Rezeption weiterer medialer Versionen wird der Konsument stets mehr oder weniger unwillkürlich einen Vergleich mit der Einstiegsversion vornehmen, die für ihn gleichsam automatisch die „eigentliche", die verbindliche Fassung und Ausgestaltung der Geschichte darstellt und als solche einen Maßstab für die Beurteilung anderer Versionen abgibt. Mit anderen Worten: die Einstiegsversion fungiert beim Konsumenten – jedenfalls für eine gewisse Zeit – als *rezeptives Leitmedium*. Dabei können das Leitmedium in vermarktungsstrategischer Hinsicht und dasjenige in rezeptiver Hinsicht durchaus zusammenfallen: Die Kinder bestimmter Jahrgänge dürften *Harry Potter* zuerst als mehrteiligen Roman rezipiert haben und messen dementsprechend die späteren medialen Versionen – Hörbuch, Film,

Computerspiel etc. – an der für sie maßgeblichen Einstiegsversion, welche ja auch vermarktungsstrategisch das Leitmedium darstellt.

Für zahlreiche Kinder jüngerer Jahrgänge dürften allerdings schon die bisher erschienenen Filmfolgen die Einstiegsversion in das Medienverbundangebot *Harry Potter* abgeben. Sofern diese Kinder dann auch zur Lektüre der entsprechenden Romanfolgen schreiten, können sie nicht anders als diese an der Filmversion als der für sie „maßgeblichen" Fassung der Geschichte zu messen. Während ältere Kinder den Film an der Romanversion messen, müssten jüngere Kinder nun die Romanfolgen von der Filmversion her beurteilen und gegebenenfalls als inkorrekt qualifizieren. Bei der letztgenannten Rezipientengruppe fallen das Leitmedium in vermarktungsstrategischer Hinsicht und dasjenige in rezeptiver Hinsicht nicht mehr zusammen; auf Seiten dieser Konsumentengruppe hat der Film das Buch als rezeptives Leitmedium verdrängt. Die angemessene Reaktion hierauf bestünde seitens der Anbieter darin, nun das jeweilige „Buch zum Film" herauszubringen, d.h. die Buchversion nachträglich punktgenau an die Filmversion anzupassen. Im Fall von *Harry Potter* und vermutlich auch von *Herr der Ringe* wird diese sekundäre Verbuchung jedoch von den Rechteinhabern allem Anschein nach blockiert.

Auf Seiten der Rezipienten muss die Leitversion nun nicht auf Dauer mit der Einstiegsversion zusammenfallen. Auch dies lässt sich am Beispiel von *Harry Potter* gut veranschaulichen: Wer in ein Medienverbundangebot per Buch einsteigt, ist genötigt, die entsprechende innere Vorstellungswelt relativ eigenständig durch Füllen zahlloser Leerstellen des Textes zu entwickeln – und zwar unter Rückgriff auf die eigene Phantasie. Filmische Versionen desselben Angebots enthalten demgegenüber entschieden weniger Leerstellen dieser Art und determinieren somit die innere Vorstellungswelt der Rezipienten vollständiger und nachhaltiger. Bei einer nachträglichen Buchlektüre werden denn auch die Leerstellen des Textes weitgehend mit der Bildlichkeit der Filmversion ausgefüllt. Geht dagegen die Buchlektüre voraus, dann kommt es zu einer Konfrontation der individuellen Vorstellungsversion des Lesers mit der Bildlichkeit der Filmversion, die in Aussagen nach der Art „Ich habe mir Harry Potter ganz anders vorgestellt" mündet.

Die Frage ist nur, wie lange sich individuelle Vorstellungsversionen von populären Medienverbundangeboten zu behaupten vermögen gegen deren filmisch festgelegte Bildlichkeit, welcher allein es möglich ist, sich zu vergesellschaften, d.h. zu einem Kollektivbesitz zu werden. Meine Vermutung geht dahin, dass unter der Präsenz von Film- und Fernsehversionen die aus der Buchlektüre gewonnenen individuellen Vorstellungsversionen, sofern überhaupt vorhanden, nach und nach erodieren. Das aber hieße, dass selbst in Fällen, in denen das Buch die mediale Einstiegsversion in ein multimediales Unterhaltungsangebot darstellt, die Rolle des rezeptiven Leitmediums nach einer gewissen Zeit auf die filmische Version des Angebots übergeht. Die Film- bzw. Fernsehversionen eines Medienverbundangebots, so ließe sich daraus folgern, haben gewissermaßen ein „natürliches" Anrecht auf die Rolle des Leitmediums in rezeptiver

Hinsicht – dank der ungleich größeren prägenden Macht ihrer Bildlichkeit. Zur Überprüfung dieser These wären jedoch empirische Untersuchungen erforderlich.

6 Anforderung an eine zeitgemäße Wahrnehmung seitens der Wissenschaft

Medienverbundangebote verdienen unsere Aufmerksamkeit allein schon deshalb, weil ihr Erfolg bei der Zielgruppe der Kinder und Jugendlichen von gewaltigem Ausmaß ist. Für Freunde der Literatur sind sie deshalb von Interesse, weil sie ein Medienarrangement darstellen, in welches prinzipiell auch Traditionsmedien wie das Buch einbezogen werden können. Sie sind ein Beispiel dafür, wie die Literatur sich in neue Medienfelder begeben kann. Gewiss zahlt die Literatur hierfür ihren Preis: Sie muss sich zunächst mit der durch und durch nachrangigen Rolle abfinden, die ihr in den meisten Medienverbundangeboten zukommt. Immerhin hat *Harry Potter* gezeigt, dass gelegentlich auch einmal das Medium Buch die Rolle eines Leitmediums in Medienverbundangeboten spielen kann. Schwerer noch als die in den meisten Fällen oktroyierte mediale Nachrangigkeit wiegt ein anderes Handikap: Als so genannte Begleitliteratur muss sich die Literatur an Vorgaben halten, welche sie daran hindern, ihre genuinen Möglichkeiten voll auszuschöpfen. Die Film- und Serienverbuchungen sind weit davon entfernt, eine Literatur im Vollbesitz ihrer Fähigkeiten darzustellen. Eine Literatur – und damit auch eine Kinder- und Jugendliteratur –, die sich nicht selbst amputieren will, kann deshalb auf eine medial eigenständige Ausprägung nicht verzichten, so nischenhaft diese in der Mediengesellschaft auch ausfallen mag. Eine Mitwirkung an Medienverbundangeboten muss dazu jedoch nicht in Widerspruch stehen. Die Literatur verrät sich keineswegs selbst, wenn sie sich in einer ihrer Ausprägungen äußeren Einschränkungen unterwirft, gewinnt sie dadurch doch eine mediale Präsenz und Verbreitung, die ihr sonst verwehrt bleiben würden.

Die Medienverbundliteratur wird für eine immer größer werdende Zahl von Kindern und Jugendlichen zur Einstiegspforte in die Welt der Bücher und des einsamen, versunkenen Lesens werden. Für viele junge Menschen dürfte sie gar die einzige Leseerfahrung bleiben. Diese Einschätzung spiegelt sich in den Äußerungen so mancher Autoren von *film novelizations* wieder, die Randall D. Larson bereits 1995 zusammengestellt hat. So bemerkt beispielsweise Craig Gardner:

> The primary audience for these books, judging from my fan mail, seems to be kids in the upper grade schools and junior high schools. I'm very happy that the kids are [...] reading these books. That's a very important thing, and they're a way to connect the media with the reading experience, which seems to be in danger of passing away (zit. nach Larson 1995, S. 44).

Isaac Asimov äußert: „Novelizations of popular movies are useful because they lure people into *reading*, and some of them may find they like the process und may become regular readers" (zit. nach Larson 1995, S. 44).

Umso größer muss unser Interesse daran sein, die Qualität der Medienverbundliteratur zu steigern. Die Literaturkritik muss ihre offizielle Nichtbeachtung und ihre heimliche Verachtung dieser Literaturgenres aufgeben und zu einer konstruktiven Kritik übergehen. Die Kritik muss dabei angemessen und gerecht ausfallen, d.h. in ihren Kriterien an den begrenzten Möglichkeiten dieser Art von Literatur ausgerichtet sein. Folgt man allerdings den bei Larson gesammelten Erfahrungsberichten von Autoren, dann wird die Entwertung der Medienverbundliteratur bereits von den Auftraggebern, den Film- und Fernsehproduzenten, betrieben, welche bedauerlicherweise wenig Interesse und nur eine geringe Investitionsbereitschaft für diese zusätzliche mediale Verwertung ihrer Angebote zeigen.

7 Erfassungsschema für Medienverbundangebote

Felder der Kommunikation	Botschaft	Codes, Zeichengattungen, Codierungsmedien	Träger-, Speicher-, Übertragungs-, Distributions-/Verbreitungsmedien
Textueller Bereich I: die *Narration*	Eine Narration in den Entwicklungsstadien: • Treatment, Story-Ideen, • Character-Entwürfe, • Outline, Storyline, • (Drehbuch)	*Filmische* Codierung: • Spielfilm • Filmserie	Kino Fernsehen/TV Videokassette, DVD Internet
		Literarische Codierung: • Erzählung, Roman • Serienerzählung • Schauspiel, Drama • publiziertes Drehbuch	Buch, Zeitung, Zeitschrift Schallplatte, Hörkassette, Audiobook (Hörbuch) Internet Theatralische Aufführung
		Codierung als *Hörspiel*	Radio, Kassette oder CD
		Codierung als *Rollenspiel*	Spielepaket
		Codierung als *Comic*	Comic-Heft, -Album
		Codierung als *Fotoroman*	Zeitschrift, Album
		Codierung als *Computerspiel* (qua medialer Version der Narration)	CD (offline), Internet (online)

Felder der Kommunikation	Botschaft	Codes, Zeichengattungen, Codierungsmedien	Träger-, Speicher-, Übertragungs-, Distributions-/Verbreitungsmedien
Textueller Bereich II: *Einzelaspekte* bzw. *Einzelelemente* der Narration	Inhaltsangaben, Handlungsübersichten, Darstellungen von Spielort, -zeit, sozialen Strukturen, technisch-zivilisatorischen Aspekten, Sitten und Gebräuchen, Characteren, Familien, Dynastien etc. Soundtrack.	Sachtexte, Lexikalische Texte, Figurenbiographien Quiz-, Brett-, Karten-, Rollen-, Computer- etc. -spiele Fotographien, Bilder, Logos, Icons	Buch, Zeitschrift, Websites Teaser, Trailer, Plakate, Flyer, Lesezeichen, Sticker etc. Spielpakete, CDs bzw. DVDs, Internet Merchandisingrodukte
Paratextueller Bereich	Intentionen; Attraktivitätsmerkmale; Hintergründe der Entstehung; Umstände der Produktion (making of); Schauspielerportraits, Soundtrack des Titelsongs etc.	Sachtexte, lexikalische Texte, -Biographien von Schauspielern, Regisseuren, (Drehbuch-) Autoren Fotographien, Bilder, Logos, Icons	Buch, Zeitschrift, Websites DVDs, Internet etc.

8 Literaturverzeichnis

Bischof, Ulrike; Heidtmann, Horst (2001): „Gute Zeiten, schlechte Zeiten" – Fernsehbegleitbücher und Typologie des Leseverhaltens. In: Richter, Karin et al. (Hg.): Kindsein in der Mediengesellschaft. Interdisziplinäre Annäherungen. Weinheim und München: Juventa, S. 125-132

Bischof, Ulrike; Heidtmann, Horst (2003): Film- und Fernsehbücher: Kinder- und Jugendliteratur im Medienverbund. Stuttgart: MFG Medienentwicklung Baden-Württemberg

Bischof, Ulrike; Heidtmann, Horst; Nagl, Manfred (1999): Film- und Fernsehbegleitbücher – Kinder- und Jugendliteratur im Medienverbund. Erste Ergebnisse eines IfaK-Forschungsprojektes. In: Kinder-Medien-Forschung. Aktivitäten und Projekte des Instituts für angewandte Kindermedienforschung der Hochschule für Bibliotheks- und Informationswesen – Fachhochschule Stuttgart – 1997 bis 1999. Stuttgart: IfaK, S. 19-27

Bleicher, Joan Kristin (1999): Fernsehen als Mythos. Poetik eines narrativen Erkenntnissystems. Opladen: Westdeutscher Verlag

Dölling, Evelyn (2001): Multimediale Texte: Multimodalität und Multicodalität. In: Hess-Lüttich, Ernest E.B. (Hg.): Medien, Texte und Maschinen. Angewandte Mediensemiotik. Wiesbaden: Westdeutscher Verlag, S. 35-49

Ewers, Hans Heino (1998): Funktionswandel der Kinder- und Jugendliteratur in der Mediengesellschaft. Zur Entstehung neuer Buchgattungen und neuer literarischer Funktionstypen. In: Deutschunterricht 51, H. 4, S. 170-181

Ewers, Hans Heino (2000): Auf der Suche nach den Umrissen einer zukünftigen Kinder- und Jugendliteratur. Ein Versuch, die gegenwärtigen kinder- und jugendliterarischen Veränderungen einzuschätzen. In: Franz, Kurt; Lange, Günter; Payrhuber, Franz-Josef (Hg.): Kinder- und Jugendliteratur zur Jahrtausendwende. Autoren – Themen – Vermittlung. Baltmannsweiler: Schneider Hohengehren, S. 2-21

Ewers, Hans Heino (2002): Einleitung. Kinder- und Jugendliteratur, Neue Medien und Pop-Kultur. Kinder- und jugendliterarischer Wandel an der Wende zum 21. Jahrhundert. In: Ders. (Hg.): Lesen zwischen Neuen Medien und Pop-Kultur. Kinder- und Jugendliteratur im Zeitalter multimedialen Entertainments. Weinheim und München: Juventa, S. 11-30

Feierabend, Sabine; Klinger, Walter (2002): Medienzugänge von Heranwachsenden unter dem Schwerpunkt Medienverbund. In: Theunert, Helga; Wagner, Ulrike (Hg.): Medienkonvergenz: Angebot und Nutzung. Eine Fachdiskussion. München: Fischer, S. 153-170

Gerhards, Maria; Klinger, Walter (1999): Jugend und Medien. Fernsehen als Leitmedium. Entwicklungsphasen, Nutzung und Funktionen der Medien für Jugendliche. In: Media Perspektiven, H. 11, S. 562-576

Götz, Maya (Hg.) (2002): Alles Seifenblasen? Die Bedeutung von Daily Soaps im Alltag von Kindern und Jugendlichen. München: KoPäd

Hasebrink, Uwe (2002): Konvergenz aus medienpolitischer Perspektive. In: Theunert, Helga; Wagner, Ulrike (Hg.): Medienkonvergenz: Angebot und Nutzung. Eine Fachdiskussion. München: Fischer, S. 91-101

Hasebrink, Uwe (2003): Konvergenz aus Nutzerperspektive. Zur Integration neuer Medien in die Nutzungsmuster von Jugendlichen. In: Bug, Judith; Karmasin, Mathias (Hg.), Telekommunikation und Jugendkultur. Eine Einführung. Wiesbaden: Westdeutscher Verlag, S. 29-46

Hasebrink, Uwe (2004): Konvergenz aus Nutzerperspektive. Das Konzept der Kommunikationsmodi. In: Hansenbrink, Uwe; Mikos, Lothar; Prommer, Elisabeth (Hg.): Mediennutzung in konvergierenden Medienumgebungen. München: Fischer, S. 67-85

Hasebrink, Uwe; Mikos, Lothar; Prommer, Elisabeth (2004): Mediennutzung in konvergierenden Medienumgebungen. Zur Einführung. In: Dies. (Hg.): Mediennutzung in konvergierenden Medienumgebungen. München: Fischer, S. 9-17

Heidtmann, Horst (1994): Computer als Teil der Kinder- und Jugendkultur: Entwicklungen und Funktionsveränderungen. In: Beiträge Jugendliteratur und Medien 46, H. 2, S. 98-103

Heidtmann, Horst (1995): Neue Formen seriellen Erzählens für junge Zuschauer. Gute Zeiten für schlechte Seifenopern. In: Beiträge Jugendliteratur und Medien 47, H. 1, S. 43-52

Heidtmann, Horst (1996): Das Kinder- und Jugendbuch im Zeitalter der elektronischen Medien. Überlegungen zum Formen- und Funktionswandel von Kinder- und Jugendliteratur. In: JuLit. Informationen Arbeitskreis für Jugendliteratur 22, H. 1, S. 5-15

Heidtmann, Horst (1997): Multimediales Erzählen für Kinder und Jugendliche. In: Kämper-van den Boogaart, Michael (Hg.): Das Literatursystem der Gegenwart und die Gegenwart der Schule. Festschrift für Werner Schlotthaus zur Emeritierung. Baltmannsweiler: Schneider Hohengehren, S. 196-205

Heidtmann, Horst (2000): Kinder- und Jugendliteratur im Medienverbund. Veränderungen von Lesekultur, Lesesozialisation und Leseverhalten in der Mediengesellschaft. In: Richter, Karin et al. (Hg.): Kinder – Literatur – „neue" Medien. Baltmannsweiler: Schneider Hohengehren, S. 20-35.

Heidtmann, Horst (2000): Medienverbünde – Herausforderungen und Chancen. In: Stark, Werner et al. (Hg.): Von der Alphabetisierung zur Leseförderung. Stuttgart et al.: Klett, S. 181-195

Heidtmann, Horst (2004): Literatur für Fans? Oder: Was macht Bücher zu Filmen und Fernsehserien erfolgreich? Untersuchungen zur Adaptionsproblematik. In: 1000 und 1 Buch, Nr. 2, S. 12-18

Hess-Lüttich, Ernest W. B. (1992): Die Zeichen-Welt der multimedialen Kommunikation. In: Ders. (Hg.): Medienkultur – Kulturkonflikt. Massenmedien in der interkulturellen und internationalen Kommunikation. Wiesbaden: Westdeutscher Verlag, S. 431-449

Josting, Petra (2001): Medienverbund, Deutschunterricht und Medienkompetenz. In: Beiträge Jugendliteratur und Medien 53, H. 3, S. 174-185

Jurga, Martin (1999): Fernsehtextualität und Rezeption. Opladen: Westdeutscher Verlag

Larson, Randall D. (1995): Films into Books. An Analytical Bibliography of Film Novelizations, Movie, and TV Tie-Ins. Metuchen, N.J., and London: The Scarecrow Press

Linneweber-Lammerskitten, Helmut (1998): Erkenntnistheoretische Implikationen von Multimedia – Virtual Reality. In: Pfammatter, René (Hg.), Multi Media Mania. Reflexionen zu Aspekten Neuer Medien. Konstanz: UVK Medien, S. 279-301

Malaka, Bernward (1996): „Bücher auf der Überholspur". Verlegerische Arbeit mit Fernsehtiteln. In: JuLit. Informationen Arbeitskreis für Jugendliteratur 22, H. 1, S. 15-20

Mikos, Lothar (1997): Medienkindheiten – Aufwachsen in der Multimediagesellschaft. In: Gottberg, Joachim von et al. (Hg.): Kinder an die Fernbedienung. Konzepte und Kontroversen zum Kinderfilm und Kinderfernsehen. Berlin: Vistas, S. 51-69

Harry Potter-Bibliografie

Die folgende Bibliografie deutsch- und englischsprachiger Literatur versteht sich nur als *Auswahl* eines weltweit überbordenden Schrifttums zu *Harry Potter*. Berücksichtigt wurden wegen ihrer Zugänglichkeit und Dauerhaftigkeit vorrangig wissenschaftliche Zeitschriften- sowie Sammelbandaufsätze, Sammelbände und Monografien. Eine in dieser Form wohl einzigartig umfangreiche und laufend aktualisierte Literaturliste bietet die Sprachwissenschaftlerin Cornelia Cornelia Rémi auf ihrer Internetpräsenz *Viola Owlfeathers Harry-Potter-Kiste* unter *http://www.eulenfeder.de/hpliteratur.html*.

1 Primärliteratur

Rowling, Joanne K. (1997): Harry Potter and the Philosopher's Stone. London: Bloomsbury

Rowling, Joanne K. (1998a): Harry Potter und der Stein der Weisen. Aus dem Englischen von Klaus Fritz. Hamburg: Carlsen

Rowling, Joanne K. (1998b): Harry Potter and the Chamber of Secrets. London: Bloomsbury

Rowling, Joanne K. (1999a): Harry Potter und die Kammer des Schreckens. Aus dem Englischen von Klaus Fritz. Hamburg: Carlsen

Rowling, Joanne K. (1999b): Harry Potter and the Prisoner of Azkaban. London: Bloomsbury

Rowling, Joanne K. (1999c): Harry Potter und der Gefangene von Askaban. Aus dem Englischen von Klaus Fritz. Hamburg: Carlsen

Rowling, Joanne K. (2000a): Harry Potter and the Goblet of Fire. London: Bloomsbury

Rowling, Joanne K. (2000b): Harry Potter und der Feuerkelch. Aus dem Englischen von Klaus Fritz. Hamburg: Carlsen

Rowling, Joanne K. (2001a) [Pseud. Newt Scamander]: Fantastic beasts and where to find them. London: Bloomsbury

Rowling, Joanne K. (2001b) [Pseud. Newt Scamander]. Phantastische Tierwesen und wo sie zu finden sind. Aus dem Englischen von Klaus Fritz. Hamburg: Carlsen

Rowling, Joanne K. (2001c) [Pseud. Kennilworthy Whisp]: Quidditch through the Ages. London: Bloomsbury

Rowling, Joanne K. (2001d) [Pseud. Kennilworthy Whisp]: Quidditch im Wandel der Zeiten. Aus dem Englischen von Klaus Fritz. Hamburg: Carlsen

Rowling, Joanne K. (2003a): Harry Potter and the Order of the Phoenix. London: Bloomsbury

Rowling, Joanne K. (2003b): Harry Potter und der Orden des Phönix. Aus dem Englischen von Klaus Fritz. Hamburg: Carlsen

Rowling, Joanne K. (2005a): Harry Potter and the Half-Blood Prince. London: Bloomsbury

Rowling, Joanne K. (2005b): Harry Potter und der Halbblutprinz. Aus dem Englischen von Klaus Fritz. Hamburg: Carlsen

2 Sekundärliteratur

2.1 Biografisches

Beahm, George (2004): Muggles and Magic: J. K. Rowling and the Harry Potter Phenomenon. Charlottesville, VA: Hampton Roads

Beahm, George (2005): Fact, Fiction, and Folklore in Harry Potter's World. An Unofficial Guide. Charlottesville, VA: Hampton Roads

Chippendale, Lisa A. (2002): Triumph of the Imagination: The Story of Writer J. K. Rowling. Philadelphia, PA: Chelsea House

Compson, William (2003): J.K. Rowling. New York: Rosen Publishing Group

Fraser, Lindsey (2000): Telling Tales: An Interview with J. K. Rowling. London: Mammoth

Kirk, Connie Ann (2003): J. K. Rowling. A Biography. Westport, CT: Greenwood Press

Knobloch, Jörg (2000): Die Zauberwelt der J.K. Rowling. Hintergründe & Facts zu „Harry Potter". Mülheim an der Ruhr: Verlag an der Ruhr

Lovett, Charles (2003): J.K. Rowling. Her Life and Works. New York: SparkNotes

Mattern, Joanne (2005): J.K. Rowling, Author. New York: Ferguson

Shapiro, Marc (2000): J. K. Rowling. Die Zauberin hinter Harry Potter. Eine unautorisierte Biografie. Nürnberg: Burgschmiet

Shapiro, Marc (2004): J. K. Rowling: The Wizard Behind Harry Potter. 2., überarb. Aufl., New York: St. Martin's Press

Shields, Charles J. (2002): Mythmaker. The Story of J. K. Rowling. Philadelphia: Chelsea House

Smith, Sean (2002): Die Schöpferin von Harry Potter. Das Leben der J. K. Rowling. Hamburg: Europa

Till, Martin (Hg.) (2001): Viel Zauber um Harry. Die Welt der Joanne K. Rowling. Hamburg: Carlsen

2.2 Lexikalisches

Dedopoulos, Tim (2002): Zauberer. Eine magische Zeitreise von Merlin bis Harry Potter. Köln: vgs

Eccleshare, Julia (2002): Guide to the Harry Potter Novels. London: Continuum

Hein, Rudolf (2001): Kennen Sie Severus Snape? Auf den Spuren der sprechenden Namen bei Harry Potter. Bamberg: Collibri/Weiß

Kienitz, Günter W.; Grabis, Bettina (2001): Alles über Harry Potter. Internet Pocket Guide. Kempen: Moses

Kronzek, Allan Zola; Kronzek, Elizabeth (2005): Das Zauberer-Handbuch. Die magische Welt der Joanne K. Rowling von A bis Z. Überarb. u. erw. Aufl., München: Goldmann

Nel, Philip (2001): J K Rowling's Harry Potter Novels. A Reader's Guide. New York, London: Continuum

Preissner, Saskia, Preissner Sarah (2000): Der Inoffizielle HP-Fanclub präsentiert: Die Zauberschule. München: Ullstein

Preissner, Saskia, Preissner Sarah (2001): Der Inoffizielle HP-Fanclub präsentiert: Das Zauberinternat. Das Buch für kluge Magier. München: Ullstein

Schneidewind, Friedhelm (2000): Das ABC rund um Harry Potter. Berlin: Schwarzkopf & Schwarzkopf

Stein, Falk N. (2000): Von Alraune bis Zentaur. Ein Harry Potter Lexikon. Düsseldorf: Albatros

Zollner, Barbara Maria (2001): Langenscheidts Großes Zauberwörterbuch. Für Harry Potter-Fans. Englisch-Deutsch. Berlin et al.: Langenscheidt

2.3 Didaktisches

Abraham, Ulf (2003): Das fantastische Fremde. Joanne K. Rowling: „Harry Potter und der Stein der Weisen. In: Büker, Petra; Kammler, Clemens (Hg.): Das Fremde und das Andere. Interpretationen und didaktische Analysen zeitgenössischer Kinder- und Jugendbücher. Weinheim und München: Juventa, S. 87-99

Bertschi-Kaufmann, Andrea; Feusi, Daniel (2002): Harry Potter und die Leseförderung. Empfehlungen aus dem Projekt „Literalität im medialen Umfeld. Lernen im Kontext neuer Medien". In: Schulblatt der Kantone Aargau und Solothurn Nr. 20, S. 28-30

Beuning, Brigitte; Knobloch, Jörg (2000): Literatur-Kartei zum Jugendbuch von Joanne K. Rowling „Harry Potter und der Stein der Weisen". Mühlheim an der Ruhr: Verlag an der Ruhr

Cevela, Inge; Lexe, Heidi (Hg.) (2001): Butterbier und Zauberbohnen. Nachdenken über und Arbeiten mit „Harry Potter" und vielem mehr. Reihe Projekte im Fernkurs Kinder- und Jugendliteratur der STUBE. Wien: Stube

Comfere, Karin (2002): Interpretation zu Band 1 des Jugendbuchs von Joanne K. Rowling. München: Oldenbourg

de Blank, Jana; Walther, Wulf (2004): Joanne K. Rowling, Interpretation zu Band 5 der „Harry-Potter"-Reihe. München: Oldenbourg

Dierschke, Susanne; Beyersdörfer, Gabriele (2002): Joanne K. Rowling: Harry Potter im Unterricht. Klassen 5-7. Paderborn: Schöningh

Endrigkeit, Anne-Mareike; Endrigkeit, Rainer (2001): Literaturwerkstatt zum Jugendbuch von Joanne K. Rowling „Harry Potter und der Stein der Weisen". Mühlheim an der Ruhr: Verlag an der Ruhr

Froelich, Kristin; Mertz, Patrick (2001): Jetzt geht's „hogwärts" ... Unterrichtsvorschläge zum Phänomen „Harry Potter". In: Praxis Schule 5-10 12, H. 1, S. 56-58

Garbe, Gabriele; Siebold, Jörg (2000): Harry Potter and the World of Wizards and Dragons. In: Fremdsprachenunterricht 44/53, S. 317f.

Garbe, Gabriele; Siebold, Jörg (2000): Unterrichtsvorschläge zu „Harry Potter" im Englischunterricht. In: Fremdsprachenunterricht 44/53, S. 444-447

Gundt, Christa (2000): Bestseller im Unterricht. Joanne K. Rowling: Harry Potter und der Stein der Weisen – eine vergnügliche und kreative Begegnung. In: Praxis Deutsch 27, H. 162, S. 37-39

Hasler, Claudia (2001): Harry Potter – Werkstätten und Ateliers zur Zauberwelt. Materialien für die Mittelstufe. Zürich: Sabe

Hermann, Thomas; Ammann, Daniel; Moser, Heinz (2004): Harry war hier. Lesen, Magie und Projekte im Klassenzimmer. Materialien zu Harry Potter und der Stein der Weisen. Zürich: Pestalozzianum

Knobloch, Jörg (2000): „Harry Potter" und die Didaktik der Kinder- und Jugendliteratur. Kritische Fragen zu einem unverhofften Konflikt. In: Beiträge Jugendliteratur und Medien 52 H. 4, S. 232-234

Knobloch, Jörg (Hg.) (2001): „Harry Potter" in der Schule. Didaktische Annäherungen an ein Phänomen. Mühlheim an der Ruhr: Verlag an der Ruhr

Knobloch, Jörg (2003): Die Schule der Magier. Ein Leseförderungsprojekt zu „Harry Potter" für die ganze Schule (5./6. Jahrgangsstufe). In: Deutschunterricht, H. 6, S. 17-20

Kohrs, Karl W. (2004): Zauberhafte Unterrichtsideen mit Harry Potter. Materialien und Kopiervorlagen zum Band „Harry Potter und der Stein der Weisen" für das 3. und 4. Schuljahr. Donauwörth: Auer

Küppers, Almut (2001): Von Harry Potter lernen heißt: Lesen lernen. Von den Erkenntnissen der Lesesozialisationsforschung und deren Bedeutung für den Fremdsprachenunterricht. In: Fremdsprachenunterricht, H. 5, S. 324-331

Nothdorf, Katrin (2001a): Kopiervorlagen und Materialien zu „Harry Potter und der Stein der Weisen". Deutsch 5.-7. Schuljahr. Berlin: Cornelsen Scriptor

Nothdorf, Katrin (2001b): Potter in die Schule! Didaktisches Material für die Praxis. In: Kutzmutz (Hg.) 2001a, S. 78-85

Nothdorf, Katrin (2002): Carlsen in der Schule. Ideen für den Unterricht Klasse 5-9. Hamburg: Carlsen

Perry, Phyllis Jean (2003): Teaching the Fantasy Novel: From The Hobbit to Harry Potter and the Goblet of Fire. Portsmouth, NH: Teacher Idea Press

Röllich-Faber, Ursula (2001): Literatur-Kartei zu den Jugendbüchern von Joanne K. Rowling. Lernstationen zu den Bänden 1-4. Zu „Harry Potter", Klassen 8-10. Mühlheim an der Ruhr: Verlag an der Ruh

Siebold, Jörg (2000): Von Muggeln und Magiern – „Harry Potter" im Englischunterricht. In: Fremdsprachenunterricht 44/53, S. 440-444

Siebold, Jörg (2001a): Harry Potter and the Fantastic Beast. In: Fremdsprachenunterricht 45/54, S. 202f.

Siebold, Jörg (2001b): Harry Potter and the Sweet Brown Drink. In: Fremdsprachenunterricht 45/54, S. 365f.

Tiemann, Hans-Peter (2005): Starke Stunden mit Harry Potter und dem Stein der Weisen. Donauwörth: Auer

Zollner, Barbara Maria (2001): Mentor Interpretationshilfe zu J. K. Rowling „Harry Potter and the Philosopher's Stone". München: Mentor

2.4 Theologisches

Abanes, Richard (2001): Harry Potter and the Bible: The Menace Behind the Magick. Camp Hill, Pa.: Horizon Books

Achilles, Mark; Bohrmann, Thomas (2004): „Harry Potter". Inhaltsethische Analysen eines Kinder- und Jugendbuchs. In: Münchener Theologische Zeitschrift 55, H. 1, S. 67-83

Bachl, Gottfried (2001): Gefährliche Magie? Religiöse Parabel? Gute Unterhaltung. In: Spinner (Hg.) 2001a, S. 42-59

Bachl, Gottfried (2002): Harry Potter theologisch gelesen. In: Lexe (Hg.) 2002, S. 109-123

Bridger, Francis (2001): A Charmed Life: The Spirituality of Potterworld. London: Darton, Longman & Todd

Cherrett, Lisa (2003): The triumph of goodness. Biblical themes in the Harry Potter stories. Oxford: Bible Reading Fellowship

Cornelius, Corinna (2003): Harry Potter − geretteter Retter im Kampf gegen dunkle Mächte? Religionspädagogischer Blick auf religiöse Implikationen, archaisch-mythologische Motive und supranaturale Elemente. Münster und Hamburg: Lit

Dahlgrün, Corinna (2001): Harry Potters Trivialreligiosität − Kritische religionspädagogische Anmerkungen zu einem Bestseller. In: Pastoraltheologie. Monatsschrift für Wissenschaft und Praxis in Kirche und Gesellschaft 90, H. 3, S. 78-88

Dalton, Russell W. (2003): Faith Journey Through Fantasy Lands. A Christian Dialogue With Harry Potter, Star Wars, and the Lord of the Rings. Minneapolis, MN: Augsburg Fortress

Dormeyer, Detlev; Munzel, Friedhelm (Hg.) (2005): Faszination „Harry Potter". Was steckt dahinter? Münster und Hamburg: Lit

Drexler, Christoph; Wandinger, Nikolaus (Hg.) (2004): Leben, Tod und Zauberstab. Auf der theologischen Spurensuche in Harry Potter. Münster: Lit

Fährmann, Willi; Schlagheck, Michael; Steinkamp, Vera (Hg.): Mythen, Mächte und Magie. Harry Potter oder die Frage nach dem Woher und Wohin in der phantastischen Kinder- und Jugendliteratur. Mühlheim an der Ruhr: Katholische Akademie Die Wolfsburg

Franzke, Reinhard (2001): Die Harry-Potter-Manie. In: Gassmann, Lothar (Hg.): Esoterik als Lebenshilfe? Die Wahrheit über Astrologie, Spiritismus, Magie und Zauberei. Wuppertal: Verlag für Reformatorische Erneuerung, S. 76-91

Granger, John (2004): Looking for God in Harry Potter. Carol Stream, IL: Tyndale House

Killinger, John (2002): God, the Devil, and Harry Potter. A Christian Minister's Defense of the Beloved Novels. New York: Thomas Dunne Books

Kuby, Gabriele (2002): Harry Potter – der globale Schub in okkultes Heidentum. Kißlegg: Fe-Medienverlag

Kuby, Gabriele (2003): Harry Potter – gut oder böse. Kißlegg: Fe-Medienverlag

Meurer, Thomas (2002): Das Potter-Phänomen. Konkurrenz für Tora und Evangelium? Religionspädagogische Bemerkungen zu Befürchtungen und Hoffnungen rund um das Phänomen Harry Potter. In: Christenlehre. Praxis Religionsunterricht 55, H. 2, S. 58-62

Möllenbeck, Thomas (2002): Ikone der Kontingenz. In: Theologie und Glaube 92, H. 3, S. 367-380

Morgenroth, Matthias (2001): Der Harry-Potter-Zauber. Ein Bestseller als Spiegel gegenwärtiger Privatreligiosität. In: Pastoraltheologie – Monatsschrift für Wissenschaft und Praxis in Kirche und Gesellschaft 90, H. 3, S. 66-78

Peter, Teresa; Drexler, Christoph; Wandinger, Nikolaus (2002): The Story of a Scar: Harry Potter als Sinnbild verwundbarer und verwundeter Geschöpflichkeit. In: Österreichisches Religionspädagogisches Forum, H. 12/13, S. 29-36

Ritter, Werner H. (2003): Wenn Schwarzenegger betet und Harry Potter gegen den Bösen kämpft. Religiöse Elemente in der Popkultur und ihre Bedeutung für Kirche und Praktische Theologie. In: Theo-Web-Wissenschaft. Zeitschrift für Theorie der Religionspädagogik 2, S. 4-15

Schmidt, Axel (2002): Die Suche nach dem rechten Lebens-Mittel. Harry Potter als Beispiel einer modernen praeparatio Evangelii. In: Theologie und Glaube 92, H. 3, S. 353-366

Schuller, Florian (2001): Wie Harry Potter in die Katholische Akademie kam und warum er dort hingehört. Beobachtungen eines lesenden Pfarrers. In: Spinner (Hg.) 2001a, S. 60-71

Striet, Magnus (2002): Anweisung zum seligen Leben? Ein nüchterner Blick (nicht nur) auf Harry Potter. In: Theologie und Glaube 92, H. 3, S. 338-352

Tomberg, Markus (2001): Zauberwelten im Kopf. Zur Metaphysik der „Harry-Potter"-Rezeption. In: Knobloch (Hg.) 2001, S. 121-132

Tomberg, Markus (2002): Mythos? Transzendentale Propädeutik? – In Rowlings Romanen findet sich beides. In: Theologie und Glaube 92, H. 3, S. 325-337

Tomberg, Markus (2003): Muggel gegen Zauberer. Wie harmlos ist Harry Potter? In: Herder Korrespondenz, S. 514-518

Verweyen, Hansjürgen (2002): Tod-Liebe-Eros. Archetypische Symbole bei J.K. Rowling. In: Theologie und Glaube 92, H. 3, S. 315-324

2.5 Literatur-, Medien- und Sozialwissenschaftliches

Abanes, Richard (2005): Harry Potter, Narnia, and The Lord of the Rings. Eugene, Or.: Harvest House Publishers

Abraham, Ulf (2001): Familienlektüren wie zum Beispiel Harry Potter. Fantastische Erfolgsromane mit Helden ohne Familienanschluss. In: Jahrbuch für Internationale Germanistik XXXIII, H. 1, S. 82-97

Abraham, Ulf (2002): Harry Potter und die Medien der Muggel. In: Kugler, Hartmut (Hg.): www.germanistik2001.de. Vorträge des Erlanger Germanistentags. Bd. 1. Bielefeld: Aisthesis, 2002, S. 537-555

Anatol, Giselle Liza (Hg.) (2003): Reading Harry Potter: Critical Essays. Westport, Conn. et al.: Praeger

Arendt, Elycia (2002): The Great Harry Potter Debate. In: Dies.: Braveheart and Broomsticks: Essays on Movies, Myths, and Magic. Haverford, PA: Infinity Publishing.com, S. 73-86

Baehr, Ted; Snyder, Tom (2003): Frodo and Harry: Understanding Visual Media an Its Impact on Our Lives. Wheaton, Ill: Crossway Books

Baggett, David; Klein, Shawn (Hg.) (2004): Harry Potter and Philosophy: If Aristotle ran Hogwarts. Chicago, Ill.: Open Court

Bak, Sandra (2004): Harry Potter. Auf den Spuren eines zauberhaften Bestsellers. Frankfurt am Main et al.: Peter Lang

Bice, Deborah (Hg) (2003): Elsewhere: Selected Essays from the „20th Century Fantasy Literature: From Beatrix to Harry". International Literary Conference. Lanham, MD: University Press of America

Billone, Amy (2004): The Boy Who Lived. From Carroll's Alice and Barrie's Peter Pan to Rowling's Harry Potter. In: Children's Literature, H. 32, S. 178-202

Black, Sharon (2003): The Magic of Harry Potter: Symbols and Heroes of Fantasy. In: Children's Literature in Education 34, H. 3, S. 237-247

Blake, Andrei; Carretero-Gonzalez, Margarita; Marquez-Linares, Carlos F. (2003): ... And Then Came the Fall: On the Nature of Evil in J.R.R. Tolkien's and J.K. Rowling's Arch-villains. In: Perspectives on Evil and Human Wickedness 1, H. 3, S. 170-181

Blake, Andrew (2002): The Irresistible Rise of Harry Potter. London: Verso

Boehme-Duerr, Karin (2000): Jenseits von „Harrycane". In: Televizion 13, Nr. 1, S. 25-31

Boyle, Fionna (2004): A Muggle's Guide to the Wizarding World: Exploring the Harry Potter Universe. Toronto: Ecw Press

Brown Stephen (2001): Marketing for muggles: Harry Potter and the Retro Revolution. In: Journal of Marketing Management 17, H. 5/6, S. 463-479

Brown, Stephen (2002): Who moved my Muggle? Harry Potter and the Marketing Imaginarium. In: Marketing Intelligence & Planning 20, H. 3, S. 134-148

Brown, Stephen (2005): Die Botschaft des Zauberlehrlings. Die Magie der Marke Harry Potter. München: Hanser

Brown, Stephen; Patterson, Anthony [2006]: Riddikulus! Consumer Reflections on the Harry Potter Phenomenon. In: Brown, Stephen (Hg.): Consuming Books. The Marketing and Consumption of Literature. London: Sage

Brügmann, Jo Anne (2000): „Ich glaub, ich hab die Harry-Sucht!" Was Kritiker und Kinder über Harry Potter sagen und schreiben. In: Bulletin Jugend und Literatur, Nr. 5, S. 8f.

Buddeke, Wolfram (2001): Harry Potters Lehrjahre. Unvorgreifliche Bemerkungen zu Joanne K. Rowlings Bestseller. In: Cromme, Gabriele; Lange, Günter (Hg.): Kinder- und Jugendliteratur. Lesen – Verstehen – Vermitteln. Baltmannsweiler: Schneider Hohengehren, S. 249-263

Bürvenich, Paul (2001): Der Zauber des Harry Potter. Analyse eines literarischen Welterfolgs. Frankfurt am Main et al.: Peter Lang

Caselli, Daniella (2004): Harry Potter and Intertextuality. In: Lesnik-Oberstein, Karin (Hg.): Children's Literature: New Approaches. Basingstoke: Palgrave Macmillan, S. 168-188

Coen, Annette (2002): Rummel um Harry Potter. Die Vermarktung einer Fantasiefigur zum „Star". In: Praxis Deutsch 29, H. 171, S. 23-29

Colbert, David (2003): The Magical Worlds of Harry Potter. A Treasury of Myths, Legends and Fascinating Facts. Überarb. Aufl., London et al.: Puffin

Colebatch, Hal G. P. (2003): Return of the Heroes: The Lord of the Rings, Star Wars, Harry Potter and Social Conflict. Christchurch: Cybereditions

Conrady, Peter (Hg.) (2003): Harry Potter im Quadrat. Der unheimliche Erfolg eines Best- und Longsellers. Oberhausen: Athena 2003

Dudink, Peter (2002): Harry Potter Anti-Hero. From Mis-Education to Conflict Mismanagement. In: The New Review of Children's Literature and Librarianship, H. 8, S. 203-221

Ehgartner, Reinhard (2002): J. K. Rowlings Harry Potter-Romane in literarischen Koordinaten. In: Lexe (Hg.) 2002, S. 61-81

Ewers, Hans-Heino (2003): „Harry Potter", „Herr der Ringe", „Star Wars" & Co. Ein Versuch über multimediale Angebote. In: Forgács, Erzsébet (Hg.): Germanistik – Traditionspflege und neue Herausforderungen. Festschrift zum 110. Jahrestag der Gründung des Lehrstuhls für deutsche Sprache und Literatur an der Hochschulfakultät „Gyula Juhász" der Universität Szeged. Szeged (Hungary): Grimm, S. 275-289

Fry, Michele (2001): Heroes and Heroines: Myth and Gender Roles in the Harry Potter Books. In: The New Review of Children's Literature and Librarianship, H. 7, S. 157-167

Garbe, Christine et al. (2002): „(Nicht) Alles dreht sich um Harry ..." oder: Was fasziniert Kinder, Jugendliche und Erwachsene an der Welt des Harry Potter? In: Steitz-Kallenbach, Jörg; Thiele, Jens (Hg.): Medienumbrüche. Wie Kinder und Jugendliche mit alten und neuen Medien kommunizieren. Bremen und Oldenburg: Universitätsverlag Aschenbeck & Isensee, S. 125-146

Gelberg, Hans-Joachim (2002): Neue und alte Zauberzeiten: Die Zukunft des Kinder- und Jugendbuches – nach Harry Potter gilt es, die neue Marktposition zu nutzen und wieder im klassischen Sinne auf die Autoren zu setzen. In: JuLit 28, H. 1, S. 35-47

Götz, Maya et al. (2005): Media and the Make-Believe Worlds of Children. When Harry Potter meets Pokémon in Disneyland. Mahwah, N.J.: Lawrence Erlbaum

Granger, John (2003): The Hidden Key to Harry Potter: Understanding the Meaning, Genius and Popularity of Joanne Rowling's Harry Potter Novels. Hadlock: Zossima Press

Griesinger, Emily (2002): Harry Potter and the Deeper Magic: Narrating Hope in Children's Literature. In: Christianity and Literature 51, H. 3, S. 455-480

Grynbaum, Gail A. (2001): The secrets of Harry Potter. In: San Francisco Jung Institute Library Journal 19, H. 4, S. 17-48

Gunder, Anna (2003): As if by Magic: On Harry Potter as a Novel and Computer Game. In: Copier, Marinka; Raessens, Joost (Hg.): Level Up: Digital Games Research Conference, 4-6 November 2003, Utrecht University. Utrecht: Universiteit Utrecht/Digra (auf der CD-ROM)

Gunder, Anna (2004): Harry Ludens. Harry Potter and the Philosopher's Stone as a Novel and Computer Game. In: Human IT 7, H. 2, S. 1-137 (online unter http://www.hb.se/bhs/ith/2-7/ag.pdf)

Gupta, Suman (2003): Re-Reading Harry Potter. Basingstoke et al.: Palgrave Macmillan

Gutmann, Hans-Martin (2000): Die Jagd nach dem „Goldenen Schnatz" – Die Harry-Potter-Bücher setzen die juedisch-christliche Erzähltradition fort. In: Zeitzeichen H. 1, S. 39-41

Haas, Gerhard (2001): „Harry Potter" im Kontext der fantastischen Kinder- und Jugendliteratur. In: Knobloch (Hg.) 2001, S. 15-26

Hallett, Cynthia Whitney (Hg.) [2005]: Harry Potter, Academically Speaking. A Collection of Critical & Pedagogical Essays. Lewiston, NY: Edwin Mellen Press

Heilman, Elizabeth E. (Hg.): Harry Potter's World: Multidisciplinary Critical Perspectives. New York: RoutledgeFalmer

Herberichs, Cornelia (2001): Harry Potter und die entzauberte Welt. In: Variations, H. 6, S. 99-108

Highfield, Roger (2000): The Science of Harry Potter: How Magic Really Works. New York: Viking

Hole, Daniel (2002): Spell-bound? Accounting for unpredictable self-forms in J.K. Rowling's Harry Potter stories. In: Zeitschrift für Anglistik und Amerikanistik, H. 3, S. 285-300

Houghton, John (2001): Was bringt Harry Potter unseren Kindern? Chancen und Nebenwirkungen des Millionen-Bestsellers. Basel: Brunnen

Jung, Mathias (2004): Der Zauber der Wandlung. Harry Potter oder das Abenteuer der Ich-Werdung. Lahnstein: emu

Kämpfe-Burghardt, Klaus (2001): Vertriebszauber? Einblicke ins Potter-Marketing. In: Kutzmutz (Hg) 2001a, S. 44-59

Kern, Edmund M. (2003): The Wisdom of Harry Potter: What Our Favorite Hero Teaches Us about Moral Choices. Amherst, N.Y.: Prometheus Books

Kirk, Connie Ann (2004): From Shakespeare to Harry Potter: An Introduction to Literature for All Ages. Philadelphia, PA: Xlibris

Knobloch, Jörg (2003a): „Harry Potter" – Konflikte zwischen Literaturdidaktik und Kommerz. In: Beiträge Jugendliteratur und Medien 55, H. 1, S. 19-27

Knobloch, Jörg (2003b): Harry Potter™ – vom Kinderbuchhelden zum Film-Idol und zur geschützten Marke. In: Merz: Medien + Erziehung. Zeitschrift für Medienpädagogik, H. 6, S. 37-40

Köhler, Ulrike Christina (2004): Gezähmtes Naturkind und dankbarer Sklave. Figurenstereotypen in den Harry Potter-Romanen. In: Kinder- und Jugendliteraturforschung Frankfurt. Aus der Arbeit des Instituts und der Bibliothek für Jugendbuchforschung, Nr. 2, S. 20-24

Krüger, Dietlind (2004): Eigennamen in der literarischen Übersetzung, dargestellt am Beispiel von Übersetzungen von J. K. Rowlings „Harry Potter". In: Namenkundliche Informationen, H. 85/86, S. 141-163

Kutzmutz, Olaf (Hg.) (2001a): Harry Potter oder Warum wir Zauberer brauchen. Wolfenbüttel: Bundesakademie für kulturelle Bildung

Kutzmutz, Olaf (2001b): Nachricht von Aschenputtel. Joanne K. Rowling in den Medien. In: Kutzmutz (Hg.) 2001a, S. 60-77

Lexe, Heidi (2001a): Bohnen jeder Geschmacksrichtung? Zur medialen Eintönigkeit des neuerlichen Harry-Potter-Hypes. Trotz eines Symposions. In: 1000 und 1 Buch, H. 4, S. 21f.

Lexe, Heidi (2001b): Möge die Macht mit Euch sein. Kanon, Kult und Klassik in der Kinderliteratur. In: 1000 und 1 Buch, H. 2, S. 4-11

Lexe, Heidi (Hg.) (2002): „Alohomora!" Ergebnisse des ersten Wiener Harry-Potter-Symposions. Wien: Edition Praesens

Lexe, Heidi (2003): Pippi, Pan und Potter. Zur Motivkonstellation in den Klassikern der Kinderliteratur. Wien: Edition Praesens

Lexe, Heidi (2004): Phantastische Freakshow? Zur Rückkehr absonderlicher Wesen in der KJL. In: 1000 und 1 Buch, H. 1, S. 28-32

Lurie, Alison (2003): The Perils of Harry Potter. In: Dies.: Boys and Girls Forever: Children's Classics from Cinderella to Harry Potter. London: Chatto & Windus, S. 113-123

Maar, Michael (2002): Warum Nabokov Harry Potter gemocht hätte. Berlin: Berlin

Mackey, Margaret (2001): The Survival of Engaged Reading in the Internet Age: New Media, Old Media, and the Book. In: Children's Literature in Education 32, H. 3, S. 167-189

Manlove, Colin (2003): From Alice to Harry Potter: Children's Fantasy in England. Christchurch: Cybereditions

Mattenklott, Gundel (2001): Text aus Texten. Phantastische Traditionen bei Harry Potter. In: Kutzmutz (Hg.) 2001a, S. 33-43

Mattenklott, Gundel (2003): Harry Potter – phantastische Kinderliteratur. Auf den Spuren eines globalen Erfolgs. In: Stimmen der Zeit, H. 128, S. 39-51

Meyer-Gosau, Frauke (2000): Die Wiederkunft des Schwarzen Meisters. Harry Potter IV: Joanne K. Rowling entwirft eine zauberhaft-politische Geschichte des Bösen. In: Literaturen, H. 11/2000, S. 50-52

Meyer-Gosau, Frauke (2001a): Harrymania. Gute Gründe für die Harry Potter-Sucht. In: Neue Sammlung 41, H. 2, S. 287-298

Meyer-Gosau, Frauke (2001b): Potterismus. Was der deutschen Gegenwartsliteratur fehlt – und Harry hat's. In: Kutzmutz (Hg.) 2001a, S. 7-19

Mynott, Glen (1999): Harry Potter and the public school narrative. In: The New Review of Children's Literature and Librarianship, H. 5, S. 13-27

Natov, Roni (2001): Harry Potter and the Extraordinariness of the Ordinary. In: The Lion and the Unicorn 25, H. 2, S. 310-327

Nel, Philip (2005): Is There a Text in This Advertising Campaign? Literature, Marketing, and Harry Potter. In: The Lion and the Unicorn 29, H. 2, S. 236-267

O'Keefe, Deborah (2003): Readers in wonderland. The liberating worlds of fantasy fiction. From Dorothy to Harry Potter. New York, NY: Continuum

Pennington, John (2002): From Elfland to Hogwarts, or the Aesthetic Trouble with Harry Potter. In: The Lion and The Unicorn 26, H. 1, S. 78-97

Perschon, Erich (2001): Potter-Kult im Internet. In: 1000 und 1 Buch, H. 2, S. 13-15

Petzold, Dieter (2001): Die Harry Potter-Bücher: Märchen, fantasy fiction, school stories – und was noch? In: Spinner (Hg.) 2001a, S. 21-41

Philipp, Claus (2002): Hogwarts™. Die Potterisierung der Welt oder Wie überrumpelt man Fans? In: Lexe (Hg.) 2002, S. 41-60

Rank, Bernhard; Just, Martin-Christoph (2002): Forschungsliteratur zu „Harry Potter". In: Ewers, Hans-Heino et al. (Hg.): Kinder- und Jugendliteraturforschung 2001/2002. Stuttgart und Weimar: Metzler, S. 126-140

Robertson, Judith P. (2002): What Happens to Our Whishes. Magical Thinking in Harry Potter. In: Children's Literature Association Quarterly 26, H. 4, S. 198-211

Saric, Julia (2001): A Defense of Potter, or When Religion is not Religion. An Analysis of Censoring of the Harry Potter books. In: Canadian Children's Literature, Nr. 103, S. 6-26

Schafer, Elizabeth D. (2000): Exploring Harry Potter: The Unapproved Beacham's Sourcebook. Osprey, Fla.: Beacham Publishing Group

Schoch, Rolf (2002): Die Geister, die ich rief: Pottermania im Marketing. In: Jahrbuch Marketing Kommunikation, Nr. 13, S. 150-153

Sell, Gundula (2001): Bahnsteig Neundreiviertel ist überall: Das Phänomen „Harry Potter". In: Beiträge Jugendliteratur und Medien 53, H. 2, S. 82-96

Spinner, Kaspar H. (Hg.) (2001a): Im Bann des Zauberlehrlings? Zur Faszination von Harry Potter. Regensburg: Pustet

Spinner, Kaspar (2001b): Im Bann des Zauberlehrlings. Tiefenpsychologische und lesepsychologische Gründe für die Faszination von Harry Potter. In: Spinner (Hg.) 2001a, S. 11-20

Spinner, Kaspar H. (2001c): Minderwertigkeitsgefühl und Grandiositätsfantasie. Wie „Harry Potter" seine Leser verzaubert. In: Knobloch (Hg.) 2001, S. 113-119

Spinner, Kaspar H. (2001d): Tiefenpsychologische und lesepsychologische Gründe für die Faszination von „Harry Potter". In: zur debatte 31, H. 1, S. 1-3

Spinner, Kaspar (2002): Harry Potter. Held ohne Eltern. In: Lexe (Hg.) 2002, S. 83-96

Strimel, Courtney B. (2004): The Politics of Terror: Rereading „Harry Potter". In: Children's Literature in Education 35, H. 1, S. 35-52

Thompson, Deborah L. (2001): Deconstructing Harry: Casting a Critical Eye on the Witches and Wizards of Hogwarts. In: Lehr, Susan (Hg.): Beauty, Brains, and Brawn: The construction of Gender in Children's Literature. Portsmouth, NH : Heinemann, S. 42-50

Tomkowiak, Ingrid (2003): Vom Weltbürger zum Global Player. Harry Potter als kulturübergreifendes Phänomen. In: Fabula, H. 44, S. 79-97

Tucker, Nicholas (1999): The Rise and Rise of Harry Potter. In: Children's Literature in Education 115, H. 4, S. 221-234

van den Hoven, Pieter (2003): Das „Potter-Paradox": Über die Bücher von Joanne K. Rowling. In: Fundevogel 146, S. 36-51

Whited, Lana A. (Hg.) (2002): The Ivory Tower and Harry Potter: Perspectives on a Literary Phenomenon. Columbia, Mo.: University of Missouri Press

Wiener, Gary (Hg.) (2003): Readings on J. K. Rowling. San Diego, Calif. et al.: Greenhaven Press

Zipes, Jack (2001): The Phenomenon of Harry Potter, or Why All the Talk? In: Ders.: Sticks and Stones: The Troublesome Success of Children's Literature from Slovenly Peter to Harry Potter. New York and London: Routledge, S. 170-189

Zimmermann, Holger (2001): Am Anfang war das Buch? Zur Bedeutung des Internets für den Erfolg von „Harry Potter". In: Knobloch (Hg.) 2001, S. 89-98

Über die Autorinnen und Autoren

Dr. **Norbert Clemens Baumgart**, Jg. 1959, ist apl. Professor für katholische Theologie und Religionspädagogik in den Lehramtsstudiengängen der Universität Lüneburg. Seine Arbeitsschwerpunkte sind die Exegese des Alten Testamentes sowie die Hermeneutik und Methodik von Textanalysen.

Claudia Beinkinstadt Krumlauf, M.A., Jg. 1972, hat Angewandte Kulturwissenschaften in Lüneburg und Pavia mit den Studienschwerpunkten Literaturwissenschaft und Kulturgeschichte studiert. Sie lebt heute in Los Angeles und arbeitet dort im Skirball Cultural Center.

Sabine Berloge, Jg. 1952, ist Gestalttherapeutin für Kinder und Jugendliche, Mitarbeiterin im Schulpsychologischen Dienst und Dozentin für Jugendliteratur an einer Fachschule für Sozialpädagogik in Berlin. Ihre Schwerpunkte sind Migration, Bildungspolitik, Kinder- und Jugendliteratur, Entwicklungsaufgaben des Jugendalters sowie Verhaltensauffälligkeiten bei Kindern und deren Therapie.

Dr. **Hans-Heino Ewers**, Jg. 1949, ist Professor für Germanistik/Literaturwissenschaft mit dem Schwerpunkt Kinder- und Jugendliteratur an der Johann Wolfgang Goethe-Universität, Frankfurt am Main, und geschäftsführender Direktor des Instituts für Jugendbuchforschung. Seine Arbeitsschwerpunkte sind Theorie der Kinder- und Jugendliteratur und Geschichte der deutschen Kinder- und Jugendliteratur vom 18. Jahrhundert bis zur Gegenwart.

Andrea Frey, M.A., Jg. 1972, ist ausgebildete Redakteurin und hat an der Universität Lüneburg Angewandte Kulturwissenschaften studiert. Ihre Schwerpunkte sind Sozial- und Kulturgeschichte des 20. Jhs. mit Fokus auf Frauen und Jugend, Lese- und Mediensozialisation, kommerzialisierte Kinderkultur, Analyse aktueller Medienphänomene, Presse- und Filmgeschichte sowie Star-Theorie und -Analyse.

Kathy Gabel, M.A., Jg. 1975, hat an der Universität Lüneburg Angewandte Kulturwissenschaften mit den Schwerpunkten Medienrezeption und -wirkung studiert und ist heute als Mediaplanerin im Bereich TV in Hamburg tätig.

Dr. **Christine Garbe**, Jg. 1952, ist Professorin im Lehramtsstudium Deutsch und im Studiengang Angewandte Kulturwissenschaften an der Universität Lüneburg. Ihre Arbeitsschwerpunkte sind Lese- und Mediensozialisation und empirische Rezeptionsforschung, Kinder- und Jugendliteraturforschung sowie literaturwissenschaftliche Frauen- und Genderforschung zum 18.-20. Jh.

Stefanie Hundeshagen, M.A., Jg. 1976, hat Angewandte Kulturwissenschaften an der Universität Lüneburg mit den Schwerpunkten Public Relations, Journalistik und Mediengewalt-Forschung studiert. Sie arbeitet heute in der Geschäftsführung eines Hamburger Personaldienstleisters.

Dr. **Martin-Christoph Just**, Jg. 1965, ist Lehrbeauftragter am Englischen Seminar der Universität Hannover. Schwerpunkte der Forschung und Lehre sind Kinder- und Jugendliteratur, Gothic Novel sowie Ideologievermittlung in der Literatur.

PD Dr. **Irmgard Nickel-Bacon**, Jg. 1954, ist wissenschaftliche Mitarbeiterin im Fachbereich Germanistik der Bergischen Universität Wuppertal. Ihre Forschungsfelder sind deutsche (Erwachsenen- und Kinder-)Literatur des 19. und 20. Jahrhunderts, Lesesozialisation und Literaturdidaktik.

Dr. **Emer O'Sullivan**, Jg. 1957, ist Professorin für Englische Literaturwissenschaft am Fachbereich Kulturwissenschaften der Universität Lüneburg. Sie hat sich in ihren Publikationen ausführlich mit britischer und deutscher Kinder- und Jugendliteratur auseinandergesetzt, ihre Arbeitsschwerpunkte sind Komparatistik, Übersetzungstheorie, Image Studies, Klassiker und Kanonbildung.

Maik Philipp, Jg. 1979, ist Student der Angewandten Kulturwissenschaften an der Universität Lüneburg. Seine Schwerpunkte sind Rezeption und Produktion der Neuen Medien, Satire, Lese- und Mediensozialisation. In seiner Magisterarbeit wird er sich mit dem Einfluss der peer group in der Jugend auf die Lesesozialisation befassen.

Dr. **Ricarda Strobel**, Jg. 1954, ist Anglistin und Medienwissenschaftlerin. Ihre Publikationen befassen sich mit Literatur im internationalen Medien-Produktverbund, mit der Analyse von Spielfilmen, Fernsehserien und Comics sowie mit Stars des deutschen Fernsehens.

Caroline Stubenvoll, M.A., Jg. 1979, hat an der Universität Lüneburg und an der University of Glamorgan (UK) Angewandte Kulturwissenschaften sowie Communication Studies mit den Schwerpunkten Lese- und Medienforschung sowie Bildende Kunst studiert. Sie arbeitet heute als PR-Beraterin in Hamburg.

Friederike Wagner, M.A., Jg. 1975, hat an der Universität Lüneburg Angewandte Kulturwissenschaften studiert. Nachdem sie mehrere Jahre in einer Unternehmensberatung tätig gewesen ist, arbeitet sie heute in einer Fotografenrepräsentanz in Hamburg.